Reinhard Wilczek

Von Sherlock Holmes bis Kemal Kayankaya

Kriminalromane im Deutschunterricht

Klett | Kallmeyer

Bibliografische Information Der Deutschen Bibliothek

Die Deutsche Bibliothek verzeichnet diese Publikation
in der Deutschen Nationalbibliografie; detaillierte
bibliografische Daten sind im Internet über http://dnb.ddb.de abrufbar

Impressum
Reinhard Wilczek.
Von Sherlock Holmes bis Kemal Kayankaya.
Kriminalromane im Deutschunterricht

1. Auflage 2007
© 2007 Kallmeyer in Verbindung mit Klett
Erhard Friedrich Verlag GmbH
D-30926 Seelze

Realisation: Friedrich Medien-Gestaltung
Druck: Print Design Druck GmbH, Minden. Printed in Germany.

ISBN: 978-3-7800-2405-3

Inhaltsverzeichnis

Einleitung

Der Kriminalroman ist, seitdem er Ende der 60er Jahre verstärkt zum Gegenstand literaturdidaktischen Interesses wurde, von Literaturwissenschaftlern wie Literaturdidaktikern vornehmlich unter die Trivialliteratur subsumiert worden. Durch diese Kategorisierung wurden zwei weit reichende Festlegungen getroffen, welche die literaturdidaktische Diskussion in den nachfolgenden Jahrzehnten prägen sollte. Zum einen bewirkte dies, dass man die Gattung aus dem tradierten Kanon der Höhenliteratur ausschloss und als minderwertig brandmarkte[1], zum anderen führte diese Zuordnung dazu, dass man sich mit dem Thema von Anfang an unter wertungsästhetischen und wertungspragmatischen Aspekten auseinander setzte. Über die enge Verbindung der beiden Forschungsbereiche bemerkte Wolfgang Schemme denn auch 1974 in einem Beitrag über *Trivialliteratur als Gegenstand des Literaturunterrichts*: „Es ist bezeichnend, dass die wichtigsten neuen grundlegenden Arbeiten zur Trivialliteratur eng verbunden sind mit dem Problemkomplex der literarischen Wertung. Überlegungen zur Arbeit mit der Trivialliteratur lassen sich auf sinnvolle Weise nur dann anstellen, wenn jener Komplex der literarischen Wertung angemessen durchschaut wird."[2]

Der Entwurf einer neuen Didaktik des Kriminalromans kann an diesen beiden markanten Orientierungspunkten der Diskussion nicht vorbeigehen, sondern muss in einer kritischen Selbstbesinnung versuchen, die Argumente dieses Diskurses zu rekonstruieren, zu prüfen und unter dem Blickwinkel der veränderten äußeren Bedingungen neu zu bewerten.

Insgesamt sind vier Aufgaben gestellt:

(1) Die trivialdidaktische Debatte über den Kriminalroman, die sich seit den späten 60er Jahren immer stärker konturierte, ist bis in ihre jüngste Vergangenheit nachzuzeichnen und kritisch zu beleuchten,

(2) die mit dem trivialdidaktischen Diskurs einhergehende wertungsästhetische und -didaktische Diskussion ist gleichfalls freizulegen und in ihren wesentlichen Argumentationszügen zu rekonstruieren,

(3) auf der Grundlage der bisherigen Forschungsergebnisse ist das Konzept einer neuen, postmodernen Didaktik des Kriminalromans zu entwerfen und zu begründen, wobei die unterschiedlichen Objektbereiche von Unterricht – der literarische Gegenstand, der gesellschaftlich-kulturelle und institutionelle sowie die Praxis des Unterrichts selber – in ihren unterschiedlichen Manifestationen ausreichend zu berücksichtigen sind,

(4) unter dem Blickwinkel der vehement geführten Kanondiskussion muss eine solche Didaktik auch Entscheidungshilfen für eine praxisorientierte Auswahl von Kriminalliteratur geben und einen Beitrag zu der Frage liefern, wie ein Konzept literarischer Bildung aussehen könnte, das literarische Subsysteme, wie das Genre des Krimis, mit einbezieht.

Diese zunächst grobe Einteilung soll erste Schneisen in das Dickicht des Untersuchungsbereiches bahnen, eine weiter ausdifferenzierte Gliederung des Untersuchungsganges wird mit dem Entwurf einer kritisch-reflexiven Wertungstheorie geliefert. Einen ersten Orientierungspunkt soll zunächst die kritische Darstellung der literaturdidaktischen Diskussion um den Kriminalroman geben.

Anmerkungen

[1] Es ist in diesem Kontext zu bemerken, dass gerade die literaturdidaktische Diskussion der 70er Jahre über den Themenkomplex Trivialliteratur dazu beigetragen hat, dass dem Krimi als Gattung bis heute das Stigma des ästhetisch Minderwertigen anhaftet. In seltsam verkehrter Dialektik haben die ideologiekritischen und aufklärerischen Bemühungen dieser Jahre letztlich wohl das Gegenteil von dem bewirkt, was sie eigentlich beabsichtigten: Die kritische Beschäftigung mit dem Genre hat die latenten Vorurteile – wenn auch aus anderer Perspektive – weiter verfestigt, das Projekt einer Kanonrevision ist gescheitert und hat in erneuter dialektischer Verkehrung nur zu einer Festigung der tradierten Kanontexte geführt. Vgl. zu diesem Problemkomplex auch Petra Josting/Gudrun Stenzel: Einführung: Zur Diskussion über Krimis für Kinder und Jugendliche. In: Beiträge Jugendliteratur und Medien. 13. Beiheft 2002 (Auf heißer Spur in allen Medien), S. 3–6, S. 3: „Dem großen Interesse von Kindern, Jugendlichen und Erwachsenen an Krimis steht auf Seiten der Literaturwissenschaft und Literaturdidaktik eine lang andauernde Diskreditierung dieser Literatur als Schund gegenüber."

[2] Wolfgang Schemme: Trivialliteratur als Gegenstand des Literaturunterrichts. Die gegenwärtige Forschungslage als Basis einer didaktischen Theorie (1974), in: Peter Nusser (Hrsg.): Didaktik der Trivialliteratur. Stuttgart 1976 (= Zur Praxis des Deutschunterrichts 7), S. 110–136, S. 110).

I. Der Kriminalroman als didaktisches Problem

1. Kriminalroman und Trivialliteraturdidaktik

Das Genre des Kriminalromans kam erstmals nachhaltig in den Blickwinkel literaturdidaktischer Bemühungen auf einer Arbeitstagung der Loccumer Akademie im Mai 1972, die sich mit dem Thema *Lesekanon und Trivialliteratur* beschäftigte.[1] (Die Fußnoten von Kapitel I befinden sich am Schluss dieses Kapitels auf Seite 17.) Auf dieser Tagung stellten Malte Dahrendorf und Erika Dingeldey in ihren Beiträgen didaktische Überlegungen an, wie man ausgewählte Gattungsexemplare im Literaturunterricht erarbeiten könne. Erika Dingeldey will klassische Kriminalromane „als soziologisches ‚Material'"[2] verwenden, um den Schülerinnen und Schülern ideologiekritische Fähigkeiten zu vermitteln. Der Kriminalroman ist für sie ein Vehikel soziologischer Erkenntnisförderung, das „die Deformation bestehender gesellschaftlicher Wirklichkeit als jeweils historisch besondere aufdeckt und sie als kritikwürdig erscheinen läßt"[3]. In späteren Arbeiten hat Dingeldey diesen primär ideologiekritischen Ansatz um literaturdidaktische Zielsetzungen erweitert, die eine „Untersuchung der erzählerischen Konstruktion, der Formelemente und ihrer Funktion"[4] mit einbeziehen wollen. Ein weiteres Hauptaugenmerk ist nach ihrer Auffassung auch auf die konsumptiven Aspekte der Gattung zu richten: „Ihrem spezifischen Warencharakter gemäß muß sie als Konsumliteratur im ökonomischen Verwertungszusammenhang begriffen werden."[5] Erwähnenswert ist daneben, dass Dingeldey schon frühzeitig erkannt hat, dass die Gattung sich besonders gut für handlungsorientierte Vorgehensweisen im Unterricht eignet.[6]

Der Ansatz von Malte Dahrendorf konzentriert sich stärker auf das Rezeptionsverhalten des jugendlichen Lesers. Ihn interessieren „in erster Linie nicht Fragen der literarischen Struktur, sondern Fragen der Rezeption und Funktion und Möglichkeiten zur unterrichtlichen Beeinflussung der Rezeption"[7]. Dahrendorf geht es darum, die kompensatorische und gesellschaftsstabilisierende Funktion des Genres zu enthüllen, damit Schüler/innen „die gesellschaftlichen Instrumente der sozialen Kontrolle, wozu auch Werbung, Massenliteratur usw. gehören, in ihren Funktionen ... durchschauen"[8]. Günter Lange hat in diesem Kontext treffend davon gesprochen, dass Dahrendorf „‚Gegen-Konzepte' gegen die immanenten Ideologisierungsabsichten dieser Texte entwickeln"[9] will, um die Schüler/innen gegen diese Literatur zu immunisieren und ihre Schemata offen zu legen. Erst in zweiter Linie kann es – so Dahrendorf – darum gehen, „das Anspruchsniveau gegenüber dem Genre zu erhöhen"[10].

Günter Waldmann greift diesen Ansatz Dahrendorfs in den 80er Jahren erneut auf und entwickelt ein didaktisches Modell, das primär über handlungs- und produktionsorientierte Zugangsweisen „die problematischen Strukturen und

Verfahrensweisen des gewaltorientierten massenhaft verbreiteten Kriminalromans"[11] verdeutlichen soll.

Peter Nusser stellt in seinen didaktischen Überlegungen den bei Dahrendorf an sekundärer Stelle rangierenden Aspekt einer Verbesserung der Rezeptionsmöglichkeiten in den Vordergrund. Die Schüler/innen sollen eine Rezeptionshaltung einnehmen, die einerseits die Berechtigung einer affirmativen, unterhaltenden Lesart anerkennt und andererseits „die affirmativen Inhalte aufklärerisch [zu] durchbrechen [vermag]"[12]. Erreichen will Nusser diese didaktische Zielsetzung durch die kritische Lektüre unterhaltsam-aufklärerischer Kriminalromane von Kemelman, Molsner, Boileau/Narcejac oder Sjöwall/Wahlöö.[13] Für ihn bilden – anders als bei Dahrendorf und Waldmann – Bestätigungs-, Erkenntnis- und Spielbedürfnisse eine Einheit, sie sind (didaktisch) nicht trennbar. Den didaktischen Widerspruch, Schülern/innen erst eine Lektüre zu empfehlen, deren Unwert man dann aufzeigt, versucht Nusser durch ein Konzept zu entschärfen, das „eine Brücke... zwischen emotionalem und reflektiertem Lesen, zwischen Erregung und Erkenntnis [schlägt]"[14]. Die Hinführung zu einem kritisch-reflektierten Leseverhalten verbindet Nusser mit der Absicht, „Literaturbarrieren der Unterschichtskinder zu überwinden und Hilfestellung für die Privatlektüre zu geben"[15].

Alfred Clemens Baumgärtner hat 1980 in einem Artikel den Ansatz Nussers, zu einem neuen, ausgewogenen didaktischen Modell bei der Erarbeitung von Kriminalliteratur zu finden, das sowohl kritische wie auch affirmative Rezeptionsmomente berücksichtigt, aufgenommen und verstärkt. Dem vor allem von Dahrendorf, Waldmann[16] und Dingeldey erhobenen Vorwurf, dass die Lektüre von Kriminalromanen einem gefährlichen Eskapismus Vorschub leiste, setzt Baumgärtner entgegen: „Moralisierende Vorwürfe in dieser Hinsicht sind moralisch selber suspekt, vor allem, wenn sie von privilegierten Intellektuellen stammen, die die Leute auf ein Leben festnageln wollen, das sie nicht zu teilen brauchen. Gegen Flucht, hat Tolkien einmal angemerkt, können eigentlich nur Kerkermeister etwas haben."[17] Relativierend argumentiert er auch hinsichtlich der Notwendigkeit, ideologiekritische Aspekte bei der Besprechung dieser Texte zu berücksichtigen, indem er die Subjektivität der Werturteile in den Vordergrund rückt und in den Kompetenzbereich der jeweiligen Lehrkraft zurückverweist:

> Es versteht sich, dass die didaktische Einschätzung des Kriminalromans durch den jeweiligen Literaturdidaktiker von dessen literarischer Einschätzung der Gattung – vor allem, was mögliche Gründe und Folgen der Krimi-Lektüre betrifft – nicht ablösbar ist; darüber hinaus spielt natürlich auch das Verständnis der Aufgaben eine Rolle, die dem Literaturunterricht überhaupt zugeschrieben werden.[18]

Schließlich hebt Baumgärtner in seinem Resümee hervor, dass „Spaß an Literatur zu machen, ohne gleich wieder belehren, aufklären, ‚emanzipieren' zu wollen,

... auch ein Ziel"[19] sei. Dabei müsse diese stärkere Gewichtung des lustbetonten Lesens im Unterricht keineswegs der erkenntniskritischen Rezeptionshaltung
entgegenstehen:

> Das schließt ja nicht aus, dass aus einem derartigen Umgang mit ‚Krimis' auch Einsichten in
> die Grundzüge des Genres, möglicherweise auch seine Geschichte und seine Bedingungsfak-
> toren erwachsen. Es kommt auf die Funktion an, die man diesen Einsichten zuschreibt. Sie
> sollten als Beitrag zu einer Kennerschaft verstanden werden, die das Vergnügen am Gegen-
> stand vergrößert.[20]

Elisabeth K. Paefgen, die sich in der zweiten Hälfte der 90er Jahren bemüht
hat, der literaturdidaktischen Diskussion um den Kriminalroman neuen Auftrieb
zu geben, hat diese Ansätze Baumgärtners aufgegriffen und zugespitzt. Paefgen kritisiert vor allem den Ansatz einer – nach ihrer Einschätzung – einseitig
ideologiekritisch ausgerichteten Literaturdidaktik, die in den 70er Jahren aus
trivialdidaktischer Sicht „humorlos und erbittert […] eine Demontage des detektivischen Weltbildes vorgenommen [hat]"[21], um den Schülern die systemstützenden, normativen Strukturen der Gattung zu verdeutlichen und sie über den
Unwert dieser Lektüre zu belehren. Im Gegensatz zu der stärker soziologisch
ausgerichteten Kriminalroman-Didaktik der 70er Jahre hebt Paefgen in ihrem
Ansatz vor allem rezeptionsästhetische und poetische Möglichkeiten der literarischen Form hervor, die didaktisch genutzt werden könnten: die detektivische
Textarbeit des Lesers, die Ästhetisierung des Alltags durch Geheimnis und Verbrechen, das Spannungsmoment, die propädeutischen Optionen. Wenngleich
Günter Lange in seiner Metakritik dieses Beitrages[22] zu Recht auf Unschärfen
und Simplifikationen hingewiesen hat, wird man Paefgen – auch wenn der von
ihr konstatierte Stillstand in der Kriminalliteratur-Didaktik nicht ganz nachvollziehbar scheint – wohl Recht geben müssen, dass die intensiven didaktischen
wie literaturwissenschaftlichen Bemühungen der 70er und 80er Jahre um das
Thema in den 90er Jahren doch deutlich zurückgegangen sind, und dass der
Forschungsstand sich immer noch stark an den Debatten der 70er und 80er Jahre
orientiert.[23]

Bilanziert man diese mittlerweile rund 30-jährigen Forschungsbemühungen
zur Didaktik der Kriminalliteratur, dann zeigt sich, dass die einseitige Ausrich-
tung auf gesellschafts- und ideologiekritische Fragestellungen schon Ende der
70er Jahre – etwa bei Baumgärtner, aber auch schon bei Lange – zugunsten einer stärker leserorientierten Sichtweise aufgegeben wurde. In den 90er Jahren
scheint sich das Gewicht, wie Elisabeth K. Paefgens Ansatz dokumentiert, noch
weiter in Richtung der textimmanenten Lernzielsetzungen zu verschieben. Die
starke Aufwertung der Lesedidaktik und die Inauguration des zweckfreien Lesens als einer zentralen didaktischen Kategorie hat in den 90er Jahren mit dazu
beigetragen, dass die rezeptionsästhetischen Momente der Kriminalromanlektü-

re in den Vordergrund und die funktionalen in den Hintergrund gerückt werden. Vor allem der Einfluss romanischer Lesetheoretiker wie Roland Barthes[24], Daniel Pennac[25] oder Alberto Manguel[26], deren Arbeiten in den letzten Jahren – wie die kürzlich neu aufgelegte Monographie von Thomas Anz über Literatur und Lust beweist[27] – auch in Deutschland intensiv rezipiert wurden, hat sich in diesem Zusammenhang bemerkbar gemacht.

Daneben zeigen sich erste Ansätze, ausgewählte Texte der zeitgenössischen Kriminalliteratur auf ihre Tauglichkeit für das schulische Lernen zu prüfen. So untersucht Klaus Drebes[28], welche didaktischen Möglichkeiten die Besprechung von Ingrid Nolls Roman *Die Häupter meiner Lieben* eröffnet, Erhard Schütz und Jochen Vogt sind die Herausgeber eines umfangreichen Materialienbandes mit dem Titel *Krimiszene Ruhrgebiet*[29], der für den Literaturunterricht an weiterführenden Schulen konzipiert wurde und Reinhard Wilczek[30] fragt in zwei Beiträgen, welche Alternativen es zu Dürrenmatts Kriminalromanen gibt und ob Henning Mankells Thriller *Die Hunde von Riga* als Mittelstufenlektüre in Frage kommt. Neben verschiedenen Anregungen für eine unterrichtliche Umsetzung wird auch die gattungstypologische Problematik der Texte sowohl von Drebes als auch von Wilczek diskutiert und mit einem kurzen Ausblick auf Tendenzen der zeitgenössischen Kriminalliteratur verbunden. Die beiden Aufsätze verdeutlichen, dass dem zeitgenössischen Kriminalroman im Koordinatensystem einer postmodernen Didaktik der Kriminalliteratur eine Schlüsselrolle zukommen kann. Demzufolge wird die vorliegende Untersuchung einen ihrer Zielpunkte auch in der Gegenwart der literarischen Gattung suchen und die Entwicklungslinien, die zu dieser Gegenwart hinführen, aufzeigen müssen.

Zusammenfassend lässt sich festhalten: Das didaktische Konzept einer Aufarbeitung des Kriminalromans im Kontext einer Didaktik der Trivialliteratur muss heute als gescheitert angesehen werden. Die Trivialliteraturforschung – in den 70er Jahren die wissenschaftliche Speerspitze einer sich auch für Gebrauchstexte öffnenden Literaturdidaktik – spielt heute im Kanon der germanistischen Disziplinen keine nennenswerte Rolle mehr. Der Abgesang dieses einstmals bedeutsamen Forschungsgebietes kündigte sich bereits zu Beginn der 90er Jahre an. Mit den Worten, „sich heute zur Trivialliteraturforschung zu äußern, kommt fast einem Nachruf gleich"[31], leitete Christa Bürger nicht nur ihren Leitartikel zum Themenheft „Trivialliteratur" der Zeitschrift *Deutschunterricht* aus dem Jahre 1990 ein, sondern zugleich auch das Ende dieser Forschungsrichtung. Von einer Didaktik der Trivialliteratur[32] oder einer literaturwissenschaftlichen Forschung ist heute allenfalls noch in Lexikonartikeln die Rede, der Gegenstand ist weitgehend zum Thema der germanistischen Wissenschaftsgeschichte geworden.

Die Gründe für diese Entwicklung sind leicht nachvollziehbar. Die Trivialliteraturdidaktik hat seit dem Ausgang der 70er Jahre das so genannte „Dahrendorfsche Dilemma"[33] nicht überwinden können. Der Widerspruch zwischen der diskriminierenden Wirkung der ästhetisch-moralischen Analyse auf der einen Seite und der Anerkennung der sozialintegrativen und emotionalen Bedeutung dieser Literatur und der mit ihr verbundenen Lesehaltung auf der anderen Seite konnte nicht aufgelöst werden. Eine didaktische Weiterentwicklung der Problemstellung repräsentiert Waldmanns Ansatz, Schülern/innen durch produktionsorientierte Verfahren in die Problematik dieser Rezeption und ihrer gesellschaftlichen Bedingungen einzuführen. Der ideologie- und gesellschaftskritische Zugriff wird bei diesem Modell zwar durch produktions- und projektorientierte Unterrichtsverfahren abgeschwächt, er bleibt aber das bestimmende didaktische Handlungsmotiv, so dass sein Ansatz letztlich doch daran scheitert, dass „die kritische Erkenntnis und die Bedürfnisbefriedigung als Antinomien bestehen [bleiben]"[34].

In den 90er Jahren haben drei wichtige Entwicklungen dieses Dilemma weiter verschärft und das Projekt einer eigenständigen Didaktik der Trivialliteratur endgültig zum Scheitern verurteilt:

(1) Die Rekonstruktion der affektiv-emotiven Seite des Lesens[35] als der wichtigsten didaktischen Kategorie des Lese- und Literaturunterrichts lässt den trivialdidaktischen Ansatz einer Negation und Destruktion der positiv gewerteten Kategorie als besonders problematisch erscheinen.

(2) Die stärkere Subjektzentrierung des Unterrichts, wie sie sich etwa am prägnantesten in der subjektiven Didaktik Edmund Kösels[36] zeigt, hat das Paradigma des autonomen Lernenden in der Didaktik weiter gefestigt. In dieses Weltbild eines immer stärker selbstständig agierenden Lernsubjekts passen die Belehrungsversuche einer nur noch hölzern-gelenkt anmutenden Prohibitions- und Immunisierungsdidaktik der 70er Jahre längst nicht mehr.

(3) Die dichotomische Vorstellung von einer hohen und einer niederen Literatur ist mit der kulturästhetischen Wahrnehmung zu Beginn des 21. Jahrhunderts nicht mehr in Einklang zu bringen.

Auf die Frage, was in unserer von Medien bestimmten Kultur (literarisch) trivial ist, wird man kaum noch eine präzise Antwort geben können; mit einiger Berechtigung ließe sich bestenfalls darauf erwidern: „Alles und nichts." Angesichts der Tatsache, dass der globale Medien- und Interessenverbund jedes beliebige Kunstobjekt jederzeit und an jedem Ort zum Objekt seiner konsumptiven und kommerzialisierenden Strategien machen kann, wirken die Bemühungen, das Triviale in einem sorgfältig ausgegrenzten Bereich literarischer Bildung zu untersuchen, seltsam antiquiert und wirklichkeitsfremd. Jedes – ästhetisch noch so hoch geschätzte – literarische Preziosum, kann, einmal in die Mechanismen der globalen Vermarktung geraten, trivial werden. Auf der anderen Seite diskutiert eine seriöse Literaturkritik gerade, dass die ästhetischen Qualitäten der erfolgreichen Pop-Literatur in der gelungenen Archivierung von Alltagskultur liegen. Ein literarisches Genre, das es sich zum Ziel gesetzt hat, in seinen Werken „die Welt des Profanen"[37] literarisch hoffähig zu machen, wird also mit dem Prädikat „literarisch wertvoll" versehen; ein Vorgang, der noch vor wenigen Jahren undenkbar gewesen wäre.

Die angeführten Beispiele zeigen, dass der Begriff des Trivialen in unserer Epoche schillernd und vieldeutig geworden ist. Und was Christa Bürger bereits 1990 als Ursache dieser Entwicklung angeführt hat, gilt heute mehr denn je, nämlich, „dass in den letzten fünfzehn Jahren eine tief greifende Veränderung der ästhetischen Sensibilität stattgefunden hat, die man am plastischsten als Lockerung der Tabus der ästhetischen Moderne beschreiben könnte"[38]. Insbesondere die Auflösung eines autonomen Kulturbereiches hat die emphatische Trennung des Kunstwerks vom Alltag durchbrochen, dem Trivialen zur Allgegenwärtigkeit verholfen:

> Die Welt ist alles, was der Fall ist, und vom bloß Faktischen, das ist, wie es ist, geht keine verpflichtende Kraft aus. Die Welt ist entmythologisiert und im Bereich der Kunst entfunktionalisiert; sie steht gleichmäßig und unbegrenzt als Material, als Anlass, als beliebige Gelegenheit der Wahrnehmung und dem artistischen Spiel offen. Alles ist Kunst, jeder ist Künstler: Das bedeutet auch, dass alles interessant ist, nämlich in prinzipieller, durch keine verordneten Deutungs- und Wertsysteme selektierter Gleichgültigkeit Jede Aufmerksamkeitsrichtung ist deshalb privat und keine kann als belanglos abqualifiziert werden, alles, was machbar ist, wird auch gemacht … Das Flirren der sich vermehrenden individuellen Nahwelten scheint Nietzsches These zu belegen, dass nach ‚der Entwertung der obersten Werte' die ganze Wirklichkeit nur noch als ‚ein ästhetisches Phänomen' zu rechtfertigen sei.[39]

Die von Wellershoff schon Ende der 70er Jahre diagnostizierte ‚Auflösung des Kunstbegriffs' ist in unserer Gegenwart endgültig umgesetzt worden. Christa Bürger hat die aus dieser Entwicklung resultierenden Konsequenzen für die Germanistik bereits vor zwölf Jahren mit einiger Weitsicht benannt: „Gegenüber einer solchen indirekten Aufwertung der Trivialität muß begreiflicherweise eine abgespaltene Trivialliteraturforschung methodisch kapitulieren."[40]

Die Aufwertung der affektiv-emotionalen Dimension des Lesens, die Relativierung des Trivialitätsbegriffes und die verstärkte Subjektorientierung der Didaktik sind freilich nicht allein für das Scheitern der Trivialliteraturdidaktik – und damit auch der Begründung einer überzeugenden Didaktik des Kriminalromans – verantwortlich. Eine andere Problemstellung, deren Lösung nicht überzeugend gelang, trug mindestens ebenso zu diesem Scheitern bei: gemeint ist das Problem der literarischen Wertung.

2. Der Aspekt der literarischen Wertung

Schon sehr früh hatte man im Kontext der Trivialliteratur-Debatte erkannt, dass die Fähigkeit, literarische Texte angemessen zu bewerten, für eine Behandlung im Unterricht von entscheidender Bedeutung ist. Darüber hinaus wurde schnell klar, dass Literaturunterricht selber ein Geschehen ist, in dem permanent Wertungshandlungen vollzogen werden: „Alle Diskussionen, die um die Arbeit mit Literatur geführt werden, [implizieren] Wertungsakte."[41] Die didaktischen Überlegungen jener Zeit wurden begleitet von einer sich rasant entwickelnden Wertungs- und Rezeptionsforschung, die wichtige theoretische Erkenntnisse zur lange vernachlässigten Rolle des Lesers beisteuerte. Als zentrales Lernziel einer schulischen Auseinandersetzung mit (trivialliterarischen) Texten erkannte man das Bemühen, den Schülern/innen eine „kritische Wertungskompetenz gegenüber literarischen Texten"[42] zu vermitteln.

Konkret auf die Lektüre kriminalliterarischer Texte bezogen bedeutete dies beispielsweise, „Schüler zur Lesemündigkeit zu bringen, also in den Stand zu setzen, die literarische Leistung trivialer Literatur kritisch abzuschätzen, und sie zu befähigen, auch das Angebot anderer Literatursorten sinnvoll zu nutzen"[43]. Durchaus realistisch schätzte man auch die Probleme einer praktischen Umsetzung dieser theoretischen Vorgaben ein, wie etwa die kritischen Einwände von Baumbusch u. a. belegen:

> Der erste Elan der Wertungsfreudigkeit in der modernen Literaturdidaktik, der in einer Reihe von Publikationen in den letzten Jahren seinen Niederschlag fand, hat wohl dazu geführt, die ‚Wertungskompetenz' der Schüler mit allzu hochgeschraubten Erwartungen anzustreben. Die Lernzielbeschreibungen sind häufig so umfassend, daß sie zwar hohen literaturwissenschaftlichen Ansprüchen, aber kaum den schulischen Möglichkeiten gerecht werden.[44]

Insbesondere die Unschärfe der Lernzielbeschreibung durch die diffuse Rede von einer „kritischen Wertungs- oder Lesekompetenz" wurde schon damals mit Recht bemängelt. Bereits 1976 fragte daher Baumbusch: „Wie umfassend soll die Wertungskompetenz des Schülers sein, und wo liegen ihre Grenzen?"[45] Und Rudolf Denk bemerkte gar in seinem schonungslosen Resümee der literaturdidaktischen Wertungsforschung im selben Jahr: „Niemand von den im Netz ihrer eigenen Wertungen befangenen Didaktikern scheint berufen, den Schülern zu erklären, wie sie zu dem Ideal kritischer Wertungskompetenz kommen könnten."[46]

Denk und andere Literaturdidaktiker haben schon damals erkannt, dass „ein literarischer Unterricht, der den Schüler in der Rolle des wertenden Rezipienten berücksichtigt, ... nicht in erster Linie von einem festen Textbestand oder bestimmten literaturpädagogischen Gattungstraditionen [ausgehen sollte]"[47], sondern als ein erstrebenswertes Ziel für den Umgang mit Literatur überhaupt anzusehen sei. Überdies ließ sich immer weniger verdecken, dass die Voraussetzungen der eigenen kritischen Wertungshaltung ungenügend reflektiert wurden. Letztlich lassen sich die von den Ideologiekritikern dieser Ära favorisierten Vorgehensweisen nicht nur auf Trivialliteratur und die tradierte Höhenkamm-Literatur anwenden, sondern auch auf die eigene Wertbasis.

Ein großer Irrtum ist schließlich die Auffassung gewesen, dass eine kritische Wertungstheorie dazu beitragen werde, die traditionelle Dichotomie zwischen

,hoher' Dichtung und Trivialliteratur aufzulösen.[48] Das Gegenteil ist geschehen: die literaturwissenschaftlichen und literaturdidaktischen Bemühungen der 70er Jahre haben den traditionellen literarischen Kanon an Schule und Hochschule keineswegs aufgelöst, sondern eher befestigt; eine Relativierung dieser Opposition erfolgte erst viel später im Zuge der Postmoderne-Diskussion und der literaturkritischen Debatte über die zeitgenössische Literatur.

Norbert Mecklenburg hat in einem bemerkenswerten Beitrag die Situation der Wertungsdidaktik im Jahre 1976 zutreffend beschrieben und die angesprochenen Defizite aus der Perspektive des engagierten Wissenschaftlers konzise zusammengefasst. Seine Bilanz markiert Abschluss und Ausblick eines wichtigen literaturdidaktischen Diskurses, der letztlich an seinem eigenen aufklärerischen Impetus, der mangelnden theoretischen Fundierung und dem ungenügenden Praxisbezug, scheiterte:

> Die bildungspolitische Situation des Deutschunterrichts ist durch den Widerstreit verschiedenster literaturdidaktischer Konzeptionen gekennzeichnet, die indessen fast alle – meist unter dem Stichwort ,kritisches Lesen' – zumindest Vorgriffe auf eine Wertungsdidaktik enthalten. Dabei bleibt jedoch in der Regel weithin offen einerseits, wie die jeweils leitende Norm- und Wertbasis der eigenen Konzeption theoretisch begründet, andererseits wie das heute ziemlich einmütig proklamierte Lernziel kritisch-wertenden Lesens praktisch vermittelt werden soll. Der mehrfach erhobene Vorwurf eines theoretischen Mangels in der Literaturdidaktik besteht zu Recht, sofern es um eine praxisorientierte Theorie geht.[49]

Mecklenburgs weitsichtige Analyse fasst indessen nicht nur die ungelösten Fragestellungen und Mängel der Diskussion zusammen, in seinem Beitrag versucht er zugleich, Grundsätze einer zukünftigen Wertungsdidaktik zu bestimmen, die er aus einer „kritischen Theorie des Literaturunterrichts"[50] entwickeln will. Es ist symptomatisch für die gesamte Debatte, dass dieser ertragreiche Ansatz – auf den ich später noch zu sprechen komme – offenbar nicht mehr konsequent weiterverfolgt wurde. Die literaturdidaktische Diskussion wandte sich Ende der 70er Jahre bereits anderen Themen zu, die drängender zu sein schienen: Methodendiskussionen, mediendidaktische Fragestellungen und die Leseforschung rückten jetzt in den Mittelpunkt des Interesses.

3. Die verdeckte Auseinandersetzung mit der Wertungsproblematik

Die Einschätzung, dass die literaturdidaktische Forschung sich nach den intensiven Debatten der 70er Jahre nicht mehr mit wertungsdidaktischen Fragestellungen beschäftigt habe, ist freilich nicht zutreffend: Die Literaturdidaktik hat sich weiter und sehr ausdauernd mit diesem Problem beschäftigt, aber sie hat es sich selbst nicht recht eingestanden. Das wertungsästhetische Problem, das in den Diskursen der 70er Jahre sichtbar wurde, ist zwar (stillschweigend) in der öffentlichen Diskussion ad acta gelegt worden, die damals aufgeworfenen Fragestellungen wurden indessen keineswegs beiseitegelegt, sondern nur mit anderen Etiketten versehen und auf anderen Diskussionsfeldern ausgetragen.

Ein zentrales Operationsgebiet der ‚verdeckten Wertungsdiskussion' wurde – schon zu Beginn der 80er Jahre – die Unterrichtskommunikation. Das Paradigma des so genannten „offenen Unterrichts" benennt jenen didaktischen Forschungsbereich, in dem große Teile der Wertungsdidaktik gleichsam wie in einem schwarzen Loch verschwunden sind. Die Zielrichtung, der sich um diesen Komplex gruppierenden Forschungsbemühungen, ist – bis heute – eine doppelte: Einerseits bemüht man sich, die wertungsstarke Position des Lehrers abzuschwächen, andererseits versucht man gleichzeitig, die wertungsschwache Position des Schülers aufzuwerten. Die didaktische Auseinandersetzung über neue Formen des Literaturunterrichts ist, aus dieser Sicht, daher in großen Teilen nichts anderes als eine Fortsetzung der wertungsästhetischen Diskussion unter anderen Vorzeichen: Indem man die Lehrperson aus der prädominanten Position des Unterrichtsleiters herauszulösen sucht und sie auf die Rolle eines Beraters oder Moderators hin konzipiert, reduziert man zugleich auch ihre dominante Wertungsposition.

Konsequenterweise schlossen sich an diesen Ansatz spätestens seit den späten 70er Jahren auch zahlreiche unterrichtsmethodische Bemühungen an, die bisher vergleichsweise schwache Wertungsposition der Schüler/innen zu verbessern. Diese Aufwertungsbemühungen konzentrieren sich seitdem vordringlich auf dem Feld einer schülerzentrierten Unterrichtsforschung, wie dem handlungsorientiertem Unterricht, der Freiarbeit, dem Wochenarbeitsplan, der Gruppenarbeit oder der Projektarbeit. Gerade im Bereich des Literaturunterrichts haben sich dabei zahlreiche produktionsorientierte Verfahrensweisen herauskristallisiert, die in besonderer Weise geeignet erscheinen, die wertungsästhetische Dominanz der Lehrerin oder des Lehrers abzubauen: Das Weiterdichten literarischer Texte, die szenische Interpretation dramatischer Texte, die Transformation literarischer Texte in eine andere Textsorte oder der so genannte ‚weiterführende Schreibauftrag' sind nur einige der unterrichtlichen Arbeitsformen, die in diesem Kontext eine zentrale Bedeutung gewonnen haben.

Allen diesen Unterrichtskonzeptionen liegt der Gedanke zugrunde, die bislang unterrepräsentierte Wertungsposition der Schülersubjekte zu stärken und dezidiert zum Ausgangspunkt von Unterricht zu machen. Indem Schüler nämlich in kreativer Weise – etwa schreibend-entwerfend – Stellung zu literarischen Texten nehmen, diese umformen, erweitern oder neu konzipieren, fließen stets ihre eigenen Wertungen über die Vorlage mit in den Entwurf ein. Vereinzelt wurde dieser produktionsorientierte Ansatz literaturdidaktisch so stark gewichtet, dass der Literaturunterricht – wie bei Gerhard Rupp etwa –„zu einer Werkstatt utopischer Kooperationen zwischen poetisch handelnden Subjekten"[51] umfunktioniert wurde: die kreative Produktion des Autors wurde gleichgestellt mit der produktiven Rezeption von Schülern, die Wertungshaltung des Lehrers spielte eine untergeordnete Rolle.

Solcherlei Überdehnungen des produktionsorientierten Ansatzes haben sehr bald zur Kritik herausgefordert und artikulierten sich seit den späten 80er Jahren in einer intensiven Debatte über die Reichweite und die Grenzen dieses methodischen Verfahrens.[52] Die in der damaligen Diskussion etwa von Karlheinz Fingerhut oder Heinz Kügler eingenommene Position[53], dass die Krise des Literaturunterrichts nur durch eine angemessene Integration analytischer wie auch produktiver Verfahren überwunden werden könne, relativierte recht bald die optimistische Vorstellung, dass ein konsequent produktionsorientierter Literaturunterricht die vorherrschenden Probleme lösen werde. Die von Fingerhut und anderen bemängelte fehlende Differenzierung des Unterrichtsgeschehens in Verstehens- und Produktionsakte enthüllt – aus speziell wertungsästhetischer Sicht – freilich noch ein ganz anderes Defizit: das Versäumnis, sich intersubjektiv über die Gültigkeit der im Produktionsakt entstandenen Wertungspositionen zu unterhalten und sie in den (hermeneutischen) Prozess einer Verstehens(re)konstruktion einzubinden. Die Krise des produktionsorientierten Literaturunterrichts in den 90er Jahren stellt sich aus dieser Perspektive somit auch als ein Problem mangelhafter wertungsästhetischer Reflexion dar. Eine Rekonstruktion wertungsdidaktischer Argumentationen aus den 70er Jahren hätte diese Fehlentwicklung vermutlich verhindern können, wie beispielsweise der Rekurs auf Mecklenburgs Thesen zeigt:

Die ‚Spannung zwischen dem literarischen Werturteil des Lehrers und dem des Schülers‘, auf die einzelne Wertungsdidaktiker wenigstens hingewiesen haben, ohne daraus freilich die richtigen methodischen Konsequenzen zu ziehen, darf aber ebenso wenig zu Gunsten der Schülerseite wie zu der des Lehrers einseitig aufgelöst werden. Der Lehrer ist weder ausschließlich Anwalt der Kultur noch des Kindes, er kann und darf seinen eigenen Standort nicht durchstreichen.[54]

Auch die Einbindung neuer Literaturtheorien in die schulische Praxis verweist indirekt auf wertungsdidaktischen Fragestellungen. So bemerkt Clemens Kammler, einer der bekanntesten Befürworter neuer Interpretationsverfahren im schulischen Kontext, in seiner Arbeit über *Neue Literaturtheorien und Unterrichtspraxis*, dass die Berücksichtigung poststrukturalistischer Verfahren im Literaturunterricht dazu beitragen solle, „den Blick zu schärfen für die Widersprüche in Texten und die prinzipielle Unabschließbarkeit der Interpretation"[55]. Eine „prinzipielle Unabschließbarkeit der Interpretation" impliziert zugleich auch eine unendliche Fülle von Deutungsmöglichkeiten und relativiert damit auch explizit die Deutungshoheit des Lehrenden, der eben nur noch eine Position unter vielen einnimmt. Aus wertungsästhetischer Sicht heißt dies, dass das Ziel des Literaturunterrichts primär darin besteht, Schüler/innen zu begründeten Wertungshandlungen (Interpretationen!) zu ermuntern und diese im Gespräch mit konkurrierenden Deutungen intersubjektiv zu bewähren. Diese Einschätzung hatte Jutta Wermke im Kontext der Wertungsdiskussion schon 1975 erhoben: „Literarische Wertung existiert nicht außerhalb von Kommunikationsakten und ist als deren Bestandteil ein prinzipiell unabgeschlossener Prozess."[56]

Anmerkungen

[1]   Publiziert wurden die Beiträge der Arbeitstagung in der Zeitschrift *Sprache im technischen Zeitalter,* Heft 44/1972.

[2]   Erika Dingeldey: Drei ‚klassische' Kriminalromane – didaktische Beispiele für den Unterricht über Kriminalliteratur, in: Sprache im technischen Zeitalter, Heft 44 (1972), S. 314–322, S. 315.

[3]   Ebd. S. 316.

[4]   Erika Dingeldey: Der Kriminalroman im Deutschunterricht, in: Heinz Ide u. a. (Hrsg.): Projekt Deutschunterricht 5. Massenmedien und Trivialliteratur. Stuttgart 1973, S. 156–176

[5]   Ebd., S. 173.

[6]   Ebd., S. 161 und S. 170.

[7]   Malte Dahrendorf: Der Kriminalroman als didaktisches Problem, in: Sprache im technischen Zeitalter, Heft 44 (1972), S. 310–314, S. 310.

[8]   Ebd., S. 313.

[9]   Günter Lange: Krimis im Unterricht, in: Taschenbuch des Deutschunterrichts. Grundfragen und Praxis der Sprach- und Literaturdidaktik. Band 2. Hohengehren [6]1998, S. 787–804, S. 797.

[10]   Malte Dahrendorf, Der Kriminalroman als didaktisches Problem, S. 313.

[11]   Günter Waldmann: Der Kriminalroman als Gefahr und als kritisches Potential. ‚Krimis selbst schreiben' als Möglichkeit, über beide Aspekte im Unterricht konkrete Erfahrungen zu machen, in: Ermert/Gast, S. 58–62, S. 61.

[12]   Peter Nusser: Kriminalromane zur Überwindung von Literaturbarrieren, in: Deutschunterricht Seelze (1975), S. 52–70, S. 64.

[13]   Vgl. hierzu auch Peter Nusser: Aufklärung durch den Kriminalroman, in: NDH 18 (1971), Heft 131, S. 70–90.

[14]   Ebd., S. 64.

[15]   Günter Lange, Krimis im Unterricht, S. 798.

[16]   Allerdings wird man Waldmanns Position stärker mit seinem Entwurf einer Didaktik der Trivialliteratur in Zusammenhang bringen müssen und nicht vorschnell auf den klassischen Kriminalroman in toto übertragen können, wie dies bereits Lange bei Paefgen nicht ganz zu Unrecht angemahnt hat; vgl. Günter Lange: Vergebliche „Spurensuche". Zu dem Artikel „Haben Detektive abgedankt"? von Elisabeth K. Paefgen, in: Praxis Deutsch (1998), Heft 147, S. 8–9, S. 8 f.; daneben Günter Waldmann: Theorie und Didaktik der Trivialliteratur. Modellanalysen – Didaktikdiskussion – literarische Wertung. München 1973, S. 34 f.

[17]   Alfred Clemens Baumgärtner: Basisartikel „Krimi", in: PD, Heft 44 (1980), S. 7–14, S. 12.

[18]   Ebd., S. 12.

[19]   Ebd., S. 13.

[20] Ebd., S. 13.

[21] Elisabeth K. Paefgen: Haben Detektive abgedankt? Spurensuche und Aufklärung als literatur-didaktische Chance, in: Praxis Deutsch 1997, Heft 147, S. 6–9, S. 6.

[22] Günter Lange, Vergebliche „Spurensuche", S. 8 f.

[23] Auch kann Langes kritische Replik nicht verdecken, dass alle von ihm genannten Arbeiten zur Didaktik des Kriminalromans ursprünglich aus den 70er und 80er Jahren stammen; die angeführten Arbeiten Nussers oder Buchlohs sind Neuauflagen aus den 80er Jahren, ebenso wie Langes Beitrag aus dem *Taschenbuch des Deutschunterrichts*, der lediglich aktualisiert wurde; vgl. Lange, vergebliche „Spurensuche", S. 8 f.

[24] Roland Barthes: Die Lust am Text. Frankfurt am Main 1974.

[25] Daniel Pennac: Wie ein Roman. Köln 1994.

[26] Alberto Manguel: Eine Geschichte des Lesens. Hamburg 1999.

[27] Thomas Anz: Literatur und Lust. Glück und Unglück beim Lesen. München 2002.

[28] Klaus Drebes: Mordende Frauen – auch in der Schule? Ingrid Noll im Deutschunterricht, in: Der Deutschunterricht, Heft 4 (1999), S. 91–98.

[29] Jochen Vogt/Erhard Schütz (Hrsg.): Schimanski & Co. Krimiszene Ruhrgebiet. Texte und Materialien für den Deutschunterricht der Sekundarstufe I und II. Essen 1996 (= Vogt IV).

[30] Reinhard Wilczek: Kemelmanns Rabbi Small im Deutschunterricht der Mittelstufe. Eine interkulturelle Alternative zu Dürrenmatts Detektivromanen, in: LiU, Heft 1 (2001), S. 45–57 sowie R. W.: Thriller im Deutschunterricht? Einige didaktische Anregungen zu Henning Mankells Hunde von Riga, in: LiU, Heft 1 (2001), S. 67–79.

31 Christa Bürger: Bemerkungen zu einer Literatur der mittleren Sphäre, in: DUS, Heft 6/1990, S. 6–13, S. 6.

[32] Eine der letzten didaktischen Arbeiten zu dem Thema stammt von Marga Firle: Vom Umgang mit trivialen Lesestoffen. Berlin 1992.

[33] Nach Lange geht dieser Begriff auf Friedrich Hassenstein zurück, der sich damit auf Malte Dahrendorfs Konzepte zu einer Didaktik der Trivialliteratur bezog; vgl. Günter Lange: Artikel „Trivialliteratur und ihre Didaktik, in: TBD 1998, S. 761–786, S. 780.

[34] Ebd., S. 783; vgl. auch die entsprechenden Unterrichtsvorschläge, die Waldmann in seinem didaktischen Konzept zur Unterhaltungsliteratur 1980 vorlegte: Günter Waldmann: Literatur zur Unterhaltung. Band 1 u. 2. Hamburg 1980; der von Peter Domagalski noch 1981 vorgelegte Materialienband fällt hinter Waldmanns Konzept weit zurück, da er etwa die gesamte klassische Kriminalliteratur unterschiedslos als Kitsch abqualifiziert und (didaktisch) einseitig mit kognitiv-soziologischen Paradigmen argumentiert; P. D.: Trivialliteratur. Geschichte – Produktion – Rezeption. Freiburg i. Breisgau 1981.

[35] Vgl. hier vor allem die von Spinner eingenommene Position in: Kaspar H. Spinner: Das vergällte Lesevergnügen. Zur Didaktik der Unterhaltungsliteratur, in: Jörg Hienger: Unterhaltungsliteratur. Zu ihrer Theorie und Verteidigung (mit Beiträgen von Johannes Anderegg, Jörg Hienger und Kaspar H. Spinner). Göttingen 1976, S. 98–116.

[36] Vgl. den kritischen Überblick, den Wilhelm Peterßen gibt: W. H. P.: Lehrbuch Allgemeine Didaktik (6. völlig veränderte, aktualisierte und stark erweiterte Auflage). München 2001, S. 114–117.

37   Moritz Baßler: Der deutsche Pop-Roman. Die neuen Archivisten. München 2002, S. 46.

38   Christa Bürger, Bemerkungen zu einer Literatur der mittleren Sphäre, S. 7.

39   Dieter Wellershoff: Die Auflösung des Kunstbegriffs. Frankfurt am Main ²1981, S. 119.

40   Christa Bürger, Bemerkungen zu einer Literatur der mittleren Sphäre, S. 7.

41   Wolfgang Schemme: [Lernziele und Methoden der Wertungsdidaktik]. Aus: Trivialliteratur und
      literarische Wertung. Einführung in Methoden und Ergebnisse der Forschung aus didakti-
      scher Sicht. Stuttgart 1975, S. 25–26 und 110–125. Wiederabdruck in: Georg Pilz/Erich Kai-
      ser (Hrsg.): Literarische Wertung und Wertungsdidaktik. Kronberg/Taunus 1976, S. 237–251,
      S. 237.

42   Günter Waldmann: Theorie und Didaktik der Trivialliteratur. Modellanalysen – Didaktikdiskus-
      sion – literarische Wertung. München 1973, S. 79. – Dieses zentrale Lernziel hat bis heute
      Bestand, wie ein Blick in die aktuellen Richtlinien des Landes NRW belegt: „Die Schülerinnen
      und Schüler sollen sich mit Werten, Wertsystemen und Orientierungsmustern auseinander
      setzen können, um tragfähige Antworten auf die Fragen nach dem Sinn des eigenen Lebens
      zu finden" (Richtlinien und Lehrpläne für die Sekundarstufe II – Gymnasium/Gesamtschule in
      Nordrhein-Westfalen. Deutsch. Frechen 1999, XIII).

43   Günter Waldmann, Theorie und Didaktik der Trivialliteratur, S. 51.

44   Peter Baumbusch/Erich Kaiser/Georg Pilz: Literarische Wertung und Unterrichtspraxis.
      Unterrichtsversuche in einer achten Realschulklasse, in: Georg Pilz/Erich Kaiser (Hrsg.): Lite-
      rarische Wertung und Wertungsdidaktik. Kronberg/Taunus 1976, S. 259–276, S. 259.

45   Ebd., S. 260.

46   Rudolf Denk: Der wertende Schüler. Probleme und Möglichkeiten einer rezipientenorientier-
      ten Wertungsdidaktik, in: Georg Pilz/Erich Kaiser (Hrsg.): Literarische Wertung und Wertungs-
      didaktik. Kronberg/Taunus 1976, S. 277–292, S. 280.

47   Ebd., S. 281.

48   Vgl. hierzu etwa Jochen Schulte-Sasse. Literarische Wertung. Stuttgart ²1976, S. 179
      (= Sammlung Metzler 98) und Christa Bürger: Textanalyse als Ideologiekritik. Zur Rezeption
      zeitgenössischer Unterhaltungsliteratur. 1973, S. 10 f.

49   Norbert Mecklenburg: Aufriß einer Didaktik der literarischen Wertung, in: N.M. (Hrsg.): Zur
      Didaktik der literarischen Wertung. Frankfurt am Main 1975, S. 7–33, S. 7.

50   Ebd., S. 7.

51   Michael Kämper-van den Boogaart: Schönes, schweres Lesen. Legitimität literarischer Lektüre
      aus kultursoziologischer Sicht. Wiesbaden 1997, S. 109; vgl. auch die Thesen bei Gerhard
      Rupp: Kulturelles Handeln mit Texten. Fallstudien aus dem Schulalltag. Paderborn 1987, S.
      237 f.

52   Elisabeth K. Paefgen hat die Diskussion in ihren wichtigsten Positionen zusammenfassend
      referiert; vgl. EKP: Einführung in die Literaturdidaktik. Stuttgart/Weimar 1999, S. 114 f.

53   Vgl. etwa Hans Kügler: „Brief an zwei Leser. Zum produktions- und handlungsorientierten
      Literaturunterricht", in: PD 16 (1989), H. 94, S. 2–4 und Karlheinz Fingerhut: „Kann ‚Hand-
      lungsorientierung' ein Paradigma der Literaturdidaktik sein?", in: DD 18 (1987/88) H. 98,
      S. 581–600.

54   Norbert Mecklenburg, Aufriß einer Didaktik der literarischen Wertung, S. 29.

[55]   Clemens Kammler: Neue Literaturtheorien und Unterrichtspraxis. Positionen und Modelle. Baltmannsweiler 2000, S. 7.

[56]   Jutta Wermke: [Literarische Wertung und ästhetische Kommunikation. Unterrichtsmodell für die Sekundarstufe II]. Aus: Literarische Wertung und ästhetische Kommunikation; Lehrerheft: Leitfaden für ein Unterrichtsmodell in der Sekundarstufe II. Frankfurt/Main 1975, S. 3–7, Wiederabdruck in: Georg Pilz/Erich Kaiser (Hrsg.): Literarische Wertung und Wertungsdidaktik. Kronberg/Taunus 1976, S. 252–276, S. 252.

II. Didaktische Aspekte einer kritisch-reflexiven Wertungstheorie

Es ist aufschlussreich, dass die von Kammler angedachte Konzeption eines wertungsoffenen, aber nicht wertungsbeliebigen Literaturunterrichts – aus der Sicht poststrukturalistischer Literaturtheorie – in Norbert Mecklenburgs frühem Entwurf einer „Didaktik der literarischen Wertung" schon weitgehend vorformuliert worden ist:

> Die Dialektik aller Erziehung: die Spannung von Lehrerautorität und Mündigkeitsvorgabe an die Schüler, wird gerade an den spezifischen Schwierigkeiten einer Wertungsmethodik sichtbar. Offensichtlich kann die traditionelle Methode der Dichtungsdeutung, die, von festen Interpretationsmustern und Wertungsmaßstäben ausgehend, auf geschlossene Deutungen und definitive Antworten drängt, auf eine ‚Domestikation' der Literatur, nur eine schlechte Basis für kritische Wertungsmethodik abgeben und müßte durch Verfahrensweisen ersetzt werden, die nach dem ‚genetischen Unterrichtsprinzip' mehr Problemsehen, Verfremdung, entdeckendes Lesen ermöglichen.[1]

Mecklenburgs programmatische Äußerungen wird man – wie das Beispiel des literaturtheoretischen Diskurses aus didaktischer Sicht zeigt – ohne Schwierigkeiten in den Argumentationskontext zeitgenössischer Diskussionen über Probleme des Literaturunterrichts einordnen können. Ja, es ist festzuhalten, dass Mecklenburgs Konzeption sogar weiter trägt als viele Modelle der Gegenwart, weil sie den wertungstheoretischen Aspekt an zentraler Stelle mitberücksichtigt. Mecklenburg versteht seinen Entwurf einer kritischen Wertungsdidaktik als eine „offene Dramaturgie"[2] von Literaturunterricht, die ihre Grundsätze aus einer Theorie der „kommunikativen Didaktik"[3] ableiten will. Im Einzelnen heißt dies:

> Texte sind sprachliche Formen von Verständigung, und Interpretationen sind Formen von Verständigung über Verständigung. Auch literarische Wertung ist als ein nicht nur kognitiv-emotionales, sondern auch kommunikatives Verhalten aufzufassen, ein solches nämlich, mit dem man erprobt, wieweit die eigenen Normen mit dem Text und mit den Normen der anderen in Übereinstimmung zu bringen sind. Ist solche Übereinstimmung zugleich ein Ziel der Wertung, so hat diese notwendig immer auch persuasiven oder appellativen Charakter. Daraus ergibt sich für eine Wertungsmethodik die Konsequenz, Wertung und Kritik als praktisches Verhalten, als sprachlich-kommunikative Interaktion, und nicht als bloß theoretisches Vermögen zu lehren.[4]

Es wird deutlich, dass Mecklenburgs Aufriss einer „Didaktik der literarischen Wertung" viele Aspekte des kritisch-reflexiven Literaturunterrichts von heute vorwegnimmt. Was er zusätzlich – immerhin als Desiderat und als konzeptionellen Mangel – benennt, ist das Fehlen einer Theorie der literarischen Wertung aus didaktischer Sicht. Mecklenburgs Projektion einer solchen Theorie ist der – neben Waldmanns trivialdidaktischem Entwurf – am weitesten reichende Ansatz einer Theorie der literarischen Wertung für alle potenziellen Texte des Literaturunterrichts, die bis heute vorliegt. Dieses Fehlen einer didaktischen Wertungstheorie mutet insofern bedenklich an, weil wertungsdidaktische Zielsetzungen ständig – und wie es scheint, theoretisch unreflektiert – in Richtlinien, Curricula und literaturdidaktischen Abhandlungen begegnen.

Ein aktuelles Beispiel liefern die Richtlinien für das Fach Deutsch in der gymnasialen Oberstufe des Landes Nordrhein-Westfalen. Dort heißt es gleich zu Beginn des Eingangskapitels: „Die Schülerinnen und Schüler sollen sich mit Werten, Wertsystemen und Orientierungsmustern auseinander setzen können, um tragfähige Antworten auf die Fragen nach dem Sinn des eigenen Lebens zu finden."[5] Das ist sicher richtig und begrüßenswert, freilich stellt sich schon hier die Frage, inwieweit diese für die Schüler/innen angestrebte Reflexionspraxis die eigenen und die institutionellen Wertentscheidungen mit einbegreift und wie diese kritische Selbstreflexivität sich konkret im Unterricht auswirken soll. Einige Seiten später, im Hinblick auf eine mögliche Auswahl literarischer Texte für den Unterricht, liest man: „Kriterien für die Auswahl literarischer Texte sind ihre thematische, (literar)historische oder kulturelle Bedeutung, ihre sprachliche und künstlerische Qualität sowie ihr Gattungsbezug."[6] Ein für die angestrebten didaktischen Zwecke besonders ergiebiges Textreservoir sehen die amtlichen Sachverwalter in den Epochenumbrüchen „vom 18. zum 19., vom 19. zum 20. Jahrhundert und der Gegenwart"[7]. Als Begründung für diese Wahl wird die folgende Erklärung gegeben:

> Die beiden Epochenumbrüche vom 18. zum 19. Jahrhundert und vom 19. zum 20. Jahrhundert bieten ein reiches Spektrum an Texten unterschiedlicher Schreibweise und Perspektive, die Einblicke in die kulturelle Entwicklung verschaffen. Die ‚Gleichzeitigkeit des Ungleichzeitigen' von Aufklärung, Sturm und Drang, Klassik und Romantik zeigt die produktiven Widersprüche, die bis in die Gegenwart fortwirken. Die zeitliche Parallelität von Naturalismus, Expressionismus und Neuer Sachlichkeit kennzeichnet die Anfänge der Moderne, in der wir heute leben. Eine Konzentration auf die Zeiträume, deren Bedeutung für die Gegenwart außer Frage steht, sichert damit auch das notwendige historische Grundlagenwissen und Kenntnisse und Einblick in ein breites Spektrum literarischer Strömungen.[8]

Was in diesem Begründungskontext nicht steht, ist, dass diese Wahlentscheidung sich selbst einem bestimmten Werthorizont und einer spezifischen Wertungspraxis verdankt, die geprägt sind durch tradierte literaturwissenschaftliche und gesellschaftspolitische Vorstellungsmuster. Aus der Sicht dieser Wertungsinstanzen wird die Epoche des ausgehenden 18. Jahrhunderts als Blütezeit der deutschen Literatur mit hoher kulturgeschichtlicher Signifikanz idealisiert.[9] Die Rede von einem reichen „Spektrum an Texten", die hier Berücksichtigung finden können, enthüllt sich bei näherem Hinsehen eher als Versuch, abzusehende Defizite zu verdecken, denn die Wirklichkeit zeigt, dass die große Materialbasis, auf die hier vorbeugend – durchaus zu Recht! – verwiesen wird, in der schulischen Praxis auf einige wenige, kanonische Texte zusammenschrumpft. Nicht wesentlich anders sind die ausgesprochenen Empfehlungen für den Epochenumschwung vom 19. auf das 20. Jahrhundert zu bewerten. Auch dieser Wahlentscheidung liegen – nicht offengelegte – Wertpräferenzen zugrunde, die der traditionellen Hochwertung dieser Literaturepoche und einzelner Autoren durch institutionalisierte Wertungsinstanzen wie der Literaturkritik, den Universitäten, den Verlagen, den Zeitungen, der akademischen Wissenschaft etc. folgt.

Es geht hier nicht darum, diese Entscheidungen grundsätzlich in Frage zu stellen oder eine Diskussion über alternative Lektüreempfehlungen zu eröffnen. Entscheidend ist etwas ganz anderes: Alle diese Vorgaben fußen auf bestimmten Wertzuweisungen, die in der Regel nicht deutlich gemacht werden. Von einer Didaktik, die den Anspruch vertritt, Schüler zu befähigen, kritisch mit fremden Wertangeboten und Wertpositionen umgehen zu können, wird man aber erwarten dürfen, dass sie diesen Lernsubjekten die eigenen Wertvoraussetzungen des initiierten Lern- und Erziehungsprozesses offenlegt. Diese Forderung hatte etwa Schemme schon 1976 im Zuge der Erörterung über eine angemessene Didaktik für die Behandlung von Trivialliteratur im Unterricht aufgestellt: „Bei aller Förderung der Wertungskompetenz sollte immer so verfahren werden, daß vorgegebene Wertnormen nicht gelernt, sondern problematisiert, also kritisierbar gemacht werden."[10] Und analog dazu heißt es bei Nutz: „Wertungskompetenz kann nicht wie bisher als Fähigkeit des Schülers verstanden werden, rational die Qualität jener Literatur feststellen zu können, die ihm durch die Lehrpläne verordnet wird. Bleibt Wertungskompetenz nur das, so hat sie weitgehend nur Alibi-Funktion."[11]

Diese Forderungen schließen zugleich eine kritische Selbstreflexion der Wertsetzungen ein, die von institutioneller Seite (Lehrer, Lehrpläne, Stoffpläne) auf den Unterricht einwirken. Die vorgelegten Beispiele zeigen, dass dies offenbar – zumindest theoretisch – nur ungenügend geschieht. Man muss dem zeitgenössischen Literaturunterricht zwar zugestehen, dass er – insbesondere aufgrund der starken Sensibilisierung durch die Methodendiskussion – in der Praxis die von Mecklenburg geforderte „offene Dramaturgie des Unterrichts" durchaus zu verwirklichen sucht. Es kann aber wohl als gegeben hingenommen werden, dass diese Bemühungen in der Regel theoretisch unreflektiert und weitgehend unbewusst unternommen werden. Hier könnte eine Theorie der literarischen Wertung aus didaktischer Perspektive ansetzen und versuchen, die weitgehend unreflektierten Wertungs- und Normsetzungen sichtbar und damit für Unterricht selbst nutzbar zu machen.

1. Heydebrands und Winkos Entwurf eines didaktiknahen Wertungsmodells

Gerade im Zusammenhang mit der Konzeption einer Didaktik des Kriminalromans können grundlegende didaktische Überlegungen und programmatische Entwürfe entwickelt werden, die einen wichtigen Beitrag zu einer Neuausrichtung des Literaturunterrichts aus wertungsdidaktischer Perspektive leisten können. Der zentrale Ausgangspunkt dieser didaktischen Konzeption, die wesentliche Impulse der Wertungstheorie verdankt, die Renate von Heydebrand[12] und Simone Winko konzipiert haben, resultiert in der Feststellung, dass jede Didaktik – mehr oder weniger implizit wie explizit – auf bestimmte Werthorizonte rekurriert, die ihre innere Konzeption bestimmen. Das von Heydebrand und Winko beschriebene Modell eines ‚Sozialsystems Literatur‘, in dem sich Wertungsprozesse beobachten und analysieren lassen, ist in paradigmatischer Weise dafür geeignet, didaktische Prozesse transparent zu machen. Der Begriff wird wie folgt von den beiden Literaturwissenschaftlerinnen expliziert:

> Zum Sozialsystem Literatur zählen wir also einerseits die Texte, die in diesem System als literarisch angesehen werden, und andererseits alle gesellschaftlichen kommunikativen Handlungen, die mit diesen Texten vollzogen werden: Das sind ihre Produktion, also ihre Hervorbringung in schriftlicher, gegebenenfalls aber auch mündlicher Form, ebenso wie ihre Distribution, also ihre private oder öffentliche, kommerzielle oder nicht-kommerzielle Verbreitung, und außerdem ihre Rezeption und Weiterverarbeitung, d. h. ihre Aufnahme, ihre Deutung, ihre Bearbeitung usw. Zum Sozialsystem Literatur rechnen wir … auch die Institutionen, in denen diese Handlungen vollzogen werden (WvL, 27 f.).

Es wird schnell deutlich, dass in dieser Definition zugleich eine genaue Beschreibung des „schulischen Literaturunterrichts" mit enthalten ist: Zum einen wird hier die Lektüreauswahl erwähnt, zum anderen umfasst der Terminus „gesellschaftlich-kommunikatives Handeln" die unterrichtliche Praxis in allen wichtigen Dimensionen, und zum dritten verweist die Erwähnung der an diesem Wertungsprozess beteiligten Institutionen auf das komplexe Geflecht der staatlichen Institutionen in dem gesellschaftlichen Handlungssystem Schule. Von Heydebrand und Winko haben in diesem Zusammenhang auch explizit auf den „Äußerungskontext ‚Schule‘" (WvL, 328) hingewiesen, der einen eigenen, abgegrenzten Bereich der literarischen Wertsprache konstituiert, über den man sich wissenschaftlich auseinander setzen kann

Ein weiteres wichtiges Deskriptionsmodell des literarischen Wertungsprozesses, das von Heydebrand/Winko einführen, ergänzt und vervollständigt das begriffliche Instrumentarium, mit dem didaktisch operiert werden kann: gemeint ist die Unterscheidung zwischen ‚autonomer‘ und ‚heteronomer Literaturrezeption‘. Unter ‚autonomie-ästhetischer‘ Rezeption verstehen von Heydebrand/Winko „einen Rezeptions- bzw. Verarbeitungsmodus, der Texte in dem Sinne ‚autonom‘

setzt, dass er sie nicht unmittelbar auf Wirklichkeit, Zwecke und Handlungs-
zusammenhänge bezieht" (WvL, 29). Der Begriff hat, wie referiert wird, seinen
Ursprung in der ästhetischen Diskussion des späten 18. Jahrhunderts, die in der
Literaturwissenschaft des 19. und 20. Jahrhunderts dokumentiert, idealisiert und
als dominierendes hermeneutisches Paradigma für die wissenschaftliche Literaturrezeption festgeschrieben wurde. Nach Auffassung von Heydebrand/Winko
bezeichnet „der Begriff ‚autonom-ästhetisch' einen Modus der Rezeption von
Texten ..., nicht aber eine Qualität der Texte selbst" (WvL, 29). Das heißt, dass
„nicht die Texte ‚autonom' [sind], sondern sie werden ‚autonomieästhetisch' rezipiert bzw. als autonom postuliert" (WvL, 29).[13]

Aus didaktischer Sicht weitaus bedeutsamer ist freilich das Deskriptionsmodell
einer ‚heteronomen Literaturrezeption'. Dieser Begriff kann die folgenden Bedeutungen haben:

> Er bezeichnet die Modi, in denen literarische Texte vor Entstehen des Sozialsystems Literatur
> rezipiert worden sind und die auch noch nach 1800 eingesetzt werden: Heteronome Litera-
> turrezeption funktionalisiert die Texte in Hinsicht auf bestimmte Zwecke, seien es kognitive,
> emotionale oder praktische Zwecke. Dieser Begriff wird ebenfalls auf Texte übertragen. Als
> historischer kann er auf die Literatur vor 1800 bezogen werden, etwa auf mittelalterliche oder
> barocke Texte; als klassifikatorischer Begriff kann er auf Unterhaltungs- und Trivialliteratur
> sowie auf Sachtexte angewendet werden (WvL, 30).

Auch hier überrascht die didaktische Nähe der Formulierungen. Eine so verstandene ‚heteronome Literaturrezeption' beschreibt ziemlich genau das Aufgaben-
und Tätigkeitsspektrum eines Deutschlehrers. Literaturunterricht an der Schule
ist nichts anderes als die funktionalisierte Betrachtung von Texten unter kognitiven, emotionalen oder praktischen Zwecken. Dass diese Tätigkeit des Un-
terrichtens, die man als eine ‚heteronome Literaturrezeption' beschreiben kann,
ständig von Wertungshandlungen der Lehrperson begleitet wird, ja dass diese
allem Unterricht schon vorausgehen, kann an wenigen Beispielen einsichtig gemacht werden.

Unterricht ist ein zielgerichtetes Geschehen, das darauf abhebt, Verhaltens-
änderungen bei Schülern/innen zu bewirken, die als Wissens- oder Kompetenzzuwachs beschrieben werden. Damit diese Lehr- und Lernprozesse zu den
angestrebten Ergebnissen führen können, müssen sie rational durchschaubar,
planbar sein. Das heißt, Unterricht ist zugleich auch ein weitgehend geplantes
Geschehen, das durch einen professionellen Akteur, die Lehrperson, in Gang
gesetzt und geleitet wird. Der Initiierung, Planung, Steuerung und Analyse von
Lernprozessen wird vor allem durch die Lernzieldimension Rechnung getragen,
die in der Unterrichtspraxis eine zentrale Stellung einnimmt und sogar zur Konzeption einer eigenen Didaktik, der so genannten curricularen Didaktik, geführt
hat.[14] Mit anderen Worten: Unterricht wird weitgehend durch (vorab festgelegte)

Lernziele bestimmt und daran gemessen, ob und wie diese Lernziele im Unterrichtsverlauf erreicht werden. Auch die Konzeption eines ‚offenen Unterrichts‘, der „durch Förderung der Entscheidungs- und Handlungsfähigkeit der Schüler"[15] die Subjektrolle des Lernenden stärken will und die Dominanz der Lehrerrolle abbauen möchte, bleibt auf die präkonstruktive Dimension von Unterricht zurückverwiesen: Zum einen greifen auch in diese Form des Unterrichts institutionelle Vorgaben wie Lehrpläne, Organisationsstrukturen, Klassenarbeiten und andere Formen der Lernerfolgsüberprüfung ein, zum anderen verlagert sich die planerische Funktion des Lehrenden nun auf die Rolle eines Arrangeurs, der Entscheidungen treffen muss, um geeignete Lernumgebungen und settings herzustellen, in denen kommunikative Formen des Unterrichts möglich sind.

Für alle diese Unterrichtsformen und -techniken gilt: Die Lehrperson muss Vorentscheidungen treffen, damit Unterricht – in welcher auch immer intendierten Form – stattfinden und gelingen kann. Jede didaktische Entscheidung ist aber mit einer Wertung oder Werthandlung verbunden. Nach von Heydebrand/Winko bezeichnet der Begriff ‚Wertung‘:

> … eine Handlung, in der ein Subjekt in einer konkreten Situation aufgrund von Wertmaßstäben (axiologischen Werten) und bestimmten Zuordnungsvoraussetzungen einem Objekt Werteigenschaften (attributive Werte) zuschreibt. Diese Zuschreibung kann in Form nicht-sprachlicher Handlungen (motivationaler Wertung) oder in verbalisierter Form als sprachliche Wertung vollzogen werden (WvL, 39).

Überträgt man dieses Begriffsinstrumentarium konkret auf Lehr- und Lernprozesse mit literarischen Texten in der Schule, dann könnte sich das folgende Lernszenario ergeben: Ein Lehrer plant in der 10. Klasse eines Gymnasiums, einen neuen literarischen Text zu besprechen. Er hat mehrere Möglichkeiten, den Text einzuführen:

(1) Er gibt die Lektüre des Textes vor,

(2) er stellt mehrere Lektüren zur Auswahl,

(3) er lässt die Schüler selbst einen Text vorschlagen.

In allen genannten didaktischen Fallentscheidungen lässt der Lehrer sich unter ‚bestimmten Zuordnungsvoraussetzungen‘ durch ‚axiologische Werte‘, die er dem Text ‚attributiv‘ zuschreibt, in seinem Handeln leiten. Ich will dies im Einzelnen verdeutlichen.

Nehmen wir an, die betreffende Lehrperson möchte gerne den Kriminalroman *Der Verdacht* von Friedrich Dürrenmatt in dieser Klasse lesen; sie schlägt also sowohl unter Vorgehensweise (1) wie auch (2) diesen Text vor. Welche axiologischen Wertzuweisungen[16] – implizit wie explizit – können dann für diese Wahlentscheidung verantwortlich sein? In der vorliegenden fiktiven Situation leiten sich die axiologischen Werte, die bei der Auswahl dieser Lektüre eine Rolle spielen, sowohl aus institutionell-gesellschaftlichen wie auch aus ästhetischen

Werthorizonten ab, die in dem Sozialsystem Schule bedeutsam sind. Ein axiologischer Wert zur Beurteilung dieses Textes, der durch curriculare Vorgaben legi-
timiert wird, ist etwa die „kritische Auseinandersetzung mit der Holocaust-The-
matik unter dem Blickwinkel einer Aufarbeitung verbrecherischer Aktivitäten
deutscher Mediziner". Ein zweiter axiologischer Wert – diesmal aus einem ästhetischen Werthorizont – leitet sich aus der Gattungstypologie ab: Dürrenmatts
Kriminalroman ist ein flüssig geschriebener, spannender Text, der viel „action"
bietet. Aufgrund dieser axiologischen Werte ordnet die Lehrperson dem Roman
also die folgenden ‚attributiven Werte'[17] zu:
(1) Der Kriminalroman fördert ein kritisch-emanzipiertes Geschichtsbewusstsein,
und
(2) er führt auf spannende Weise in die Gattung des Kriminalromans ein oder erweitert dieses Gattungswissen auf unterhaltsame Weise. Die diese Werthandlung
mit verursachenden ‚Zugangsvoraussetzungen' bezeichnen:

> „… Bedingungen, die erfüllt sein müssen, damit ein Wertender (1) einen axiologischen Wert
> auf ein Objekt bzw. auf Objekteigenschaften und/oder (2) konkretere axiologische Werte auf
> einen höher geordneten axiologischen Wert beziehen kann. Zu diesen Voraussetzungen zäh-
> len subjektive Erfahrungen und individuelles wie auch kollektives, konventionalisiertes Wis-
> sen der Wertenden" (WvL, 44).

In unserem Fall manifestieren sich diese ‚Zuordnungseigenschaften' in den in-
dividuellen Kenntnissen und Vorlieben sowie dem kollektiven Wissen der Lehrperson: So könnte der betreffende Lehrer etwa eine persönliche Vorliebe für Kriminalromane haben, gute Erfahrungen im Unterricht mit diesen gemacht haben
oder über einen reichen Fundus an Unterrichtsmaterialien verfügen, die ihm die
Vorbereitung auf diesen Unterrichtsstoff erleichtern.

Von den beiden Wertungshandlungen, die von Heydebrand und Winko unterscheiden, sind im vorliegenden Fall vor allem die so genannte ‚motivationale
Handlung' von Bedeutung, weil sie im Vorfeld des eigentlichen Unterrichtsgeschehens zum Tragen kommen. Darunter versteht man zumeist eine Wahlhand-
lung, „in der einem Objekt, einer Person oder einem Sachverhalt – bewusst oder
unbewusst – Wert zuerkannt wird" (WvL, 46). Im dem situierten Kontext didaktischer Entscheidungen, der hier vorliegt, wird man davon ausgehen können, dass
ein großer Teil der im Vorfeld von Unterricht getroffenen didaktischen Entscheidungen ‚motivationaler Art' ist. Die Ebene der ‚sprachlichen Wertungen' betrifft
alle unterrichtskonzeptionellen und -wertenden Aktivitäten, die versprachlicht
und/oder verschriftlicht werden (Leistungsbeurteilungen aller Art), didaktische
Abhandlungen – wie diese Arbeit – sowie institutionelle Handreichungen und
Vorgaben (Lehrpläne, Richtlinien etc.).

Aus didaktischer Sicht sind daneben freilich nicht nur die Wertungshandlungen, die von Lehrpersonen bei der Planung und Durchführung von Unterricht

vorgenommen werden, von Bedeutung, sondern ebenso die Wertungshandlungen der Schüler/innen. Das literarische Werk befindet sich im Lehr-Lernkontext von Schule (und Hochschule) in einer Position, die Wertungen von beiden Seiten zulässt und auch herausfordert. Dass mit dieser besonderen Stellung des literarischen Textes weitreichende didaktische Implikationen verbunden sind, dürfte klar sein. Das Gelingen von Unterricht hängt ganz wesentlich damit zusammen, beide Wertungshorizonte in einen kommunikativen Prozess einzubinden, an dessen Ende wieder eine neue begründete Werthaltung stehen soll. Schule ist in diesem Sinne nichts anderes als eine Sozialisationsinstanz, in der Werthaltungen erworben werden (sollen). Dass die vorschulischen und auch schulimmanenten „anti-institutionellen" Wertungshaltungen von Schülerinnen und Schülern bei diesem Prozess eine wesentliche Rolle spielen, müsste hier noch einmal in aller Konsequenz evident geworden sein.

Zur Verdeutlichung kann hier noch einmal auf den Fall eines misslungenen Lektürevorschlags durch die Lehrperson verwiesen werden (Fall 2 oder 3 des besprochenen Lektürewahl-Modells). Die abwehrende Haltung der Schüler/innen im Fall der intendierten Dürrenmatt-Lektüre kann nun auch dazu führen, dass die Lehrperson ihren Lektürevorschlag nur gegen den Widerstand der Lernsubjekte durchzusetzen vermag. Sofern die betroffene Lehrperson Anhänger/in kommunikativ-produktiver Unterrichtsformen ist, wird sie versuchen, auf die Einwände und Widerstände der Klasse einzugehen und diese produktiv für den Unterricht zu nutzen, indem sie etwa an die Eigenverantwortlichkeit der Schüler/innen appelliert und diese ermuntert, selbst Vorschläge für die gemeinsame Lektüre zu unterbreiten, wobei die institutionellen Vorgaben (Lehrpläne), denen auch dieses Vorhaben unterliegt, ebenfalls Berücksichtigung finden können.

Schließlich sei auf die dritte Dimension einer zu konzipierenden ‚kritisch-reflexiven Wertungsdidaktik' hingewiesen: Welche Rolle spielt die materiale Seite des literarischen Textes im Kontext einer so gedachten Literaturdidaktik? Es wurde zuletzt gezeigt, dass der (ästhetische) Wert eines literarischen Textes sich im ‚Äußerungskontext Schule' ganz wesentlich im Rückgang auf die Werthorizonte der beteiligten Subjekte (Schüler wie Lehrer) bildet. Die „Konkretisationen"[18] des literarischen Werkes im Bewusstsein des vorstellenden Subjekts sind freilich nicht die einzigen Konstituenten, die für die Genese von Wertungen bedeutsam sind. „Die mannigfaltigen ästhetischen Wertqualitäten … in verschiedenen Schichten des literarischen Kunstwerks"[19] konstituieren zugleich eine subjektunabhängige Dimension im Kunstwerk, die ästhetische Wertungen mitbestimmt. Auch aus der Sicht der soziologisch fundierten Wertästhetik Jan Mukařovskýs, die konsequent aus der Perspektive einer ‚ästhetischen Funktionalität' des literarischen Kunstwerks für die Gesellschaft argumentiert und die der Konzeption von Heydebrands und Winkos wichtige Impulse gegeben hat, wird dieses Postulat nicht in Frage gestellt. Mukařovský vertritt etwa die Ansicht, „daß der unabhängige ästhetische Wert eines Kunstgebildes um so höher und dauerhafter ist, je schwerer sich das Werk einer wörtlichen Interpretation aus der Sicht des allgemein angenommenen Wertsystems einer bestimmten Zeit und eines bestimmten Milieus unterwirft"[20]. Mit dieser Einschätzung verbunden ist zugleich auch die Prämisse, dass man sich über diese Werte intersubjektiv verständigen kann. Von Heydebrand und Winko formulieren analog hierzu: „Wir halten – mit Mukařovský und Jauß – daran fest, daß der Text als Struktur von ‚Werten in potentia' die Wertung mitbestimmen soll; und wir halten – gegen Konstruktivisten und Poststrukturalisten (jedenfalls in ihrer Theorie) – auch daran fest, daß wir uns intersubjektiv über den Wert von Texten sollten verständigen können" (WvL, 375). Im Hinblick auf die hier exponierten didaktischen Kontexte bedeutet dies, dass die Sachanalyse des literarischen Textes auch weiterhin eine zentrale Bedeutung im Kontext von Unterrichtsgeschehen spielt.

Es schließt sich an diese Überlegungen zuletzt die Frage an, welche Legitimationen eine so verstandene Didaktik anführen kann. Aus der Sicht von Heydebrands und Winkos wird die folgende Antwort gegeben:

> Da moderne Gesellschaften ... nicht mehr statisch nach Schichten differenziert sind, sondern dynamisch nach Funktionsbereichen, für die jeweils neue Leistungen erbracht werden müssen, reduziert sich Wertbegründung notwendigerweise auf die Bewertung von Leistungen für einen bestimmten Bereich, einen Äußerungskontext. So wird es zwar keine Antwort mehr auf die Frage geben, welche Art von Literatur die beste Leistung für die Gesamtgesellschaft erbringt; aber die Frage müsste sich beantworten lassen, welche Literatur in einem bestimmten Äußerungskontext die beste ist. Wir müssen die Wertbegründung für Literatur, für das Verhältnis von autonomer und heteronomer Ästhetik, für ästhetische und nicht-ästhetische Werte auf die Kontexte der pluralistischen, multikulturellen Gesellschaft und ihre Gruppen relativieren (WvL, 331).

Im vorliegenden Zusammenhang ist also danach zu fragen, welche literarischen Texte im ‚Äußerungskontext Schule' am besten geeignet sind, die angestrebten Lern- und Erziehungsziele – im Sinne von Wertorientierungen – zu befördern. Die Befürchtung, dass mit diesem Ansatz einem ungehemmten Wertrelativismus das Wort gesprochen wird, ist freilich unbegründet. Es gibt einen, wenn auch sehr fragilen, fundamentalen Wertkonsens in unserer Gesellschaft, der das Reservoir möglicher Texte eingrenzt: „Die letzte Legitimationsinstanz besteht in der heutigen, von den modernen Ländern dominierten Weltgesellschaft in einem labilen Konsens über ethische Grundwerte, die Menschenrechte; sie bilden den Rahmen, der im Konfliktfall die Wertsetzungen in allen übrigen Wertbereichen, auch dem ästhetischen, begrenzt" (WvL, 330). Die Definition schließt auch Veränderungen und Modifikationen dieses prinzipiellen Wertverständnisses nicht aus, wie bereits Maren-Grisebach deutlich gemacht hat, wenn sie hervorhebt, „daß eine *Demokratisierung oder Sozialisierung* ... dem Wertdenken angemessen [sei]"[21]. Das bedeutet, gerade für den ‚Äußerungskontext Schule', dass die hier zur Anwendung gelangenden Wertsprachen in hohem Maße selbstreflexiv und offen für den Diskurs sein müssen. Auftretende Konflikte sollten, wie betont wird, „pragmatisch, tolerant und situationsbezogen gelöst werden" (WvL, 340). Insbesondere die den Unterrichtsprozessen eingeschriebenen Werthaltungen von Lehrenden und Lernenden könnten in einer zukünftigen Literaturdidaktik weitaus stärker Berücksichtigung finden, als es bisher geschehen ist. Da der Prozess des Wertens nach von Heydebrand und Winko sich primär als eine Form des sozialen Handelns bestimmen lässt, das dadurch gekennzeichnet ist, dass der ästhetische und außerästhetische Bereich in „einem stetigen dynamischen Verhältnis [zueinander]"[22] stehen und sich wechselseitig beeinflussen, gewinnen aus didaktischer Sicht vor allem Fragestellungen der literarischen Sozialisation an Bedeutung.

Zusammengefasst ergeben sich dadurch für die Konzeption einer kritisch-reflexiven Wertungsdidaktik des Kriminalromans die folgenden Grundlegungen: Eine so verstandene Didaktik des Kriminalromans muss die drei Werthorizonte der Subjekt- (Schüler und Lehrer) wie Objektseite (Texte) rekonstruieren und ein Wertetableau entwickeln, das einen funktional angemessenen Einsatz ausgewählter Gattungstexte im Unterricht gewährleistet. Diesem Wertetableau müssen flexible Handlungsmuster eingeschrieben sein, die eine produktive Kommunikation zwischen den Wertehorizonten von Schülern/innen und Lehrern/innen ermöglichen. Die unterrichtlich zur Disposition gestellten Wertorientierungen müssen transparent und in ihrer Legitimität ausgewiesen sein.

Ein literaturdidaktischer Ansatz unter wertungsästhetischer Blickrichtung müsste demnach in der Lage sein, die wichtigsten Wertungshorizonte seiner Unterrichtskonzeption darzustellen und offen zu legen sowie ihre Relevanz für konkrete unterrichtliche Entscheidungen sichtbar zu machen. Schließlich wäre zu zeigen, welche Vorteile ein wertungsästhetisch fundierter Ansatz gegenüber tradierten Vorgehensweisen hat.

Natürlich stellt sich in diesem Kontext die Frage, wie dies praktisch geschehen soll. Die Vorstellung etwa, dass ein Lernangebot ständig auf seinen eigenen (Wert-)Relativismus verweist, dürfte sich längerfristig als demotivierend erweisen. Auch ist zu berücksichtigen, dass sich diese institutionellen Wertzuweisungen in einer beinahe unübersehbaren Reihe von nachfolgenden Wertungshandlungen auf untergeordneten Entscheidungsebenen fortsetzen, von denen eine ganz entscheidende sicher der Lehrende selbst repräsentiert.

2. Ein kritisch-reflexives Wertungsmodell für den Kriminalroman

Das nachfolgend abgebildete kritisch-reflexive Wertungsmodell versteht sich als eine didaktische Wertungskonzeption, die auch auf andere Literaturgattungen als den Kriminalroman anwendbar ist. Die Institution Schule wird hier grafisch durch den inneren Kreis als spezifischer Äußerungskontext des Sozialsystems Schule dargestellt. Das Paradigma der schulischen Literaturaneignung dominiert die ‚heteronome Literaturrezeption'. Dies bedeutet, dass auch als ‚autonom-ästhetisch' eingestufte Texte stets unter ‚heteronomen Rezeptionsprinzipien' behandelt werden. Dies gilt selbst dann, wenn man sie methodisch unter ‚autonomie-ästhetischem' Blickwinkel liest; in diesem Fall wird die ‚autonomie-ästhetische' Leseweise didaktisch funktionalisiert und dem Lehr-Lernvorgang als Lernziel supponiert. Im Äußerungskontext Schule ist eine ‚autonomie-ästhetische' Rezeptionsweise – wenn überhaupt – nur sehr eingeschränkt möglich, weil dieses Sozialsystem durch eine stark funktionalisierende und reglementierende Literaturaneignung gekennzeichnet ist, die stets kognitive, emotionale oder praktische Zielsetzungen hat. Eine ‚autonomie-ästhetische' Literaturrezeption wäre nur dann möglich, wenn diese ‚heteronomen Rezeptionsprinzipien', die das Agieren in schulischen Kontexten bestimmen, außer Kraft gesetzt würden oder zumindest stark in den Hintergrund gedrängt werden könnten. Dass dies prinzipiell auch im schulischen Unterricht möglich (und auch erstrebenswert) erscheint, soll nicht von der Hand gewiesen werden, es dürfte faktisch aber eher die Ausnahme sein.

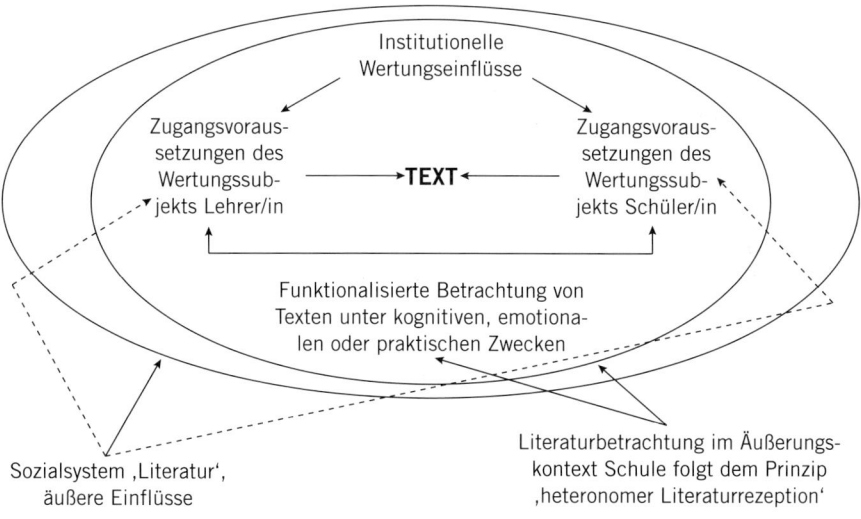

Abb. 1: Kritisch-reflexives Wertungsmodell

Die entscheidenden Wertungsinstanzen und Wertungsbereiche in dem vorgeschlagenen Modell konstituieren sich in den beiden Subjektbereichen ‚Lehrer' und ‚Schüler' sowie in dem Objektbereich ‚Text'. Auf diese Größen wirken einerseits die dem Äußerungskontext immanenten Wertungskräfte ein wie die ‚institutionellen Einflüsse' (in Form von Richtlinien, ministeriellen Vorgaben, Bewertungszwängen etc.) und auf der anderen Seite die äußeren Wertungseinflüsse des übergeordneten ,Sozialsystems Literatur' auf die Wertungssubjekte (in Form von Literaturkritik, Literaturwissenschaft, Konsumstrategien, häuslicher Sozialisation etc.). Von zentraler Bedeutung ist schließlich der kommunikative Prozess zwischen den beiden Wertungssubjekten, der die Werthaltungen wechselseitig beeinflusst und Unterricht erst ermöglicht.

Literaturdidaktisch hat in diesem Kontext zuallererst die Klärung der axiologischen Werthaltungen Vorrang, die in den Wertungssubjekten angelegt sind. Hier wird man – aufgrund rezeptionsanalytischer, empirischer und soziologischer Befunde – allerdings nur zu relativen Aussagen kommen können, da es nicht möglich ist, die axiologische Werthaltung jeder einzelnen Person genau zu bestimmen. Immerhin wird man aber Erkenntnisse darüber erlangen können, welche Wertungshaltungen durchschnittlich am meisten verbreitet sind und durch welche Einflüsse sie sich aller Wahrscheinlichkeit nach konstituieren, indem man die ,Zugangsvoraussetzungen' der einzelnen Subjekttypen klärt. Der Terminus ,Zugangsvoraussetzungen' bezeichnet in diesem Kontext gleichsam die Bedingungen der Möglichkeiten, unter denen axiologische Werte literarischen Objekten attributiv zugeordnet werden können. Aus literaturdidaktischer Sicht lassen sich hierbei weniger die subjektiven Wissensbestände der wertenden Subjekte klären, dafür aber die kollektiven, konventionalisierten und öffentlichen; ihre Eruierung dürfte wiederum Rückschlüsse auf subjektive Entscheidungsmuster zulassen. Eine partiell gewiss sinnvolle Differenzierung der axiologischen Werthaltungen in ,motivationale' und ,sprachliche Wertungen' lässt sich überdies im Äußerungskontext Schule relativ leicht bewerkstelligen. Vor allem der große Bereich schriftsprachlicher Äußerungen von Lehrern und Schülern, das Studium von institutionellen Verlautbarungen, unterrichtspraktischen Materialsammlungen oder Unterrichtsmaterialien ermöglicht eine genauere Untersuchung dieser Wertungshandlungen.

Der Gegenstandsbereich ,Text' konstituiert die dritte große Untersuchungsdimension einer Didaktik des Kriminalromans unter wertungsanalytischen Aspekten. Eine Exegese dieses Objektbereiches muss einerseits versuchen, die textimmanenten Strukturen ausgewählter Kriminalromane zu analysieren und offenzulegen, andererseits wird sich nicht verhindern lassen, dass in diese Analyse immer auch Wertungen des Interpretierenden mit einfließen; diese gilt es zu benennen und im Rückgriff auf ihre jeweilige Wertbasis kritisch zu reflektieren. Eine Untersuchung des Genres Kriminalroman unter wertungsdidaktischer und -theoretischer Perspektive muss sich ihrer Wertsprache nicht nur kritisch-reflexiv selbst vergewissern, sondern muss zugleich auch berücksichtigen, ob sich didaktische Zielsetzungen mit den herausgearbeiteten Wertmustern verwirklichen lassen. Literarische Analyse unter heteronomen Rezeptionsaspekten muss immer klären, ob sich der geprüfte literarische Text in die didaktische Verwertungsökonomie integrieren lässt. Eine kritische und abwägende Analyse aller drei Wertungsperspektiven sollte es ermöglichen, übergeordnete Wertkriterien für eine unterrichtliche Behandlung ausgewählter Exemplare des Genres zu formulieren. „Kriterien der literarischen Wertung bedürfen aber nicht nur theoretischer Begründung, sondern auch einer plausiblen Praxis. Erst in ihrer konkreten Anwendung erweisen sie ihre Angemessenheit oder Unangemessenheit."[23] Norbert Mecklenburgs Feststellung mahnt zu Recht daran, dass die abgeleiteten Wertkategorien sich in der didaktischen Praxis bewähren müssen. Exemplarische Unterrichtsstudien, in denen die Handhabung und Praktikabilität der gewonnenen Prinzipien konkret überprüft werden soll, ergänzen die theoretischen Reflexionen zur Wertungsdidaktik des Kriminalromans.

3. Der postmoderne Grundzug einer kritisch-reflexiven Didaktik

Der Begriff „Postmoderne" ist zu einem Sammelbecken von Bedeutungen geworden, das es dem Rezipienten schwer macht, eine klare Vorstellung von dem zu bekommen, was der Terminus beschreibt und wie er sinnvoll zu gebrauchen ist. Bereits 1987 hat Hanns-Josef Ortheil diese Diffusion dahingehend beschrieben, dass für manche Leser postmoderne Literatur „der Grund anhaltenden Ekels [sei]"[24]. In den letzten Jahren hat die literaturwissenschaftliche und philosophische Theoriebildung des Begriffes immerhin solche Fortschritte gemacht, dass ein Konsens über die verschiedenen Valenzen des Terminus möglich erscheint. So bringt etwa das von Ansgar Nünning herausgegebene Lexikon der Literatur- und Kulturtheorie die folgende, zustimmungsfähige Definition:

> Die P. ... markiert ... den Bruch mit dem elitären Kunstverständnis und Wissensbegriff der Moderne: ‚Hochkultur' und Populärkultur greifen ineinander, eine Vielzahl von Minderheiten und Subkulturen stellen dominante Wertmaßstäbe und Konzepte in Frage, Politik und *performance* werden von den omnipräsenten Medien nahtlos verwoben, und die ‚Logik des Spätkapitalismus' (F. Jameson) bestimmt Kunst und Kommerz gleichermaßen. Ein wichtiger Bezugspunkt für die epistemologische Krise der P. ist so der bereits in der Moderne angelegte Bruch mit dem aufklärerischen Projekt einer umfassenden Erfassung und Erklärung der Welt, die Ablösung der sinnstiftenden ‚großen Erzählungen' (J.-F. Lyotard) der Religion und der Wissenschaft durch fragmentarische und vorläufige Wissensmodelle. – Der daraus folgende Orientierungsverlust findet auch in theoretischen Reflexionen zum Wirklichkeitsverlust Ausdruck, wie z. B. in der Feststellung, Realität werde durch multimediale Technologien der Simulation (J. Baudrillard) verdrängt und schließlich ersetzt, und jegliches Geschichtsbewusstsein verliere sich in der Oberflächenästhetik der Konsumgesellschaft. Die Wertungen dieser Entwicklung variieren dabei von kulturpessimistischem Skeptizismus angesichts einer gleichschaltenden Kommerzialisierung bis zur euphorischen Verkündigung eines neuen Zeitalters der Dehierarchisierung und Liberalisierung.[25]

Mit dieser Begriffsbestimmung ist ein erster Überblick gewonnen, der freilich um wichtige Bedeutungshorizonte zu erweitern ist. So wäre im Kontext einer neuen Literaturdidaktik zu fragen, welche Konsequenzen dieses veränderte literarische und philosophische Weltbild für die Schule hat und vor allem, wie diese Veränderungen in eine kritisch-reflexive Wertungsdidaktik einzubringen wären.

Die Literaturdidaktik hat sich diese Fragen Ende der 80er Jahre erstmals selbst gestellt: 1987 spricht Karlheinz Fingerhut in einem Vortrag auf dem Berliner Germanistentag von dem „Dilemma des Literaturunterrichts angesichts der postmodernen Literatur"[26]. Fingerhut bemängelt dort mit Recht, dass die literaturdidaktischen Prinzipien der hermeneutischen Sinngebung, der Persönlichkeitsentfaltung, des historischen Bewusstseins und der Weltorientierung mit der herrschenden Ästhetik postmoderner Literatur inkommensurabel seien. Wenig später haben Jürgen Förster[27] und Klaus-Michael Bogdal[28] diesen Befund bestätigt und weiter präzisiert. In den folgenden Jahren hat sich die Literaturdidaktik der postmodernen Literaturtheorie vor allem über eine neue Lesedidaktik, die zugleich auch weit reichende hermeneutische Fragestellungen impliziert, angenähert.

Eine wichtige Zäsur markiert in diesem Zusammenhang der im Jahre 1995 von Förster herausgegebene Band *Neue Lesarten – Texte im Unterricht*, der eine Sammlung von literaturdidaktischen Beiträgen präsentiert, in denen fiktionale Texte unter poststrukturalistischen Gesichtspunkten analysiert und für den Unterricht aufbereitet werden. Besondere Aufmerksamkeit wird dabei den Lesarten der Diskursanalyse und der Dekonstruktion gewidmet, die man offenbar am ehestens für praxistauglich hält.[29] Eine weitergehende Ausdifferenzierung dieser Ansätze zu einer literaturdidaktischen Assimilierung der postmodernen Theoriebildung wurde in der Folgezeit dann vor allem von Clemens Kammler geleistet, der in seiner Monographie über *Neue Literaturtheorien und Unterrichtspraxis* zuletzt ein vorläufiges Resümee seiner literaturdidaktischen Bemühungen geliefert hat. Für Kammler ist die Berücksichtigung postmoderner Literatur- und Kulturtheorien im Deutschunterricht mit der Zielsetzung verbunden, eine „neue poetische Lesekompetenz"[30] bei Schülern zu befördern, die das tradierte Hermeneutikverständnis einer eindimensionalen Sinnzentrierung erweitert und problematisiert: „Eine besondere pädagogische Bedeutung der Literaturunterrichts bestünde demnach in der exemplarischen Bewußtmachung des Anderen, Gegenläufigen, das sich dem eigenen Sinnprojekt nicht unterordnen lässt."[31] Die „unendliche Semiose" des literarischen Textes wird hier als Chance begriffen, Schüler/innen für hermeneutische Widersprüche zu sensibilisieren und eine neue „Lust am Text" zu initiieren, die auch offen ist für die „,anarchischen', subjektiven Textzugänge"[32].

In dieser Programmatik klingen bereits Grundzüge einer postmodernen Literaturdidaktik an, die im Kontext einer kritisch-reflexiven Wertungsdidaktik weiter an Profil gewinnen. Als zentrale Kategorie einer so verstandenen didaktischen Theoriebildung kann das von Wolfgang Welsch herausgestellte Prinzip „radikaler Pluralität" dienen:

> Die Postmoderne ist diejenige geschichtliche Phase, in der radikale Pluralität als Grundver-
> fassung der Gesellschaften real und anerkannt wird und in der daher plurale Sinn- und Ak-
> tionsmuster vordringlich, ja dominant und obligat werden. Diese Pluralisierung wäre, als blo-
> ßer Auflösevorgang gedeutet, gründlich verkannt. Sie stellt eine zuinnerst positive Vision dar.
> Sie ist von wirklicher Demokratie untrennbar. [33]

Und mit Blick auf den epistemologischen Wandel, der in unserer Gesellschaft der vergangenen zwei Jahrzehnte immer deutlicher geworden ist, heißt es weiter:

> Die Grunderfahrung der Postmoderne ist die des unüberschreitbaren Rechts hochgradig dif-
> ferenter Wissensformen, Lebensentwürfe, Handlungsmuster. Diese konkreten Formen von
> Vernunft weisen sich eigentätig als sinnvoll aus. Von außen sind sie leichter zu verkennen als
> zu erkennen. Zu ihrer Anerkennung kommt es auf Grund einer relativ einfachen Schlüssel-
> erfahrung: dass ein und derselbe Sachverhalt in einer anderen Sichtweise sich völlig anders
> darstellen kann und dass diese andere Sichtweise doch ihrerseits keineswegs mehr ‚Licht'
> besitzt als die erstere – nur ein anderes. Das alte Sonnen-Modell – die eine Sonne für alles
> und über allem – gilt nicht mehr, es hat sich als unzutreffend erwiesen … Die Postmoderne
> plädiert – aufgrund ihrer Erfahrung des Rechts des Verschiedenen und auf Grund ihrer Ein-
> sicht in den Mechanismus seiner Verkennung – offensiv für Vielheit und tritt allen alten und
> neuen Hegemonie-Anmaßungen entschieden entgegen. Sie tritt für die Vielheit heterogener
> Konzeptionen, Sprachspiele und Lebensformen nicht aus Nachlässigkeit und nicht im Sinn
> eines billigen Relativismus ein, sondern aus Gründen geschichtlicher Erfahrung und aus Mo-
> tiven der Freiheit.[34]

Die Schlüsselbegriffe dieses Theorieverständnisses berühren sich mit vielen Postulaten und Anforderungsprofilen einer zukünftigen Literaturdidaktik. So ist die Förderung der Wahrnehmung und Erschließung einer Pluralität von Sinn- und Deutungshorizonten im Umgang mit Literatur exakt der Zielpunkt, den Literaturdidaktiker wie Förster, Bogdal und Kammler mit dem Projekt einer poststrukturalistischen Literaturdidaktik im Blick haben. Die Rede von „hochgradig differenten Wissensformen" verweist daneben auf die unübersichtliche Medienvielfalt unserer Epoche: Das geschriebene Wort auf dem Papier ist bekanntlich schon lange nicht mehr das einzige Medium des Deutschunterrichts. Der Computer, das Internet, der Film und andere Produkte der digitalen Unterhaltungsindustrie haben den literarischen Text einer nachhaltigen Erosion ausgesetzt und in den Wettbewerb einer ubiquitären Medienkonkurrenz geworfen. Die Auswirkungen auf den schulischen Unterricht sind allenthalben zu spüren. Spätestens seit den frühen 90er Jahren sieht sich der Deutschunterricht dem wachsenden Druck ausgesetzt, immer umfassendere Medienkompetenzen zu vermitteln.

Das Postulat der Pluralität stellt sich aber auch noch in einem anderen literaturdidaktischen Kontext: Vielfalt ist damit auch dem schulischen Lektürekanon aufgegeben, der sich von seinen starren Vorgaben und Ritualen lösen muss. Dass dies – zumindest theoretisch – schon gesehen wird, verdeutlicht die Einschätzung, die Hermann Korte jüngst formuliert hat: „Kanonreflexion heute ist Erinnerungsarbeit unter den Bedingungen einer Gegenwart, die keinen verbindlich verfügbaren Orientierungsrahmen mehr kenn. Eine Gesellschaft, in der Lebensstile, ethnische und kulturelle Milieus immer weiter divergieren, öffnet sich pluralen, differenten Werten."[35] Theoretische Reflexion und faktische Gegebenheit sind allerdings zweierlei Sachen; die schulische Wirklichkeit sieht, wie auch Hermann Korte weiß, anders aus. Im Kraftfeld dieser Institution wirken eher die „auf Beharrung gerichteten Strategien des Alltags"[36] als die innovativen Reflexionen der Schulaufsichtsbehörden und ihre in die pädagogische Praxis entsandten Fortbildungsschwadronen. Eine ganze Palette offizieller, halb- und inoffizieller Katalysatoren, wie das in der Schule angeschaffte Lehrbuch, die leichte didaktische Funktionalisierung eines literarischen Textes oder der stumme Konsens einer Fachschaft, haben oftmals weitaus größere Kanonisierungsfunktion als der amtliche Lehrplan.

Im Hinblick auf die Profilierung einer postmodernen Kriminaldidaktik heißt dies freilich auch, dass neue Lesebücher konzipiert werden müssen, die neben den tradierten Texten des Kanons auch verstärkt neue Kriminalromane berücksichtigen, damit die didaktischen Potenziale dieser Texte im Unterricht erschlossen werden und eine größere Zielgruppe erreichen können. Zugleich wird deutlich, welchen großen Stellenwert der wertungsästhetische Aspekt in diesem Zusammenhang hat. In deutlicher Anlehnung an von Heydebrand und Winko heißt es bei Welsch, dass die Postmoderne „für die Vielheit heterogener Konzeptionen"[37] eintrete. Sie greift damit einen Grundzug der kritisch-reflexiven Wertungsdidaktik auf: den einer heteronomen Literaturrezeption, die unter bestimmten funktionalen Perspektiven zu ganz unterschiedlichen Wertungshaltungen gelangen kann: „Texte oder Merkmale [werden nicht] schon an sich als wertvoll angesehen ..., sondern nur in Bezug auf axiologische Werte, die Subjekte vertreten" (WvL, 43). Die Textmerkmale konstituieren sich als Objekteigenschaften, die „erst relativ zu einem Subjekt werthaltig werden" (WvL, 43). Diese Auffassung korrespondiert mit den von Jürgen Förster vorgetragenen Entwürfen zu einer poststrukturalen Lektürepraxis im Deutschunterricht:

> Texte [haben] keine Bedeutung von ‚innen', sondern lediglich aufgrund konventioneller Regelungen in bestimmten historischen und sozialen Kontexten. Textbedeutungen sind daher nicht als ‚Wesenheiten' von Texten zu erachten, sondern als Zuschreibungen von ‚außen', die innerhalb kultureller Ordnungen und vor allem durch Machtbeziehungen je historisch hergestellt werden. Damit gewinnen sie eine Bedeutung, die in der historischen Alltagspraxis zu finden ist, in dem Gebrauch, der an den verschiedensten Orten von ihnen gemacht wird, dem

Feuilleton etwas, dem literarischen Quartett, der philologischen und pädagogischen Wissenschaft und ihren Interpretationen und Kommentaren, in Richtlinien, Lektürehilfen für die Hand der LehrerInnen, in Lesebüchern u. v. m.[38]

Damit wird überdies ein Argument für die stärkere Einbindung von Kriminalliteratur gegeben, der unter den funktionalen Aspekten einer heteronomen Literaturrezeption eine – wie noch zu zeigen sein wird – herausragende Rolle zukommt. Diese zentrale Bedeutung des Genres für den ästhetischen und kulturellen Kompetenzgewinn von Schülern lässt sich auch aus lesesoziologischer und lesepsychologischer Sicht begründen, da, wie von Heydebrand und Winko ausführen, ein „wesentliche[r] Faktor für die Ausbildung von Werthaltungen … in der Sozialisation gesehen" werden muss (WvL, 52). Die Untersuchung wird sich also zuerst den subjektiven Werthaltungen und ihren gesellschaftlichen Ursachen zuzuwenden haben.

Anmerkungen

[1] Mecklenburg, Aufriss einer Didaktik der literarischen Wertung, S. 27.

[2] Ebd., S. 30.

[3] Ebd., S. 30.

[4] Ebd., S. 30.

[5] Richtlinien und Lehrpläne für die Sekundarstufe II, S. XIII.

[6] Ebd., S. 18.

[7] Ebd., S. 18.

[8] Ebd., S. 18.

[9] Zuletzt etwa von Heinz Schlaffer: Die kurze Geschichte der deutschen Literatur. München/Wien 2002, S. 19 f.

[10] Schemme, [Lernziele und Methoden der Wertungsdidaktik], S. 249.

[11] Maximilian Nutz: Die affirmative Urteilsfähigkeit. Zur Kritik der Wertungsdidaktik, in: DD 3 (1972), H. 9, S. 275–286, S. 275.

[12] Renate von Heydebrand/Simone Winko: Einführung in die Wertung von Literatur. Paderborn/München/Wien/Zürich 1996. Im Folgenden stets zitiert als: (WvL, Seitenzahl).

[13] Inwiefern man dieser Sichtweise zustimmt, muss problematisch bleiben. Die deutsche Ästhetik von Kant bis Heidegger betont den Autonomiecharakter des literarischen Werkes als eine Qualität ‚an sich', auch neuzeitliche Ästhetiker wie etwa Roman Ingarden, der die autonome Wertsetzung des Kunstwerks auf die ästhetischen Werteigenschaften seiner Schichten zurückführt, nehmen diese Position ein. Vgl. auch die Zusammenfassung bei Rainer Grübel: Wert, Kanon und Zensur, in: Heinz Ludwig Arnold/Heinrich Detering (Hrsg.): Grundzüge der Literaturwissenschaft. München [5]2002, S. 601–622, S. 605 f.

[14] Vgl. Herbert Gudjons, Rainer Winkel (Hrsg.): Didaktische Theorien. Hamburg [10]1999, S. 75 f. und Wilhelm H. Peterßen: Lehrbuch Allgemeine Didaktik. München 2001 (6., völlig veränderte, aktualisierte und stark erweiterte Auflage), S. 191 f.

[15] Friedrich W. Kron: Grundwissen Didaktik. München und Basel [2]1994, S. 288.

[16] Von Heydebrand und Winko explizieren den Begriff wie folgt: „Der Begriff ‚axiologischer Wert' bezeichnet den Maßstab, den ein Objekt oder ein Merkmal eines Objektes als ‚wertvoll' erscheinen lässt, es als Wert erkennbar macht. Außerdem kann ein axiologischer Wert in einem gegebenen Wertsystem andere, von ihm abgeleitete Werte rechtfertigen" (WvL, 40).

[17] Unter ‚attributivem Wert' verstehen von Heydebrand/Winko: „Der Begriff ‚attributiver Wert' bezeichnet ein Objekt oder ein Merkmal eines Objekts, dem auf der Grundlage eines axiologischen Werts die Qualität zugeschrieben wird, werthaltig zu sein" (WvL, 42).

[18] Roman Ingarden: Das literarische Kunstwerk. Tübingen [3]1965, S. 353 f.

[19] Ebd., S. 397.

[20] Jan Mukařovský: Ästhetische Funktion, Norm und ästhetischer Wert als soziale Fakten, in: J. M.: Kapitel aus der Ästhetik. Frankfurt am Main [4]1982, S. 7–112, S. 108.

[21] Manon Maren-Grisebach: Theorie und Praxis literarischer Wertung. München 1974, S. 16.

[22] Mukařovský, Ästhetische Funktion, S. 15.

[23] Norbert Mecklenburg (Hrsg.): Literarische Texte. Texte zur Entwicklung der Wertungsdiskussion in der Literaturwissenschaft. Tübingen 1977, S. VII-XLIII, S. XXXV.

[24] Hanns-Josef Ortheil: Was ist postmoderne Literatur?, in: Uwe Wittstock (Hrsg.): Roman oder Leben. Postmoderne in der deutschen Literatur. Leipzig 1994, S. 125–134, S. 125.

[25] Artikel „Postmoderne/Postmodernismus", in: Ansgar Nünning (Hrsg.): Metzler Lexikon Literatur- und Kulturtheorie. Ansätze – Personen – Grundbegriffe (2., überarbeitete und erweiterte Auflage). Stuttgart 2001, S. 522–523, S. 522.

[26] Karlheinz Fingerhut: Die folgenlose Literatur und der pädagogische Wahn. Deutschdidaktik, Literaturunterricht und Gegenwartsliteratur, in: Germanistik und Deutschunterricht im Zeitalter der Technologie, Selbstbestimmung und Anpassung. Vorträge des Germanistentages Berlin 1987, Bd. 3 (hrsg. von N. Oellers). Tübingen 1988, S. 3–19, S. 9.

[27] Jürgen Förster: Subjekt – Geschichte – Sinn. Postmoderne, Literatur und Lektüre, in: Deutschunterricht [Seelze] 4/1991, S. 58–79.

[28] Klaus-Michael Bogdal: Postmoderne, die neue Gründerzeit, in: Praxis Deutsch 1993, Heft 121, S. 7–10.

[29] Vgl. Themenheft *Neue Lesarten – Texte im Unterricht*, Deutschunterricht [Seelze] 6/1995.

[30] Clemens Kammler, Neue Literaturtheorien und Unterrichtspraxis, S. 4.

[31] Ebd., S. 6.

[32] Ebd., S. 128.

[33] Wolfgang Welsch: Unsere postmoderne Welt. Berlin [6]2002, S. 4.

[34] Ebd., S. 5.

[35] Hermann Korte: Historische Kanonforschung und Verfahren der Textauswahl, in: Grundzüge der Literaturdidaktik (Hrsg. v. Klaus-Michael Bogdal u. Hermann Korte). München 2002, S. 61–77, S. 67.

[36] Ebd., S. 71.

[37] Wolfgang Welsch, Unsere postmoderne Welt, S. 4.

[38] Jürgen Förster: Analyse und Interpretation. Hermeneutische und poststrukturalistische Tendenzen, in: Grundzüge der Literaturdidaktik (Hrsg. von Klaus-Michael Bogdal und Hermann Korte). München 2002, S. 231–246, S. 240.

III. Wertungshorizonte im Subjektbereich

1. Der Subjektbereich *Lehrer*

Die Lehrperson spielt im komplizierten Bedingungsgefüge von schulischem Unterricht immer noch eine bedeutsame Rolle. Je nachdem, welche Kompetenzprofile ein Pädagoge auf den verschiedenen Feldern der Fachdidaktik, der Fachwissenschaft sowie des Erzieherischen hat und welche persönliche Ausstrahlung ihn kennzeichnet, ist er mehr oder weniger erfolgreich in seiner unterrichtlichen Arbeit. Abgesehen von den institutionellen Vorgaben – seien es Lehrpläne, Arbeitsklima, Personalsituation, Klassenstärken oder die kognitiven Voraussetzungen seiner Schüler/innen – manifestiert sich in seinen personalen Voraussetzungen immer noch ein, wenn nicht der entscheidende, Faktor von Unterricht.

Mit Blick auf die Ende der 90er Jahre verstärkt einsetzende Debatte über Defizite der Lehrerausbildung wird die zentrale Rolle dieses „Unterrichtsfaktors" erneut in den Mittelpunkt der Bildungsdiskussion gerückt. Zum Ausgangspunkt kritischer Selbsteinschätzungen werden vor allem die europäischen Vergleichsstudien über Schülerkompetenzen, TIMSS und PISA, die auch die Rolle des Lehrers aufs Neue problematisieren. So förderte im Jahre 1999 die von einem deutschen Magazin in Auftrag gegebene Studie des Kölner Ifep-Instituts – nicht nur aus der Sicht des damaligen Präsidenten der Kultusministerkonferenz Hans Joachim Meyer[1] – „schockierende" Kenntnisdefizite in diesem Berufsstand zutage. Den Erhebungen zufolge waren viele Lehrkräfte nicht in der Lage, selbst einfache Fragen aus unterschiedlichen Wissensgebieten zu beantworten (z.B. Wie nennt man eine selbst geschriebene Lebensgeschichte?).[2] Und in einem Leitartikel der Berliner Zeitung *Der Tagesspiegel* liest man drei Jahre später: „Deutschlands Lehrer waren oft selbst keine besonders guten Schüler – sagte der Chef der deutschen PISA-Studie, Jürgen Baumert, beim McKinsey-Bildungskongress. Seit 1975 sinke der Abiturdurchschnitt derjenigen, die später den Lehrerberuf ergriffen: ‚Die Schwächsten werden Lehrer', beklagte Baumert."[3]

Abseits dieser Defizit-Diskussionen, die auch zu einer (andauernden) Revisionsdebatte der Lehrerausbildung geführt haben, verdeutlicht der Diskurs nachhaltig, dass fachwissenschaftliche und didaktische Kenntnisse, vorunterrichtliche Wissensbestände und Werthaltungen bei Lehrerinnen und Lehrern eine bedeutsame Voraussetzung für gelingenden Unterricht bilden, und dass eine selbstkritische Reflexion dieser Wissensbestände und Werthorizonte wieder verstärkt in der Unterrichtsvorbereitung Berücksichtigung finden muss. Aus der Sicht einer kritisch-reflexiven Wertungsdidaktik des Kriminalromans sind insbesondere jene Werthaltungen und Lehrerkompetenzen von Bedeutung, die Einfluss auf die unterrichtliche Auseinandersetzung mit dem literarischen Genre des Kriminalromans ausüben oder diese überhaupt anstoßen können.

a) Werthaltungen in außerschulischen Kontexten

Auch wenn gesicherte Erkenntnisse über das Lektüreverhalten deutscher Lehrerinnen und Lehrer bisher fehlen, wird man vermuten können, dass ein durchaus nicht unbedeutender Prozentsatz von ihnen auch privat Kriminalromane liest. Die Werthaltungen gegenüber dem Genre dürften in außerschulischen Kontexten vor allem durch die große Popularität der Gattung im Verlagswesen und in der Alltagskultur geprägt sein. Die vom Börsenverein des deutschen Buchhandels herausgegebene Broschüre *Buch und Buchhandel in Zahlen* aus dem Jahre 2000 belegt, dass die Belletristik „mit 7566 Erstauflagen und einem Anteil in Höhe von 12,4 % an allen 1999 erstmals auf den Markt gebrachten Titeln … erneut die mit großem Abstand titelstärkste Kategorie"[4] war. Weiter heißt es: „Unter den 60819 Erstauflagen befanden sich 6062 Taschenbücher, gegenüber dem Vorjahr hat sich die Produktion von Taschenbuch-Titeln damit um mehr als zehn Prozent erhöht."[5]

Dass der Kriminalroman als einer der Schrittmacher dieser Entwicklung zu gelten hat, dokumentiert eine Studie der *Stiftung Lesen* und des Hamburger *Spiegel-Verlags*. Aus dieser empirischen Untersuchung geht hervor, dass der Kriminalroman unter den Genres der Unterhaltungslektüre mit 26 % eines der beliebtesten ist.[6] Eine Auswertung des altersspezifischen Leseverhaltens zeigt sogar, dass Kriminalromane in allen Altersgruppen durchschnittlich am häufigsten gelesen werden: 26 % aller Leser nehmen häufig oder gelegentlich einen Kriminalroman zur Hand.[7] Nach Aussagen eines verantwortlichen Bertelsmann-Mitarbeiters erreichen Erstauflagen von Kriminalromanen im btb-Taschenbuchverlag Stückzahlen von bis zu 250.000 Exemplaren.[8] Der meistverkaufte Kriminalroman-Titel im Programm erreichte im Jahr 2001 sogar eine Stückzahl von „knapp 2 Millionen Exemplaren"[9]. Der Kölner Dumont-Verlag legt seine Kriminalromane mit Stückzahlen von 10.000–20.000 Exemplaren in Erstauflage auf, während sich „die verkauften Auflagen in der Kriminal-Bibliothek zwischen 20.000 und 100.000"[10] bewegen. Mittlerweile scheint das Geschäft mit dem Genre so einträglich geworden zu sein, dass ganze Verlage davon leben können, wie das Beispiel des 1989 gegründeten GRAFIT-Verlags belegt, der sich seit 1999 ausschließlich auf den Krimimarkt konzentriert hat: Das Dortmunder Unternehmen hat in seiner Kriminalromanreihe „GrafiTäter & GrafiTote" im Sommer 2001 nicht weniger als 133 Titel anzubieten und damit bis zu diesem Zeitpunkt eine Gesamtauflage von 2,6 Millionen Büchern vorzuweisen.[11] Die auflagenstärksten Autoren sind Jacques Berndorf mit 910.000, Leenders/Bay/Leenders mit 350.000, Leo P. Ard/ Reinhard Junge mit 240.000, Gabriella Wollenhaupt mit 205.000 und Jürgen Kehrer mit 190.000 Exemplaren. Im Jahr 2000 setzte der Verlag mit seinen Büchern 3,5 Millionen DM um und wurde zum „Marktführer im Bereich der deutschsprachigen Kriminalliteratur"[12]. Seit dem Herbst 2000 verlegen die Dortmunder auch zusätzlich fremdsprachige Autoren: „Inzwischen sind acht Übersetzungen aus dem europäischen Ausland lieferbar, namhafte Krimiautoren aus den Niederlanden, Großbritannien, Frankreich, Dänemark, Italien, Spanien und Belgien konnten für das Programm gewonnen werden."[13] Seit dem Jahr 1995 erzielt der Verlag zusätzliche Einnahmen durch den Verkauf von Fernsehrechten, im Jahre 2000 gehen die Wilsberg-Krimis des Grafit-Autors Jürgen Kehrer in Serie, „im November gibt es den ersten Baumeister-Krimi im Fernsehen (arte), *Brennendes Schweigen*, die Adaption von *Eifel-Schnee*"[14].

Ein weiterer Gradmesser für die starke Verbreitung des Genres ist auch die beeindruckende Popularität des skandinavischen Kriminalromans, die vor allem durch die millionenstarken Auflagen der Kriminalromane des Schweden Henning Mankell mit verursacht scheint:

> Kriminalromane aus Skandinavien erleben zurzeit eine Hochkonjunktur. Schon seit Monaten stehen jene von Henning Mankell um Kommissar Wallander auf deutschen und schweizerischen Bestsellerlisten, und es scheint, als hätten sie einer ganzen Reihe von dänischen, norwegischen und schwedischen Mordgeschichten Bahn gebrochen – bis hin zur Neuauflage von Kerstin Ekmans Kriminalromanen aus den sechziger Jahren.[15]

Ein Blick in die einschlägigen Verlagsprogramme bestätigt diese Einschätzung: In der Serie Piper sind mittlerweile zwölf Bücher des schwedischen Thriller-Autors Jan Guillou über den Agenten Coq-Rouge erschienen, in den Krimireihen des deutschen Taschenbuchverlages, des Ullstein-, des Bastei-Lübbe- und des Bertelsmann-Verlages (btb) erzielen die Bücher skandinavischer Autoren nicht selten die höchsten Verkaufszahlen und Auflagenstärken. Daneben zeigt die Verlagslandschaft, dass der zeitgenössische Kriminalroman ganz neue Subgenres ausgebildet hat, die sich offenbar ausgezeichnet vermarkten lassen.

Am auffälligsten erscheint dabei die Tendenz zur Regionalisierung des deutschen Kriminalromans, die sich seit den 90er Jahren immer stärker abzeichnet.[16] Verlage wie Rotbuch, Bastei-Lübbe, Grafit, Goldmann, Emons in Köln oder Monade in Berlin haben ganze Paletten von Lokalkrimis in ihre Programme aufgenommen. Seit Umberto Ecos Welt-Bestseller *Der Name der Rose* (*Il nome della rosa*) aus dem Jahre 1980 hat außerdem der historische Kriminalroman weite Verbreitung gefunden. In Anlehnung an das wirkungsmächtige Vorbild des William von Baskerville sind in den 80er und 90er Jahren zahlreiche Mittelalter-Kriminalromane erschienen, die beim Lesepublikum eine bereitwillige und interessierte Aufnahme fanden. Auch hier führte das anhaltende Leseinteresse zur Etablierung neuer Krimireihen, wie etwa der „Köln Krimi Classic-Reihe" des Emons-Verlages.

Ein anderes Subgenre des zeitgenössischen Kriminalromans, das starken Zuspruch erfährt, ist der Frauenkrimi. So hat etwa der Hamburger Argument-Verlag sich auf die Produktion dieses Krimigenres spezialisiert und sogar eine eigene Zeitschrift zu diesem Themenbereich, das Ariadne-Forum, gegründet, die seit 1992 erscheint.

Abschließend seien die zahlreichen Konfigurationen des Ethno-Krimis erwähnt, der im zeitgenössischen Kriminalroman eine erstaunliche Profilschärfe entwickelt hat. Die Neigung, Verbrechensschauplätze an exotische Orte zu verlegen, die Modellierung interkultureller Detektive und Täter, die im Spannungsfeld fremdländischer und inländischer Kulturen agieren, hat mittlerweile gleichfalls genrebildende Züge gewonnen und zur Ausprägung einer eigenen Subgattung geführt, wie die zahlreichen Beispiele, die sich quer durch die gesamte Verlagslandschaft ziehen, zeigen. Der Erfindungsreichtum der zeitgenössischen Autoren scheint hier im wahrsten Sinne des Wortes grenzenlos zu sein: Von einer Grönländerin über einen deutsch-türkischen Privatdetektiv, einen Navajo-Indianer und einen Rabbi bis zu einem australischen Eingeborenen reicht mittlerweile die Palette ermittelnder Detektivfiguren.

Nicht ohne Einfluss auf die Wertungshorizonte von Lehrerinnen und Lehrern dürften in außerschulischen Kontexten auch die fachwissenschaftlichen und gesellschaftspolitischen Diskurse sein, die tendenziell auch in die Wertungshaltungen einfließen, die im institutionellen Rahmen des Äußerungskontextes Schule eine Rolle spielen. Die fachwissenschaftliche und fachdidaktische Debatte der vergangenen Jahrzehnte werden viele Lehrkräfte, zumindest in Umrissen, verfolgt haben. Insbesondere die Anbindung der Diskussion an trivialliterarische Fragestellungen – hauptsächlich in den Auseinandersetzungen der 70er und frühen 80er Jahre – wird vielen älteren Lehrern/innen in Erinnerung geblieben sein.

Eine weitere wichtige Wertungsdimension konstituiert sich über die Rezeption gesellschaftspolitischer Diskurse und Fragestellungen, die um das Thema Gewalt kreisen. Die literarische Gattung Kriminalroman ist schon während ihrer Genese auf das Engste mit der gesellschaftlichen und kulturellen Entwicklung des Menschen im 19. Jahrhundert verbunden. Theoretiker der Gattung wie Ernst Kaemmel, Ernest Mandel oder Hans-Otto Hügel haben mit einiger Berechtigung auf den Einfluss kapitalistischer Produktionsweisen bzw. moderner Arbeitsformen und der veränderten sozialen und gesellschaftlichen Bedingungen hingewiesen, die ein Entstehen des Genres in der zweiten Hälfte des Jahrhunderts begünstigt haben. Die enge Verflochtenheit des literarischen Genres mit der gesellschaftlichen Wirklichkeit spielt in diesem Kontext dabei eine besonders wichtige Rolle, wie viele Beispiele belegen: So muss der enge Zusammenhang zwischen der gesellschaftlichen und ökonomischen Situation Großbritanniens in der zweiten Hälfte des 19. Jahrhunderts und dem Erfolg des Detektivromans bei Arthur Conan Doyle ebenso gesehen werden wie im Fall der amerikanischen Autoren Raymond Chandler und Dashiell Hammett der Nexus zwischen der gesellschaftlichen Realität im korrupten Amerika der Prohibitionszeit und der literarischen Genese des hard-boiled Romans. Auffällig ist auch, dass sich eine große Anzahl von Krimiautoren aus jenen Gesellschaftsbereichen rekrutiert, die von Berufswegen mit Kriminalität zu tun haben: Juristen, Kriminalbeamte, Reporter

und Mediziner sind gerade in der Fraktion der neuen deutschen Kriminalroman-
autoren häufig auftretende Berufsstände.[17]

Gleichzeitig wird man beobachten können, dass die mediale Aufbereitung immer grausiger und brutaler werdender Verbrechensszenarien auf das literarische
Genre einen starken Rückkopplungseffekt hat. Der markante Ausgangspunkt
dieser Entwicklung muss in der Sensationsliteratur des 19. Jahrhunderts gesehen
werden, die vor allem in England und Deutschland eine starke Blüte erlebt hat
und gattungsgeschichtlich nicht ohne Einfluss auf die Entwicklung des Kriminalromans geblieben ist.[18] Vor dem Hintergrund dieses trivial-mimetischen Grund-
zuges der Gattung können auch die Verbrechenskonfigurationen zeitgenössischer Kriminalromane erklärt werden, in denen Menschen gepfählt, gefoltert und
zersägt werden.[19] Ausgehend von derlei problematischen Deskriptionsmodellen
des Verbrecherischen stellt sich – insbesondere aus schulischer Sicht – die Frage,
ob mit dem Kriminalroman nicht ‚an sich‘ ein schlechtes didaktisches Beispiel
gewählt wird. Die pädagogischen Vorbehalte gegen das Genre sind nicht neu.
Schon 1980 formulierte Günter Waldmann den berechtigten Einwand, dass der
‚triviale‘ Kriminalroman das Verbrechen in seiner komplexen gesellschaftlichen
Struktur simplifiziere und verzerre:

> Soziale Bedingungsfelder der Verbrechen, überhaupt die sozialen Ursachen kriminellen Ver-
> haltens, treten praktisch nicht in den Blick: eine Darstellung von Verbrechen und Kriminalität
> also, die nicht nur verkürzt oder entstellt, sondern schlechthin falsch ist. Dieses falsche Bild
> von Kriminalität wird wesentlich durch die Darstellungsform trivialer Verbrechensliteratur un-
> terstützt, die aus dem umfassenden Problemfeld der Kriminalität für gewöhnlich nur einen
> bestimmten Ausschnitt zeigt: die Ausführung, gegebenenfalls die Planung der Tat sowie die
> Verfolgung des Täters oder die Aufklärung der Tat, also Vorgänge, die entscheidend personal
> und individual bestimmt sind. Dagegen bleiben soziale Bedingungen, denen der Täter in sei-
> ner Entwicklung und bei der Vorbereitung und Durchführung seiner Tat unterliegt, sehr häu-
> fig, bleiben Tatfolgen, also Verurteilung, Probleme der Strafverbüßung und Resozialisierung,
> Schwierigkeiten der Einfügung in die Gesellschaft nach der Haftzeit usw., fast immer außer
> Betracht.[20]

Wenngleich im Hinblick auf diese Feststellung auch einschränkend gesagt werden muss, dass Waldmann sich bei seinem Urteil in erster Linie von den trivialen
Erzeugnissen des Genres – in Gestalt der berüchtigten Jerry Cotton-Heftchen-
romane – hat leiten lassen, so wird man die Berechtigung dieser Einschätzung
auch bei vielen belletristischen Produkten des Genres kaum bestreiten können.[21]
Für Waldmann und andere Didaktiker der 70er und frühen 80er Jahre war dieses
ausgeprägte gesellschaftskritische Defizit des Kriminalromans Ausgangspunkt
für den Entwurf einer ideologiekritischen Didaktik der Trivialliteratur, die es sich
zum Ziel setzte, gerade diese vom Genre unterdrückten Fragestellungen an das
Tageslicht zu holen (vgl. Einleitung/Kapitel 3). Dass dieser Blick auf den genui-

nen Zusammenhang von Verbrechen und Gesellschaft auch heute in einer (literarischen) Auseinandersetzung mit abweichenden gesellschaftlichen Verhaltensformen nicht aufgegeben werden darf, dürfte einleuchtend sein.[22]

Angesichts der herrschenden Zustände wird man diesen kritischen Einwand einer Bagatellisierung und Ästhetisierung von Verbrechensdarstellungen erneut ernsthaft diskutieren müssen, denn in unserer gesellschaftlichen Gegenwart ist die Virulenz und Präsenz des Kriminellen und der Gewalt weiter angestiegen. Die Massenmedien und die digitalen Kommunikationsmöglichkeiten gestatten es uns – wenn wir wollten! –, in jeder Sekunde unseres Daseins Bilder des Verbrechens anzuschauen. Als am 11. September 2001 ein von arabischen Terroristen gesteuertes Linienflugzeug in einen der beiden Türme des New Yorker World Trade Centers raste und Tausende in den Tod riss, schauten an den Bildschirmen Millionen von Fernsehzuschauern in aller Welt „live" zu. PC-Spiele ermöglichen es mittlerweile Millionen von Menschen (Kindern!), sich virtuell zu Trägern krimineller Handlungen zu machen oder die fiktiven Protagonisten solcher Handlungen unter Einsatz von virtuellen Gewaltmitteln zu beseitigen. Die globale Verflechtung des Handels durch digitale Produkte und Bezahlungsmöglichkeiten, der immer härter werdende Konkurrenzkampf auf dem Arbeitsmarkt und der immer umfassender werdende Zugriff staatlicher und privatwirtschaftlicher Interessengruppen auf den Konsumenten hat dazu geführt, dass beinahe jeder Verbraucher mindestens einmal in seinem Leben schon „kriminell" geworden ist. Es gibt kaum jemanden, der für alle Softwareprodukte, die auf seinem PC sind, Lizenzgebühren entrichtet hat und beinahe jeder – der die technischen Möglichkeiten dazu besitzt – hat schon einmal illegal eine Audio- oder Software-CD gebrannt.

Bei weitem schockierender als diese Delikte sind die vorsichtigen Schätzungen von Rechtsmedizinern in der Dunkelfeldforschung bei nicht erkannten Gewaltverbrechen wie Mord oder Totschlag. Nach Aussagen von Fachleuten kann man davon ausgehen, dass es in Deutschland jährlich zwischen 11000 bis zu 22000 nicht natürliche Todesfälle gibt, die bei der Leichenschau als *natürlich* klassifiziert werden.[23] Ein Beispiel, das Rückert referiert, mag diese (vermuteten) Zahlen anschaulicher machen und verdeutlichen, was sich hinter diesen abstrakten Zahlenspielereien verbergen kann:

> Von 1990 bis 1995 wurden im Rechtsmedizinischen Institut der Universität Münster 274 Todesfälle von Säuglingen und Kleinkindern untersucht, bei denen im Vorfeld *kein* konkreter Verdacht auf ein Tötungsdelikt bestand, ja nicht einmal ein unnatürlicher Tod vermutet wurde. 167-mal wurde die Obduktion gerichtlich angeordnet, 107-mal fand eine wissenschaftliche Sektion zur Erforschung von Ursachen für Kindstod statt. Die Sektionen förderten Erschütterndes zu Tage: Von den 274 kleinen Toten waren acht umgebracht worden. Fünf Tötungsdelikte wurden durch gerichtliche Sektionen entdeckt, die drei übrigen verbargen sich im wissenschaftlichen Sektionsgut.[24]

Dieses Exemplum ist eines unter vielen. Was die Aufklärung der Verbrechen und die Ergreifung der Täter – neben anderen Faktoren – ganz erheblich erschwert, ist die Tatsache, „dass es potenziell jedem Menschen zuzutrauen [ist], dass er ein Tötungsdelikt begangen hat, und damit wird es sehr schwer, eine irgendwie eingrenzbare Personengruppe ausfindig zu machen"[25]. Nicht selten kommen die unerkannten Täter ja aus dem engsten Familien- oder Freundeskreis der Opfer. Kein Zweifel, wir leben in einer Gesellschaft, in der das Verbrechen bereits zu einem festen Bestandteil unseres Daseins geworden ist, sich in einen Gebrauchswert verwandelt hat, der so alltäglich wie Essen und Trinken ist. Der Kölner Kriminologe Michael Walter hat zu diesem Themenkomplex in einem Interview ergänzend festgestellt:

> Aus der *Dunkelfeldforschung* wissen wir, dass beispielsweise jeder schon einmal gestohlen hat. Es gibt also kaum einen, der nicht irgendwann ein Dieb war. Auch Unterschlagung am Arbeitsplatz – das ist ein Massendelikt und wird von sehr vielen begangen und ist nicht etwa eine Geringfügigkeit. Da werden über längere Zeiträume große Güter beiseite geräumt. Oder diese ganzen Erklärungen gegenüber den Finanzämtern: Steuerhinterziehung. Man kann davon ausgehen, dass kaum eine Steuererklärung in allen Punkten der Wahrheit entspricht. Oder bei der Sachversicherung; da sind viele Übertreibungen dabei. Und die, die das tun, sind nicht irgendwie psychisch auffällig. Das sind alles gesunde Normalverbraucher. Also hat sich die Kriminologie von dieser Vorstellung gelöst, dass Kriminelle irgendwie absonderliche Menschen seien.[26]

Die Ubiquität des Kriminellen wird in unserer Zeit ergänzt durch die temporale Dimension eines latenten Verdächtigungspotenzials. Wer heute noch unbescholten ist, kann morgen schon als Straftäter demaskiert und gesellschaftlich demontiert werden. Beispiele für diese Latenz der kriminellen Möglichkeit gibt es genug: Der hochgelobte Fußball-Bundestrainer in spe Christoph Daum fand sich, nachdem bekannt wurde, dass er kokainsüchtig ist, vor dem Staatsanwalt wieder und ging als Trainer in die Türkei. Das Radsport-Idol Jan Ullrich musste nach Doping-Vorwürfen befürchten, dass seine Karriere ein abruptes Ende finden wird. Der Vater der Tennissportlerin Steffi Graf verschwand, nachdem ihm Steuerhinterziehungen in Millionenhöhe nachgewiesen wurden, für Jahre im Gefängnis, seine Tochter entging nur knapp einer Anklage. Der Schweizer Botschafter in Deutschland, Thomas Borer, musste im Sommer 2002 sein Amt aufgeben, nachdem ihm von einem Skandalblatt eine Affäre mit einem Fotomodell vorgeworfen wurde. Die Vorwürfe erwiesen sich später als fingiert, der verantwortliche Redakteur wurde entlassen.

Die rasante Dialektik von Normalität und Kriminalität dokumentiert sich besonders in einem Polizeifoto, das von dem englischen Schauspieler Hugh Grant aufgenommen wurde, der nach einem illegalen Seitensprung mit einer Prostituierten in Kalifornien erkennungsdienstlich behandelt wurde. Das aufgenommene

Polizeifoto zeigt Grant in lässig-lockerer Haltung, die Brille hängt im Ausschnitt seines Hemdes, die Hände werden locker auf den Oberschenkeln abgestützt. Der *Spiegel* titelt später in seinem Beitrag zu diesem Foto „Freier und Faxenmacher"[27]. Grants Vergehen wird durch das inszenierte Foto auf die Ebene einer grotesk-lächerlichen Eulenspiegelei gezogen, der Mime als halbkrimineller Clown und manischer Frauenheld dargestellt.

Zugleich verdeutlicht das Foto aber auch einen anderen Grundzug moderner Kriminalität und ihrer – medial inszenierten – gesellschaftlichen Wirklichkeit. Das abgebildete Polizeifoto fungiert später als Werbung für Grants damals angelaufenen Film *Nine Months*, der Grant in der Rolle eines Inhaftierten zeigt. Hier verdeutlicht sich eine andere Form der Dialektik: Kriminelles Verhalten kann in den westlichen Konsumgesellschaften auch Nobilitierung, gesellschaftliche Anerkennung und finanziellen oder politischen Erfolg bedeuten. Der ultrarechte französische Präsidentschaftskandidat Jean-Marie Le Pen hat sich etwa damit gebrüstet, dass er während des algerischen Freiheitskrieges Menschen gefoltert hat. Diese Aussage hat ihn nicht etwa – wie man vielleicht vermuten könnte – politisch völlig diskreditiert[28], sondern verschaffte ihm viele Wählerstimmen aus dem rechten Lager. Ein anderes Beispiel ist der ehemalige Chef des Auslandsgeheimdienstes der ehemaligen DDR[29], Markus Wolf, der jetzt in der BRD als „Geheimdienstlord"[30] an seinen Memoiren arbeitet, als kompetenter Gesprächspartner in Geheimdienstfragen geschätzt wird sowie Kinder- und Kochbücher schreibt. Von dem „genialen" Trickbetrüger Dagobert liest man, dass er in der Haft seine Memoiren den meistbietenden Illustrierten anbietet und von dem Ehrenvorsitzenden der FDP, dem Politiker Graf Lambsdorff, ist bekannt, dass er wegen illegaler finanzieller Aktivitäten für seine Partei vor Gericht gekommen ist und rechtskräftig verurteilt wurde. Dieser Tatbestand hat indessen die grün-sozialdemokratische Koalition 2001 nicht davon abgehalten, Lambsdorff als Chef-Unterhändler der Verhandlungen über Entschädigungen für NS-Opfer zu benennen. Man sieht also, dass kriminelles Handeln heute ganz unterschiedliche Folgen und Bewertungen nach sich ziehen kann und in einigen Fällen nicht zu einer gesellschaftlichen Abwertung, sondern zu einer Aufwertung des Täters führt.

Die geschilderten Auf- und Umwertungsphänomene von Kriminalität begünstigen schließlich auch eine immer stärkere Ästhetisierung des Verbrechens, wie in vielen Bereichen unserer Mediengesellschaft deutlich wird. Neben den zahlreichen digitalen Formen der Gewaltverherrlichung – etwa in Videospielen – zeigt sich das Phänomen verstärkt vor allem im zeitgenössischen Kino. Die Ästhetisierung von Gewalt beginnt im amerikanischen Mainstream-Kino in den 60er Jahren mit Filmen wie Arthur Penns *Bonnie and Clyde* (1967), Sam Peckinpahs *The Wild Bunch* (1969) und Dennis Hoppers *Easy Rider* (1969) und setzte sich in den 70er und 80er Jahren in Produktionen wie *Pat Garrett and Billy the Kid* (Sam Peckinpah, 1973), *The Terminator* (James Cameron, 1984), *Blue Velvet* (David Lynch, 1986) oder *The Running Man* (Paul Michael Glaser, 1987) fort. In den 90er

Jahren erreichten die Gewalt- und Verbrechensdarstellungen, insbesondere in den Filmen von Oliver Stone, einen makabren Höhepunkt.

Lebhaft diskutiert wurde und wird vor allem Stones provokative Gewalt-Saga *Natural Born Killers* (1994). Stone erzählt in diesem Film die Geschichte des jungen Liebespaars Mickey und Mallory Knox, das mordend durch die USA zieht und dabei 52 Menschen tötet, bevor man ihnen das Handwerk legen kann. Die Protagonisten zerschießen Körper, spalten Köpfe, verbrennen und ertränken Menschen. Der Film, den man eine „Halluzination über die amerikanische Kultur"[31] genannt hat, versucht die Gewaltorgien des psychopathischen Mörderpaars als medial inszenierte Vorfälle zu entlarven, die von einem voyeuristischen Journalisten provoziert werden, der mit seinen Reportagen über die Massaker berühmt zu werden hofft. Verena Lueken hat zutreffend bemerkt, dass die Bilderästhetik des Films abgestimmt sei auf die „Wahrnehmungsmöglichkeiten einer Generation aus Zappern, Clipliebhabern, Videospielern …, deren einziges Erfahrungsprinzip die Serie ist und die sich allein im steten Fluss identischer Zeichen selbst erkennen – seien es Suppendosen oder Serienmorde"[32]. Das eigentlich Verstörende und Erschreckende an diesem Film aber ist, dass Gewalt hier als Kunst inszeniert wird. Der Drehbuchautor von *Natural Born Killers*, Quentin Tarantino, der 1993 mit *Pulp Fiction* – einem ähnlich umstrittenen Film – berühmt wurde, distanzierte sich nach der Fertigstellung des Filmes von dem Produkt, weil es seiner Ansicht nach die Kritik an der Ästhetisierung der Gewalt nur mit einer Potenzierung eigener Gewaltdarstellungen zu erreichen versucht und damit selbst unkritisch agiert.

Später hat Stones Film auch dadurch Schlagzeilen gemacht, dass sich jugendliche Gewalttäter, die nach dem extensiven Konsum des Films mehrere Morde begangen hatten, auf das Filmmassaker von Stone als Vorbild beriefen. Die liberalfreizügige Einschätzung von Medienkritikern und -pädagogen, dass Stones Film „erzieherischer als so etwas sauber Gewaschenes"[33] wie eine harmlose Soap-Opera im Abendprogramm auf Jugendliche wirken könne, ist freilich spätestens seit den Ereignissen in Erfurt, als ein jugendlicher Amokschütze im Frühjahr 2002 an einer Schule 17 Menschen erschoss, zunehmender Skepsis gewichen. Seit diesen Vorfällen gewinnt die Erkenntnis, dass Medien mitunter selbst „als ein Moment struktureller Gewalt"[34] anzusehen sind, wieder größeren Raum. Die erregt geführte Diskussion über die Ursachen der Bluttat, hat – auch wenn sie zu kaum verwertbaren wissenschaftlichen Erkenntnissen geführt hat – alsbald auch politische Konsequenzen gezeigt: Das Waffengesetz wurde weiter verschärft und eine genauere Prüfung gewaltverherrlichender Videospiele angekündigt.

Der Berufsstand des Lehrers ist Teil dieser gesellschaftlichen Wirklichkeit, die sich vor allen in medialen Gewaltinszenierungen artikuliert; somit sind Lehrer/innen immer auch Konsumenten, Rezipienten oder kritische Beobachter der uns umgebenden Realität. Da zudem jeder Lehrer qua Amtsauftrag dazu verpflichtet ist, die Schüler/innen mit zentralen Problemstellungen unserer Lebenswirklichkeit zu konfrontieren, ist davon auszugehen, dass die Auseinandersetzung mit Gewaltphänomenen in unserer Gesellschaft – seien sie nun medial oder literarisch vermittelt – grundsätzlich bei jedem Pädagogen auf eine gewisse Sensibilität stoßen wird. Inwieweit diese grundsätzliche, berufsbedingte Rezeptionsbereitschaft durch institutionelle Vorgaben und Einflüsse verstärkt wird, müsste als nächstes geprüft werden.

b) Werthaltungen im Äußerungskontext Schule

Eine zentrale Rolle für jede Lehrerin und jeden Lehrer spielen im Alltagsgeschehen von Unterricht die staatlichen Vorgaben in Gestalt von Lehrplänen und (schulinternen) Richtlinien. Als Folge des negativen Abschneidens deutscher Schüler/innen in den internationalen Vergleichsstudien ist ihre Bedeutung in den vergangenen Jahren weiter stark gewachsen. Der ständig zunehmende Druck auf die Institution Schule manifestiert sich in den letzten Jahren vor allem in einer Flut von ministeriellen Lernvorgaben und Evaluationsprogrammen: Die Einführung und quantitative Steigerung der so genannten Parallelarbeiten, die Erstellung von Kerncurricula und die Straffung der Lehrpläne (für ein zwölfjähriges Abitur) sind beredte Zeugnisse dieser Entwicklung.

Diese erheblich gestiegene Bedeutung der institutionellen Vorgaben hat auch für die Lektüreauswahl der Lehrer/innen entscheidende Konsequenzen: Der Spielraum für freie Lektüre wird kleiner, eine stärkere Berücksichtigung der institutionellen Lektüreempfehlungen, mithin also auch eine Kanonisierung von Texten, ist die vorherzusehende Folge. Im Hinblick auf eine zu entwickelnde kritisch-reflexive Didaktik des Kriminalromans ist also zu prüfen, inwieweit die staatlichen Vorgaben eine Lektüre von Kriminalromanen im schulischen Kontext begünstigen oder behindern. Eine Prüfung der relevanten Lehrpläne aller Bundesländer, in alphabetischer Reihenfolge, für das Fach Deutsch in der Sekundarstufe I liefert die folgenden Befunde.

Im *Bildungsplan für das Gymnasium*[35] des Landes Baden-Württemberg beschränkt man sich auf die entsprechenden Lektüreempfehlungen, wobei die Obligatorik der abgegebenen Empfehlungen immer wieder in allen Jahrgangsplänen durch die nachfolgend zitierte Formel betont wird: „Wenigstens die Hälfte der zur Verfügung stehenden Unterrichtszeit ist für Literatur aus dem Lektüreverzeichnis zu verwenden."[36] Unter den genannten Texten erscheinen Titel, die gleichsam als Minimalkanon der Kriminalliteratur länderübergreifend in allen Lehrplänen des Faches erscheinen: Dürrenmatts Detektivromane *Der Richter und sein Henker* sowie *Das Versprechen*, die klassischen Kriminalerzählungen *Die Judenbuche* (Droste), *Das Fräulein von Scuderi* (E. T. A. Hoffmann) und Schillers *Der Verbrecher aus verlorener Ehre*.[37] Erweitert wird dieser Minimalkanon im *Bildungsplan für die Realschule* des Landes Baden-Württemberg: Der Lektüreplan nennt zusätzlich Dürrenmatts Detektivroman *Der Verdacht* und Fontanes *Unterm Birnbaum*.

Die gymnasialen Lehrpläne für das Land Bayern rekurrieren ebenfalls auf die in Baden-Württemberg gemachten Lektürevorschläge, erweitern die Vorgaben aber erheblich um weitere Texte und auch weiterführende (obligatorische) Vorgaben.[38] So werden in der Jahrgangsstufe 5 zusätzlich Erich Kästners *Emil und die Detektive* genannt, in der 6. Jahrgangsstufe Joanne Rowlings *Harry Potter und der Stein der Weisen*, in der 7. Jahrgangsstufe Arthur Conan Doyles *Der Hund von Baskerville*, Harald Pariggers *Der schwarze Mönch* und Tim Wynne-Jones *Brandspuren* und in der 8. Jahrgangsstufe Pariggers *Safranmord*. Für die Jahrgangsstufe 9 wird sogar der Vorschlag gemacht, Texte aus dem Themenbereich *Schuld, Verbrechen und Recht* zu einem literarischen Themenkreis zusammenzufassen. Als Lektürebeispiele werden vorgeschlagen: *Fahrerflucht* (Andersch/Hörspiel), *Die Judenbuche* (Droste), *Der Richter und sein Henker* (Dürrenmatt), *Unterm Birnbaum* (Fontane) und kleinere Texte von Kleist, Perutz, Schiller und Zuckmayer. Ergänzend hierzu sollen/können klassische Kriminalgeschichten von Poe und Chesterton sowie von Chandler, Simenon, Glauser, Boileau/Narcejac u. a. gelesen werden. Die Behandlung des literarischen Genres Kriminalroman wird in der Jahrgangsstufe 8 daneben auch explizit im Zusammenhang mit einer Erarbeitung einfacher literarischer Wertungskategorien gefordert.

Die Richtlinien des Landes Berlin für die Sekundarstufe beschränken sich – ähnlich wie in Baden-Württemberg – auf Lektüreempfehlungen. Der Rahmen für die Berliner Lektüreempfehlungen ist dem aus Baden-Württemberg vergleichbar.[39] Vergleichbar ist der Rahmenlehrplan Deutsch für die Sekundarstufe I des Landes Brandenburg: Er empfiehlt neben den klassischen Verbrechensgeschichten der deutschen Literatur in seiner Lektüreliste auch noch Kriminalerzählungen von Friedrich Glauser (*Wachtmeister Studer*), Arthur Conan Doyle (*Der Hund von Baskerville*), E. A. Poe sowie Kriminalhörspiele.[40]

Der Rahmenlehrplan Deutsch für die Sekundarstufe I des Landes Bremen dagegen macht weder Lektürevorschläge noch beschreibt er genauer, welche ästhetischen Aspekte an literarischen Texten für den Unterricht Gewinn bringend erarbeitet werden können. Als Konsequenz aus PISA – an der bekanntlich die Bremer Schulen nicht mitgewirkt haben – beschränkt man sich mittlerweile wohl schwerpunktmäßig auf grundlegende Schreib- und Lesekompetenzen, zu deren Erreichung und Festigung die Literatur offenbar allenfalls Zulieferdienste leisten darf.

Verbindlich vorgeschrieben sind im Rahmenlehrplan Deutsch des Landes Hamburg die Lektüre einer klassischen Kriminalgeschichte in der Jahrgangsstufe 7/8 sowie in den Jahrgangsstufen 9/10; eine Fülle von Lektürevorschlägen ergänzt hier die Obligatorik.[41] Noch umfassendere Vorschläge werden in den Richtlinien für die Haupt- und Realschule des Landes unterbreitet: Hier wird in den Jahrgangsstufen 5/6 die Auseinandersetzung mit Kästners Jugendbuch *Emil und die Detektive* angeregt und in den Jahrgangsstufen 7/8 die Lektüre einer klassischen und einer modernen Kriminalgeschichte vorgeschrieben.[42]

Das Land Hessen beschränkt sich in seinen Richtlinien für das Fach bei den Schulformen Gymnasium, Real- und Hauptschule auf Lektüreempfehlungen, wobei das Lektüreangebot von oben nach unten zunimmt: Im Bildungsgang Gymnasium und Realschule werden vor allem die klassischen Kriminalerzählungen von Dürrenmatt, den deutschen Klassikern und E. A. Poe genannt, in der Hauptschule kommen Texte von Arthur Conan Doyle, Astrid Lindgren und Erich Kästner noch hinzu.[43]

Die Rahmenlehrpläne der Sekundarstufe I für das Fach Deutsch in Mecklenburg-Vorpommern berücksichtigen einen Kanon klassischer Kriminaltexte nicht nur in ihren Lektüreempfehlungen, sondern empfehlen auch die vergleichende Analyse eines literarischen Krimis mit einem Fernsehkrimi. Erwähnenswert ist hier, dass auch Kriminalromane von Agatha Christie Erwähnung finden.[44]

In den nordrhein-westfälischen Richtlinien des Faches für die Sekundarstufe am Gymnasium hält man sich sowohl mit Lektüreempfehlungen als auch mit obligatorischen Festlegungen, welche die Textgattung betreffen, zurück. Hier heißt es nur mit einiger Lakonie: „Lehrerinnen und Lehrer sollten bei Auswahlentscheidungen das breite Textangebot der deutschen Literatur nutzen. Zur Auswahl bieten sich daher solche Texte an, die hinsichtlich ihrer Thematik einen Anbindung an aktuelle Fragen ermöglichen und für ihre Entstehungszeit charakteristisch sind."[45] Explizit erwähnt wird das Genre der Kriminalliteratur dagegen in den Richtlinien für die Gesamtschule. Im Kontext einer Auseinandersetzung mit Trivialliteratur, die laut Lehrplan in den Jahrgangsstufen 5–10 kontinuierlich erfolgen soll, steht die kritische Lektüre von Heftchenkrimis ebenfalls auf dem Programm.[46] In einer Aufgabensammlung zur Qualitätsentwicklung und Qualitätssicherung des Deutschunterrichts in der Klasse 10 aus dem Jahre 1998 wurde der hohe Stellenwert des Genres jüngst dadurch deutlich gemacht, dass zwei Aufgabenbeispiele aus dem Textbereich der Kriminalliteratur vorgestellt werden.[47]

Besondere Berücksichtigung findet Kriminalliteratur auch in den Lehrplänen des Faches Deutsch für die Sekundarstufe I in Rheinland-Pfalz. So gehört die Erstellung eines Kurzkrimis zu den vorgestellten Schreibanlässen in der Mittelstufe.[48] Die integrative Leistung des Genres wird daneben bei der Bündelung verschiedener Lernanforderungen in Muster-Lernbereichen deutlich, die nicht weniger als dreimal um die Textgattung Kriminalgeschichte herum komponiert werden.[49] Ergänzt werden die Vorschläge durch eine Lektüreliste, in der die Klassiker der Kriminalliteratur aus den deutschsprachigen Ländern Berücksichtigung finden.

Die Rahmenrichtlinien des Faches Deutsch für das Gymnasium in Sachsen-Anhalt[50] empfehlen für beide Sekundarstufen eine breite Palette von Texten zur Kriminalliteratur: Neben den deutschen Klassikern werden auch Texte von Raymond Chandler und E. A. Poe sowie unbekanntere Jugendliteratur (etwa von Frauke Kühn) empfohlen. In die Obligatorik werden vor allem Fernsehkrimis übernommen, die zur Erarbeitung multimedialer und filmischer Aspekte einen Beitrag leisten können.

Breiten Raum nehmen die kriminalliterarischen Empfehlungen auch in den gymnasialen Lehrplänen des Landes Sachsen ein. Insbesondere für die Jahrgangsstufen 7/8 werden Kriminalgeschichten von Roald Dahl, von Charles Dickens, Arthur Conan Doyle, E. T. A. Hoffmann und E. A. Poe vorgeschlagen.[51] Das Genre findet überdies bei den Lernbereichsbestimmungen zum „Umgang mit Texten" explizit Berücksichtigung.[52]

Die gymnasialen Lehrpläne des Saarlandes für die Sekundarstufe I beschränken sich auf Lektüreempfehlungen zur Kriminalliteratur. Neben den deutschen Klassikern von Annette von Droste-Hülshoff bis zu Erich Kästner finden auch einige Kriminalgeschichten Arthur Conan Doyles Berücksichtigung. Keine Empfehlungen und Vorschläge zur Lektüre kriminalliterarischer Texte finden sich in den schleswig-holsteinischen Lehrplänen, die – ähnlich wie die Lehrpläne der Hansestadt Bremen – sehr stark auf den Bereich der sprachlichen Kompetenzgewinnung abheben und kaum Angaben über literarische Texte enthalten.

Ein zentrale Stellung nimmt das Genre schließlich zuletzt wieder in den gymnasialen Lehrplanvorgaben des Landes Thüringen ein. In den Klassenstufen 7, 8 und 9 wird die Kriminalerzählung im Lernbereich „Umgang mit Texten" sehr stark herausgehoben;[53] allerdings hat man dafür im Gegenzug auf Lektürevorschläge gänzlich verzichtet. Die Richtlinien für die Regelschulen ab der 7. Klasse in Thüringen (Haupt- und Realschule) greifen die Empfehlungen für die Lektüre von Kriminalliteratur aus dem gymnasialen Bereich auf und profilieren die Gattung sehr stark im Kontext der Lernbereiche „Umgang mit Texten" sowie „Mündlicher und schriftlicher Sprachgebrauch".[54]

Eine Auswertung der Richtlinien für das Fach Deutsch im Bereich der Sekundarstufe I der weiterführenden Schulen mit Schwerpunkt auf der gymnasialen Sekundarstufe I führt zu folgendem Ergebnis: Ausnahmslos findet in allen Lehrplänen der Bundesländer das Genre des Kriminalromans nachhaltig Berücksichtigung. In acht Bundesländern gehen die Empfehlungen über einen bloßen Lektürevorschlag hinaus und münden vereinzelt sogar in eine unterrichtliche Obligatorik. Lediglich in zwei gymnasialen Lehrplänen (Bremen und Schleswig-Holstein) finden sich weder Lektürevorschläge noch andere curriculare Vorgaben, die das Genre Kriminalroman betreffen. Insgesamt kristallisieren sich somit, grob gesagt, zwei Formen der curricularen Berücksichtigung heraus: (1) Die Lektüreempfehlung und (2) weiterführende, themen- oder lernzielzentrierte Empfehlungen. Die Ergebnisse implizieren also eine insgesamt positive bis sehr positive Werthaltung der staatlichen Stellen gegenüber dem Genre und seinem didaktischen Potenzial.

Ergänzt werden diese Befunde durch Wertungsdispositionen zur didaktischen Tauglichkeit des Genres im unmittelbaren schulischen Umfeld. Zu nennen wäre die Berücksichtigung in Lese- und Sprachbüchern sowie Anthologien, Interpretationen, Handreichungen und Materialiensammlungen zur Unterrichtsvorbereitung. Auch auf diesem Terrain zeichnet sich eine durchgehend starke Frequentierung der literarischen Gattung Krimi ab. Die einschlägigen Sprach- und Lesebücher im Sekundarstufenbereich I arbeiten durchweg mit Texten aus dem Genre der Kriminalliteratur. Eine kursorische Lektüre von etwa 50 ausgewählten Sprach- und Lesebüchern verschiedener Verlage für die Sekundarstufe I, die im Zeitraum von 1990 bis 2003 herausgegeben oder wiederaufgelegt wurden, zeigt, dass es eher schwierig ist, Lese- oder Sprachbuchreihen zu finden, die keine Kriminalliteratur berücksichtigen. Daneben fällt bei Wiederauflagen sowie neuen Sprach- und Lesebüchern auf, dass dem Genre offenbar besonders viel Aufmerksamkeit geschenkt wird.

So ist die Neuausgabe des Lesebuchs *Deutschstunden 7* aus dem Cornelsen-Verlag zu nennen, die dem Krimi ein eigenes Kapitel von knapp 40 Seiten widmet und in dem Texte von Jugendbuchautoren wie Jo Pestum und Manfred Witte, Auszüge aus klassischen Kriminalerzählungen von Arthur Conan Doyle und Agatha Christie, aber auch moderne Kriminalerzählungen von Roald Dahl und Irene Rodrian versammelt sind.[55] Nicht anders sieht es in dem von Jürgen Baurmann herausgegebenen Lesebuch *Deutsch vernetzt – Literatur & Medien* aus, das im Jahre 2002 herausgegeben wurde.[56] Hier findet man ebenfalls ein großes Lesekapitel über Kriminalliteratur. Weitere Lesebücher, die Anthologien zur Kriminalliteratur präsentieren, sind: *Arbeit mit Texten 9/10*, *Lesetexte 9*, *Lesebuch* (9. Schuljahr), das *Hirschgraben Lesebuch* für das 5. Schuljahr, *lesenswert* (Kriminaltexte in den Lesebüchern für die Schuljahre 6, 7 und 8!), *Treffpunkte 8*, *Lektüre* (8. Schuljahr), *bsv Deutsch 10/10N*, *Wege zum Lesen* (8. Schuljahr) sowie *Wort und Sinn 8*.[57]

Eine eher noch stärkere Berücksichtigung findet der Themenbereich Kriminalliteratur im Sprachbuch und in integrativen Lehrwerken. Das neue Sprachbuch *Deutsch vernetzt. Themen & Sprache* bietet etwa eine Unterrichtsreihe an, die den Titel trägt: „Einen Krimi schreiben"; das integrative Lehrbuch *Seitenwechsel* für das 9. Schuljahr befasst sich ebenfalls ausführlich mit Kriminalgeschichten; die Neubearbeitungen der Sprachbücher *Sprachschlüssel* (7. Schuljahr) und *Punktum* (9/10 Schuljahr) bieten weiterhin umfangreiche Unterrichtsreihen zur Schulung von Sprachkompetenz, die sich auf Kriminalliteratur stützen; auch das neue integrative Sprach- und Lesebuch *deutsch.de* für die 6. Klasse widmet dem Genre unter der Überschrift „Der geheimnisvolle Koffer – spannend erzählen" ein größeres Kapitel, in dem Schülerinnen und Schülern Grundlagen eines zielgerichteten, spannungsorientierten Erzählens vermittelt werden sollen; das *Hirschgraben Sprachbuch* berücksichtigt in seinen Ausgaben für das 6. und 7. Schuljahr Kriminalgeschichten; der Band *Klartext* (9. Schuljahr) des Cornelsen-Verlages bringt ein Kapitel mit dem Thema „Opfer, Täter, Schuld"; die im bsv verlegten Sprachbücher *Deutsch* integrieren in den Bänden für die Jahrgangsstufen 7 und 9 Kriminalliteratur; die neuen Sprachbücher *Blickfeld Deutsch* (7. Klasse), in dem historische Texte in spannende Kriminalhörspiele umzuwandeln sind, sowie *Kontext Deutsch* (6. Klasse), in dem ein Straftatbericht zu einer Erzählung umgeformt werden soll, ergänzen das facettenreiche Bild sprachdidaktischer Verwendungsmöglichkeiten von Kriminalliteratur.[58]

Zusammenfassend lässt sich sagen, dass Kriminaltexte in den einschlägigen Lehrbüchern sehr stark verbreitet sind; in beinahe jeder Schulbuchreihe für die Sekundarstufe I findet sich ein Band, der eine Auswahl von Kriminalgeschichten bringt. Die Auswahl der Texte in Lesebüchern ist breit gefächert, wenngleich auch klassische Texte ein starkes Übergewicht besitzen. In Sprachbüchern scheinen Kriminalgeschichten besonders häufig und ausgiebig Verwendung zu finden, was vermutlich auf ihr großes didaktisches Potenzial zurückzuführen ist. Von den zahlreichen sprachdidaktischen Verwendungsmöglichkeiten im Zusammenhang mit Krimitexten erscheinen am häufigsten Übungen zur Aktiv- und Passivbildung, Figurencharakteristiken, narrative Problemstellungen (spannend erzählen, Erzähllogik) sowie lesedidaktische Übungen (aufmerksames, präzises Lesen); eine Fülle von schreibdidaktischen Perspektiven ergänzt den weiten Verwendungshorizont dieses Genres im Kontext sprachlicher Kompetenzschulung.

Mit diesen Befunden korrespondieren auch jüngere Ergebnisse der Lesepsychologie und Neurophysiologie, denen zufolge die Gattung Krimi besonders geeignet ist, Lesekompetenzen zu vermitteln und zu schulen. So hat der Hamburger Sprach- und Literaturdidaktiker Heiner Willenberg in seiner *Neuropsychologie des Textverstehens* den Kriminalroman als eine besonders geeignete Textart bezeichnet, die „den fokussierenden Modus des genauen Lesens"[59] aktivieren und schulen kann. Willenberg leitet seine Empfehlung von einer Analyse hirnphysiologischer Prozesse ab. Den Ergebnissen dieser Analyse zufolge spezialisieren „sich die neuronalen Systeme der linken Hemisphäre ... eher auf Details und bündeln ihre Energie auf Brennpunkte – die der rechten Seite verbinden weiter auseinander liegende Informationen, sie machen Ferneres verträglich und müssen nicht so exakt sein"[60]. Beide hirnphysiologischen Prozesse lassen sich – wie Willenberg an praktisch durchgeführten Versuchen nachweisen kann – ausgezeichnet an Krimitexten beobachten und trainieren.

Schließlich sind die Angebote klassischer Texteditionen, Interpretationsreihen, Materialsammlungen und Unterrichtshilfen zu berücksichtigen, die ebenfalls eine wichtige Rolle im pädagogischen Wertungshorizont spielen. Je mehr (billige) Werkausgaben, Interpretationen, Materialien und Handreichungen es zu einem potenziellen unterrichtlichen Themenbereich gibt, desto größer ist die Wahrscheinlichkeit, dass er in der Praxis breite Berücksichtigung findet. Im didaktischen Verwertungskontext Kriminalliteratur zeigt sich nun, analog zu den Befunden auf dem Gebiet der Lehrplan- und Lehrbuchkonzeptionen, dass dieser Bereich ähnlich stark entwickelt ist.

Es fällt zunächst auf, dass die klassischen Interpretations- und Materialsammlungen für den Deutschunterricht in diesem Textbereich über ein breites Angebot verfügen. In der bekannten Reihe *Oldenbourg Interpretationen* des Münchner Schulbuchverlages sind Interpretationsbände zu beinahe allen wichtigen deutschen Kriminalgeschichten, angefangen bei der *Judenbuche* von Droste-Hülshoff bis zu Dürrenmatts Kriminalromanen, erschienen. Nicht weniger gut sortiert ist der Reclam-Verlag, der in seiner Reihe zu Reclams Universalbibliothek-Bänden (= RUB) zahlreiche Hefte vorlegt, die sich mit der Gattungsgeschichte des Genres und ausgewählten Gattungsexemplaren intensiv auseinander setzen.[61] Daneben bilden die Ausgaben der RUB-Reihe einen preiswerten Textfundus, auf den Lehrerinnen und Lehrer gerne zurückgreifen. Ergänzt werden die Handreichungen des Oldenbourg- und des Reclam-Verlages zur Kriminalliteratur durch die einschlägigen Ausgaben des Diesterweg- und des Klett-Verlages, die vergleichbare Interpretations- und Materialienbände aufgelegt haben.

Eine exemplarische Sichtung der Textausgaben, Interpretations- und Materialiensammlungen zu einem schulischen Krimiklassiker wie Dürrenmatts *Der Richter und sein Henker* führt zu folgendem Ergebnis: Nicht weniger als neun Textausgaben und sechs verschiedene (didaktisch ausgerichtete) Interpretationsbände sind im Jahre 2003 lieferbar. Nicht mitgezählt sind bei dieser Auswertung die zahlreichen Materialensembles, die von diversen Verlagen als Loseblatt-Sammlungen auf den Markt gebracht werden. Zu nennen wären in diesem Zusammenhang etwa die umfangreichen Materialreihen des Stark-Verlages, des Raabe-Verlages oder des Verlages Bergmoser + Höller, die von vielen Pädagogen frequentiert werden.[62] Vergleichbare Befunde lassen sich auch bei den Klassikern der deutschen Kriminalerzählung, etwa bei E. T. A. Hoffmann oder bei Fontane, feststellen.

Völlig unübersichtlich wird das Ergebnis einer Recherche dann bei den Kriminalerzählungen von Arthur Conan Doyle. Eine Suche über den größten Online-Buchhändler, amazon.de, weist bei dem Suchbegriff „Sherlock Holmes" nicht weniger als 339 Items aus. Auch wenn ein Großteil dieser Zuweisungen didaktisch irrelevante Bücher betrifft, wird man vermuten können, dass der Anteil an Ausgaben mit didaktischem Hintergrund immer noch beträchtlich sein dürfte.

Zusammenfassend lässt sich sagen, dass die Kriminalliteratur im institutionellen Kontext von Schule eine wichtige Rolle spielt: Sowohl die aktuelle Richtlinien-Lage als auch die für Lehrerinnen und Lehrer zentralen Bereiche der institutionell organisierten Lehrmittel und der praxisnahen Materialsammlungen und Handreichungen für Unterricht belegen, dass Kriminalliteratur im Sozialsystem Schule für den Pädagogen zu einer festen Größe geworden ist, die zwar im Einzelfall unberücksichtigt, aber kaum unbeachtet bleiben kann. Die wenigen vorliegenden empirischen Untersuchungen bestätigen diese Einschätzung. Die im Jahr 1996 vorgelegte Studie von Irmtraud M. Oskamp zur *Jugendliteratur im Lehrerurteil* belegt, dass 61 % aller Lehrer auf die Frage nach besonders bevorzugten Bucharten im Unterricht die Abenteuer- und Detektivgeschichte nennen.[63] Dieser Wert wird nur durch die realistische Kindergeschichte übertroffen, die 82,7 % der Lehrkräfte favorisieren. Aufschlussreich bei den von Oskamp gemachten Erhebungen ist, dass zwar 61,0 % aller befragten Lehrkräfte Abenteuer- und Detektivgeschichten gerne im Unterricht mit ihren Schülern lesen, dass aber nur 15,4 % aller Lehrkräfte diese Lektüreart allen anderen Texten vorziehen würden.[64] Bedeutsam erscheint auch die Feststellung, dass die jüngeren Lehrer/innen bis 30 Jahre eine besondere Affinität zu dieser Art von Literatur haben: 71,2 % Nennungen dieser Gruppe stehen 42,9 % Nennungen aus der Gruppe der Über-Sechzigjährigen gegenüber.[65]

2. Der Subjektbereich *Schüler*

Der Subjektbereich ‚Schüler' hat in der Didaktik der vergangenen 30 Jahre eine fortschreitende und nachhaltige Aufwertung erfahren; dieser Aufwertungsprozess ging einher mit einem fortschreitenden Präsenzabbau des Pädagogen in der Unterrichtspraxis. Während man im pädagogischen Denken der 50er und 60er Jahre hauptsächlich die Vermittlung von Unterrichts- oder Bildungsinhalten und deren Vermittlung durch den Lehrer in den Vordergrund stellte, bemühte man sich spätestens seit den 70er Jahren stärker darum, den Schüler als selbstverantwortliches Subjekt in den Lernprozess mit einzubinden. Eine ganze Reihe neuer didaktischer Theorien und Methoden wurde entwickelt, um diesem Ziel näher zu kommen. Dass man hierbei bis heute immer noch hinter den Zielvorstellungen zurückgeblieben ist, dokumentiert etwa die lakonische Feststellung Peterßens in seinem 2001 überarbeiteten *Lehrbuch Allgemeine Didaktik*: „Schüler haben in den meisten Theorien tatsächlich bloß den Stellenwert von Objekten."[66]

Die zentrale Frage aller auf Erziehung bezogenen Theorie und Praxis, die auch ein grundsätzliches Dilemma von Didaktik verdeutlicht, spitzt sich in der Problemstellung zu, wie zu gewährleisten ist, dass man „Schülern während des Erziehungsprozesses [stets, R. W.] einen höchstmöglichen Grad an Selbstständigkeit"[67] verleihen kann. Eine Grundvoraussetzung für die Einlösung dieser Möglichkeit besteht – aus Sicht einer kritisch-reflexiven Wertungsdidaktik – darin, Schüler/innen über eigene und fremde Wertungsdispositionen zu informieren. Inwieweit in diesem Prozess didaktische Wertungsdispositionen des Lehrers immer deutlich gemacht werden können, muss freilich offen bleiben, denn die im Sozialisationsfeld Schule vorherrschende ‚heteronome Literaturrezeption' kann unter didaktischem Blickwinkel durchaus zu ambivalenten Wertungshaltungen führen: So kann ein literarischer Text, den eine Lehrerin oder ein Lehrer subjektiv abwertet, unter didaktischen Aspekten durchaus hochgewertet werden, z. B. weil sich an diesem Text bestimmte Lernziele überzeugend erarbeiten lassen. Ob diese funktionalisierte Wertungshaltung des Pädagogen Schülerinnen und Schülern immer plausibel gemacht werden kann und soll, ist wohl nicht ohne weiteres klar.

Bedeutsam ist daneben für ein erfolgreiches Lernen auch das Wissen, welche Werthaltungen Schüler/innen gegenüber dem Lerngegenstand einnehmen. Durchaus problematisch ist schließlich auch die Fragestellung, ob sich affirmative Werthaltungen immer positiv auf das Lernen auswirken. In schulischen Kontexten ist es keinesfalls abwegig, dass ablehnende Wertungshaltungen (von Schülern) den Lernprozess befruchten; dies ist vor allem dann möglich, wenn es gelingt, Schüler/innen im Verlauf des Lernprozesses zu einer Revision ihrer zuvor ablehnenden Haltung zu bringen.

a) Werthaltungen in außerschulischen Kontexten

Außerschulische Werthaltungen von Schülerinnen und Schülern entwickeln sich vor allem im Familien- und Freundeskreis. Die Lesesozialisationsforschung hat in den 90er Jahren einen beachtlichen Aufschwung genommen und ist durch die Ergebnisse der PISA-Studie, nach der die sozialisationsbedingte Chancenungleichheit von leseschwachen Schülerinnen und Schülern aus bildungsfernen Familien vor allem in Deutschland stark ausgeprägt ist, weiter gestärkt worden. Untersuchungen über die familiale Lesesozialisation haben gezeigt, dass diese Sozialisationsinstanz für das Leseverhalten von Jugendlichen entscheidende Bedeutung hat.[68]

Nach jüngsten Forschungsergebnissen der englischen Literacy-Forscherin Marian Whitehead hat die Lesekompetenz „ihre Wurzeln tief in den ersten Tagen unserer Kindheit. Alle, die sich um Kinder kümmern, ob in der Familie oder im Kindergarten, sind Lehrer der Literarizität."[69] Whiteheads Beobachtungen implizieren, dass die Sozialisationsinstanz Schule nur noch einen geringen Einfluss auf die Lesekompetenz schwacher Schülerinnen und Schüler ausüben kann: „Die Schule kann bestenfalls nachbessern."[70]

Sollte diese Einschätzung richtig sein, dann muss die Bildungsinstitution dafür sorgen, dass diese geringe Einflussmöglichkeit möglichst optimal genutzt wird. Ein Problem schulischer Kompetenzvermittlung, wie Whitehead in einem Interview bemerkt, sei, dass „die frühen sozialen und kulturellen Erfahrungen und Kenntnisse, die die Kinder mitbringen, ... zu wenig berücksichtigt [werden]."[71] Mit Blick auf die Lesedefizite von Schülern bemängelt sie: „Manche Pädagogen zwingen kleine Kinder auch zu enge und zu passive Lernstile auf – das scheint besonders schädlich für Jungen zu sein ... Schließlich fehlt offenbar oft die Bereitschaft, einen packenden Leseunterricht aus den Interessen und dem speziellen Wissen der Jungen zu entwickeln."[72] Diese lesepädagogischen Forderungen Whiteheads können durch die Lektüre von Kriminalliteratur in besonderem Maße eingelöst werden.

Aufschlussreich sind in diesem Kontext auch die Ergebnisse einer Bertelsmann-Studie im Hinblick auf das, was von den Jugendlichen bevorzugt gelesen wird. In der Untersuchung heißt es:

Die formale Bildung der Eltern wirkt sich ... nur in wenigen Fällen auf die Qualität der kind-
lichen Lektüre aus. Dies weist entweder darauf hin, dass die Kinder schon vielfach selbst
darüber entscheiden, welche Bücher sie lesen wollen, oder aber es zeigt, dass die Eltern sich
in Leseanregungen und Buchgeschenken eher danach richten, was ihren Kindern zusagt, als
dass sie sich an den Standards und je aktuellen Empfehlungen der Kinderliteraturkritik orientieren.[73]

Die statistische Auswertung einer Umfrage unter Kindern zwischen 9–11 Jahren
zeigte, dass die überwiegend gelesenen Texte den Kategorien der ‚Trivialliteratur‘, der ‚einfachen Unterhaltungsliteratur‘ und der ‚guten Unterhaltungsliteratur‘
zuzuordnen sind; die Werte lagen durchschnittlich zwischen 25–35 %. Dass von
den gelesenen Texten ein großer Prozentsatz der Kriminalliteratur entstammt,
muss als wahrscheinlich gelten. Laut Erhebung der Stiftung Lesen bevorzugen
24 % aller befragten Jungleser/innen (bis 19 Jahre) als Lektüre Kriminal- und
Spionageromane.[74]

Die vorgelegten Zahlen können kaum überraschen. Das kulturelle Milieu, in
dem Jugendliche heute aufwachsen, ist sehr stark durch seine medialen Einflüsse geprägt. Die Auseinandersetzung mit dem Kriminellen, dem Verbrecherischen und Ungesetzlichem übt einen starken Reiz auf junge Menschen aus.
Die einschlägigen Videospiele, Fernseh- und Kinofilme sowie Lektüren greifen
die Gewaltthematik in immer neuen Variationen auf. Dass die Beschäftigung mit
medialen Gewaltinszenierungen wichtige kompensatorische Funktionen haben
kann, die nicht zu vernachlässigen sind, weiß man spätesten seit den psychoanalytischen Arbeiten von Siegfried Bernfeld[75] und Edith Buxbaum[76]. Bernfeld wie
auch Buxbaum haben in ihren Studien bekräftigt, dass in der Lesesozialisation älterer Kinder die Lektüre von Detektivgeschichten eine wichtige Abwehrfunktion
übernimmt. Nach Bernfeld ist die Lektüre (billiger) Kriminalromane „Ersatz für
die bereits überwundenen Impulse zu infantilen Verbrechen; sie ist ein Mittel, die
Aktualisierung der verdrängten Tatimpulse zu verhindern, indem sie sich, blass
und entstellt genug, in der Phantasie befriedigen dürfen."[77]

Diese besondere psychische Disposition von Jugendlichen dürfte beispielsweise den Erfolg der Bücher von R. L. Stine erklären, der „seit bald 20 Jahren
Horrorgeschichten für Kinder und Jugendliche [schreibt]"[78]. Stine hat bisher
mehrere hundert(!) Bücher veröffentlicht und weltweit mehrere hundert(!) Millionen Bände verkauft. Laut Umfragen des Instituts für angewandte Kindermedienforschung an der Hochschule der Medien in Stuttgart gilt Stine unter Kindern und Jugendlichen als <u>der</u> Autor, seine auch in Deutschland verlegten Serien
Gänsehaut und *Fear Street* belegen bei Umfragen regelmäßig vordere Platzierungen.[79] Das Schema seiner Geschichten ist denkbar einfach: Nichtsahnende
Kinder oder Jugendliche werden bei ihren Wochenausflügen plötzlich von Monstern, Aliens oder blutrünstigen Mördern attackiert und gejagt. Die Programmatik
dieses Erzählens wird dem Käufer bereits signalartig über die prägnanten Buch-

titel mitgeteilt: *Die Puppe mit dem starren Blick*, *Der Fluch des Mumiengrabs* oder *Meister der Mutanten* sind nur einige der erfolgreichen Bücher aus dem deutschen Verlagsprogramm. Aus didaktischem Blickwinkel sind Lektüren dieser Art nicht nur abschätzig zu betrachten. Stines schablonenartiger Schreibstil in markanten, kurzen Satzreihen kommt dem sprachlichen Erwartungshorizont der meisten jugendlichen Leser entgegen. Er schreibt, wie eine Absolventin der Hochschule für Medien in ihrer Diplomarbeit bemerkt, so „wie Kinder und Jugendliche sprechen: Alles ist ‚toll' und ‚cool' oder ‚doof', Feten sind ‚total stark', und es gibt einen Haufen zu Essen, Pizza. Jede Menge Chicken Wings und so."[80] Im Kontext einer schulischen Leseförderung, die vor allem auch die Inauguration und Verbesserung der Lesefähigkeit der „Leseungewohnten" in den Blick nimmt, haben auch solche Texte ihren Platz.

Neben der kompensatorischen Wirkung von Krimilektüre auf Jugendliche wird man die identifikationsstiftende Funktion nicht vernachlässigen dürfen. Die Detektivfiguren des klassischen Kriminalromans – etwa Sherlock Holmes oder Hercule Poirot – verkörpern Heldentableaus, an denen sich Kinder und Jugendliche orientieren können und die ihre Phantasie anregen. Es ist kein Zufall, dass einige der berühmtesten und meistgelesenen Werke der Kinder- und Jugendliteratur Kriminalgeschichten sind: Charles Dickens *Oliver Twist*, Enid Blytons *Geschichten um die fünf Freunde*, Erich Kästners *Emil und die Detektive* und Astrid Lindgrens *Meisterdetektiv Kalle Blomquist*, um nur einige zu nennen. Auch der Erfolg der Harry-Potter-Romane von Joanne Rowling verdankt sich zu einem guten Teil der Tatsache, dass in die Abenteuer des Zauberlehrlings Harry Potter regelmäßig Kriminalmotive mit einfließen.

Die hohe Wertschätzung, die dem Genre Kriminalroman von Kindern und Jugendlichen außerhalb des schulischen Lebens entgegengebracht wird, dokumentiert sich daneben nachdrücklich in den großen Verkaufserfolgen bekannter Kinder- und Jugendkrimi-Serien des Buchhandels. Eine entsprechende Internet-Recherche mit dem Suchbegriff „Kinderkrimi" über den Online-Buchhändler amazon.de lieferte am 27.10.2003 immerhin 42 Titel; freilich wurden nur Titel markiert, die in ihre Titelei den Begriff ‚Kinderkrimi' aufgenommen hatten. Die Anzahl der Kinder- und Jugendkrimis auf dem deutschen Buchmarkt geht wohl in die Hunderte; große Verlage wie dtv, Rowohlt oder Arena haben eigene Kinder- und Jugendkrimi-Serien. Besondere Aufmerksamkeit haben in diesem Zusammenhang bei Kindern und Jugendlichen die historischen Krimis erlangt. Die von Hans Dieter Stöver bei dtv verlegte Quintus-Reihe oder die bei Goldmann publizierte SPQR-Reihe von John Maddox Roberts mögen hier als Beleg dienen. Eine Recherche über amazon.de mit dem Suchbegriff ‚Historische Krimis' lieferte am 27.10.2003 nicht weniger als 617 Items. Interessant ist in diesem Zusammenhang die Verkaufsstrategie der Verlage. Die entsprechenden Titel werden nicht als spezifische Jugendliteratur ausgegeben, damit der Käuferkreis nicht auf ein Segment von Konsumenten beschränkt bleibt.

Die psychologische Strategie dieses Vorgehens ist bemerkenswert. Dadurch, dass die einschlägigen Texte nicht als Jugendliteratur deklariert sind, werden sie für Jugendliche, die in der Pubertät danach streben, auch literarisch „erwachsen zu werden", gerade interessant. Zugleich werden erwachsene Konsumenten, die sich durch eine Deklaration des Buches als Jugendlektüre eher abgeschreckt fühlen, nicht am Kauf gehindert. Das Phänomen, das sich hier zeigt, ist eine bewusste Vermischung von Jugend- und Erwachsenenlektüre aus konsumptiven Erwägungen heraus. Die Ausweitung und Aufweichung auf mehrere Zielgruppen wird von den Verlagen betrieben, um größere Konsumentenkreise mit den produzierten Werken zu erreichen. Es ist zu vermuten, dass sich diese Entwicklung auch an den Texten selbst aufzeigen lässt, die in einer spezifischen Weise modelliert sein dürften, um diese Mehrfachcodierung zu erfüllen. Die Konsequenzen dieser Entwicklung sind weitreichend: Das Prinzip der „Selektion als faktische Freizeitlektüre unmittelbar durch Kinder und Jugendliche"[81] wird durch diese Konsumstrategien der Verlage weiter gefördert und bewirkt, dass viele Jugendliche sich mit so genannter „nicht-intendierter Kinder- und Jugendliteratur"[82] beschäftigen. Das kann durchaus sinnvoll sein, im Blick auf literarischen Kompetenzzuwachs und größere Selbstständigkeit, es kann aber auch das genaue Gegenteil bewirken.

Zuletzt sei auf die anthropologische Nähe des Sujets zu einzelnen Verhaltensdispositionen in der Kindheit hingewiesen. Schon in frühester Jugend zeigt sich bei Kindern eine gewisse Neigung zu spielerischen Auseinandersetzungen, in denen es um die Jagd nach einem Übeltäter geht. Wir alle kennen das beliebte Kinderspiel „Räuber und Gendarm", das vermutlich in allen Kulturkreisen – mit unterschiedlichen Varianten – seinen Niederschlag gefunden haben dürfte. Nicht weniger weit verbreitet sind die Figuren des Räubers und des Polizisten im Puppenspiel und im Kasperletheater. Auch hier werden bereits frühkindliche Sozialisationsmuster geprägt und gefestigt, die eine bestimmte positive Disposition für die Rezeption des Genres herstellen.

Das Beispiel des bekannten Gesellschaftsspiels *Scotland Yard* aus dem Ravensburger Verlag, das im Jahre 1983 zum Spiel des Jahres gekürt wurde und sich seit 20 Jahren einer unverminderten Beliebtheit erfreut, zeigt, wie stark sich diese Wert-Habitualisierungen erhalten und fortschreiben. Johan Huizinga hat in seiner kulturanthropologischen Studie *Homo Ludens* herausgearbeitet, wie sich das agonale Prinzip und der menschliche Spieltrieb verbinden und zu einer entwicklungsgeschichtlich bedeutsamen Kategorie aufsteigen können.[83] Die frühkindliche Neigung zu Räuber-und-Gendarm-Spielen wäre somit als eine anthropologische Disposition zu werten, die sich in späteren Jahren dann als eine rezeptive Codierung artikuliert, der Kriminalliteratur in hohem Maße entspricht. Insbesondere bei Jungen dürfte diese spezielle Verhaltenskodierung der Lektüre von Kriminalliteratur förderlich sein.[84]

b) Werthaltungen im Äußerungskontext Schule

Die Befunde im Hinblick auf außerschulische Wertungsdispositionen korrespondieren mit den Ergebnissen der schulimmanenten Wertungshaltungen. Untersuchungen zur Lektüre von Ganzschriften an Gymnasien in Nordrhein-Westfalen aus dem Jahre 1994 kommen etwa zu den folgenden Resultaten: In den Klassenstufen 5/6 und 9/10 werden Kriminalromane von Friedrich Dürrenmatt und Max von der Grün am häufigsten gelesen.[85] Auch jüngere Untersuchungen zur Lesesozialisation von Kinder und Jugendlichen in der Schule bestätigen die Aktualität dieser Einschätzung. In Gabriele Runges *Untersuchungen zum Einsatz von Kinder- und Jugendliteratur im Unterricht* aus dem Jahre 1997 wird gleichfalls die Popularität der Abenteuer- und Detektivgeschichten hervorgehoben. Laut Runge nehmen Bücher dieses Genres den Rang 3 aller im Unterricht eingesetzten Kinder- und Jugendbücher an Haupt- und Realschulen sowie an Gymnasien ein.[86] Zu vergleichbaren Ergebnissen ist jüngst auch Andrea Bertschi-Kaufmann in einer groß angelegten Studie zum Leseverhalten Schweizer Primarstufenschüler gekommen. In ihrer Untersuchung behauptet die Kriminalgeschichte bei Jungen den Rang 3 unter den favorisierten Lektüren, während die Mädchen realistische Erzählungen der Kriminalgeschichte vorziehen.[87] Auf die von Bertschi-Kaufmann genannten Unterschiede im Rezeptionsverhalten von Mädchen und Jungen hatte bereits Elisabeth K. Paefgen 1997 in einem Beitrag aufmerksam gemacht:

> Kriminalliteratur ist eine Literatur, in der harte Fakten nicht zimperlich aufgelistet werden. Es ist – auch das spricht aus didaktischer Sicht für sie – eine Literatur *für Jungen*. Die Inhalte wie auch die Formen des Erzählens sprechen männliche Schüler in vielerlei Hinsicht besonders an: Es geht um handfeste Probleme, es geht um den Einsatz von Technik, es ist zumeist eine männlich dominierte Welt, in der diese Erzählungen spielen. Noch immer sind die meisten detektivischen Helden Männer, bisher hat der literarische Entwurf einer weiblichen Detektivin noch keine sprichwörtliche Bekanntheit erringen können. Eine nüchterne Sprache wird gesprochen, die alltäglich, rauh und lakonisch ist oder komische Effekte erzielen will. Der dem Kriminalroman eigene eher unsentimentale Duktus, mit dem die ‚großen Gefühle‘ wie Angst, Schuld, Neid, Rache, Eifersucht, Hass, Habgier und vieles mehr abgehandelt und nicht immer zu allseitiger Beruhigung gelöst werden, ist für das literarische Lernen männlicher Schüler vielleicht eher geeignet als deren Darstellungsweise in poetischen Texten.[88]

Die von Paefgen herausgestellten Beobachtungen sind sicher richtig, ob die von ihr genannten rollenspezifischen Unterschiede im Rezeptionsverhalten als positiv zu bewerten sind, muss allerdings in Frage gestellt werden.[89] Gleichwohl legt die Problematik aus didaktischer Sicht eine wichtige Fragestellung frei, der eine neue Didaktik der Kriminalliteratur unbedingt nachgehen sollte. Wie kann diese rollenspezifische Prägung des Genres, die in vielen Texten durchscheint, kritisch in den Unterricht eingebracht werden? Warum ist diese Problematik an den kanonisierten Texten – etwa Friedrich Dürrenmatts oder Arthur Conan Doyles

Kriminalromanen – noch nicht reflektiert worden? Liegt dies an dem bisher verwendeten literarischen Material oder vielleicht an einer falschen didaktischen Herangehensweise? Müssen tradierte Texte vielleicht anders gelesen werden, als es bisher geschehen ist? Gibt es zeitgenössische literarische Texte und Untersuchungen, die diese Fragestellung aufgreifen?

Abseits dieser Fragestellungen wird man festhalten können, dass Kriminalliteratur von Schülerinnen und Schülern in der Schule gerne gelesen wird, obgleich geschlechterspezifische Differenzierungen vorzunehmen sind. Vergleicht man die Wertungshaltungen von Schülern mit den Befunden auf der Lehrerseite, dann wird man von annähernd symmetrischen Wertungsdispositionen sprechen können: Der hohen Wertschätzung auf pädagogischer Seite entspricht offenbar das Wertdenken auf Schülerseite.

Anmerkungen

[1] Vgl. http://home.t-online.de/home/ulrich.stark/lerni/kmk_bildungsnotstand.htm (19. 10. 2003).

[2] Vgl. die Kolumne „Lehrerbild auf dem Prüfstand", in: Deutschunterricht, Heft 2/1999, S. 82–84.

[3] Anja Kühne: Schwache Schüler werden gern Lehrer. Was geschehen muss, damit aus Pädagogen Profis werden, in: Der Tagespiegel (9. 9. 2002).

[4] Buch und Buchhandel in Zahlen. Ausgabe 2000 (hrsg. vom Börsenverein des deutschen Buchhandels e. V.). Frankfurt am Main 2000, S. 57.

[5] Ebd., S. 57.

[6] Leseverhalten in Deutschland im neuen Jahrtausend. Eine Studie der Stiftung Lesen (hrsg. von der Stiftung Lesen und dem Spiegel-Verlag). Hamburg/Mainz 2001, S. 16.

[7] Ebd., S. 258.

[8] Angaben des Bertelsmann-Verlages in einem Brief an den Verfasser vom 10. 07. 2001.

[9] Ebd., Brief des Bertelsmann-Verlages vom 10. 07. 2001.

[10] Angaben des Dumont-Verlages in einem Brief an den Verfasser vom 09. 07. 2001.

[11] Nach dem Verlags-Exposé „Was ist der GRAFIT Verlag?", S. 1 [Stand Juni 2001].

[12] Zitiert nach dem Exposé „12 Jahre grafit" [Stand Juni 2001], S. 2.

[13] Zitiert nach dem Exposé „Was ist der GRAFIT Verlag?", S. 2.

[14] Zitiert nach dem Exposé „12 Jahre grafit" [Stand Juni 2001], S. 3.

[15] Vgl. Christine Holliger: Die Lust am Mord. Neue schwedische Kriminalromane, in: Neue Zürcher Zeitung [6. 06. 2000], S. 68.

[16] Vgl. Hierzu Jochen Schmidt: Mord in Datteln. Viel Masse, aber nur wenig Klasse: Die Regionalisierung des deutschen Kriminalromans, in: Frankfurter Allgemeine Zeitung [28. 10. 2000], Seite IV aus der Beilage *Bilder und Zeiten*.

[17] Vgl. hierzu Irene Bayer: Juristen und Kriminalbeamte als Autoren des neuen deutschen Kriminalromans – Berufserfahrungen ohne Folgen? Frankfurt am Main 1989.

[18] Vgl. hierzu etwa das Kapitel über „sensation fiction and gender roles" bei Birgit Kämper: Margaret Oliphant's Carlingford Series. An Original Contribution to the Debate on Religion, Class and Gender in the 1860s and '70s. Frankfurt am Main 2001, S. 270 f.; daneben ist auch zu verweisen auf Hügel, Theorie und Geschichte der dt. Detektiverzählung, S. 62 f.

[19] Vgl. die beschriebenen Tötungsszenarien bei Henning Mankell: Die fünfte Frau. München 2000.

[20] Günter Waldmann: Literatur zur Unterhaltung 1. Unterrichtsmodelle zur Analyse und Eigenproduktion von Trivialliteratur. Hamburg 1980, S. 150.

[21] Ein Großteil des klassischen Kriminalromans von Arthur Conan Doyle bis Agatha Christie dürfte wohl gleichfalls unter dieses Verdikt fallen

[22] Man vgl. etwa die Einschätzung des Verfassungsrichters Wolfgang Hoffmann-Riem: Kriminalpolitik ist Gesellschaftspolitik. Frankfurt am Main 2000, S. 46 f.

[23] Zitiert nach Sabine Rückert: Tote haben keine Lobby. Die Dunkelziffer der vertuschten Morde. München 2002, S. 19

[24] Ebd., S. 30 f.

[25] Ebd., S. 21.

[26] Gisela Kern: Alltagskriminalität und Medienkriminalität. Fragen an den Kriminologen Prof. Michael Walter (Universität Köln), in: Erhard Schütz/Jochen Vogt (Hrsg.): Schimanski & Co. Krimiszene Ruhrgebiet. Texte und Materialien für den Deutschunterricht der Sekundarstufe I und II. Essen 1996, S. 36–37, S. 36.

[27] Zitiert nach Peter Wippermann: Die Imago des Verbrechers: Simpson, Schneider, Grant, in: Norbert Bolz u. a. (Hrsg.): Riskante Bilder. Kunst – Literatur – Medien. München 1996, S. 263–274.

[28] Diskreditiert haben ihn diesen Äußerungen gewiss bei Demokraten, bei ultrarechten Nationalisten sind sie auf Zustimmung gestoßen.

[29] Wolfs subversive Tätigkeit auf dem Boden der BRD hat – etwa durch die Guilleaume-Affäre! – unter anderem zum Sturz der Regierung Brandt geführt.

[30] Ein Ausdruck von Wolf Biermann, den er während eines Interviews verwendet hat. Die Fundstelle konnte nicht mehr ausfindig gemacht werden.

[31] Verena Lueken: Auf in die Zukunft, sie heißt Mord. Oliver Stone dreht seine erste Satire: „Natural Born Killers", in: FAZ (27.10.1994), S. 35.

[32] Ebd., S. 35.

[33] Lennart Paul: Ein langer Film über das Töten. Gewalt und Kinderseelen: eine Tagung zum Umgang mit Bildern im Berliner Willy-Brandt-Haus, in: Der Tagesspiegel (16.06.1998).

[34] Helga Theunert: Gewalt in den Medien – Gewalt in der Realität. Gesellschaftliche Zusammenhänge und pädagogisches Handeln. München ³2000, S. 115. Theunert hebt hervor: „Dieses Gewaltverhältnis ist strukturell, da es die Rezipienten in Informationserhalt und -verarbeitung behindert und ihnen Klischees von Realität liefert, die ihre Wahrnehmung von Realität einschränken können."

[35] Fast alle Lehrpläne lassen sich als pdf- oder Word-Dateien über das Internet beschaffen. Die entsprechende Adresse für die Datenbank des KMK lautet: http://195.37.160.37/lehrplan/ [20.10.03].

[36] Bildungsplan für das Gymnasium, in: Kultus und Unterricht. Amtsblatt des Ministeriums für Kultus und Sport Baden-Württemberg. Lehrplanheft 4/1994, S. 62.

[37] Ebd., S. 821 f.

[38] Alle Angaben stützen sich auf die vom bayr. Kultusministerium ins Internet gestellte Lehrplanfassung: http://195.37.160.37/lehrplan/ oder http://www.bildungsserver.de/zeigen.html?seite=400 .

[39] Alle Angaben stützen sich auf die vom Berliner Kultusministerium ins Internet gestellte Lehrplanfassung: http://195.37.160.37/lehrplan/ oder http://www.bildungsserver.de/zeigen.html?seite=400 .

[40] Rahmenlehrplan Deutsch. Sekundarstufe I [des Landes Brandenburg], S. 69 f.

[41] Rahmenplan Deutsch. Bildungsplan neunstufiges Gymnasium. Sekundarstufe I [des Bundeslandes Hamburg]. Hamburg 2003, S. 15 und 19.

[42] Rahmenlehrplan Deutsch. Haupt- und Realschule. Sekundarstufe I [des Bundeslandes Hamburg]. Hamburg 2003, S. 14, 17.

[43] Vgl. die Lehrpläne des Landes Hessen unter: http://www.bildungsserver.de/zeigen.html?seite=400 [20.10.2003].

[44] Alle Angaben stützen sich auf die vom Kultusministerium ins Internet gestellten Lehrplanfassungen: http://195.37.160.37/lehrplan/ oder http://www.bildungsserver.de/zeigen.html?seite=400 .

[45] Richtlinien und Lehrpläne für das Gymnasium – Sekundarstufe I – in Nordrhein-Westfalen. Deutsch. Frechen 1993, S. 56.

[46] Richtlinien und Lehrpläne für die Gesamtschule – Sekundarstufe I – in Nordrhein-Westfalen. Deutsch. Frechen 1980, S. 106.

[47] Qualitätsentwicklung und Qualitätssicherung. Aufgabenbeispiele Klasse 10: Deutsch. Frechen 1998, S. 84 f. sowie 89 f. (= Schriftenreihe Schule in NRW, Nr. 9028/1)

[48] Lehrplan Deutsch. Klassen 5–9/10. Hauptschulen, Realschulen, Gymnasien, Regionale Schulen, Gesamtschulen (hrsg. vom Ministerium für Bildung, Wissenschaft und Weiterbildung, Mainz). Grünstadt 1998, S. 23.

[49] Ebd., S. 137, 182, 226.

[50] Die Lehrplanfassungen des Landes Sachsen-Anhalt sind im Internet abrufbar unter den Adressen: http://195.37.160.37/lehrplan/ oder http://www.bildungsserver.de/zeigen.html?seite=400 .

[51] Lehrplan Gymnasium. Gewichtete Fassung. Deutsch. Klassen- und Jahrgangsstufen 5–12 (hrsg. vom sächsischen Ministerium für Kultus). Dresden 2001, S. 107 f.

[52] Ebd., S. 57.

[53] Lehrplan für das Gymnasium (hrsg. vom Thüringer Kultusministerium). Deutsch. Saalfeld 1999, S. 33, 37, 38, 39, 46.

[54] Lehrplan für die Regelschule und für die Förderschule mit dem Bildungsgang der Regelschule. Deutsch [hrsg. vom Thüringer Kultusministerium]. Saalfeld 1999, S. 30, 34–35, 39, 44, 48, 50, 55.

[55] Deutschstunden 7. Lesebuch. Neue Ausgabe. Berlin 1998, S. 183–221; vgl. auch Arbeit mit Texten. Neue Rechtschreibung. 9./10. Schuljahr. Hannover 1995, S. 244–251.

[56] Deutsch vernetzt. Literatur & Medien. Schülerbuch für das 7. Schuljahr (hrsg. von Jürgen Baurmann u. a.). Frankfurt am Main 2002, S. 116–127, 128 f.

[57] Arbeit mit Texten. 9. und 10. Schuljahr (hrsg. von R. Ulshöfer). Hannover 1995, S. 244; Lesetexte. 9. Texte für Gymnasien (hrsg. von W. Berger). München 1998, S. 41–55; Lesebuch. Deutsch 9. Ausgabe 2. Braunschweig 1995, S. 62–81; Das Hirschgraben Lesebuch. 5. Schuljahr. Frankfurt am Main 1987, S. 88 f.; lesenswert 6, 7, 8. Frankfurt am Main 1991, S. 163 f. [Bd. 6], S. 197–200 [Bd. 7], S. 170 f. [Bd. 8]; Treffpunkte 8. Lesebuch (hrsg. von W. Menzel). Hannover 1993, S. 10–36; Lektüre. Lesebuch für Gymnasien. 8. Schuljahr. Hannover 1992, S. 40–62; bsv Deutsch 10/10N. Lesebuch. München ²1992, S. 35–63; Wege zum Lesen. Lesebuch für das 8. Schuljahr. Frankfurt am Main 1991, S. 152–174; Wort und Sinn 8 (hrsg. von P. Mettenleitner). Paderborn 2000, S. 59–63;

[58] Deutsch vernetzt. Themen & Sprache. Schülerbuch für das 7. Schuljahr (hrsg. von Jürgen Baurmann u.a.). Frankfurt am Main 2002, S. 100–107; Sprachschlüssel A/B. Ausgabe für Nordrhein-

Westfalen. Neue Rechtschreibung. 7. Schuljahr. Stuttgart 1999, S. 66–75; Punktum. Ausgabe Nordrhein-Westfalen. Neue Rechtschreibung. 9./10. Klasse. Hannover 1997, S. 158–171; deutsch.de. Sprach- und Lesebuch. A 6 (hrsg. von Harald Pfaff und Rüdiger Weingarten). München 2001, S. 142–159; Das Hirschgraben Sprachbuch. 6. [und 7.] Schuljahr. Frankfurt am Main 1991, S. 35 f. [Bd. 6], S. 88 f. [Bd. 7]; Klartext. Sprachbuch für Gymnasien. 9. Schuljahr. Braunschweig 1997; Blickfeld Deutsch 7. Paderborn 1998; S. 326 f.; Kontext Deutsch 7. Schülerband. Hannover 2000, S. 256 f.

59 Heiner Willenberg: Lesen und Lernen. Eine Einführung in die Neuropsychologie des Textverstehens. Heidelberg und Berlin 1999, S. 56 f.

60 Ebd., S. 56.

61 Deutsche Kriminalgeschichten der Gegenwart (hrsg. von Günter Lange). Stuttgart 1990 (= Arbeitstexte für den Unterricht 15019); Detektivgeschichten für Kinder (hrsg. von Peter Hasubek). Stuttgart 1989 (= Arbeitstexte für den Unterricht 9556); Kriminalgeschichten (hrsg. von Eckhard Finckh). Stuttgart 1995 (= Arbeitstexte für den Unterricht 9517); Theorie des Kriminalromans (hrsg. von Eckhard Finckh). Stuttgart 1998 (= Arbeitstexte für den Unterricht 9512); E. T. A. Hoffmann: Das Fräulein von Scuderi (hrsg. von Hans Ulrich Lindken). Stuttgart 1989 (= Erläuterungen und Dokumente 8142); E. T. A. Hoffmann: Der Sandmann (hrsg. von Rudolf Drux). Stuttgart 2000 (= Erläuterungen und Dokumente 8199); Annette von Droste-Hülshoff: Die Judenbuche (hrsg. von Walter Huge). Stuttgart 2003 (= Erläuterungen und Dokumente 8145)

62 Dass hier offenbar ein neuer Markt entstanden ist, der große Zuwachsraten verspricht, aber oftmals von zweifelhafter Qualität ist, verdeutlicht der Beitrag von Klaus Michael Bogdal: Literaturunterricht für Flachschwimmer, in: Der Deutschunterricht 1/2002, S. 93–95.

63 Vgl. Irmtraud M. Oskamp: Jugendliteratur im Lehrerurteil. Historische Aspekte und didaktische Perspektiven. Würzburg 1996, S. 72.

64 Ebd., S. 74.

65 Ebd., S. 77.

66 Peterßen, Lehrbuch Allgemeine Didaktik, S. 275.

67 Ebd., S. 275.

68 Lesesozialisation. Band 1. Leseklima in der Familie: Eine Studie der Bertelsmann Stiftung (hrsg. von Bettina Hurrelmann u. a.). Gütersloh 1993.

69 Marina Whitehead: Supporting Languages and Literacy Development in the Early Years. London 1999; zitiert nach Christine Brink: Auf Jungenfang. Das männliche Geschlecht tut sich schwer mit Literatur – von Anfang an. Gibt es ein Anti-Lese-Gen? Oder ist die Leseerziehung einfach zu einseitig auf Mädchen ausgerichtet?, in: Die Zeit (29.04.2004, Sonderheft *Wir lesen vor – überall & jederzeit*), S. 3–4.

70 Ebd., S. 4.

71 Lehrer müssen Bücher lieben! Ein Gespräch mit der englischen Literacy-Forscherin Marian Whitehead über guten Leseunterricht und die spezifischen Bedürfnisse der Jungen, in: Die Zeit (29.04.2004, Sonderheft *Wir lesen vor – überall & jederzeit*), S. 5.

72 Ebd., S. 5.

73 Ebd., S. 168.

74 Leseverhalten in Deutschland im neuen Jahrtausend. Eine Studie der Stiftung Lesen (hrsg. von der Stiftung Lesen und dem Spiegel-Verlag). Hamburg/Mainz 2001, S. 258.

[75] Siegfried Bernfeld: Das Kind braucht keinen Schutz vor Schund. Es schützt sich selbst, in: Die Literarische Welt 49/1926, S. 1.

[76] Edith Buxbaum: Detektivgeschichten und ihre Rolle in einer Kinderanalyse, in: Zeitschrift für psychoanalytische Pädagogik 10/1936, S. 113–121.

[77] Bernfeld, Das Kind braucht keinen Schutz vor Schund, S. 1.

[78] Sigrid Tinz: Spaghetti mit Gruselsoße. Ob die Zutaten Monster oder Mörder sind – Kinder und Jugendliche verschlingen das Lesefutter des Amerikaners R. L. Stine serienweise, in: Die Zeit (29.04.2004, Sonderheft *Wir lesen vor – überall & jederzeit*), S. 14–15, S. 14.

[79] Zahlen nach Tinz, Spaghetti mit Gruselsoße, S. 14.

[80] Ebd., S. 15.

[81] Hans-Heino Ewers: Literatur für Kinder und Jugendliche. Eine Einführung. München 2000, S. 20.

[82] Ebd., S. 15 f.

[83] Johan Huizinga: Homo Ludens. Vom Ursprung der Kultur im Spiel. Hamburg 1981.

[84] Siehe auch Marian Whiteheads Hinweis auf archetypische Sozialkompetenzen bei Kindern, die für Lektürevorhaben genutzt werden können; Lehrer müssen Bücher lieben!, S. 15.

[85] Zitiert nach Günter Lange: Vergebliche „Spurensuche". Zu dem Artikel „Haben Detektive abgedankt"? von Elisabeth K. Paefgen, in: Praxis Deutsch (1998), Heft 147, S. 8–9, S. 9.

[86] Vgl. Gabriele Runge: Untersuchungen zum Einsatz von Kinder- und Jugendliteratur im Unterricht. Würzburg 1997.

[87] Vgl. Andrea Bertschi-Kaufmann: Lesen und Schreiben in einer Medienumgebung. Die literalen Aktivitäten von Primarschulkindern. Aarau 2000.

[88] Elisabeth K. Paefgen: Haben Detektive abgedankt? Spurensuche und Aufklärung als literaturdidaktische Chance, in: Praxis Deutsch 1997, Heft 147, S. 6–9, S. 9.

[89] Vgl. ergänzend hierzu auch Paefgens Überlegungen zu diesem Problemkomplex in ihrer *Einführung in die Literaturdidaktik*; E. K. P.: Einführung in die Literaturdidaktik. Stuttgart und Weimar 1999, S. 73 f. (= Smlg. Metzler 317).

IV. Wertungshorizonte im Objektbereich
– Eine Gattungsgeschichte

1. Forschungssituation und Gattungsterminologie

Das literaturwissenschaftliche Interesse am Kriminalroman scheint langsam wieder anzusteigen. Während in den 70er und 80er Jahren eine ganze Reihe wichtiger Aufsatzsammlungen und Monographien erschienen[1], gingen die wissenschaftlichen Bemühungen in den späten 80 und den früher 90er Jahre – gemessen an den vorher publizierten Forschungsbeiträgen – stark zurück. Erst in der zweiten Hälfte der 90er Jahre wuchs das Interesse wieder, wie der 1998 publizierte Sammelband über den Kriminalroman von Jochen Vogt verdeutlicht.[2] Der 33 Aufsätze umfassende Band präsentiert allerdings überwiegend Wiederabdrucke älterer Texte (21 Beiträge), die teilweise schon in der verdienstvollen Edition von 1971 erschienen sind (14 Texte), neun Beiträge sind in den 80er Jahren publiziert worden, drei Arbeiten des Sammelbandes stammen immerhin aus den 90er Jahren. Auf zumeist ältere Erkenntnisse stützen sich auch die Beiträge aus dem Jahrbuch der deutsch-finnischen Literaturbeziehungen, das dem Thema 1996 – im Anschluss an einen Kongress über den zeitgenössischen deutschen Krimi – einen eigenen Band widmete.[3] Einer ganzen Reihe von wissenschaftlichen Monographien und kleineren Studien zur Kriminalliteratur, die in der zweiten Hälfte der 90er Jahre veröffentlicht wurden, blieb schließlich die (akademische) Aufmerksamkeit weitgehend verwehrt, sie wurden kaum oder gar nicht rezipiert.[4] Daneben wären schließlich die nachhaltiger wahrgenommenen Monographien von Gabriele Dietze[5] (1997) und Evelyne Keitel[6] (1998) zu nennen, die offenbar eine wichtige Schrittmacherfunktion hatten, denn seit dem Ende des Millenniums häufen sich nicht nur die Publikationen wieder, sondern die wissenschaftliche Rezeptionsmüdigkeit der vergangenen Jahre scheint einem neu erwachten Interesse gewichen. Hinzu kommt, dass sich im Vergleich zu früheren Forschungsinteressen der Blickwinkel mittlerweile stark geöffnet hat. Während in den 70er Jahren die ideologie- und gesellschaftskritischen Analysen dominierten, finden bereits in den 80er Jahren – neben einer breiten Palette unterschiedlichster Fragestellungen – verstärkt narrative, poetische, linguistische und auch medienästhetische Fragestellungen in den verschiedenen Untersuchungen Berücksichtigung. Ein gutes Beispiel für diese Entwicklungen liefert die zuletzt stark beachtete Arbeit von Gabriela Holzmann, die eine innovative, medienorientierte Fragestellung in den Mittelpunkt ihrer Untersuchung stellt.[7] Aber auch die hilfreichen Monographien von Patrick Bühler[8], Wolfgang Kemmer[9] und von Alexandra Krieg[10], die zuletzt Aufmerksamkeit erregt haben, verdeutlichen das neu erwachsene Interesse. Zum Objekt einer viel beachteten und ausdauernden wissenschaftlichen Beschäftigung ist daneben auch die Kriminalliteratur der ehemaligen DDR geworden, durch deren Analyse man wichtige mentalitäts-geschichtliche Erkenntnisse über diese schwierige Epoche der deutschen Kultur- und Gesellschaftsgeschichte zu gewinnen hofft.[11]

Resümiert man die Entwicklung der jüngeren Forschung, ausgehend von Vogts Sammelband, dann ergibt sich das folgende Bild: Die Kriminalliteratur-For-schung hat – sieht man einmal von dem etwas schwächeren Zeitraum zwischen 1988–1998 ab – über die Jahre doch eine Fülle von Beiträgen geliefert, gleich-wohl bleibt der Ertrag doch eher bescheiden, was Anlass zu kritischer Nachfrage geben muss.

Neben der erwähnten methodischen Unbeweglichkeit wird man eine weitere Ursache benennen können: Die mangelnde literarische Aktualität der wissen-schaftlichen Bemühungen. Zwar geben die jüngeren Beiträge einen repräsenta-tiven Querschnitt des Forschungsinteresses wieder, man wird aber bemängeln müssen, dass die zeitgenössische Kriminalliteratur des vergangenen Dezenniums weitgehend ausgeblendet wird. So beschäftigt sich etwa in Vogts Kompendium kein einziger Beitrag mit der Entwicklung des deutschen Kriminalromans in den frühen 90er Jahren, obgleich zu diesem Zeitpunkt wichtige Autoren, die das Genre gegenwärtig prägen, schon in Erscheinung getreten sind: Zu erinnern ist etwa an Bernhard Schlink, Jakob Arjouni, Doris Gercke, Sabine Deitmer oder Ingrid Noll. Erst ganz vereinzelt beginnt die Forschung gegenwärtig dieses De-fizit abzubauen.[12] Auch die rasante Entwicklung der Gattung in anderen Län-dern findet erst ansatzweise Berücksichtigung in neueren Arbeiten. Einige bisher weitgehend unbearbeitete Forschungsgebiete seien genannt: So wäre die außer-ordentlich starke Rezeption des skandinavischen Kriminalromans, die sich nach Sjöwall/Wahlöö bereits in der ersten Hälfte der 90er Jahre mit Romanen von Hen-ning Mankell und Peter Høeg angekündigt hat, genauer zu betrachten. Daneben wären die Kriminalromane der Italiener Carlo Lucarelli, Andrea Camilleri oder Nino Filasto zu untersuchen, die in der Tradition Leonardo Sciascias stehen und ab der zweiten Hälfte der 90er Jahre auch verstärkt in Deutschland wahrgenom-men werden[13]; abseits des europäischen Schauplatzes müsste man die Entwick-lung des Genres auf dem amerikanischen Kontinent intensiver betrachten und auch den Blick auf vermeintlich randständige Gebiete – etwa auf die erstaunliche Genese des israelischen Kriminalromans bei Batya Gur – richten.

Zeichnete sich die Kriminalliteraturforschung in den 70er und 80er Jahren[14] noch durch die Aktualität ihrer analytischen Untersuchungen aus, so muss man nun zu Beginn des 21. Jahrhunderts konstatieren, dass die Literaturwissenschaft mit ihren Arbeiten den Bezug zur literarischen Wirklichkeit zu verlieren droht. Die Diskrepanz zwischen der rasanten Entfaltung des Genres und seiner wissen-schaftlichen Aufarbeitung erscheint auch deswegen bedenklich, weil die Gat-tung sich in den letzten Jahren nicht nur einer stetig anwachsenden Popularität erfreut, sondern auch, weil es eine ganze Reihe von bemerkenswerten Entwicklungen gibt, die das Profil der literarischen Form nachhaltig verändert haben. Dieser Prozess hat auch nachhaltige Folgen für die Gattungstypologie gehabt, wie das nachfolgende Beispiel der Wissenschaftsterminologie verdeutlicht.

Mit Blick auf die Genese der Gattung seit den 90er Jahren erscheint die seit Richard Gerbers[15] Studie aus den 70er Jahren gebräuchliche Unterscheidung in Verbrechensdichtung[16] und Kriminalliteratur problematisch, da zahlreiche Konfigurationen des zeitgenössischen Kriminalromans zeigen, dass eine Trennung zwischen den beiden Gattungstypen mit Gerbers Begriffsinstrumentarium nicht mehr überzeugend vorgenommen werden kann.[17] Auf diese Problematik hat bereits 1994 Angelika Jockers in ihrer Arbeit über *Die Kriminalromane Friedrich Glausers* hingewiesen und schon damals das berechtigte Fazit gezogen, „daß das von Seiten der Gattungsdiskussion entworfene Typologisierungsraster wenig befriedigend ... ist[18]". Die vermeintliche Verbrechensdichtung der Moderne und Postmoderne ist etwas anderes als die Verbrechensliteratur des 19. Jahrhunderts, etwa bei Dostojewskij.

Zwei Grundzüge unterscheiden die postmodernen Gattungsexemplare des Kriminalromans, die man der Verbrechensdichtung zuordnen will, von ihren literarischen Vorgängern aus den vorangegangenen Epochen: Die (post-)moderne Erfahrung des Absurden und die Existenz des Gattungsmodells. Während die Verbrechensdichtung des 18. und 19. Jahrhunderts die Schuld des Täters als etwas Gegebenes annahm und ihre Sühne dem von Gott gestifteten Werteuniversum beruhigt überlassen konnte, mordet der Verbrecher der Postmoderne ohne erkennbare Reue und ohne Schuldbewusstsein. Seit dem von Nietzsche diagnostizierten „Tod Gottes" gibt es auch keinen Wertehimmel mehr, in den menschliches Tun einfach nach den Kategorien gut und böse unterschieden werden kann. Die Erfahrung der Absurdität von Welt, das Fehlen einer göttlichen Nemesis und die Erosion des Moralischen haben das Verbrechen im 20. Jahrhundert gesellschaftsfähig gemacht und die Verortung von Schuld und Sühne seit Nietzsche zu einer Frage der moralischen Perspektive werden lassen. Dass die mordenden Frauen bei Ingrid Noll, Doris Gercke oder Sabine Deitmer und der verbrecherische Mr. Ripley bei Patricia Highsmith auf die Sympathie der Leser/innen rechnen können, hängt nicht nur damit zusammen, dass die Autorinnen die biografischen und sozialen Hintergründe der Taten ausleuchten, sondern auch mit der moralischen Entzauberung des Verbrechens und der Möglichkeit seiner Ästhetisierung, die sich bereits in der ersten Hälfte des 19. Jahrhunderts mit Thomas de Quinceys berühmten Essay *Murder considered as a fine art* (1827) andeutete. Das ästhetische Spiel mit dem Verbrechen wird schließlich in zweiter Instanz durch die Existenz eines Gattungsmodells und seiner zahlreichen Variationen befördert. Die intertextuellen Verweise, Allusionen und gattungsimmanenten Anspielungen gehören mittlerweile zum festen Bestand des postmodernen Kriminalromans und lassen auch jene Kriminalgeschichten, bei denen nicht die Aufklärung des Verbrechens im Mittelpunkt steht, als zum Kriminalroman zugehörig erscheinen. Demzufolge entspricht Ulrich Suerbaums weiter gefasste Definition den zeitgenössischen Gegebenheiten weitaus besser:

> Die Erfahrung lehrt jeden Leser oder Fernsehzuschauer, dass zwischen Krimis mit oder ohne dominierende Detektivfigur und mit oder ohne Täterrätsel kein gravierender Unterschied sein kann ... Wir gehen von der Annahme aus, dass es eine Gesamtgattung Krimi gibt, zu der alle modernen Werke gehören, die Vorgänge um Mord und Verbrechen auf spannend-unterhaltende Weise präsentieren.[19]

Aus heutiger Sicht erscheinen vor allem die Thesen Richard Gerbers problematisch, der den Begriff der Verbrechensliteratur oder Verbrechensdichtung eingeführt hat und diesen streng von allen Gattungsexemplaren des Kriminalromans unterschieden wissen will, in denen die Jagd auf den Verbrecher und/oder die Aufklärung des Verbrechens im Mittelpunkt steht. Gerbers Überzeugung, dass der menschliche Geist so beschaffen sei, „daß er das Verbrechen allein zur Darstellung nicht konzipieren kann, sondern immer die Nemesis einbezieht"[20], darf – aus literaturwissenschaftlicher Sicht – als überholt gelten. Den Mörderinnen in Ingrid Nolls Kriminalromanen geht es nach der Ausübung des Verbrechens in der Regel deutlich besser als vorher, und von einer Nemesis ist weder bei Highsmith noch bei Noll etwas zu spüren. Auch wird man wohl kaum solcherlei literarische Darstellungen einfach auf das Feld des Abnormalen schieben können, wie das bei Gerber geschieht: „Ein Werk, das nur die Geschichte eines Verbrechens erzählt, wird man abgesehen vom Bereich des Perversen – sei es besessener Art wie bei Marquis de Sade oder spielerischer Ulk wie in ‚Arsenik und Spitzenhäubchen' – in der ganzen Weltliteratur vergeblich suchen."[21] Gerbers gattungstypologischer Verortung des Kriminalromans liegt ein sozialhistorisches und philosophisches Weltbild zugrunde, das bereits 1966 kaum mit der literarischen Realität in Einklang zu bringen war und das im Jahre 2007 – aus literaturästhetischer Sicht – vollständig überholt erscheint. Alewyns Vorschlag, den Terminus Kriminalroman (auch) auf jenen Typus von Kriminalliteratur anzuwenden, der „die Geschichte eines Verbrechens erzählt", hat also nach wie vor seine Berechtigung und sollte nicht aufgegeben werden. Andererseits hat die Restituierung von Alewyns Definition keineswegs zur Folge, dass der von Gerber vorgeschlagene Begriff der Verbrechensdichtung aufgegeben werden muss. Auch dieser hat seine Berechtigung, sollte aber in dem von Gerber selbst vorgeschlagenen engen Rahmen gebraucht werden: also auf (klassische) Werke der Weltliteratur Anwendung finden, die in keinem erkennbaren Bezug zum Gattungsmodell des tradierten Kriminalromans stehen, wie er sich zu Beginn des 20. Jahrhunderts bei Arthur Conan Doyle, Dorothy Sayers oder Agatha Christie ausgeprägt hat.[22] Gerber käme vermutlich niemals auf den Gedanken, die Kriminalromane von Patricia Highsmith mit Dostojewskijs *Schuld und Sühne* zu vergleichen, wie das etwa Peter Nusser indirekt durch seine Zuordnung dieser Werke zur Verbrechensliteratur nahe legt.[23] Das Unbehagen vieler Forscher bei der Verwendung des Terminus „Verbrechensliteratur" dokumentiert sich nicht zuletzt auch in dem skrupulösen Sprachgebrauch, der in diesem Zusammenhang immer wieder begegnet. So formuliert Nusser zu den „Kriminalromanen" von Patricia Highsmith: „Da sie jedoch auf die detektivische Ermittlung verzichtet, gehören ihre Bücher letztlich nicht der Gattung des Kriminalromans, sondern der Verbrechensliteratur an".[24] Und über ein Buch von John Bingham (*Murder plan six*) bemerkt er: „Im Grunde handelt es sich auch hier eher um Verbrechensliteratur."[25] Mit anderen Worten heißt dies wohl: Eigentlich sind die genannten Texte nach allgemeinem und durchschnittlichem Verständnis Kriminalromane, letztlich muss man sie wohl nach den geltenden wissenschaftlichen Regeln zur (ungeliebten) Gattung der Verbrechensliteratur oder Verbrechensdichtung subsumieren.

Die skizzierten Befunde lassen es geraten erscheinen, bei der Benutzung der verschiedenen Gattungstermini mit einer gewissen Variabilität zu operieren und ein stärker deskriptiv orientiertes Verfahren anzuwenden. Die umfassenden Termini Krimi oder Kriminalroman sollten als Gattungsoberbegriffe erhalten bleiben und können sowohl den kriminalistischen Abenteuerroman (Thriller)[26], den Detektivroman oder den Kriminalroman im engeren Sinne bezeichnen, der eine spannende Verbrechensschilderung zum Thema hat und weniger die Aufdeckung und Bestrafung dieses Verbrechens. Alewyns Vorschlag, die beiden Gattungen Kriminalroman und Detektivroman strikt voneinander zu trennen, erscheint, wie schon Richard Gerber gezeigt hat, weniger sinnvoll, da diese Eingrenzung vor allem dem allgemeinen Sprachgebrauch entgegenstehen und zu Verwirrungen beitragen würde.[27] Überdies haben Gerber und andere schon an den Prototypen der Gattungsgeschichte von Conan Doyle zeigen können, dass sich Detektiv- und Kriminalroman – nach den von Alewyn aufgestellten inhaltlichen Kategorien[28] – nicht immer überzeugend unterscheiden lassen. Allerdings wird man Alewyn zugestehen müssen, dass eine Differenzierung in Kriminal- und Detektivroman bei vielen Gattungsexemplaren nach wie vor nicht nur möglich, sondern auch sinnvoll erscheint. Schließlich sollte die unter den Oberbegriffen Kriminalroman oder Krimi zu subsumierende Obergattung von der Verbrechensdichtung abgegrenzt werden, die wiederum enger zu fassen ist, als dies in der literaturwissenschaftlichen Praxis bisher offenbar geschehen ist. Für diese Weitläufigkeit der Einordnungen, die gleichwohl genügend begriffliche Trennschärfe bieten, spricht auch der durchschnittliche Sprachgebrauch des Lesers, der – insbesondere auch im schulischen Bereich – den Terminus Krimi oder auch Kriminalroman bevorzugt. In einer graphischen Skizze können die einzelnen Begriffe und ihre Verortung im Gattungssystem noch einmal besser verdeutlicht werden[29]:

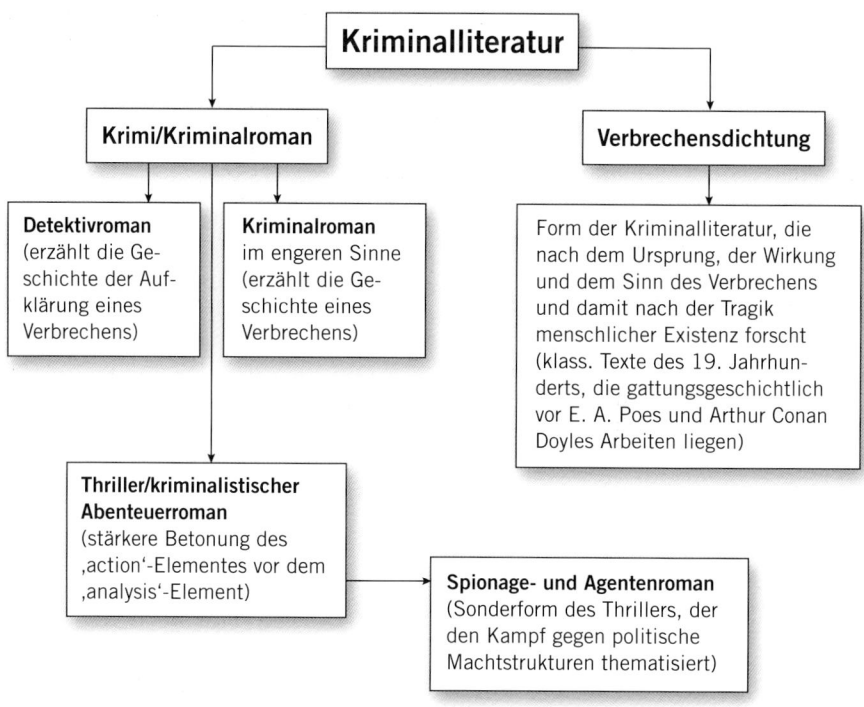

Abb. 2: Gattungssystem der Kriminalliteratur

2. Genese und Entwicklung des Kriminalromans bis etwa 1960

Die Genese des klassischen Kriminalromans ist weitaus komplizierter und unübersichtlicher als man bisher geglaubt hat. Der Verweis auf E. A. Poes genrebildende Kriminalerzählungen *Die Morde in der Rue Morgue* (The Murders in the Rue Morgue, 1841), *Das Geheimnis der Marie Rogêt* (The Mystery of Marie Rogêt, 1842) und *Der verschwundene Brief* (The Purloined letter, 1844) zeigt zwar eine entscheidende Entwicklungslinie der literarischen Gattungsgeschichte auf, der Bezug auf Poe vermag das Phänomen dieser poetischen Formgenese aber nur partiell zu erklären. So wies beispielsweise Richard Alewyn schon 1963 darauf hin, dass sich zahlreiche Merkmale des Poe'schen Modells auch in der Erzählung *Das Fräulein von Scuderi* (1818) von E. T. A. Hoffmann wiederfinden. Insbesondere die psychologisierende Charakterzeichnung der Täterfigur, die Beschreibung der Detektionsarbeit und die narrativen Gestaltungselemente des Unheimlichen antizipieren in dieser Geschichte Hoffmanns viele Gattungsmerkmale der späteren Detektivgeschichten E. A. Poes. Überdies verdeutlichen Alewyns Hinweise auf andere Romane dieser Epoche, dass die deutsche Romantik eine wichtige Vermittlerrolle bei der Inauguration der Gattung gespielt hat.[30]

Ein weiterer wichtiger Gattungsvorläufer, auf den vor allem Edgar Marsch hingewiesen hat, ist in der so genannten Pitaval-Tradition zu sehen.[31] François Gayot de Pitaval (1673–1743), der dieser literarischen Gattung den Namen gab, veröffentlichte in den Jahren 1735–1739 eine dreizehnbändige Sammlung von Verbrechensgeschichten unter dem Titel *Causes célèbres et intéressantes*. Den Stoff für seine Anthologie berühmter Kriminalfälle fand Pitaval in den Prozessakten berühmter Rechtsfälle, die er während seiner Tätigkeit als Advokat an den Gerichten in Lyon und Paris ausführlich studieren konnte. Marschs Vermutung, dass Pitaval „viele der von ihm geschilderten Fälle … aus seiner eigenen Erfahrung als Prozessbevollmächtigter"[32] kannte, dürfte zutreffend sein. Die von dem Franzosen begründete Form einer literarischen Reproduktion großer Kriminalfälle hat dann, wie Marsch überzeugend nachzuweisen vermag, vor allem im Deutschland des 19. Jahrhunderts viele Nachahmer gefunden.

In den Jahren 1792/95 hatte Friedrich Schiller, gemeinsam mit Wilhelm Franz, eine vierbändige Auswahl aus dem *Alten Pitaval* herausgegeben. Vermutlich ist diese Editionstätigkeit auch in Zusammenhang mit Schillers Verbrechensgeschichte vom *Verbrecher aus verlorener Ehre* (1786) zu sehen, die dieser einige Jahre zuvor publiziert hatte und die ebenfalls gemeinhin als ein Gattungsvorläufer des Kriminalromans betrachtet wird. Im Jahre 1828/29 veröffentlicht der berühmte Jurist Anselm Feuerbach unter dem Titel *Aktenmäßige Darstellung merkwürdiger Verbrechen*[33] eine vergleichbare Anthologie, wenngleich sich diese auch durch die „Absicht einer juridisch exakten Rekonstruktion"[34] von der auf ein breites Lesepublikum abzielenden Verbrechensschilderung bei Pitaval unterscheidet. Schließlich zeigt die Publikation des *Neuen Pitaval* von 1842 durch die beiden Juristen J. E. Hitzig und W. Härig, wie populär diese Textsorte mittlerweile geworden ist, die – nach Marsch – zentrale Merkmale des neuen Genres bereits antiziptiert und die er so charakterisiert: „Panoramisch gedehntes Lebensbild, nahe szenische Darstellung in entscheidenden Momenten der Tat, analytische Reflexion mittels Zeugenaussagen, Ich-Erzählung und Täterbericht, Spiegelung des gesellschaftlichen Verhaltens, Fragen nach einer der Wirklichkeit adäquaten Gerechtigkeit: das sind bereits Merkmale der späten Kriminalerzählung."[35]

Eine weitere Einflusssphäre, die für die Genese des klassischen Kriminalromans von Bedeutung ist, muss wohl in den literarischen Kristallisationen des „sozialen Banditen" gesehen werden, die sich vor allem im 19. Jahrhundert sprunghaft verbreitet haben.[36] Robin Hood, Mandrin, Diego Corrientes, Fra Diavolo, Schinderhannes oder Rinaldo Rinaldini sind nur einige der Namen, die man mit dieser Form kriminellen Abenteurertums verbindet.[37] Diesen Figurationen des europäischen Sozialbanditen verwandt sind die Desperados des nordamerikanischen Kontinents. Hans von Hentig hat in einer leider vergessenen Studie zu diesem

Verbrechertypus die psychosozialen Konstituenten dieses kriminellen Akteurs offengelegt und auf die Verbindungslinien zur europäischen Verbrechensliteratur – etwa bei Schiller – hingewiesen.[38] Die Abenteuerromane des 19. Jahrhunderts von Jack London, Bret Harte, James Fenimore Cooper, Friedrich Gerstäcker oder Mark Twain geben einen Einblick in die Sozialgeschichte und Typologie dieser Figur, die nicht ohne Einfluss auf die Physiognomie des amerikanischen Großstadtgangsters und seines Gegenspielers, des kompromisslosen Privatdetektivs oder Polizeioffiziers, geblieben ist.[39] Die Protagonisten der hard-boiled Krimis von Hammett, Chandler oder Spillane lassen in vielen Details die Grundzüge des amerikanischen Outlaws aus der zweiten Hälfte des 19. Jahrhunderts durchscheinen. Eine Figur wie der professionelle Auftragskiller etwa, der erstmals im amerikanischen Kriminalroman der 20er und 30er Jahre auftritt, hat sein Vorbild in einigen berühmt-berüchtigten Desperados des Wilden Westens, die ihre Gewandtheit mit der Waffe zu einem einträglichen Geschäft umzumünzen wussten.[40]

Von nicht minder großem Einfluss auf die Genese des Kriminalromans ist das Vorbild der englischen ‚gothic novel‘ gewesen. Obgleich verschiedene Literaturwissenschaftler gerade E. A. Poes Abkehr vom älteren Schauerroman eines Horace Walpole (*Castle of Otranto*, 1764) oder einer Mary Godwin Shelley (*Frankenstein*, 1817) betonen,[41] wird man seine poetische Nachbarschaft zu diesem Genre kaum übersehen können. Der amerikanische Schriftsteller, den Ernst Jünger mit Blick auf die Schrecken der Moderne als „Auguren der Malstromtiefen, in die wir hinabgesunken sind"[42], beschrieben hat, ist nicht nur ein Autor, der Entscheidendes zur Entstehung des Kriminalromans beigetragen, sondern auch der Chronist einer neuen Dimension des Grauens, dem er eine bedrückende erzählerische Intensität verliehen hat. Die poetischen Spuren dieser Narrativik des Schreckens finden sich auch in Poes Meisterwerk *The Murders in the Rue Morgue* (1841), dem Prototyp der Gattung. So berichtet der Erzähler, dass sich den Bewohnern des Quartier St. Roch, die gegen drei Uhr „von einer Folge schrecklicher Schreie aus dem Schlaf gerissen"[43] wurden, nach dem gewaltsamen Eindringen in die Wohnung der Madame L'Espanaye ein grausiger Anblick bot:

> ‚Die Wohnung befand sich in der wildesten Unordnung – die Einrichtung war zerbrochen und nach allen Richtungen umhergeschleudert. Nur eine einzige Bettstatt war vorhanden; und von dieser war das Pfühl heruntergerissen und mitten auf den Fußboden geworfen worden. Auf einem Stuhle lag ein Barbiermesser, mit Blut beschmiert. Auf dem Kamin fanden sich zwei oder drei langsträhnige und dicke Büschel grauen Menschenhaars, insgleichen blutbenetzt und anscheinend mit den Wurzeln ausgerissen.‘[44]

Die detaillierte Schilderung des verwüsteten Orts und der übel zugerichteten Opfer zeigt, dass Poes Modell der Schreckensschilderung in dieser Detektivgeschichte ebenfalls eine besondere Rolle spielt: Das Whodunit der Eingangspassagen wird durch die ausführliche Deskription der grässlichen Tatumstände noch kunstvoll gesteigert und verdichtet. Die Frage, wer dazu imstande ist – und aus welchen Beweggründen – ein solches Verbrechen zu begehen, bekommt im Kontext dieser Tatort- und Handlungsbeschreibung eine besondere Intensität.

Das Kryptische der geschilderten Szenerie verweist zuletzt auf einen Grundzug des Kriminalromans, der sehr früh herausgestellt worden ist: die Latenz des Rätselhaften und Mysteriösen. Schon Siegfried Kracauer, einer der ersten profunden Analytiker des neuen Genres, bemerkt 1925 in seinem philosophischen Traktat über den Detektivroman: Der Detektiv „entwirrt das Rätsel lediglich um des Prozesses der Enträtselung willen, und nur dies"[45]. Seitdem haben insbesondere angelsächsische Forscher den Spielcharakter der neuen literarischen Gattung als zentrales Strukturmoment hervorgehoben. Bernard Suits etwa hebt hervor: „Die rudimentäre Detektivgeschichte stellt meiner Ansicht nach unbestreitbar ein Spiel dar, das vom Leser gespielt wird, weil sie einfach ein Rätsel ist, das durch den Leser gelöst werden soll."[46] Und Vincent Starrett bemerkt, dass „Rätselerzählungen ... seit undenklichen Zeiten [existieren], denn die Freude am Raten ... ist so alt wie die Menschheit selbst"[47]. Von E. A. Poe weiß man, dass er leidenschaftlich gern Kryptogramme und Rätselfragen löste. Bekannt geworden ist nach der Publikation der ersten Dupin-Geschichte seine ungewöhnliche Aufforderung an die Leser, dass man ihm Kryptogramme schicken möge, er verspreche, alle eingesendeten Rätsel zu entschlüsseln.[48]

Somit zeigt sich, dass bei der Entstehung des Kriminalromans eine Vielzahl unterschiedlicher poetischer Einflüsse eine Rolle gespielt haben. Dabei kann die Erforschung der Gattungsgeschichte dieser literarischen Form längst nicht als abgeschlossen gelten. Wenn man die Studien zur Genese des europäischen Romans betrachtet, einer Gattung, die etwa hundert Jahre vor dem Kriminalroman entstanden ist, und deren Entwicklungsgeschichte erst in den letzten 30 Jahren langsam deutlichere Konturen gewonnen hat, dann wird deutlich, dass die Gattungsgeschichte des Kriminalromans immer noch in ihren Anfängen steht. Das folgende Schaubild verdeutlicht die bisher erforschten literarischen Bezüge und Einflüsse grafisch.

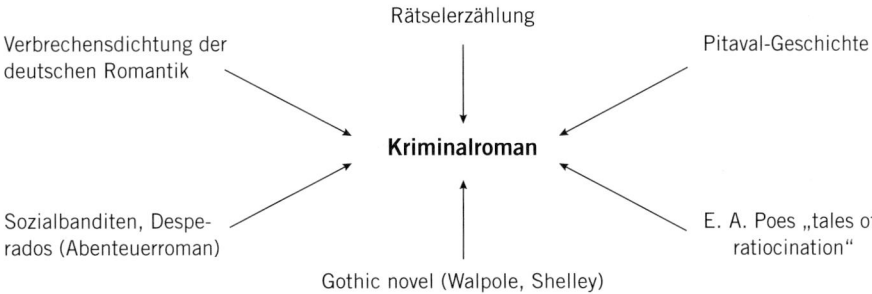

Abb. 3: Historische literarische Bezüge des Kriminalromans

Die Genese des Kriminalromans – so unübersichtlich ihre Anfänge auch bis jetzt noch sein mögen – führte in ihrem ersten Entwicklungsstadium gleichwohl sehr schnell zu einer relativ scharf konturierten literarischen Form, die der Gattungsgeschichte ihren Stempel für lange Zeit aufdrücken sollte: Die Rede ist vom Detektivroman; mit Poes Initialgeschichte *Die Morde in der Rue Morgue* erlangte das Genre des Detektivromans im Bereich der Kriminalliteratur eine Vormachtstellung, die erst jetzt, in den letzten 20–30 Jahren, abzubröckeln scheint. Man muss sich angesichts dieser erstaunlichen Evolution fragen, welche Faktoren es wohl gewesen sein mögen, die diese sprunghafte Entwicklung der Detektivgeschichte und ihren anhaltenden Erfolg ermöglicht haben. Eine Untersuchung der Kriminalerzählungen und -romane von Sir Arthur Conan Doyle, die als entscheidende Dokumente der Gattungsentwicklung in der unmittelbaren Nachfolge Poes gelten,[49] sollte geeignet sein, wichtige Ursachen und Motive dieser ungewöhnlichen Formgeschichte aufzuklären.

a) Arthur Conan Doyle

Von entscheidender Bedeutung für die Entstehung der Sherlock-Holmes-Geschichten ist die sozialgeschichtliche und politische Situation Großbritanniens am Ende des 19. Jahrhunderts. Der Detektivroman Arthur Conan Doyles ist eine Schöpfung der Moderne, die literarische Topografie seiner Erzählungen ist untrennbar mit der Topographie der englischen Metropole, ihrer ökonomischen Struktur und ihrer Gesellschaft in dieser Zeit verbunden. Als 1887 der erste Sherlock-Holmes-Roman, *Studie in Scharlachrot* (*A Study in Scarlet*), erscheint, ist das britische Empire beinahe auf dem Gipfelpunkt seiner Macht angelangt. Die Landnahme britischer Truppen bedeckt weite Teile des Globus und die britische Handels- und Kriegsmarine sind die gewaltigsten der Welt. London wird die größte Kapitale des Industriezeitalters, die rasante Bevölkerungsentwicklung, Verstädterung und Landflucht haben seine Einwohnerzahl auf rund 6 Millionen Menschen anwachsen lassen. Im Dickicht dieser gewaltigen urbanen Zivilisation gedeihen nicht nur Wissenschaft, Handel und Kultur, sondern auch das Verbrechen. Somit liefert das spätviktorianische London die realgeschichtlichen Voraussetzungen für eine erfolgreiche Situierung der literarischen Gattung Detektivroman. Fünf Strukturmomente dieser ungewöhnlichen literarischen Evolution scheinen dabei in einem besonderen Zusammenhang mit der großstädtischen Lebenswelt zu stehen.

Zunächst müssen *die Motive des Verbrechers* genannt werden. Ernst Kaemmel hat zutreffend festgestellt, dass „der Detektivroman ... ein Kind des Kapitalismus [ist]"[50]. Geldgier, die Aussicht auf Reichtum und ein sorgenfreies Leben sind seit jeher die stärkste Triebkraft des Menschen gewesen, kriminell zu werden. Der Manchester-Liberalismus und die koloniale Ausbeutung der überseeischen Besitzungen lassen in das britische Mutterland gewaltige Kapitalmengen fließen, die Investitionen, aber auch kriminelle Begehrlichkeiten, freisetzen, illegal in den Besitz dieser Reichtümer zu gelangen. Viele Sherlock-Holmes-Geschichten nehmen ihren Ausgang von dieser Thematik. In der Geschichte vom *Daumen des Ingenieurs* (*The Engineer's Thumb*) geht es um eine riesige hydraulische Presse, die von einer Bande für Falschmünzerei benötigt wird und die funktionsuntüchtig geworden ist. Der Anführer der Kriminellen, ein gewisser Colonel Lysander Stark, beauftragt daraufhin einen jungen, arbeitslosen Ingenieur unter allerlei Auflagen mit der Instandsetzung der defekten Maschine. Nachdem der Spezialist die Fehlerquelle gefunden hat, versucht man ihn zu beseitigen, worauf der Bedrohte sich nur mit knapper Not retten kann. In der Geschichte vom *Klub der Rothaarigen* (*The Red-Headed League*) versuchen zwei Verbrecher durch einen unterirdischen Stollen, den sie von einem benachbarten Haus vorantreiben, in den Keller einer großen Londoner Bank zu gelangen, in dem umfangreiche Goldvorräte lagern. Der Eigentümer des Hauses, in dessen Keller der Eingang zum Stollen liegt, wird mit einem Trick aus dem Haus gelockt, damit die Diebe in aller Ruhe ihrer Grabungsarbeit nachgehen können. Von einem der kriminellen Hauptakteure in *The „Gloria-Scott"* heißt es, dass er „durch ein einfallsreiches Betrugssystem … von den Londoner Großkaufleuten riesige Geldsummen erschwindelt" habe.[51] In *Der griechische Dolmetscher* (*The Greek Interpreter*) versuchen sich zwei habgierige und skrupellose Verbrecher in den Besitz eines großen Vermögens zu bringen, das einer reichen Ausländerin gehört, die London besucht und die unversehens in die Fänge des Duos geraten ist. Der nachgereiste Bruder, der die Verschwundene suchen will, gerät ebenfalls in die Klauen der Betrüger, und man versucht ihn unter Folter zu zwingen, das Vermögen der Familie preiszugeben. In der *Geschichte von Charles August Milverton* (*The Adventure of Charles Augustus Milverton*) geht es schließlich um einen Verbrecher, der sich darauf spezialisiert hat, kompromittierende Informationen über hochgestellte Persönlichkeiten der ersten Londoner Gesellschaft zu sammeln, um diese dann mit hohen Schweigegeldern zu erpressen. Sherlock Holmes, der im Auftrag eines Erpressungsopfers die Verhandlungen mit Milverton über die Herausgabe der belastenden Dokumente führen soll, beschreibt das gut durchorganisierte Informationsbeschaffungssystem des Verbrechers wie folgt:

> ‚Man weiß, dass er für Briefe, die reiche Leute in verantwortungsvoller Stellung kompromittieren könnten, hohe Summen zahlt. Diese Ware wird ihm nicht nur von verräterischen Dienern und Hausmädchen, sondern häufig auch von galanten Spitzbuben, die sich das Vertrauen und die Zuneigung treugläubiger Frauen erschlichen haben, zugetragen. Knickerig ist er nicht bei seinem Handel. Ich habe zufällig erfahren, dass ein Diener siebenhundert Pfund von ihm erhielt für eine zwei Zeilen lange Notiz – und die Folge davon war der Untergang einer Familie vornehmster Abstammung. Fast alles, was aus dieser Sparte auf dem Markt erscheint, läuft durch Milvertons Hände (ACD1, 792*).'

Wieder andere begehen ihre ungesetzlichen Taten, um sich von ihren Gläubigern zu befreien, in deren Abhängigkeit sie durch einen unsteten und luxuriösen Lebenswandel geraten sind, der ihre finanziellen Möglichkeiten übersteigt. Diese Delinquenten geraten auf Abwege, weil sie den Verlockungen der großstädtischen Vergnügungswelt erlegen sind. So versucht der Trainer eines Rennpferdes in *Silver Blaze* dem Tier eine Verletzung zuzufügen, die es für das nächste Rennen untauglich machen soll, um auf diese Weise Wetten zu manipulieren. Sein Auftraggeber ist ein Mann, der – wie Sherlock Holmes am Ende seiner Ermittlungen herausfindet – „offenbar eine extravagante Frau mit einer besonderen Vorliebe für teuere Kleider hat" (ACD1, 477*). In ähnliche Schwierigkeiten gerät auch der Baronet Sir Robert Norberton in *Shoscombe Old Place*, der durch seinen ausufernden Lebenswandel ebenfalls in die Schuldenfalle gerät. Seine einzige Hoffnung auf Rettung ist der Gewinn eines Derbys durch sein Pferd Shoscombe Prince, das ihn aus der finanziellen Misere befreien kann. Bedauerlicherweise hat der Aristokrat aber keinerlei Besitzrechte an dem Pferd und dem gesamten Gestüt, sondern nur Nutzungsrechte, die ihm von seiner verwitweten Schwester eingeräumt werden, die ihrerseits nur eine Nutznießung auf Lebenszeit an den Gütern des verstorbenen Mannes hat. Als die schwerkranke Frau Wochen vor dem entscheidenden Rennen stirbt, sieht sich der Baronet zu einer gefährlichen Maskerade gezwungen, um das vorzeitige Ableben der Schwester aus erbrechtlichen Gründen zu verschleiern und doch noch in den Genuss der Wettgelder zu kommen, die seinen Ruin verhindern können. Durch Schulden gerät auch der junge James Armitage aus The „*Gloria Scott*" auf die schiefe Bahn. In einem Abschiedsbrief an seinen Sohn schreibt er zu den Ursachen seiner kriminellen Vergangenheit: „Armitage hieß ich noch als Angestellter einer Londoner Bank, und ebenfalls unter diesem Namen wurde ich einer gesetzeswidrigen Handlung überführt und in die Verbannung geschickt ... Ich hatte eine so genannte Ehrenschuld abzutragen, und die Summe, mit der ich sie beglich ... entstammte nicht meinem eigenen Budget (ACD1, 520*)."

Im modernen Industriezeitalter hat sich auch die *Methodik und das Ausmaß des Verbrechens* verändert. Der Lebemann Gruber vertraut in *Der berühmte Auftraggeber* bei seinen Fischzügen nicht nur auf sein Aussehen und sein gewandtes Auftreten, sondern er bedient sich – im Zeitalter der Psychoanalyse – auch anderer fortschrittlicher Mittel. Bei dem ersten Zusammentreffen mit seinem Widersacher Holmes verrät er diesem, dass er sich die Lady durch „post-hypnotische Suggestion" (ACD2, 469*) völlig gefügig gemacht habe, und dass daher alle Versuche, die Dame zu einer Sinnesänderung zu bewegen, zum Scheitern verurteilt seien. In der Tat gelingt es lange nicht, den Einfluss des Barons auf Violet de Merville zu brechen. Erst als Holmes durch einen klugen Schachzug in den Besitz der persönlichen Aufzeichnungen Grubers gelangt, in denen er sich prahlerisch seiner zahlreichen Eroberungen und kriminellen Taten rühmt, gibt es Hoffnung, die in seinem Bann stehende Frau von den wirklichen Absichten ihres

Verführers zu überzeugen und die Heirat zu verhindern. In der Schlussepisode der Erzählung geht die moralische Vernichtung Grubers schließlich einher mit seiner physischen: Als der Verbrecher den auf der Suche nach dem Tagebuch in sein Arbeitszimmer eingedrungenen Holmes bei dem Diebstahl überrascht und ihn verfolgt, wird er von Kitty Winter, einem früheren Opfer seiner kriminellen Machenschaften, gestellt und mit einer Vitriollösung übergossen, die seine Gesichtszüge in Sekundenschnelle verätzt:

> „Das Vitriol fraß sich überall ins Fleisch und floss ihm von Ohren und Kinn herab. Ein Auge war bereits weiß und glasig, das andere rot und entzündet. Die Züge, die ich kurz zuvor noch bewundert, glichen jetzt einem Bildnis, über das der Künstler mit einem schmutzigen nassen Schwamm gewischt hat: verschmiert, entfärbt, unmenschlich, Schrecken erregend (ACD2, 483*)."

Nicht weniger exotisch (und brutal) geht es in der Geschichte *Der Teufelsfuß* zu, wo der Mörder seine Geschwister mit einem halluzinogen wirkenden Gift beseitigt, das die Hirnzellen schwer schädigt und zum Wahnsinn oder zu einem raschen Tod führt. Doktor Roylott in *Das gefleckte Band* (*The Adventure of the Speckled Band*) hat für seine Opfer gleichfalls eine nicht alltägliche Tötungsart ersonnen. Er will seine Stieftöchter mit einer abgerichteten Giftschlange beseitigen, die er nachts in deren Schlafgemach einschleust.

Dass sich die Verbrecher modernster Techniken und neuer wissenschaftlicher Erkenntnisse bedienen, belegen auch zwei Erzählungen aus der letzten Sammlung der Sherlock-Holmes-Geschichten (*The Return of Sherlock Holmes*). In *Das leere Haus* (*The Adventure of the Empty House*) wird der Mord an Ronald Adair mit einer speziellen Waffe ausgeführt, einem Luftgewehr, das „lautlos und von ungeheurer Durchschlagskraft" (ACD1, 677*) ist. Der Aufprall eines aus diesem Gewehr abgeschossenen Projektils verursacht beim Menschen besonders großflächige und schwere Verletzungen.[52] In der zweiten Geschichte der Sammlung, *Ein Bauunternehmer aus Norwood* (*The Adventure of the Norwood Builder*), gelingt es dem Protagonisten – einem verschlagenen Subjekt, das einen Mord vortäuscht, um einen Unschuldigen an den Galgen zu bringen – sogar, die Fingerabdrücke des vorsätzlich in Verdacht gebrachten Mannes heimlich abzunehmen und am präparierten Tatort zu hinterlassen. Die Aktivitäten der Falschmünzer in *Der Daumen des Ingenieurs*, der Erpresserbande des *Charles August Milverton* oder der von Professor Moriarty gegründeten internationalen Verbrecherorganisation in *Der letzte Fall* (*The Final Problem*) zeigen überdies, dass die Polizei es an der Wende zum neuen Jahrhundert nicht nur mit mehr oder weniger findigen Einzeltätern zu tun bekommt, sondern sich auch zunehmend mit gut organisierten, kriminellen Kartellen auseinanderzusetzen hat, die eine Länder übergreifende Logistik aufgebaut haben und das Verbrechen unter dem Aspekt der kapitalistischen Gewinnmaximierung betreiben. Die kriminelle Handlung als singuläre Einzeltat weicht immer stärker der professionell geplanten und durch-geführten Straftat: „Im 18. Jahrhundert noch unbekannt, war der Berufsverbre-cher zu Beginn des 19. Jahrhunderts eine Realität geworden."[53]

Schließlich erschafft das Nervenfieber der modernen Großstadt einen Verbre-chertypus, der in dem Koordinatensystem dieser anonymen Lebenswelt nicht nur seine Entstehung, sondern auch sein geeignetes Betätigungsfeld gefunden hat: *den psychopathischen Massenmörder*. Etwa zur gleichen Zeit – vom 6. August bis zum 9. November 1888[54] – als auch Sherlock Holmes seiner fiktiven detektivi-schen Tätigkeit in den Erzählungen Arthur Conan Doyles nachgeht, wird die bri-tische Öffentlichkeit durch eine Serie von grausigen Verbrechen aufgeschreckt, die alles bisher Dagewesene zu übertreffen scheinen:

> „An jenem 6. August wurde in den nachtdunklen Straßen des Londoner Stadtteils Whitecha-pel die Leiche eines fünfunddreißigjährigen Straßenmädchens, Martha Turner, gefunden. Ihre Kehle war mit einem Messer durchgeschnitten. Am 31. August folgte der Mord an Ann Nicholls, einer anderen Prostituierten. Dann ereigneten sich vier weitere Morde: Am 8. Sep-tember an Annie Chapman, am 30. September an Elizabeth Stride und Katherine Eddowes, schließlich am 9. November an Mary Kelly. Alle Ermordeten waren Straßenmädchen. Allen waren die Kehlen durchgeschnitten, mehrfach mit so furchtbarer Gewalt, dass der Kopf nahe-zu vom Rumpf getrennt war. Doch damit nicht genug – der Mörder hatte in den letzten fünf Fällen in einer Art Blutrausch ganze Organe aus dem Körper der Opfer herausgetrennt, und zwar auf eine Art und Weise, die vermuten ließ, dass er irgendwie chirurgische Ausbildung genossen hatte."[55]

Die geschilderte Mordserie ist in die Geschichte der Kriminalistik eingegangen. Sie wird einem Täter zur Last gelegt, dessen Identität bis zum heutigen Tage nicht gelüftet werden konnte. Die blutigen Verbrechen dieses Massenmörders, den der Volksmund bald „Jack the Ripper" tauft, erlangen überdies durch die Verbreitung in der damaligen Presse einen solchen Bekanntheitsgrad, dass sich schon bald Legenden um das Ereignis ranken. Zugleich begründen diese Seri-enmorde am Vorabend der Moderne die tief verwurzelte Furcht vor den dämo-nischen Schrecken, die das Großstadtleben in sich birgt. Verstärkt wird diese Furcht durch das rasche Wachstum der Bevölkerung in den großstädtischen Bal-lungsgebieten. Die anhaltende Landflucht und der stetig wachsende Zufluss von Einwanderern lässt die Bevölkerungszahlen der Weltmetropole London um die Jahrhundertwende schnell über die Sechs-Millionen-Grenze steigen und damit auch die Kriminalitätsrate dramatisch in die Höhe schießen.

Diese Entwicklung verändert auch die Soziologie des Verbrechens, generiert ein *neues kriminelles Personal*. Die fortschreitende Verstädterung und Industria-lisierung im 19. Jahrhundert schafft vor allem Armut und verschärft den Überle-benskampf der Verlierer und Unterprivilegierten des sozialdarwinistischen Sys-tems dieser Zeit. Friedrich Engels schreibt in seinem Bericht über *Die Lage der arbeitenden Klasse in England*, dass bereits um 1840 rund 40000 Prostituierte in London ihrem Gewerbe nachgehen.[56] Man darf annehmen, dass diese Zahl bis zur Jahrhundertwende – bei einer explosiv wachsenden Bevölkerungszahl – weiter angestiegen ist und einen weiteren Nährboden für das Verbrechen geschaffen hat. Das von Engels 1845 aufgestellte Resümee der gesellschaftlichen Situation in England dürfte auch für andere Gesellschaften dieser Epoche zutreffend gewesen sein:

> Mit der Ausdehnung des Proletariats hat daher auch das Verbrechen in England zugenommen, und die britische Nation ist die verbrecherischste der Welt geworden. Aus den jährlich veröffentlichten „Kriminal-Tabellen" des Ministeriums des Innern geht hervor, dass in England die Vermehrung des Verbrechens mit unbegreiflicher Schnelligkeit vor sich gegangen ist.[57]

Aber nicht nur die sozial Schwachen geraten schnell auf kriminelle Abwege, der starke Kapitalfluss in das britische Mutterland zieht ganze Schwärme von Abenteurern, Spekulanten, Exilanten und Glücksrittern an, die an dem Reichtum teilhaben wollen. Die Möglichkeiten, auf illegalem wie legalem Wege rasch an viel Geld zu gelangen, halten sich mit den Gefahren, sein Vermögen genauso schnell verlieren zu können, die Waage. Im Dickicht dieses unübersichtlichen Kapitalkarussells spiegeln sich die Folgen von finanziellem Verlust oder Gewinn in einer erstaunlichen Mobilität der einzelnen sozialen Schichten wider. Ein vermögender Adeliger kann ebenso schnell durch unglückliche Umstände in den Bankrott – und damit in das gesellschaftliche Abseits – geraten wie ein unbedeutender Kleinbürger durch Zufall oder illegale Transaktionen zu einem ansehnlichen Vermögen – und damit zu gesellschaftlichem Ansehen.

Dieses Panoptikum sozialer Typen und Karrieren, das die Epoche hervorgebracht hat, bevölkert auch die Romane und Erzählungen Arthur Conan Doyles. So finden wir in *Der berühmte Auftraggeber* (*The Adventure of the Illustrious Client*) mit Kitty Winter eine bürgerliche Frau, deren ruinöse Beziehung zu Baron Gruber sie in das Prostituierten-Milieu geführt hat. Charles August Milverton wiederum repräsentiert einen Charakter, der durch erpresserische Machenschaften zu Reichtum und einem zweifelhaften Ansehen gelangt ist. Symptomatisch für die Soziologie des Verbrechens ist auch der Fall des Colonel Sebastian Moran in *Das leere Haus* (*The Adventure of the Empty House*). Moran, der es bis zum Stabschef des Erzschurken Moriarty gebracht hat, wird in einem Dossier, das Sherlock Holmes seinem Freund Watson zum Abschluss der Ermittlungen zeigt, zunächst als ein tapferer Soldat beschrieben, der erst am Ende seiner militärischen Karriere zum Verbrecher wird. Der Lebensweg dieses Söldners ist freilich paradigmatisch für die Laufbahn vieler Militärs, die sich nach der Quittierung des Dienstes in der zivilen Gesellschaft nicht mehr zurechtfinden und schnell auf die schiefe Bahn geraten. Ihr früheres Handwerk prädestiniert sie für den neuen Tä-

tigkeitsbereich, in den sie die alten Kenntnisse und Fertigkeiten einbringen können. Da England im 19. Jahrhundert ständig Kolonialkriege führen muss, bildet
sich hier schnell ein Reservoir an militärisch ausgebildeten Kräften, die nach ihrem Ausscheiden aus dem aktiven Dienst vielfach stellungslos werden und nach
neuen Verdienstmöglichkeiten Ausschau halten. Dass hier ein großes kriminelles Potenzial entstehen muss, wird schnell deutlich. Daneben gibt es Hasardeure
und Glücksritter aus allen Staaten der Erde, die ihrer riskanten Tätigkeit nicht
allein aus ökonomischen Erwägungen heraus nachgehen, sondern auch den Kit-
zel der Gefahr lieben und das Abenteuer suchen. Der adelige Österreicher Gruber, der seine kriminellen Erfolge und Fraueneroberungen pedantisch in einem
Notizbuch festhält, gehört ebenso dazu wie die deutsche Weltenbummlerin Irene
Adler, die in der Erzählung *Skandal in Böhmen* (*A Scandal in Bohemia*) ihrem
Widersacher Holmes erfolgreich die Stirn zu bieten weiß.

Doch nicht nur aus Berufsverbrechern und Glücksspielern rekrutiert sich das
unübersichtliche Ensemble der Täter, sondern auch aus normalen, gesetzestreuen
Bürgern, die von einem Tag auf den anderen kriminell werden und bei ihren verbrecherischen Aktivitäten oft noch mehr Tatkraft als der Berufsverbrecher entwickeln. In *Der Flottenvertrag* (*The Naval Treaty*) unternimmt ein bisher unauffäl-
liger Bürger, der bei Spekulationen größere Summen verloren hat, beträchtliche
Anstrengungen, um in den Besitz eines Geheimdokuments zu kommen, welches
er meistbietend an eine ausländische Macht verkaufen will. Dass durch diesen
Verrat das Leben seines Schwagers – aus dessen Obhut er das Dokument ent-
wendet – und seiner Schwester ruiniert wird, kümmert den Übeltäter dabei wenig. Ein vergleichbares Verbrecherprofil begegnet in der Erzählung *Das Rätsel
von Thor Bridge* (*The Problem of Thor Bridge*). Hier treibt der pathologische Hass
auf eine Rivalin die unbescholtene Frau des Goldmagnaten Neil Gibson dazu,
ihren eigenen Selbstmord als ein Verbrechen zu maskieren, um die Geliebte des
Ehemannes in Tatverdacht und an den Galgen zu bringen.

Die genannten Beispiele – seien sie nun real oder fiktiv – verdeutlichen, wie
vielschichtig die Physiognomie des modernen Verbrechers geworden ist und welche immensen Schwierigkeiten sich den Ermittlungsorganen bei der Suche nach
den Tätern und deren verwickelten Motiven entgegenstellen. Dass in dieser Situation Arthur Conan Doyle auf die Idee kommt, mit der literarischen Figur des
Sherlock Holmes gleichsam einen übermenschlichen Super-Ermittler zu schaffen,
kann nicht wirklich überraschen, denn auch diese Erfindung scheint ein Reflex
auf die vorfindbare Realität zu sein.

Die Figur des Privatdetektivs ist für die Erfolgsgeschichte der neuen Gattung
von wesentlicher Bedeutung, und man kann Klaus Günther Just zustimmen,
wenn er in seiner wichtigen Arbeit zur Genese des Detektivromans hervorhebt,
„daß die neue Gattung als bewußt, ja selbstbewußte literarische Schöpfung aufs
engste an die Figur des Analytikers, des Detektivs geknüpft ist"[58]. Freilich fällt
es schwer, aus der Vielzahl von Gesichtspunkten, die in diesem Kontext bisher

herausgearbeitet wurden, die wichtigen von den unwichtigen zu unterscheiden. So haben viele Forscher beispielsweise auf den engen Zusammenhang zwischen dem Siegeszug der Naturwissenschaften im 19. Jahrhundert und den Ermittlungsmethoden des Detektivs hingewiesen und in dieser Gemeinsamkeit eine zentrale Signatur der Epoche gesehen.[59] Andere betrachten den Ermittler als einen „Agent[en] sozialer Gerechtigkeit"[60], als die „letzte Sicherheitsreserve der Gesellschaft"[61], ja nennen den Detektivroman sogar „eine demokratische Institution"[62], während die marxistischen Kritiker an diesem Grundzug gerade die systemstützenden, ideologischen Aspekte der Gattung festmachen wollen.[63] Wieder andere Literaturwissenschaftler heben hervor, dass „der Kriminalroman … es verstanden [hat], den ‚Helden' zu bewahren, eine Figur, die seit dem Einbruch der modernen Literatur an Glanz und Lebensmöglichkeit verlor"[64]. Allerdings hat auch diese These entschiedenen Widerspruch von Seiten Alewyns erfahren, der bemerkt hat, dass „der Detektivroman… keine Helden [hat]"[65].

Alle diese Thesen sind wichtig und benennen diskussionswürdige Ursachen für die ungewöhnlich rasche Entwicklung der Gattung, gleichwohl scheint ein Aspekt, der zwar häufiger erwähnt, aber bisher noch nicht umfassend im Kontext der geistesgeschichtlichen Entwicklung gesehen wurde, von besonderer Bedeutung zu sein: Die metaphysische Dimension des Detektivromans. Willy Haas hat in einem bemerkenswerten Beitrag zu diesem Themenkomplex festgestellt: „In einem gewissen Sinn ist … der Kriminalroman ein Ersatz für den fehlenden religiösen Glauben: er gibt die Zuversicht zum göttlichen Logos, zur göttlichen Gerechtigkeit."[66] Analog hierzu äußert Hans Daiber: „Die Lektüre des Kriminalromans ist beileibe keine religiöse Übung. Aber sie ist ein Ersatz dafür. Die Beliebtheit der Gattung zeigt an, daß das metaphysische Bedürfnis fortlebt – wenn auch in verkümmerter Form. Es handelt sich um verkappte Religiosität."[67] Und von Helmut Heißenbüttel stammt die griffige Formel, man könne den „Detektiv als eine theologische Figur, als eine Art bürgerlich getarnten Erzengel, interpretieren"[68].

Die zitierten Einschätzungen thematisieren ein geistesgeschichtliches Phänomen von epochaler Bedeutung, das mit der Genese der neuen literarischen Gattung in engem Zusammenhang gesehen werden muss: Den Metaphysikverlust des modernen Menschen. Exakt zur gleichen Zeit als Conan Doyle seinen ersten Sherlock-Holmes-Roman veröffentlicht (*A Study in Scarlet*, 1887), schreibt Friedrich Nietzsche in seinen *Nachgelassenen Fragmenten*: „Der ganze Idealismus der bisherigen Menschheit ist im Begriff, in Nihilismus umzuschlagen – in den Glauben an die absolute Werthlosigkeit das heißt Sinnlosigkeit."[69] Dieser Zustand einer, wie Nietzsche es ausgedrückt hat, „Heraufkunft des Nihilismus"[70] zeigt sich in den westlichen Gesellschaften der Jahrhundertwende nirgendwo deutlicher als in der epidemieartigen Ausbreitung des Verbrechens und der staatlichen Ohnmacht, dieser Entwicklung Einhalt zu gebieten. Die kapitalistische Formel „Geld statt Moral" hat zu einem ‚Umwertung der Werte' und den Menschen in eine transzendentale Obdachlosigkeit geführt. Der triumphale Siegeszug der Technik, der Medizin und der Naturwissenschaften lassen den modernen Menschen einerseits an ein Paradies im Diesseits glauben und kennzeichnen die geistesgeschichtliche Wende vom Idealismus zum Materialismus, andererseits erschrecken die dämonischen Züge dieses ungezügelten Fortschrittsdenkens den Zeitgenossen, der sich vor einer zunehmenden Kriminalisierung der Gesellschaft, vor technischen Katastrophen, militärischen Konflikten und Bürgerkriegen fürchtet. Die Ambivalenz dieses Prozesses bringt die Gesellschaft der Jahrhundertwende in ein schweres Dilemma: „Es scheint, als könne der Mensch nur eines haben: entweder die Geborgenheit des Glaubens oder die technisch-technologische Verfügung über die Kräfte dieser Erde."[71]

In dieses Vakuum stößt Doyle mit der Figur des Sherlock Holmes, die beide Sehnsüchte befriedigen kann. Zum einen restauriert der Detektiv den Glauben an den Sieg des Guten qua seiner säkularisierten Göttlichkeit (und kittet damit zugleich auch den beschädigten Wertehimmel), zum anderen zeigt er sich als souveräner Sachverwalter des modernen, naturwissenschaftlichen Denkens, das er effektiv in seiner Tätigkeit zu nutzen weiß. Dass sich in diesem Bild Züge einer Gottesfiguration zeigen, ist verschiedentlich schon herausgestellt worden:

> Der Anspruch der ratio auf Autonomie macht den Detektiv zum Widerspiel Gottes selber. Das Immanente, das die Transzendenz verleugnet, setzt sich an ihre Stelle, und es ist nur der ästhetische Ausdruck solcher Verzerrung, wenn dem Detektiv der Schein der Allwissenheit und Allgegenwärtigkeit verliehen wird, wenn er als Vorsehung Begebenheiten zu löblichem Ende verhindern oder herbeiführen darf. Er ist aber nicht im antikischen Sinn Gott kraft der Vollkommenheit seiner Gestalt oder der unableitbaren Macht seines Wesens, sondern dies: daß er das Gestaltete enträtselt, ohne es gefaßt zu haben, und alle Wesenszüge durch intellektuelle Ableitung bezwingt, stempelt ihn zum Lenker hier.[72]

Insofern ist es auch berechtigt, im Zusammenhang mit der Aufklärung des Falles und der Bestrafung des Täters von einer „Erlösungstat des Detektivs"[73] zu sprechen. Hans Daiber hat hierzu mit einigem Scharfsinn bemerkt: „In der von Vorsehung eines allwissenden Autors determinierten Welt des Detektivromans herrscht die gleiche Prädestination wie in der Welt des Glaubens."[74] Im Detektivroman Doyles gelingt die Projektion einer metaphysisch geordneten Welt in das Medium des Literarischen, wobei das Besondere dieses Vorgangs auch darin zu erblicken ist, dass der Autor in diesem Modell sowohl Elemente des tradierten idealistisch-teleologischen wie auch des naturwissenschaftlich-modernen Denkens synthetisiert.

Aber nicht nur die besondere geistesgeschichtliche Disposition ist für die Verbreitung des Genres von zentraler Bedeutung, sondern auch sein *unverwechselbares poetisches Profil*, das auf eine bestimmte Rezeptionshaltung abgestimmt ist. Der Detektivroman ist eine literarische Variationsform, die von mehr oder weniger starren Konventionen lebt. Die Sherlock-Holmes-Geschichten Arthur Conan Doyles sind auch in dieser Hinsicht paradigmatisch, da sie eine erste nachdrückliche Ausprägung des Gattungsmodells leisten. Das weitgehend festgelegte Figurenensemble und der schematisierte Ablauf der Detektion haben für den Leser einen hohen Wiedererkennungswert und sind von einer „genialen Einfachheit"[75]. Das Ermittlungsduo Holmes und Watson erscheint in jeder Geschichte, die Verteilung der Rollen ist präfiguriert. Der erzählerische Kunstgriff, das Detektionsgeschehen aus der Perspektive des etwas schwerfälligen Arztes zu schildern, ermöglicht es, den Informationsfluss für den Leser fein zu dosieren. Watson ist in einer ähnlichen Situation wie der Leser, ja er verkörpert gleichsam das begrenzte Wissen und Einsichtsvermögen des immanenten Rezipienten. Diese Erzählhaltung hat somit auch den Vorzug, dass der Leser über die Figur des Arztes „in das Entdecken mit hineingezogen wird"[76]. Zugleich gibt die intellektuelle Begrenztheit der Figur einen hervorragenden Reflektor für die überragenden Fähigkeiten von Sherlock Holmes ab, die vor dieser Folie erst richtig zur Geltung kommen. Dieser übermenschliche Habitus der Detektivfigur, sein intellektueller Abstand zu einer Durchschnittspersönlichkeit wie Watson und seine Überzeichnung verhindern es, dass der Leser sich mit ihr identifizieren kann.[77] Das Absolute dieser Persönlichkeit enthüllt überdies, dass der positivistische Glaube an die exakten Wissenschaften hier mit einem starken Irrationalismus verbunden wird.[78] Insofern hat der von Wölcken geprägte Satz, dass „die Detektivgeschichte … die letzte Frucht der Romantik [sei]"[79], eine gewisse Berechtigung. Gleichwohl übt die Figur des scharfsinnigen Denkers Holmes – bis heute – wohl die größte Faszination auf den Leser aus: der bohemienhafte Lebensstil des Helden[80], sein markantes Aussehen und Auftreten, seine physische Stärke und die überlegene Deduktions- und Imaginationskraft haben eine nachhaltige Wirkung auf die gesamte Gattungsgeschichte ausgeübt.

Der ungeheure Erfolg dieser Erzählungen war zunächst nicht absehbar. Arthur Conan Doyle veröffentlichte 1887 den ersten Sherlock-Holmes-Roman, *Eine Studie in Scharlachrot* (*A Study in Scarlet*), in dem die Figuren des Watson und des Sherlock Holmes eingeführt wurden. Das Buch hatte keinen Erfolg und erst als der Schriftsteller zwei Jahre später die zweite Sherlock-Holmes-Geschichte, *Das Zeichen der Vier* (*The Sign of Four*), publizierte, begann diese literarische Schöpfung, ihren Siegeszug anzutreten. Wichtig ist in diesem Zusammenhang, dass Doyle nach dem Erfolg dieses Romans damit anfing, Erzählungen zu schreiben. Der Übergang zu dieser literarischen Kurzform hatte zwei entscheidende Vorteile: Zum einen gelang durch die Stoffkürzung eine konsequente Fokussierung auf den Fall und die damit verbundene Detektion, zum anderen orientierte sich diese Publikationsweise am Bedarf des literarischen Marktes, der vor allem Kurzgeschichten brauchte, die in den zahlreichen Magazinen erscheinen konnten. Die novellistische Kürze der Geschichten, ihr unverkennbares Personenprofil, die spannungssteigernde Fokussierung auf den Kriminalfall, der als Rätsel auftritt, und die sich daran anschließende Detektion haben dann in kurzer Zeit die außerordentliche Popularität des Genres begründet und den legendären Ruhm der literarischen Figur begründet. Die suggestive Wirkung dieser Fortsetzungsgeschichten auf die Leserschaft war so groß, dass der Autor, der seiner Schöpfung bald überdrüssig wurde und den Protagonisten in einem finalen Abenteuer (*The Final Problem*) sterben lassen wollte, von den lektürebegeisterten Lesern aus aller Welt aufgefordert wurde, den Detektiv wiederaufersteehen zu lassen.

Aus der Sicht einer kritisch-reflexiven Wertungsdidaktik ist zu fragen, unter welchen interpretatorischen Blickwinkeln und Aneignungsstrategien eine schulische Lektüre dieser tradierten Texte von Conan Doyle im 21. Jahrhundert stehen kann. Wenn die Formulierung von der selbstreflexiven Perspektivik ernst gemeint sein soll, dann wird man annehmen dürfen, dass die zukünftige Aneignungspraxis sich von der zurückliegenden durch eine kritische Selbstvergewisserung und Revision tradierter Inhalte und Methoden unterscheiden muss.

Wie eine solche Neuverortung aussehen könnte, lässt sich vielleicht an einem zentralen Aspekt verdeutlichen, den ich „Entmythologisierung" nennen möchte. Der Terminus Entmythologisierung zielt ab auf eine Relativierung und Dekonstruktion des durch die tradierte Interpretationspraxis befestigten Sherlock-Holmes-Bildes. Eine zeitgenössische Didaktik des Kriminalromans muss vor allem und zuallererst die Klassiker des Genres „neu" lesen. Am Beispiel des detektivischen Übervaters Sherlock Holmes etwa lässt sich zeigen, dass die patriarchale Konstruktion dieser Figur viele Bruchstellen und Aporien aufweist, die durch die bisherige Interpretationspraxis überdeckt wurden. Paradigmatisch können diese Defizite an den beiden frühen Texten *A Scandal in Bohemia* und *A Case of Identity* aufgezeigt und unterrichtlich erarbeitet werden. So werden in der Kriminalgeschichte *A Scandal of Bohemia* das maskulin-heroische Selbstbildnis des vermeintlichen Superdetektivs und die bigotte Sexualmoral der viktorianischen Gesellschaft demaskiert; die weibliche Gegenspielerin von Sherlock Holmes, Irene Adler, zeigt sich dem großen Detektiv sowohl in der kriminalistischen Kombinatorik als auch in ihrer Moralauffassung überlegen. Bei *A Case of Identity* kann die vergleichende Textbetrachtung einer modernen Bearbeitung dieser Erzählung die Schüler/innen mit einem neuen Blickwinkel auf den Text vertraut machen. In der Sammlung *Morse's Greatest Mystery* (1993) des britischen Kriminalschriftsteller Colin Dexter erscheint eine Geschichte mit dem beziehungsreichen Titel *A false Identity*. Eine genauere Lektüre der Erzählung zeigt, dass dieser Text eine Parodie der bekannten Sherlock-Holmes-Story *A Case of Identity* von Arthur Conan Doyle ist.[81] Colin Dexter lässt in dieser Erzählung neben Sherlock Holmes und Dr. Watson auch den Bruder Mycroft Holmes auftreten und demonstriert, dass die von Sherlock und Mycroft Holmes bis zur Perfektion getriebene Methode des Deduzierens auch zu völlig abwegigen Ergebnissen führen kann. Ausgerechnet der als etwas begriffsstutzig geltende Dr. Watson, der sich in den Kriminalerzählungen Conan Doyles stets als staunender Bewunderer des großen

Detektivs gezeigt hat, überführt die Theorien der beiden Brüder nun als reine Phantastereien und deduktive Missgriffe. Dexter setzt mit dieser Geschichte dem „narrativ" missbrauchten Dr. Watson ein spätes Denkmal und versteht es, den Krimikenner durch subtil-ironische Verweise auf den Prätext glänzend zu unterhalten. Abseits dieser feinsinnigen Demonstration eines „deduktiven Scheiterns" wird auch der patriarchale Selbstentwurf des Protagonisten Sherlock Holmes empfindlich gestört, der sich als Beschützer einer „schwachen Frau"[82] inszeniert und dabei kläglich scheitert.

Die schulische Lektüre tradierter Texte des Kriminalkanons zielt unter dem Blickwinkel einer kritisch-reflexiven Wertungspraxis also darauf ab, die zementierten Deutungsparadigmen und -horizonte kritisch zu hinterfragen und gerade solche Texte in den schulischen Diskurs zu überführen, die von der bisherigen Lektürepraxis an den Rand gedrängt wurden. Von großer Bedeutung ist dabei für den Unterricht auch, dass in den (bisher vernachlässigten) Texten die verdrängten Diskurse an die Oberfläche geholt werden: in den vorgelegten Beispieltexten also etwa der feminine Emanzipationsdiskurs und die brüchigen maskulinen Selbstinszenierungen. Dass durch diese Fokussierung zugleich auch Aspekte des zeitgenössischen Kriminalliteraturdiskurses[83] mit eingebracht werden, kann als besonders positiv gewertet werden.

b) Von Chesterton bis Sayers

Der große Erfolg der Sherlock-Holmes-Geschichten setzt nun eine rasante Gattungsentwicklung in Gang. Wenig später, im Jahr 1911, erscheint mit *Father Browns Einfalt* (*The Innocence of Father Brown*) des Briten G. K. Chesterton eine Sammlung von Kriminalgeschichten, die vom zeitgenössischen Leser ebenfalls begeistert aufgenommen wurde. Anders als in den Sherlock Holmes-Stories von Doyle hat man es nun nicht mit einem genialischen Exzentriker zu tun, der seine Ermittlungen sorgfältig inszeniert, sondern mit einem komischen kleinen Geistlichen, der beim Betrachter den denkbar ungünstigsten Eindruck hinterlässt. Die Charakteristik Browns, die dem Leser in der ersten Geschichte *Das blaue Kreuz* (*The Blue Cross*) von dem französischen Polizeibeamten Valentin gegeben wird, vermittelt dem Leser eher das Bild eines unbeholfenen, weltfremden Menschen als das eines virtuos agierenden Detektivs, der Verbrecher überführt:

> Er hatte ein Gesicht so rund und stumpf wie ein Norfolk-Kloß; er hatte Augen so leer wie die Nordsee … Der Eucharistische Kongress hatte zweifellos viele solcher Geschöpfe aus ihren jeweiligen Versumpfungen herausgerissen, blind und hilflos wie ausgegrabene Maulwürfe … Er hatte einen großen schäbigen Regenschirm bei sich, der ständig auf den Boden fiel. Er schien nicht zu wissen, welches der richtige Abschnitt seiner Rückfahrkarte war. Er erzählte mit der Einfalt eines Mondkalbes jedem im Waggon, dass er vorsichtig sein müsse, denn er habe etwas aus echtem Silber, ‚mit blauen Steinen' in einem seiner braunen Packpapierpakete.[84]

Zu Recht hat man darauf hingewiesen, dass in dieser Figuration des Helden ein ironisches Gegenbild zum allmächtigen Typus des ‚Great Detective', wie er vor allem von Sherlock Holmes repräsentiert wird, zu sehen ist.[85] Auch andere Details des Charakters verraten die kontrapunktische Behandlung des Vorbilds Sherlock Holmes. So vor allem die Art und Weise, mit der Father Brown seine Fälle löst. Während Holmes mit dramatischem Gestus den Täter überführt und allen Anwesenden durch seine kombinatorische Virtuosität tiefes Erstaunen und nicht minder tiefe Bewunderung abnötigt, löst der kleine Priester aus Essex seine Fälle in unspektakulärer und beiläufiger Weise.

Abseits dieser eigenständigen Profilmerkmale der Kriminalerzählung bei Chesterton zeigen sich gleichwohl auch viele Gemeinsamkeiten mit den Vorbildern bei Doyle oder Poe. Alle drei Autoren konstruieren ihre Erzählungen um den Aufsehen erregenden Kriminalfall und die zentrale Figur des Detektivs herum. Die in zahlreichen Kriminalerzählungen Doyles feststellbare Besonderheit, dass die kriminelle Handlung zu Beginn der Geschichte noch gar nicht geschehen ist, sondern sich erst in einem (mehr oder weniger) frühen Entwicklungsstadium befindet, und dass ihre weitere Genese unterbrochen werden muss, ist von Chesterton übernommen worden. Daneben zeigt das Faktum, dass die Figur des Father Brown als Gegenbild zu Auguste Dupin oder Sherlock Holmes entworfen ist, dass die intertextuellen Bezüge in diesem Genre von Anfang an sehr ausgeprägt sind. Spiegelung, Verzerrung, Kontrapunkt oder Variation sind die gebräuchlichsten narrativen Muster, mit denen die Schemata dieser literarischen Form behandelt werden, um neue Konfigurationen zu gewinnen. Auch die Figur des Meisterdiebes Flambeau, die in vielen Father-Brown-Geschichten eine wichtige Rolle spielt, ist eine Variation. Der in den ersten vier Erzählungen noch als Verbrecher auftretende Protagonist mutiert bereits in der fünften Geschichte *Der Unsichtbare Mann* vom Gegenspieler zum Mitspieler und wird als ein energischer Privatdetektiv vorgestellt, dessen „Gehirn ... Geld wert [ist]" (FB1, 107). Die Rolle, die Flambeau nun einnimmt, erinnert an die beiden berühmten Vorgänger Watson und den Ich-Erzähler in Poes *Die Morde in der Rue Morgue*. Wenngleich auch die Erzählhaltung bei Chesterton nicht dieselbe wie bei Poe oder Doyle ist, so spiegeln sich in der Rolle des ehemaligen Meisterdiebes nicht nur Züge des Gentleman-Verbrechers vom Schlage eines Raffles oder Arséne Lupin wider, wie Buchloh herausstellt,[86] sondern es fließen auch Profilmerkmale der berühmten Begleiter des überlegenen Privatdetektivs ein, deren intellektuelle Unterlegenheit eine wichtige erzählerische Projektionsfläche für den Helden konturiert.

Mit den ersten drei großen Krimiautoren Poe, Conan Doyle und Chesterton sind die Grenzmarken der Gattung abgesteckt; nachfolgende Autoren werden sich immer wieder an den Texten dieser Schriftsteller orientieren, sie erweitern, modifizieren und erneuern. So auch Dorothy Sayers, die mit dem englischen Lord Peter Wimsey einen der vermutlich größten Exzentriker des Kriminalromans schuf. In dem 1923 erschienenen Kriminalroman *Ein Toter zuwenig* (*Whose body?*)

betritt dieser skurrile Privatdetektiv das literarische Terrain. Der englische Lord, der Abkömmling eines Herzogs ist, wird als ein musterhaftes Exemplar der britischen Adelsgesellschaft vorgestellt. Neben einer standesgemäßen Ausbildung in Eton und Oxford, die er glänzend abschließt, absolviert er zwischen 1914–1918 seinen Militärdienst an der französischen Front und verschwindet nach einer Verwundung im letzten Kriegsjahr, die einen schweren Nervenzusammenbruch verursacht, für mehrere Monate in einer Nervenklinik, bis er 1920 in London mit seinem früheren Sergeanten Bunter auftaucht, der als Kammerdiener in seine Dienste eingetreten ist.[87] Hier nun führt der extravagante Adelige das Leben eines reichen Nichtstuers, der dem horror vacui seines aller Sorgen entledigten Daseins zu entfliehen sucht. Nachdem er eher zufällig zur Lösung eines Kriminalfalls beigetragen hat, entwickelt sich die Detektivarbeit zum Hobby dieses englischen Dandys, der sich abseits seiner privaten Ermittlungstätigkeit mit kostbaren Folianten und klassischer Musik beschäftigt. Seine Freundschaft mit dem jungen Polizeibeamten Parker, die sich während der Zusammenarbeit im ersten Kriminalfall angebahnt hatte, ermöglicht es ihm darüber hinaus, auch an Informationen zu gelangen, die eigentlich den staatlichen Ermittlungsbehörden vorbehalten sind. In einem Gespräch mit seinem Freund Parker über dessen Beruf als Kriminalbeamter bekennt Wimsey:

> „„Für mich ist er [der Beruf des Detektivs, R. W.] nur ein Steckenpferd, das ich ergriffen habe, als mir der Boden unter den Füßen abhanden gekommen war, denn es war so ungemein aufregend, und das Schlimmste ist, daß es mir Spaß macht – bis zu einem gewissen Punkt. Wenn das alles nur auf dem Papier stattfände, würde ich es bis zum Letzten genießen. Ich liebe vor allem den Beginn einer Ermittlung – wenn man noch keinen von den beteiligten Menschen kennt und alles nur aufregend und amüsant findet.“[88]

Damit gewinnt das Verbrechen eine ästhetische Dimension, es wird zu einem Rätsel, zu einer „Art Spiel oder Duell der Intelligenz, zwischen Detektiv und Mörder, und auch zwischen Autor und Leser"[89]. Dorothy Sayers hat dieser Form von Detektivromanen den Namen „crossword puzzle type" verliehen und mit ihrem Erstling einer ganzen Generation von englischen Kriminalromanen das unverwechselbare Gepräge dieser speziellen literarischen Form aufgedrückt. Die Ingredenzien dieses sich bald zur Schablone verfestigenden Romantyps erscheinen weitgehend festgelegt. Als Schauplätze des Geschehens kommen vorzüglich Landhäuser oder andere abgelegene Orte, Colleges berühmter englischer Universitäten, exklusive Londoner Clubs oder die mondänen Domizile der englischen Oberschicht in Frage. Das Personal, das in diesem überschaubaren Gelände agiert, setzt sich aus Aristokraten und wohlhabenden Großbürgern zusammen, „formelhafte Gebilde ..., zu denen die ratio den Schlüssel besitzt"[90]. In dieses geordnete, Sicherheit und Geborgenheit vermittelnde Ambiente bricht nun unvermittelt ein Verbrechen ein, das die Harmonie dieser Welt brutal in Frage stellt. Gemeinsam mit den handelnden Figuren des Milieus wird der Leser, wie Wellershoff bemerkt hat, einer ‚vorübergehenden Entwirklichung' ausgesetzt, mit einer Störung „seines vertrauten Realitätskontinuums"[91] konfrontiert und dadurch zutiefst beunruhigt.

In den späten 30er und in den frühen 40er Jahren gerät der Typus dieser Detektivgeschichten, die man auch unter dem Begriff des ‚Problemromans' zu fassen suchte, an seine Grenzen. Nachdem das Kriminalschema zunächst an den selbst vorgegebenen Konventionen zu erstarren drohte, – es gab mehrere Versuche, einen Regelkanon für den Kriminalroman festzulegen[92] – versuchte man später durch Übersteigerung einzelner Konstruktionsaspekte den Leser zu fesseln und das enge Korsett des Problemromans zu überwinden. Die begangenen Verbrechen wurden dadurch immer monströser, die Rekonstruktion der aberwitzigen kriminellen Handlungen geriet immer irrealer:

> Die Geschichte dieser Periode des Detektivromans führt demnach zu einer Bankrotterklärung. Trotz der außerordentlichen Funde dieses und jenes Autors, trotz des sehr lebendigen Gefühls für das Wunderbare, das sich in den meisten Romanen dieser Epoche manifestiert, ist es evident, daß die Gattung verknöchert, die Technik das Leben abtötet, die Konventionen wie Blei werden, überall – in der Erfindung des Rätsels ebenso wie bei der Lösung des Knotens – die Künstelei zutage tritt; der Problemroman hat sich überlebt.[93]

Aus didaktischer Sicht wird man diese klassische Phase eher als Fußnote betrachten können, die vielleicht für gattungstypologische Reflexionen bedeutsam ist, aber kaum für die unterrichtliche Lektürearbeit. Die schablonenartige Verfestigung zu Figuren- und Handlungsstereotypen empfiehlt die Romane dieser Periode kaum für den schulischen Unterricht. An diese Epoche des klassischen Kriminalromans, die sich mit ihren epigonalen Spätformen bis in die 60er und sogar 70er Jahre des letzten Jahrhunderts hinein erstreckt, schließen sich verschiedene Gattungsentwicklungen an. Ihnen allen gemeinsam ist der dekonstruktive Impetus, der sich gegen das tradierte Formschema des englischen Problemromans richtet.

c) Der amerikanische hard-boiled Krimi

Als Gegenentwurf zum englischen Problemroman einer Dorothy Sayers, Agatha Christie, Ngaio Marsh oder Margery Allingham hat sich vor allem die von Raymond Chandler und Dashiell Hammett geschaffene Gattung der hard-boiled novel verstanden. Erste Präfigurationen der Form spiegeln sich in den so genannten pulp-magazines der unruhigen 20er Jahre wider, für die sowohl Chandler als auch Hammett geschrieben haben: „Die gesellschaftliche Realität der Prohibitionsdekade in den USA (vom 17. Januar 1920 bis zum 3. Dezember 1933) bot Kriminalschriftstellern reichlich Stoff, sie war die erste Hoch-Zeit des organisierten Verbrechens."[94] Als Helden dieser Geschichten treten trink-, hieb- und stichfeste

Einzelgänger vom Schlage eines Race Williams[95] auf, die ihre Fälle nicht nur mit Logik, sondern oftmals durch massiven physischen Einsatz lösen. Von entscheidender Bedeutung für den amerikanischen hard-boiled Schreiber ist das Verhältnis seiner Figuren und seiner Story zur Realität.

Über den poetischen Realismus seines berühmten Zeitgenossen Hammett etwa schreibt Raymond Chandler mit ironischem Seitenblick auf den klassischen englischen Kriminalroman:

> Hammett brachte den Mord zu der Sorte von Menschen zurück, die mit wirklichen Gründen morden, nicht nur, um (dem Autor) eine Leiche zu liefern; und mit realistischen Gegenständen, nicht mit handgearbeiteten Duellpistolen, Curare und tropischen Fischen. Er brachte Menschen aufs Papier, wie sie waren, und er ließ sie in der Sprache reden und denken, die sie gewöhnlich für diese Zwecke benutzten.[96]

Der amerikanische hard-boiled Krimi der 30er und 40er Jahre ist ein Großstadtroman. Seine Themen sind das organisierte Verbrechen, Korruption, die Dekadenz der herrschenden Klassen und die Armut der sozial Benachteiligten, die sie anfällig für das kriminelle Milieu macht. In diesem gesellschaftlichen Umfeld ermittelt ein hartgesottener Privatdetektiv vom Schlage eines Philipp Marlowe. Die Romanhandlung in *The Big Sleep* (*Der große Schlaf, 1939*) beginnt mit einem Besuch Marlowes bei dem schwerkranken wie auch schwerreichen General Sternwood, der ihn beauftragt, nach seinem verschwundenen Schwiegersohn zu suchen. In dem prunkvollen Haus seines Klienten begegnet er der jüngsten Tochter Carmen, einer lasziven und infantilen jungen Frau, die sich ihm unvermittelt in die Arme wirft. Als der Detektiv wenig später seinen Gastgeber auf den merkwürdigen Vorfall anspricht und fragt, ob „die beiden Mädchen gemeinsam durch die Gegend streunen"[97], antwortet Sternwood:

> ,Ich denke nicht. Sie rennen wohl auf getrennten und leicht voneinander abweichenden Wegen in ihr Verderben. Vivian ist verdorben, anspruchsvoll, raffiniert und ziemlich skrupellos. Carmen ist ein Kind, das den Fliegen gern die Flügel ausreißt. Keine von beiden hat mehr Moral als eine Katze. Ich übrigens auch nicht. Kein Sternwood hat je welche gehabt.'
> (BS, 13)

Als Marlowe wenig später die zweite der beiden Töchter – Vivian – kennen lernt, wird ihm klar, dass der General mit seinen dekuvrierenden Äußerungen nicht übertrieben hat. Vivian Sternwood empfängt Marlowe in kaum weniger anzüglicher Pose als ihre jüngere Schwester: „Ich setzte mich auf den Rand eines tiefen, weichen Sessels und blickte auf Mrs. Regan. Sie war einen Blick wert. Sie war das reine Unheil. Sie lag ausgestreckt auf einer supermodernen Chaiselongue, die Slipper abgestreift, und ich starrte auf Beine in hauchdünnsten Seidenstrümpfen. Sie schienen zum Draufstarren arrangiert zu sein" (BS, 17).

Die Begegnung mit den beiden Frauen intoniert gleichsam den Grundton dieses Kriminalromans. Der aufwendige und gefährliche Lebenswandel der beiden Sternwood-Töchter sorgt für immer neue Verwicklungen und Gefahren. Bevor Marlowe den Mörder von Rusty Regan überführen kann, muss er sich mit gefälschten Schuldscheinen, Pornographie, Falschspiel, Erpressung und mehreren Morden beschäftigen. Fredric R. Jameson hat diese gewalttätigen Verwicklungen, die durch die Einmischung des Privatdetektivs hervorgerufen werden, mit einer chemischen Reaktion verglichen, die das labile Gleichgewicht der durch das Verbrechen kontaminierten Gesellschaft stört.[98] Chandler zeigt dem Leser unter der glatten Oberfläche von Reichtum, Schönheit und kultivierter Lebensart eine dunkle Welt des Betrugs, der Korruption, der Habgier, der Gewalt und des Wahnsinns. Mit der Überführung des Täters wird dieser Kreislauf – anders als bei Dorothy Sayers oder Agatha Christie – nicht unterbrochen oder gar beseitigt, sondern er läuft unbehelligt weiter. Symptomatisch für diese Haltung ist auch der Schluss in Chandlers *The Big Sleep*: Nachdem Marlowe herausgefunden hat, dass die neurotische Carmen Sternwood Rusty Regan umgebracht hat, stellt er die Schwester Vivian zur Rede und erfährt von dieser, dass sie schon lange von dem Mord an ihrem Ehemann wusste und die Tat gedeckt hat:

> ‚Er ist im Sumpf‘, sagte sie. ‚Ein schrecklich verwestes Etwas.‘ Ich habe es getan. Ich habe genau das getan, was sie sagten. Ich bin zu Eddi Mars gegangen. Sie ist nach Hause gekommen und hat es mir erzählt, genau wie ein Kind. Sie ist nicht normal. Ich wußte, die Polizei würde alles aus ihr herausbekommen. Nach einer Weile würde sie damit sogar angeben. Und wenn es Dad erführe, würde er sofort anrufen und ihnen die ganze Geschichte erzählen. Und irgendwann in derselben Nacht würde er dann sterben.‘ (BS, 229)

Der Roman endet mit Marlowes Entscheidung, die verrückte Mörderin in der Obhut ihrer reichen Familie zu lassen, damit diese für eine Unterbringung in einer Nervenklinik sorgen kann. Die Tatsache, dass dadurch die zahlreichen Morde, die geschehen sind, ungesühnt bleiben und die Täter nicht zur Rechenschaft gezogen werden können, versucht der Held in einem zynischen Schlussmonolog zu verdrängen:

> Was machte es schon, wo man lag, wenn man tot war? In einem schmutzigen Wasserloch oder in einem Marmorturm oben auf einem hohen Berg? Man war tot, man schlief den großen Schlaf, man brauchte sich um solche Dinge nicht zu kümmern. Öl und Wasser bedeuteten dasselbe wie Wind und Luft. Man schlief einfach den großen Schlaf, unbekümmert darüber, wie ekelhaft man gestorben oder wohin man gefallen war (BS, 230).

Die neue hermeneutische Ausgangsposition des amerikanischen Kriminalromans schlägt sich vor allem in der Sprache und im Handeln der Protagonisten nieder. Ulrich Schulz-Buschhaus hat in diesem Zusammenhang bei Hammett und

Chandler treffend von einer „radikalisierten verbalen Aggressivität, die über die Dialoge hinaus die gesamte Erzählatmosphäre bestimmt"[99], gesprochen. Die gelehrten Gespräche, elaborierten Analysen und Aphorismen eines Lord Peter Wimsey oder Hercule Poirot werden nun durch Verbalattacken, Zynismen und Jargon ersetzt. Eines der immer wiederkehrenden situativen Muster des hard-boiled Krimis ist dabei der Kontrast zwischen der physischen Unterlegenheit des Privatdetektivs und seiner sprachlichen und mentalen Überlegenheit. Selbst in scheinbar aussichtslosen Situationen eröffnet der „wisecrack" – der starke Spruch in einer bedrohlichen Lage – dem in die Enge getriebenen Privatdetektiv oftmals den einzigen Fluchtweg. Das Medium dieser sprachlichen Auseinandersetzungen, das die mit physischen Kräften ausgetragenen Konflikte vorwegnimmt, ist der amerikanische Großstadtslang, „der eher zur Waffe als zum Instrument von Verständigung stilisiert wird und aus dem alle Elemente europäisch bürgerlicher Bildung radikal ausgemerzt sind"[100]. Die genuin schwierige Ausgangsposition des Privatdetektivs bei seinen Ermittlungen – er arbeitet in der Regel allein und ist auf sich gestellt – weist diesen Rededuellen im Kontext der Handlung einen besonderen Stellenwert zu, sie sind ein zentraler Teil der Ermittlungsarbeit Marlowes. Mit seinen sprachlichen Brüskierungen erkundet Chandlers Held nicht nur das Wissen seines Gegenübers, er provoziert ihn auch zu unüberlegtem Handeln und erschüttert sein Selbstbewusstsein. Gleichzeitig kann Marlowe durch ein souveränes sprachliches Auftreten seine oftmals schwache Verhandlungsposition überdecken: der Bluff gehört zu seinen wichtigsten Ermittlungswerkzeugen.

Als Resultat dieser veränderten Rahmenbedingungen sehen wir den Helden im amerikanischen hard-boiled Krimi ständig in Auseinandersetzungen, Verfolgungen und auf der Flucht. In *The Big Sleep* wird Marlowe in der Schlusssequenz des Romans nicht nur Augenzeuge eines Giftmordes, sondern er wird im Anschluss an das beobachtete Verbrechen selbst schwer zusammengeschlagen, gefangen und muss mit seiner eigenen Ermordung rechnen. Nachdem ihn die Frau von Eddie Mars befreit hat, die sich wegen ihrer Verwicklungen im Fall Rusty Regan am selben Ort, wo Marlowe gefangen gehalten wird, versteckt halten muss, stellt er seinem Gegner eine Falle und erschießt diesen kaltblütig.

Während der englische Kriminalroman einer Sayers oder Christie in der Regel mit ein bis zwei Leichen auskommt, häufen sich bei den Kriminalromanen der *tough guy writers* die Toten. In *The Big Sleep* gibt es – wenn man den vor Marlowes Ermittlungen bereits ermordeten Rusty Regan mitzählt – nicht weniger als sechs Leichen, während Chandlers späterer Roman *The Lady in the Lake* (1943) mit drei Ermordeten einen vergleichsweise zurückhaltenden Blutzoll auf literarischem Terrain entrichtet. In anderen Romanen des Genres werden noch mehr Opfer gezählt. So etwa in Dashiell Hammetts *Red Harvest* (*Bluternte*, 1929): Hier werden in einem Gangsterkrieg gleich Dutzende von Menschen getötet, bis der Friede in einer amerikanischen Kleinstadt wieder hergestellt werden kann. Der mitunter brutale Aktionismus der hard-boiled school, dem schon Bertolt Brecht

„Epidemiecharakter"[101] bescheinigte, hat vor allem auf den kriminalistischen Abenteuerroman, den Thriller, nachhaltig Einfluss ausgeübt. Umgekehrt spielen Requisiten dieses Genres auch in einzelnen Werken des amerikanischen Kriminalromans eine wichtige Rolle, wie das Beispiel von Hammetts *The Maltese Falcon* (1930) zeigt, in dem ein sagenhafter Schatz zum Ausgangspunkt verbrecherischer Machenschaften wird.[102] Neben diesem größeren Grad an Gewalttätigkeit verunsichert das Individuum auch die Brüchigkeit der sozialen und politischen Institutionen im Staat, die sämtlich durch Korruption ausgehöhlt erscheinen. Niemandem ist mehr zu trauen, selbst der beste Freund kann Handlanger des organisierten Verbrechens sein und einen im nächsten Augenblick an kriminelle Mächte ausliefern.

Aus didaktischer Sicht wird man die Texte des klassischen amerikanischen hard-boiled Krimis insbesondere mit den zeitgenössischen Varianten gewinnbringend vergleichen können. Eine kritisch-reflexive Wertungsdidaktik muss die modernen Transpositionen dieses Subgenres befragen, um neue, problematisierende Zugriffe zu gewinnen, die das tradierte hermeneutische Bedingungsgeflecht durchbrechen und übersteigen. Die Adaptionen des hard-boiled Krimis im deutschen Frauenkrimi etwa bei Thea Dorn oder Christine Lehmann sind geeignet, die tradierten Erzähl- und Figurenmuster bei Chandler, Hammett, aber auch bei zeitgenössischen Autoren wie Arjouni oder Fauser, kritisch zu spiegeln und in ihrer Begrenztheit sowie Brüchigkeit darzustellen. Durch die Einbindung und Berücksichtigung zeitgenössischer Texte können interpretatorische Standpunkte gewonnen werden, an denen die tradierten Texte gemessen und neu verortet werden können.

d) Der psychologische Krimi (Woolrich, Glauser und Dürrenmatt)

Einer der ersten Autoren, der die universelle Verunsicherung des Menschen in der Neuzeit im Genre der Kriminalliteratur nachdrücklich herausgestellt hat, ist Cornell Woolrich gewesen. Woolrich, ein Zeitgenosse Hammetts und Chandlers, erfreut sich nach den Verfilmungen seiner Romane bei Alfred Hitchcock (*Rear Window*, 1954), François Truffaut (*La mariée était en noir*, 1967 sowie *La Sirène du Mississippi*, 1969) und Jeff Bleckner (*Rear Window*, 1998) zwar unter Cineasten wachsender Beliebtheit, seine Bücher und seine wichtige Rolle als Wegbereiter des psychologischen Kriminalromans scheinen dagegen – zumindest in Europa – bisher kaum hinreichend wahrgenommen worden zu sein. Dabei ist Woolrichs Rolle bei der Genese des psychologischen Kriminalromans gar nicht hoch genug einzuschätzen. Parallel zum *film noir* in Amerika der 40er Jahre prägt sich in seinem literarischen Werk ein spezifischer Typus des Kriminalromans aus, der paradigmatisch für einen ganzen Zweig der Kriminalliteratur werden wird. Es ist das Verdienst Gabriele Holzmanns, erstmals differenzierter aufgezeigt zu haben, wie bei diesem amerikanischen Autor ‚die etwas komplexeren und innovativen Sichtweisen im Krimi von den Darstellungsformen des Kinos profitieren'[103].

An Woolrichs Roman *The Black Curtain* (*Der schwarze Vorhang*, 1941) können exemplarisch einige zentrale Merkmale dieses Genres aufgezeigt werden. Die Geschichte, die sich vor den Augen des Lesers entfaltet, beginnt mit einem Unfall. Auf einer belebten Straße wird ein Passant von herabstürzenden Fassadenteilen eines baufälligen Hauses getroffen:

> Zuerst war alles verschwommen. Dann spürte er Hände, die sich an ihm zu schaffen machten, viele Hände. Sie berührten nicht ihn selbst. Sie berührten Dinge, die ihn berührten. Er spürte sie indirekt. Sie warfen kleine lose Brocken wie Mörtel- oder Backsteinstücke fort, die über einen ganzen Körper verstreut schienen. Mit jedem Augenblick wurden es weniger.[104]

Diese Szene, mit der das erzählte Geschehen beginnt, hat symbolische Funktion. Die durch Schlageinwirkung hervorgerufene Bewusstseinstrübung des Mannes ist nur der Vorbote einer weitaus größeren mentalen Beraubung, der sich der Verletzte kurz darauf bewusst wird: Er weiß nicht, wer er ist. In metaphorischer Vorausdeutung verweisen die vielen fremden Hände, die sich an dem von Trümmern getroffenen – in helfender Absicht – zu schaffen machen, auf die kommenden Ereignisse: Sein verletztes Bewusstsein muss aus den noch vorhandenen Bruchstücken seiner Identität die verdrängte Wirklichkeit rekonstruieren, wobei die „tätigen" Hände zugleich Hilfe wie auch Verderben signalisieren. Dem herbeieilenden Polizisten, der eine kurze Notiz zum Geschehen macht, gibt der Mann einen Namen an, der ihm der eigene zu sein scheint. Aber schon wenige Augenblicke später kommen ihm die ersten Zweifel an seiner Identität, als ein Junge ihm den Hut reicht, den er beim Sturz verloren hatte: „Townsend nahm ihn entgegen, staubte ihn flüchtig ab und wollte ihn aufsetzen. Dann hielt er inne und starrte hinein. Auf dem Schweißband standen die Initialen DN" (BC, 10). Seine Ahnungen, dass mit seinem Leben etwas nicht stimmen könne, werden schreckliche Gewissheit, als er zu seiner Wohnung zurückkehrt und dort mitgeteilt bekommt, dass er schon seit langem hier ausgezogen sei. Auf die Frage, wo denn jetzt seine Frau wohne, gibt man ihm eine Adresse, zu der er sich begibt; dort angekommen, eröffnet ihm seine Frau Virginia, dass er sie vor über drei Jahren, am 30. 01. 1938, verlassen habe. Schlagartig wird ihm bewusst, dass in seinem Leben eine Lücke von drei Jahren klafft, die er nicht zu füllen vermag. Da der Held keine Hinweise auf seine frühere Existenz findet, beschließt er, die unbekannte Vergangenheit ruhen zu lassen und sein altes Leben wieder aufzunehmen, als ob in der Zwischenzeit nichts geschehen wäre. Ein schockierendes Erlebnis reißt ihn aber bald aus der trügerischen Lethargie dieses künstlichen Daseins heraus: Auf dem Weg von seinem Arbeitsplatz wird er von einem Fremden erkannt und bis in eine U-Bahn-Station verfolgt. Townsend kann sich dem hartnäckigen Verfolger, der sogar versucht, den Zug aufzuhalten, nur durch Flucht entziehen. Die Ereignisse machen ihm auf unmissverständliche Weise klar, dass er sich seiner Vergangenheit, die etwas Schreckliches verbirgt, nicht entziehen kann:

> Er wußte weder, wer der Mann war, noch was er von ihm wollte, ja nicht einmal, wer er, den
> dieser Jemand wollte, überhaupt war. Er wußte lediglich, daß der bodenlose schwarze Krater
> seiner unbekannten Vergangenheit doch nicht ruhte oder leblos war. Er hatte gerade eine
> blutrote Flamme nach ihm züngeln lassen, als wollte er versuchen, ihn zurück in seine Tiefen
> zu ziehen und ihn zu verschlingen (BC, 27).

Woolrichs Roman unterscheidet sich damit in grundlegenden Aspekten vom klassischen englischen Kriminalroman der 20er und 30er Jahre. Während das Verbrechen bei Sayers oder Christie eine vorübergehende Störung der eigentlich funktionierenden Ordnung bewirkt, die der Detektiv dann behebt, wird diese Ordnung bei Woolrich von Anfang an als brüchig und trügerisch dargestellt. Anders als bei Hammett oder Chandler greift diese Verunsicherung bei Woolrich außerdem tief in die Struktur der personalen Identität ein. Während bei Chandler, wie Jameson treffend beschrieben hat, der Mensch in seinem monadischen Großstadtdasein als anonymisierte Exstenz verharrt,[105] geht dem Helden in *The Black Curtain* dieser letzte Fixpunkt des Bewusstseins auch noch verloren, und damit die Welt, in der er sich bewegt. Woolrich greift damit eine der gravierendsten und erschreckendsten Erfahrungen des Menschen in der Moderne auf: Die Ich-Dissoziation, den Persönlichkeitsverlust, die Identitätskrise, die intrasubjektive „Fremdheit meiner Selbst"[106]. Kafkas Prosa, Trakls Lyrik und Sigmund Freuds Forschungsarbeiten über die menschliche Psyche sind die literarischen Vorboten einer grundlegenden Veränderung der Lebenswelt, die den Menschen im 20. Jahrhundert radikal verunsichert. Die offene Gesellschaft der Moderne konfrontiert den Menschen mit völlig neuen Erfahrungen. Es sind dies „problematische Erfahrungsprämissen, verunsicherte oder verlorene Identitäten, Engpässe mit Informationsentzug, riskante, erschreckende und unwahrscheinliche Lagen, Situationen des Kontrollverlustes und der Entfremdung, rasche Perspektivenwechsel und mehrdeutige Strukturen, Diskontinuitäten, Widersprüche, Unvorhersehbarkeiten, Leerstellen und Prozessplanung mit einbezogenem Zufall"[107].

Der moderne Mensch hat nicht nur seinen Glauben an die Integrität der politischen und gesellschaftlichen Institutionen verloren, sondern auch an die eigene moralische und personale Integrität. Townsends größte Angst in *The Black Curtain* ist, dass sich die Vorwürfe gegen ihn doch bestätigen könnten und er ein Mörder ist. Als Townsend das erste Mal nach dem Verbrechen heimlich in Begleitung von Ruth den Tatort aufsucht, heißt es: „Zum ersten Mal sah er, Frank Townsend, den Ort, an dem Daniel Nearing einen Mord begangen hatte" (BC, 129). Townsend muss sich eingestehen, dass er für die Taten seines anderen Ichs keine Garantie übernehmen kann. Woolrich hat „dicht unter der Konvention eine dunkle exterritoriale Welt geschaffen"[108], die seinen Helden bedroht und erschreckt. Es ist das alte Sujet von Stevensons Dr. Jekyll und Mr. Hyde, auf das hier erneut angespielt wird. Mehr noch als die Klärung des Mordes bewegt Townsend die quälende Frage: „‚Wer bin ich die ganze Zeit gewesen?'" (BC, 19). Diese Radikalisierung der Identitätsfrage markiert für das Genre des Kriminalromans eine neue Dimension, denn der Träger der Detektion, der Ermittelnde, war bisher von einer Dekonstruktion seiner moralischen und personalen Identität verschont geblieben. Woolrich durchleuchtet nun mit neuer Intensität diese „obsessive[n] Innenwelten und den Kosmos des Unbewussten, in dem Erinnerung, Traum und die Bilder der Außenwelt sich überlagern"[109].

Friedrich Glauser, ein Schweizer, dessen erster Roman im Jahre 1936 erscheint, greift in seinen Texten – neben der psychologisierenden Variante – noch einen anderen Grundzug des amerikanischen Krimis auf: Ihm geht es auch um die Darstellung der sozialen Dimension des Verbrechens. Glauser, ein gesellschaftlicher Außenseiter, der bereits in der Schule auffällt, sich als Bergwerksarbeiter verdingt, Gelegenheitsjobs verrichtet, in der Fremdenlegion dient, rauschgiftabhängig wird, einen Selbstmordversuch unternimmt und schließlich in einer psychiatrischen Anstalt landet, bevor er 1938 im Alter von 42 Jahren viel zu früh stirbt, kennt das Milieu, über das er schreibt.[110] In Glausers erstem Kriminalroman[111], der nach der Figur des Helden, dem Wachtmeister Studer, benannt ist, beginnt das erzählte Geschehen mit der Deskription eines verhinderten Selbstmordes: Wachtmeister Studer rettet dem jungen Erwin Schlumpf, den man erst am Morgen desselben Tages „in einem Krachen des Oberaargaus verhaftet hatte ..., angeklagt des Mordes an Witschi Wendelin, Kaufmann und Reisender in Gerzenstein"[112], in letzter Sekunde das Leben. Ein ungewöhnlicher Beginn, der für einen Kriminalroman eher untypisch ist. Ein verhafteter Verdächtiger, für dessen Schuld starke Indizienbeweise sprechen, wird von einem Kriminalbeamten vor dem Selbstmord bewahrt.

Das Terrain, auf dem Studer zu seinen Ermittlungsergebnissen gelangt, wird geprägt durch das dörfliche oder kleinstädtische Milieu der helvetischen Landschaft. Glausers Kriminalromane können, wie Josef Quack hervorgehoben hat, als „Fragmente einer Schweizer Sozialgeschichte aus der Zwischenkriegszeit"[113] gelesen werden. Nicht selten finden die Untersuchungen und Verhöre im Garten oder in der Küche statt, wie die folgende Passage deutlich macht: „Das sei eine heillose Geschichte, meinte sie. Der Wachtmeister möge doch eintreten, sie sei allein, ihr Mann sei hausieren gegangen, ob der Wachtmeister nicht ein wenig in die Küche kommen wolle, sie habe gerade Kaffee gemacht, er könne auch eine Tasse trinken, wenn er wolle ... Ganz ungeniert" (Studer, 57 f.). Glauser lässt seinen Helden bewusst den „Kontakt mit seinen Mitmenschen [suchen], die Atmosphäre ... erleben, in der die Leute leben, die ihn beschäftigen"[114].

Der Blick des Erzählers ist auf den Innenraum der handelnden Figuren, auf die Psychologie ihres Alltags gerichtet. Mit seinem großen Vorbild Maigret zeichnet diesen Polizeidetektiv eine „mentale Normalität der Figur, ... Einfühlungsvermögen und ... gesunden Menschenverstand"[115] aus. Wachtmeister Studer versucht ‚die Motive, Gesinnungen und Charakterzüge der Menschen aus ihren alltäglichen Verrichtungen und Reden heraus zu erkennen. Seiner Aufmerksamkeit entgehen auch Kleinigkeiten nicht. So diagnostiziert der Kriminalist bei einem Besuch im Hause eines Verdächtigen aus Detailbeobachtungen, wie es um die familiäre und finanzielle Situation der Familie steht: „Der Garten war verlottert, hohes Unkraut stand zwischen den Erbsen, die nicht aufgebunden waren. An einer Hausecke lehnte ein verrosteter Rechen" (Studer, 64). Im Inneren des Hauses zeigt sich das folgende Bild: „Die beiden betraten die Küche … Im Schüttstein unaufgeräumtes Geschirr … Auf dem Tisch stand ein Teller, Butter darauf, daneben lag ein Kamm" (Studer, 65). Im benachbarten Zimmer setzen sich die Eindrücke von Verwahrlosung und chaotischer Unordnung fort: „Die Vorhänge vor den Fenstern waren grau, auf dem Klavier lag eine Staubschicht" (Studer, 65).

Der bärbeißige kleine Beamte – „schon der Titel ‚Wachtmeister' fungiert als versteckter Hinweis auf Studers moralische Integrität"[116] – ist ein unbequemer und hartnäckiger Gegner, der sich auch in schwierigen Situationen behaupten kann und häufig Entscheidungen trifft, die nicht mit den Interessen der Mächtigen und Arrivierten zusammenfallen. Seine Eigenwilligkeit hat ihn freilich, wie der Erzähler früh erfährt, die Karriere gekostet. Im Gespräch mit dem Untersuchungsrichter, der den Fall Witschi bearbeitet, bemerkt Studer zu diesem Abschnitt seiner Beamtenlaufbahn: „‚Und warum ich es nicht weitergebracht habe? Wissen Sie, ich hab' mir einmal die Finger verbrannt an einer Bankaffäre. Damals war ich Kommissär bei der Stadtpolizei … Ja, und während des Krieges … Nach der Bankaffäre bin ich in Ungnade gefallen und hab' wieder von unten anfangen müssen … Das gibt es.'" (Studer, 26). Neben Studers humaner, durch Mitgefühl geprägter Haltung ist es auch diese Halsstarrigkeit und sein unbedingtes Ethos, das ihm Lesersympathien einbringt. Glausers „Detektiv gilt als Gescheiterter und bewährt sich doch von Fall zu Fall als Genie seines Berufs"[117]. Die Rolle des Außenseiters lässt Studer als jemanden auftreten, dessen Verständnis für jene, „die im Leben zu kurz gekommen sind und von einer selbstgerechten Gesellschaft in Pflegeheime, psychiatrische Anstalten und Armenhäuser abgeschoben werden"[118], glaubhaft wirkt.

Es ist ein Charakteristikum der glauserschen Deskriptionskunst, dass dem Leser die verschiedenen Schattierungen der einzelnen Figuren über die Topografie des Raumes näher gebracht werden. Beatrice von Matt bemerkt zu diesem epischen Grundzug Glausers in einem großen Essay zum hundertsten Todestag des Schriftsteller: „Er schreibt so, daß wir wie witternde Tiere die Räume riechen, aus denen dann seine Figuren heraustreten. Dieser Schriftsteller weiß, daß wir nicht nur mit dem Kopf, sondern mit Nase, Augen, Ohren, mit Hand und Fuß und Mund auf die Dinge der Welt stoßen."[119]

Friedrich Dürrenmatt, ein anderer Schweizer Autor, greift ebenfalls die von Woolrich exponierte Thematik der personellen Verunsicherung auf. In seinem Kriminalroman *Der Richter und sein Henker*, im Jahre 1950 erstmals als Fortsetzungsgeschichte im *Schweizerischen Beobachter* veröffentlicht, wird ein Gesellschaftssystem gezeigt, in dem Gerechtigkeit nach dem Zufallsprinzip eintritt.

Der alternde, todkranke Kriminalkommissär Bärlach kann einen Mörder, dem er seit Jahrzehnten das Handwerk zu legen versucht, nur dadurch unschädlich machen, indem er einen anderen Mörder zu seinem Werkzeug macht. Ein Großteil der Romanschilderungen wird darauf verwendet, das mentale Kräftemessen zwischen Bärlach und seinem Gegner Gastmann in Szene zu setzen. Die moralische Integrität des Ermittlers verkehrt sich in ihr Gegenteil, der Detektiv agiert selbst „verbrecherisch". Dadurch, dass Bärlach seinen Kontrahenten schließlich mit der Methode zur Strecke bringt, die sein Gegner als das allein gültige Handlungsprinzip propagiert hat, nämlich „mit Menschen wie mit Schachfiguren zu operieren"[120], verlässt er das Terrain des moralischen Handelns und begibt sich auf dieselbe Ebene wie sein Widersacher. Bärlachs Erkrankung symbolisiert zugleich auch das Morbide einer Gesellschaft, deren moralische Handlungsmaxime des kategorischen Imperativs sich in ihr Gegenteil verkehrt hat. Es heißt nicht mehr: Handle so, dass „der Mensch ... als Zweck an sich selbst, *nicht bloß als Mittel* zum beliebigen Gebrauche für diesen oder jenen Willen"[121] existiert. Stattdessen gilt nun die Maxime Gastmanns: „Handle so, daß der Mensch jederzeit auch als Mittel und nicht als Selbstzweck von anderen benutzt werden kann."[122]

In Dürrenmatts zweitem Kriminalroman *Der Verdacht* aus dem Jahre 1953 wird diese Sichtweise weiter radikalisiert. Bärlach, der sich nach seiner schweren Operation im Hospital Salem befindet, jagt nun einen ehemaligen KZ-Arzt, der sich als Wohlstands- und Modearzt mit einem eigenen Sanatorium in der Schweiz niedergelassen hat. Emmenberger, der gesuchte KZ-Arzt, postuliert in einem Gespräch mit Bärlach das Recht, „‚den Menschen zu foltern'"[123]. Freiheit definiert Emmenberger als „‚Mut zum Verbrechen, weil sie selbst ein Verbrechen ist'"[124]. Der Kommissär ist den mörderischen Aktivitäten seines Gegners schutzlos ausgeliefert, er ist ein schwer kranker Mann, der sich von seinem Krankenlager während der gesamten Handlung nicht einmal erheben kann, seine Ermittlungen sind gekennzeichnet von der „Ohnmacht des Erkennens ... und des Handelns".[125] In grotesker Verkennung der eigenen Möglichkeiten belehrt der Schweizer Kriminalist in einer Szene seinen Mitarbeiter Fortschig, einen heruntergekommenen Journalisten, dass man vorsichtig sein müsse, denn man habe es bei Emmenberger mit einem gefährlichen Mann zu tun habe:

> Wir haben nicht gegen Windmühlen zu kämpfen wie der alte schäbige Ritter mit der blechernen Rüstung, mein Freund, es geht heute gegen gefährliche Riesen ins Feld, bald gegen Ungeheuer an Brutalität und Verschlagenheit, bald gegen wahre Riesensaurier, die seit jeher das Hirn eines Spatzen haben: alles Biester, die nicht in den Märchenbüchern stehen oder in unserer Phantasie, sondern in der Wirklichkeit.[126]

Spätestens als Bärlach erfährt, dass Fortschig auf mysteriöse Weise ermordet worden ist, wird allerdings deutlich, dass die Methoden, die der Kommissär anwendet, um Emmenberger zu fassen, genauso „antiquiert wie die Rüstung des spanischen Ritters Don Quijote de la Mancha sind"[127]. Mit ironischer Bezugnahme auf den Topos des tapferen Ritters, der weder Tod noch Teufel fürchtet, bemerkt daher Gulliver in dieser Szene: „Man kann heute nicht mehr das Böse allein bekämpfen, wie die Ritter einst allein gegen irgendeinen Drachen ins Feld zogen. Die Zeiten sind vorüber, wo es genügt, etwas scharfsinnig zu sein, um die Verbrecher, mit denen wir es heute zu tun haben, zu stellen. Du Narr von einem Detektiv; die Zeit selbst hat dich ad absurdum geführt[128]". Zurück bleibt ein geschlagener und einem grauenhaften Tod entronnener Kommissär, der Emmenbergers radikalem Nihilismus weder durch Taten noch durch Worte entgegenzutreten vermochte. Das moralische Gefüge dieser Welt scheint Bärlach nun vollständig zerrüttet, die Opfer werden zu Tätern, die Täter zu Opfern. „Es ist Unsinn, sich zu wehren und sich für eine bessere Welt einzusetzen. Der Mensch selbst wünscht seine Hölle herbei, bereitet sie in seinen Gedanken vor und leitet sie mit seinen Taten ein"[129], bekennt die Ärztin Dr. Marlok, Emmenbergers Geliebte, die sich für ihr Überleben im KZ prostituiert hat. Und wenige Seiten später heißt es sogar aus ihrem Mund: „Die Welt ist faul, Kommissär, sie verwest wie eine schlecht gelagerte Frucht."[130] Auch das illusionslose Resümee des Retters Gulliver vermag diese ernüchternden, demoralisierenden Sätze kaum zu entkräften: „Wir können als Einzelne die Welt nicht retten, das wäre eine ebenso hoffnungslose Arbeit wie die des armen Sisyphos; sie ist nicht in unsere Hand gelegt, auch nicht in die Hand eines Mächtigen oder eines Volkes oder in die des Teufels, der doch am mächtigsten ist, sondern in Gottes Hand, der seine Entscheide allein fällt."[131]

Der Einzelne sieht sich somit nach Auffassung des Erzählers zurückgeworfen auf eine für ihn unerklärliche, grausame Welt, die er aus eigener Kraft nicht zu gestalten vermag und deren Schicksal von den Entscheidungen eines Gottes abhängt, dessen Handeln ihm verborgen bleibt. In einer solchen Welt wird er zum Spielball des Schicksals, sein Glauben, sein Wissen und seine Identität sind den unvorhersehbaren Wendungen dieses dunklen Geschehens hilflos ausgeliefert.

3. Konfigurationen des postmodernen Kriminalromans

Die hier – stark vergröbert – dargestellten Entwicklungslinien des Kriminalromans von seinen Ursprüngen bis in die frühe Nachkriegszeit sollen vor allem eines aufzeigen: gattungsgeschichtliche Konfigurationen und Entwicklungen, deren Virulenz bis in literarische Gegenwart der Gattungsgenese reichen. Für das Verständnis des postmodernen Kriminalromans scheinen zwei Aspekte von entscheidender Bedeutung zu sein: (1) Die Kenntnis der gattungsgeschichtlichen Genese und ihrer wichtigsten poetischen Strukturmomente sowie (2) die Berücksichtigung der geistesgeschichtlichen und sozialgeschichtlichen Veränderungen, die für den Konfigurationsprozess dieser literarischen Gattung von zentraler Bedeutung sind.

Sei es die Vorliebe des zeitgenössischen Kriminalromans für weibliche Helden-konstruktionen, die ungewöhnlich starke Ausprägung historisierender oder in-terkultureller Muster, die Wiederbelebung des topografischen Erzählens oder die Symbiose des Kriminalschemas mit der Romanform, jede dieser poetischen Kris-tallisationen des postmodernen Kriminalromans ist das Ergebnis eines intensiven literarischen Konfigurationsprozesses, der sowohl durch den intertextuellen Aus-tausch mit den Prätexten als auch durch die formenden Einflüsse der Lebenswelt hervorgebracht wird. Natürlich kann es – jedenfalls im Rahmen dieser Arbeit – kaum gelingen, diesen für die Gattungsgenese zentralen Prozess der Interaktion in allen seinen soziologischen, ethnischen, politischen, gesellschaftlichen und kulturellen Ausprägungen sichtbar zu machen. Es soll aber zumindest versucht werden, besonders markante Schemata des zeitgenössischen Kriminalromans nicht nur in ihrer gattungsgeschichtlichen Abhängigkeit zu sehen, sondern vor allem auch die geistesgeschichtlichen und lebensweltlichen Bedingungen dieser Genese deutlich zu machen.

Aus didaktischer Perspektive dürfte insbesondere die Perspektivierung auf geschlechterspezifische und interkulturelle Fragestellungen bedeutsam sein, da durch diese inhaltliche Akzentuierung, wie Klafki hervorhebt, „epochaltypische Schlüsselprobleme unserer Gegenwart und der vermutlichen Zukunft"[132] zum Gegenstand des Unterrichts gemacht werden können. Die Tatsache, dass der Kri-minalroman, wie Elisabeth K. Paefgen mit einiger Berechtigung hervorgehoben hat, eher „eine Literatur für Jungen"[133] sei, verdeutlicht, welche fruchtbaren di-daktischen Perspektiven sich durch die Thematisierung dieser Geschlechterdif-ferenz im postmodernen Kriminalroman gerade im Deutschunterricht eröffnen. Eine etwas ausführlichere Skizzierung des Problems der Geschlechterdifferenz im Genre des Kriminalromans mag einige Hauptmerkmale dieses zentralen Epo-chenaspekts verdeutlichen.

a) Weibliche Heldenkonstruktionen

Der Kriminalroman stützt sich bis in die späten 70er Jahre hinein auf männliche Heldenkonstruktionen. Ausnahmen, wie die skurrile Miss Marple von Agatha Christie, scheinen durch ihre kaum unterdrückte Maskulinität dem Rollenkli-schee eher zu ent- als zu widersprechen. Fritz Wölckens 1953 getroffene Fest-stellung, dass „Frauen, die die Rolle des Detektivs übernehmen, … in den sel-tensten Fällen echt weibliche Züge hierfür [mitbringen]"[134], muss vor diesem Hintergrund also eine gewisse Berechtigung zuerkannt werden. Erst mit Marcia Mullers Kriminalroman *Edwin of the Iron Shoes* (1977) und der Detektivin Sharon McCone wird die Dominanz der maskulinen Heldenkonstruktion im Kriminalro-man nachhaltig durchbrochen. Nach Christie Opara aus Dorothy Uhnaks Trilogie *The Bait* (1968), *The Witness* (1969) und *The Ledger* (1970) betritt mit Sharon McCone erstmals eine Hauptdarstellerin die literarische Bühne des Krimis, die sich professionell mit der Aufklärung von Verbrechen beschäftigt und ein explizit eigenes, scharf konturiertes, feminines Profil ausbildet. Marcia Muller wird damit zur „Mutterfigur des weiblichen hard-boiled Krimis"[135].

Die Erfindung von Sharon McCone sollte weitreichende Folgen haben: bereits kurze Zeit später, Anfang der 80er Jahre, erschienen die Romane von Sue Grafton und Sara Paretsky mit den Serienheldinnen Kinsey Millhone und V. I. Warshawski, andere Figuren wie die Taxifahrerin Carlotta Carlyle von Linda Barnes oder Kat Colorado von Karen Kijewski folgten. Mittlerweile hat der Frauen-Kriminalroman einen beeindruckenden Siegeszug angetreten, denn „seither wird eine grundlegend neue Art von Kriminalroman geschrieben, nicht nur in den Vereinigten Staaten, sondern überall in der Welt"[136]. Die Ursachen dieser erstaunlichen Popularität – „*Women detective novels* sind die Goldgrube des internationalen Verlagsgeschäfts"[137] – scheinen sehr vielschichtig zu sein. Gabriele Dietze hat in ihrer profunden Gender-Studie über den Geschlechterkrieg im amerikanischen Kriminalroman überzeugend herausgearbeitet, dass im Frauen-Kriminalroman der 70er und 80er Jahre „dem maskulinistischen Diskurs ein feministischer entgegengestellt [wird]. Ein neues weibliches Selbstbewußtsein benutzt ein ‚maskulines' Genre zur Darstellung seiner Emanzipationsphantasie[138]". Daneben vermag Dietze in ihrer Untersuchung zu zeigen, „daß der hart gesottene Kriminalroman sich erstens von Anbeginn als Selbstvergewisserung von bedrohter Maskulinität verstanden hat, und zweitens, daß dieser Konflikt mit und an einer neuen selbstbewussten Frauengeneration erprobt wird"[139]. Dies bedeutet: Der amerikanische Frauen-Kriminalroman verdankt seine Entstehung in einem ganz wesentlichen Ausmaß dem in den hard-boiled Krimis der 40er und 50er Jahre verdeckt ausgetragenen Geschlechterkonflikt. Den männlichen Heldenkonstruktionen in den Romanen eines Chandler und Spillane setzen nun Autorinnen wie Muller, Paretsky und Grafton in den späten 70er und den frühen 80er Jahren Heroinen entgegen. Der literarische Reflex auf die maskulinen amerikanischen hard-boiled Krimis dieser Ära arbeitet dabei vor allem die einseitigen und vielfach herabwürdigen Frauenbilder in einem intertextuellen Diskurs auf, die in den von Männern geschriebenen Romanen ständig begegnen. So lassen sich bei Chandler, Hammett und Spillane die weiblichen Protagonisten entweder nur unter die Kategorie des passiven Eroberungsobjektes, als „Adressatinnen männlicher Tugendanwendung"[140] oder der femme fatal subsumieren. Schon Yaak Karsunke hat 1977 dieses Schema mit Blick auf Chandlers Romane auf die treffende Formel gebracht: „Frauen sind entweder zum Dämonisieren oder zum Konsumieren da."[141] Entkleidungsszenerien, sexuelle Konfliktsituationen, wie die Zurückweisung des Liebespartners, oder Machtkämpfe um eine Frau sind die immer wiederkehrenden Handlungsstereotypen, um die der Kriminalroman des hard-boiled writers herum komponiert wird. Diese Körperdramaturgien dienen in erster Linie der maskulinen Selbstbehauptung und Selbstdarstellung, sie sind – wie Gabriele Dietze aus der Sicht einer feministischen Literaturwissenschaft formuliert hat – „Arenen, auf denen paranoide männliche Wirklichkeitskonstruktionen inszeniert werden"[142].

Dass sich hier nicht nur im Medium der Literatur eine gravierende gesellschaftliche Umwälzung artikuliert, wird auch daran sichtbar, dass Frauen die patriarchalischen Prädispositionen auf allen Ebenen des Kulturbetriebes diskutieren und in Frage stellen. Weibliche Autoren und Wissenschaftlerinnen rücken in ihren Arbeiten seit den 80er Jahren diese Thematik verstärkt in den Vordergrund. In der Literaturwissenschaft hat diese kritische Haltung mit der Gender-Forschung sogar zur Ausprägung eines eigenen Paradigmas geführt, das der Literaturgeschichtsschreibung und der Philologie wichtige Impulse gegeben hat.

Gerade die Kriminalliteraturforschung hat von diesen Bemühungen in den letzten Jahren profitiert, wie etwa die Arbeiten von Dietze, Keitel oder Reddy nachdrücklich zeigen. In dieses Bild passt auch die Gründung einer eigenen Standesorganisation für Kriminalschriftstellerinnen im Jahre 1986, die sich *Sisters in Crime* nennt und mittlerweile mehr als 2500 Mitglieder überall auf der Welt hat.[143] In Deutschland spiegeln sich vergleichbare Entwicklungen seit den frühen 90er Jahren in der zunehmenden Popularität des Frauenkriminalromans wider. Das gestiegene Leserinteresse führte auch hier rasch zu neuen Verlagsgründungen und artikuliert sich inzwischen sogar in eigenen Zeitschriften. Verlage wie der Hamburger Argument-Verlag, Krimireihen wie die *Frauenkrimi*-Reihe bei Fischer, die Krimi-Editionen *Frauenoffensive* und *Ariadne-Krimi* sowie die Zeitschrift *Ariadne-Forum* verdeutlichen, welch großen Stellenwert der Frauen-Kriminalroman mittlerweile auch in Deutschland gewonnen hat. Viele der bekanntesten und meistgelesenen deutschen Autorinnen sind Kriminalschriftstellerinnen: so etwa Ingrid Noll, Sabine Deitmer, Christine Grän, Regula Venske, Thea Dorn und Doris Gercke.

Der große Erfolg, den diese Schriftstellerinnen mit ihren literarischen Figuren haben, hängt auch mit dem spezifischen Profil zusammen, das sie ihren fiktiven Gestalten verleihen. Evelyne Keitel hat in diesem Kontext treffend bemerkt: „Die Gattung verändert sich unter dem weiblichen Blick."[144] Eine textanalytische Betrachtung ausgewählter Exemplare des Frauen-Kriminalromans könnte geeignet sein, einige wesentliche Strukturmomente dieses neuen Genres schärfer zu fassen und von tradierten Mustern abzugrenzen.

Der deutschsprachige Frauen-Kriminalroman konstituiert sein Profil – vergleichbar dem amerikanischen Frauen-Kriminalroman[145] – in einem erheblichen Maße über den immanent vorhandenen kritischen Diskurs mit männlichen Handlungsdispositionen im Geschlechterdiskurs.[146] In Sabine Deitmers Roman *Dominante Damen* (1994), an dessen Beginn der zunächst mysteriöse Tod des jungen Frank Bartels steht, wird aus der Rückblende die Geschichte dieses Todesfalles und seiner Hintergründe erzählt. Zusammen mit der Aufklärung des Verbrechens wird die Lebensgeschichte einer Prostituierten wiedergegeben, die ein Bordell leitet, das sich auf bizarre Sexualpraktiken spezialisiert hat. Die Klientel dieses Etablissements setzt sich aus Unternehmern, Staatsanwälten, Beamten und Geschäftsleuten zusammen. Die sexuellen Abartigkeiten, mit denen die jungen

Frauen zu tun haben, werden ausführlich geschildert. Abnorme Sexualität und Perversion werden hier als etwas vorgestellt, was sich reiche Männer auf Kosten von unterprivilegierten Frauen leisten können. Dieselben Unterdrückungs- und Ausbeutungsmechanismen, die auf gesamtgesellschaftlicher Ebene zu beobachten sind, begegnen auch im zwischenmenschlichen Bereich.[147] Frank Bartels, der Freund von Tina, einer Mitarbeiterin des Studios, schickt seine Freundin auf den Straßenstrich und verkauft sie an seine Freunde, um für seinen Sportwagen einen Austauschmotor finanzieren zu können. Frauen werden in diesem Kriminalroman wie Ware behandelt, die männliche Psyche als abgründig und verdorben beschrieben. Die Besonderheit des Romanschlusses liegt darin, dass die Ermordung des jungen Frank ungesühnt bleibt.[148] Beate Stein erkennt, dass mit Frank Bartels einer der verantwortlichen Täter bestraft worden ist und dass der Tat eine moralische Absicht zugrunde liegt: Sie soll dem Mädchen Tina den Ausstieg aus dem Teufelskreis von Prostitution und Kriminalität ermöglichen.

Eine vergleichbare Thematik wird auch in Doris Gerckes Kriminalroman *Der Krieg, der Tod, die Pest* (1990) behandelt. Auch in diesem Kriminalroman geht es um Gewalt gegen Frauen. Eine Prostituierte, die aus ihrem Beruf aussteigen will, wird von einem bezahlten Killer – als Warnung für die anderen Frauen – getötet. Die von den Staatsorganen eingeleitete Suche nach dem Mörder wird als schlecht organisiert und dilettantisch beschrieben. Eine untergründige Kritik an maskulinen Herrschaftsformen gelangt auch in diesem Roman immer wieder an die Oberfläche. So beispielsweise in einem Exkurs über das Gemeinsame von Ordnungshütern und Zuhältern: „Polizisten und Zuhälter ähneln einander, je länger sie miteinander zu tun haben. Gewalt ist die einzige Sprache, die beide verstehen und die sie beherrschen. Sie haben die Gewalt zur Grundlage ihrer Existenz gemacht."[149] Das Widersprüchliche und Verlogene der staatlichen Zwangsmaßnahmen gegen die Prostitution wird schließlich auch dann deutlich, wenn der personale Erzähler festhält, dass bei einer der letzten Razzien „in verschiedenen Bordellen drei Richter bei ihren Vergnügungen gestört wurden"[150].

Ein weiteres zentrales Handlungsprofil der in Frauen-Krimis handelnden Heldinnen ist das ausgeprägte Prinzip der Subsidiarität. Als Beispiel sei Doris Gerckes Kriminalroman *Die Insel* (1990) angeführt; die Heldin dieses Romans, die Hamburger Ex-Polizistin Bella Block, unterhält eine intensive Beziehung zu ihrer Mutter, einer kommunistischen Aktivistin, die im spanischen Bürgerkrieg gekämpft hat, und zu ihrer Untermieterin Wilhelmina van Laaken, einer Jurastudentin. Wilhelmina von Laaken, kurz Willy genannt, will Bella Block dazu bringen, „den sinnlosen Teil ihrer Arbeit einzustellen"[151]. Die Privatdetektivin hat in ihrem letzten Fall (*Der Krieg, der Tod, die Pest*) eine Mandantin und ihren früheren Freund verloren. Willy möchte nun durch ein Gespräch mit Bella erreichen, dass diese keine Fälle mehr annimmt, in denen es um Drogen geht: „Es gibt keinen anderen Bereich, in dem Detektivarbeit so deutlich so sinnlos ist wie in diesem."[152] Das Ergebnis der Auseinandersetzung ist, dass Bella Block eine Urlaubsreise auf eine kleine spanische Insel antritt. Ausgerechnet auf dieser Insel wird die erholungsbedürftige Privatdetektivin aber mit einem neuen Fall – der sich natürlich um Drogenkriminalität dreht – konfrontiert und gerät selbst in eine existenzielle Konfliktsituation. – Die Solidarität zu Frauen hatte Bella Block in dem Roman *Der Krieg, der Tod, die Pest* (1990) dazu gebracht, einen Fall zu übernehmen, den sie eigentlich überhaupt nicht annehmen wollte. Eine alte Frau bittet sie um Hilfe, das Leben ihrer Enkelin zu schützen, die von einem Killer beseitigt werden soll. Im Verlauf des Gesprächs stellt sich heraus, dass die Enkelin eine Prostituierte ist, die aus dem Milieu aussteigen will. Es kommt zu dem folgenden Gespräch:

> ‚Sie haben vorhin von Grundsätzen gesprochen und darüber, daß Ihr Mann keine hat. Ich habe welche. Ich kann mir ein oder zwei Grundsätze leisten, seit ich den Polizeidienst aufgegeben habe. Einer dieser Grundsätze heißt nun zufällig: Arbeite nie für Prostituierte. Und ich sage Ihnen auch, weshalb. Wenn es hart auf hart kommt, erklären die Damen, daß sie es eigentlich gar nicht so schlimm gewollt hätten – wegen der Liebe, wissen Sie. Sie lieben nämlich immer irgendeinen, der sie gerade verdroschen oder beklaut hat.'
> „Ja", sagte die Alte ruhig. „Genau wie Ehefrauen."[153]

Bella Blocks solidarisches Handeln wird in dieser Situation auch deswegen herausgefordert, weil die von der alten Frau hergestellte Analogie zwischen den Verhaltensmechanismen von Prostituierten und Ehefrauen männliche Verhaltensmuster herausstellt, die der Feminismus seit langem als maskuline Herrschaftsstrategien benannt und kritisiert hat. In diesen Zusammenhang passt auch Bella Blocks innerer Monolog, der durch diese Äußerungen angeregt wird: „Am liebsten hätte sie angefangen, mit der Alten darüber zu diskutieren, daß diese so genannte Liebe unter anderem dazu erfunden worden war, alten Männern einen umsorgten Lebensabend zu garantieren."[154]

Vergleichbare Handlungsdispositionen begegnen in vielen anderen Frauen-Kriminalromanen. In dem schon erwähnten Krimi *Dominante Damen* von Sabine Deitmer lässt die Kriminalkommissarin Beate Stein eine Täterin laufen, weil diese „den Richtigen erwischt"[155] und ihre Tat aus altruistischen Motiven für eine unterdrückte und ausgebeutete junge Frau begangen hat. Anja Abakowitz, die Heldin in Thea Dorns hard-boiled Krimi *Berliner Aufklärung* (1994) ermittelt in einem makabren Mordfall – der sadistische Philosophieprofessor Rudolf Schreiner wird in Einzelteile zersägt auf die Postschließfächer des Instituts verteilt! – auf Bitte einer lesbischen Freundin, die ebenfalls im Philosophischen Institut der Universität arbeitet und später umgebracht wird. Auch in diesem Krimi ist die Detektivin zugleich Richterin: Der Mörder, ein Homosexueller namens Peer, dessen Freund von Schreiner mit einer Examensarbeit über Nietzsche in den Tod getrieben wurde, wird von der martialisch auftretenden Anja „in dem verpinkelten Klo einer Berliner Schwulenbar"[156] unter Folter zu einem Geständnis gezwungen und anschließend freigelassen. Nachdem die Privatdetektivin bei dem Juristen Stammheimer ein Tonbandprotokoll des Geständnisses hinterlegt hat, ist der Fall für sie abgeschlossen, der Täter wird einem unbestimmten Schicksal überlassen: „Anja wusste nicht, was aus Peer geworden war."[157] Auch hier wird der Schuldige, der Angehöriger einer immer noch diskriminierten Minderheit ist, vermutlich aus solidarischen Erwägungen heraus nicht der Polizei übergeben.

Der solidarische Grundzug des Handelns im Frauen-Kriminalroman ist zugleich eingebettet in ein bestimmtes *setting*, wie Evelyne Keitel in ihrer Monographie über den Frauen-Kriminalroman zu Recht bemerkt hat: „Literaturwissenschaftlich betrachtet ist das *setting* eines fiktionalen Textes seine Verankerung in Raum und Zeit. Das *setting* kann die Handlung hervorbringen oder sie vorantreiben; es kann die fiktionalen Charaktere zu Taten bewegen, ihnen Einsichten ermöglichen oder sie dazu bewegen, ihr Innerstes zu offenbaren."[158]

In den hard-boiled Krimis der maskulinen Tradition spielt das geographische setting eine andere Rolle als in den zeitgenössischen Frauenkrimis. Die Privatdetektive eines Dashiell Hammett, eines Raymond Chandler oder Mickey Spillane agieren auf der Straße, in den dubiosen Absteigen der Unterwelt, den protzigen Villen ihrer reichen Auftraggeber oder dem scheinbar immer gleichen, heruntergekommenen, staubigen Vorstadtbüro, in dem sie ihre Klienten treffen. Die Orte ihrer Handlungen und die Bilder der Akteure, die sich in diesem Raumkontinuum bewegen, sind durch Anonymität und Typisierung geprägt. Während Philipp Marlowe, Sam Spade oder Mike Hammer Nomaden der Großstadtzivilisation sind, die in einem typisierten, unpersönlichen Raum agieren, bewegen sich viele Privatdetektivinnen in einem durch individuelle Figuren geprägten Ambiente. Bereits an den Lebensgewohnheiten einer archetypischen Figur des Genres, der Privatdetektivin Kinsey Millhone, kann diese Veränderung aufgezeigt werden. Ihre Wohnung ist eine umgebaute Garage, die in „einer anspruchslosen Straße parallel zu dem breiten Boulevard, der entlang dem Strand verläuft"[159], liegt. Das Interieur dieser merkwürdigen Ein-Zimmer-Wohnung wird von der Ich-Erzählerin wie folgt beschrieben:

> Das Zimmer selbst ist fünf Meter im Quadrat, ausgestattet als Wohnzimmer mit Schlafzimmer, Küche, Bad, Kleiderkammer und Waschgelegenheit. Ursprünglich war es einmal Henrys Garage, und ich bin bloß froh, daß es keinerlei Stuck, rote spanische Fliesen oder Kletterpflanzen aufweist. Es besteht aus Aluminiumwänden und anderen absolut künstlichen Materialien, die wetterfest sind und nie einen Anstrich brauchen. Die Architektur ist völlig unscheinbar. In diese gemütliche Höhle ziehe ich mich meistens nach Feierabend zurück.[160]

Die Bezüge dieser topographischen Deskription zur Anonymität der Großstadtgeographie in den Romanen eines Raymond Chandler sind unübersehbar. Das Zimmer Kinsey Millhones weist keinerlei persönliche Note auf: Die Wände sind aus farblosem Aluminium, die Architektur anspruchslos und funktional. Entscheidend ist in diesem Kontext etwas ganz anderes. Millhones Behausung liegt in einer Siedlung, die überwiegend von Rentnern bewohnt wird, „deren Erinnerung an die Stadt zurückreicht bis zu den Tagen, als sie noch ganz aus Zitrushainen und Kurhotels bestand" (AA, 21). Ihr eigener Vermieter ist der 81-jährige Henry Pitts, „ein ehemaliger Bäckermeister, der jetzt, mit einundachtzig Jahren, davon lebt, daß er abscheulich schwierige Kreuzworträtsel erfindet, die er gerne an mir ausprobiert" (AA, 21). Kinsey Millhones bevorzugtes Restaurant, die Kneipe Rosie's, liegt in unmittelbarer Nachbarschaft der Wohnung und wird von einer rüstigen Rentnerin betrieben, die ein markantes Äußeres besitzt: „Rosie ist in den Sechzigern, mit einer Nase, die fast ihre Oberlippe berührt, einer niedrigen Stirn und gefärbten Haaren in einem bemerkenswerten Rostbraun, das der Farbe von billigen Redwoodmöbeln gleicht" (AA, 22). Die von Rosie geführte Kneipe gefällt Kinsey Millhone deshalb, weil sie in der Nähe ihrer Wohnung liegt, meistens halb leer ist und weil Rosies Kochkünste – „eine Art Kochen auf Teufel komm raus mit ungarischem Touch" (AA, 22) – ihr besonders zusagen. Henry Pitts beliefert Rosies kleines Restaurant mit Backwaren und bekommt dafür Gratis-Mahlzeiten und einige andere Kleinigkeiten. Unter Henrys Backwaren-Erlösen befinden sich seltsamerweise auch häufig Damenstrümpfe, die er an seine Vermieterin verschenkt und die über ihre Beziehung zu dem alten Mann halb scherzhaft und halb ernst meint: „Ich bin halb verliebt in Henry Pitts" (AA, 21).

Der bestimmende Grundzug dieses settings ist die Verwobenheit von Personen und Räumen. Die Heldinnen des neuen Frauen-Kriminalromans leben, wie Keitel hervorgehoben hat, in einer „community"[161], die häufig den Charakter einer Ersatzfamilie annimmt.[162] Die Solidarität der einzelnen Lebensgemeinschaften, die in den verschiedenen Frauen-Kriminalromanen eine Rolle spielen, konturiert die Topographie der Handlungsräume in entscheidender Weise mit. Diese Beobachtung lässt sich an vielen Texten des deutschen Frauen-Kriminalromans ebenfalls belegen. Seien es die Lesben-Kommune in Christine Lehmanns Kriminalroman *Der Masochist* und in Thea Dorns *Berliner Aufklärung*, die blinde Bildhauerin und Freundin der Kommissarin Beate Stein in Sabine Deitmers *Dominante Frauen* oder die junge Hausgenossin Bella Blocks in Doris Gerckes *Die Insel*, Räume und Personen begegnen in vielen Krimis dieses Genres in einer augenfälligen Symbiotik und generieren ein besonderes setting, das den Frauen-Kriminalroman von seinen männlichen Vorgängern deutlich abhebt.

Die maskulinen Prätexte des Genres spielen gleichwohl in den Frauen-Kriminalromanen eine zentrale Rolle. Noch Ende der 80er Jahre hat Jochen Schmidt die erst wenige Jahre alten Privatdetektivinnen des amerikanischen New Age als „Marlowes Töchter"[163] bezeichnet und im Vergleich zu den männlichen Klassikern das vermeintlich geringere literarische Niveau hervorgehoben: „So gut wie die besten männlichen Kollegen – und ich meine nicht nur die Klassiker Hammett, Chandler und Ross Macdonald – ist keine unserer Autorinnen."[164] Die literarische Eigenständigkeit und Qualität dieser Texte wurde in Deutschland erst ab den 90er Jahren – auch unter dem Einfluss der aus Amerika kommenden feministischen Literaturwissenschaft – zunehmend stärker in den Blick gerückt. Im Zuge dieser Diskussion betont etwa Maureen T. Reddy am intertextuellen Spiel mit den männlichen hard-boiled Mustern die „feministische Gegentradition"[165] des Frauen-Kriminalromans, die sich in einem anderen Umgang mit der Gewalt und der Sexualität dokumentiert. Man wird freilich dem multiperspektivischen Umgang der Kriminalroman-Autorinnen mit den tradierten männlichen Texten des Genres nicht gerecht, wenn man zu einseitig den feministischen Aspekt in den Vordergrund rückt. Die Verwendung tradierter Topoi, Stile und Handlungsmuster oszilliert in den Romanen des New Age zwischen Adaption, Transformation, Kritik und spielerischer Aneignung. Als Beispiel sei der Anfang aus Christine Lehmanns *Der Masochist* zitiert:

> ‚Haste nen Typ?' Die Frau äugte.
>
> Ich grinste vage. Die Buben mit leerem Hosenstall waren nicht mein Typ. Ich bevorzugte die kühle, blonde Weiblichkeit mit vollem Hintern, Wasserballonbrüsten und feuchter Verheißung.
>
> ‚Ich heiße Gabi', sagte der Bursche.
>
> ‚Lisa', sagte ich.
>
> Gabi stand an der Theke des Frauencafés *Sara*, trug Weste, Hemd und Jeans, hielt die Zigarette zwischen Daumen und Zeigefinder, die Glut in den Handteller gekehrt, und schob lässig die Hüfte vor. Sie hatte schwarze Augen hinter ihrer Brille, aber nicht von der fließenden, schmelzenden, exotischen Sorte, sondern hart und direkt und ein wenig misstrauisch auch gegen sich selbst.
>
> Auf dem Lesbenmarkt hatte ich noch einen gewissen Marktwert. Mit meinem schwarz gefärbten, gegelten Haarkamm, den lila geschminkten Augen und der naturbelassenen Narbe, die mein Gesicht von der Nasenwurzel bis zum Mundwinkel furchte, konnte ich allemal noch als harter Bursche durchgehen.
>
> Gabi steckte sich bauarbeitermäßig die Kippe zwischen die Lippen. ‚Biste noch Hetero?'[166]

Zum Vergleich ein Gespräch zwischen Philipp Marlowe und einem Ganoven aus Raymond Chandlers *The Big Sleep*:

> ‚Wer zum Teufel, sind Sie eigentlich, Sportsfreund?'
>
> ‚Marlowe ist mein Name. Von Beruf Spürhund.'
>
> ‚Nie gehört. Wer ist die Kleine?'
>
> ‚Klientin. Geiger hat ihr mit einer kleinen Erpressung einen Strick drehen wollen. Wir sind hergekommen, um mit ihm zu reden. Er war nicht da. Die Tür stand offen, also kamen wir herein, um zu warten. Oder habe ich Ihnen das schon erzählt?'
>
> ‚Bequem', sagte er. ‚Dass die Tür offen stand. Wo Sie doch keinen Schlüssel hatten.'
>
> ‚Ja. Wie kommt's eigentlich, dass Sie einen Schlüssel haben?'
>
> ‚Ist das Ihre Sache, Sportsfreund?'

‚Ich könnte es zu meiner Sache machen.'

Er lächelte verkniffen und schob den Hut zurück auf sein graues Haar. ‚Und ich könnte Ihre Sache zu meiner Sache machen.'

‚Sie würden sich bedanken. Bei dem bisschen Lohn.'

‚Also gut, Holzauge. Mir gehört dieses Haus. Geiger ist mein Mieter. Was sagen Sie nun?'

‚Sie kennen so reizende Leute', sagte ich.[167]

Man wird feststellen, dass die Körperdramaturgien der beiden Gespräche durchaus vergleichbar sind. Im ersten Fall „tasten" sich zwei Lesben ab, von denen die eine Privatdetektivin ist, die andere möglicherweise kriminell, im zweiten Fall ist es das „private eye" Philipp Marlowe und sein Gegenspieler, ein stadtbekannter Gangster namens Eddie Mars. Während bei Chandler der so genannte „wisecrack" – der starke Spruch angesichts numerischer Unterlegenheit – zu breiter Entfaltung gelangt, ist es bei Christine Lehmann der innere Monolog der Privatdetektivin Lisa Nerz, der ihre hartgesottene Haltung verdeutlicht. Den besonderen Witz der Situation macht die Transformation des hard-boiled Musters in das Lesbenmilieu aus und die auffällig maskuline Konturierung der beiden Akteurinnen, von denen die eine homosexuell und die andere heterosexuell ist.

Zwei andere wichtige Strukturmomente des Frauen-Kriminalromans, die zuletzt Erwähnung finden sollten, weil sie vor allem aus didaktischer Sicht von Bedeutung sind, betreffen die Erzählperspektive und das Detektionsprinzip. Frauen-Kriminalromane – wie auch viele Texte der maskulinen hard-boiled Tradition – sind überwiegend aus der Perspektive des Ich-Erzählers geschrieben. Dadurch wird Lesern, aber vor allem Leserinnen, „über die Konventionen des Privatdetektiv-Romans eine Subjektivität angeboten, die in der femininen, autobiographischen Stimme verkörpert ist"[168]. Dass diese Erzählhaltung gerade für die Konstruktion einer Heldin von großer Bedeutung ist, kann an einigen Beispielen verdeutlicht werden. Als paradigmatisch für das Genre kann etwa die Einleitung von Sue Graftons *A Is for Alibi* (1982) genannt werden:

Mein Name ist Kinsey Millhone. Ich bin Privatdetektivin mit einer Lizenz vom Staate Kalifornien. Ich bin zweiunddreißig Jahre alt, zweimal geschieden, keine Kinder. Vorgestern habe ich jemanden getötet, und das liegt mir schwer auf der Seele. Ich bin ein netter Mensch und habe viele Freunde. Mein Appartement ist klein, aber ich lebe gern auf engem Raum. Die meiste Zeit meines Lebens war ich in Wohnwagen zuhause, aber die sind neuerdings für meinen Geschmack zu perfekt geworden, deshalb bewohne ich jetzt ein Einzelzimmer, eine ‚Junggesellenbude'. Ich habe keine Haustiere. Ich habe keine Zimmerpflanzen. Ich bin viel unterwegs, und da lasse ich nicht gern etwas zurück. Abgesehen von den Gefahren meines Berufs war mein Leben immer alltäglich, ereignislos und gut.[169]

Der Roman beginnt mit einem kurzen Steckbrief der Protagonistin, der bereits ein erstes Profil der Figur vermittelt. Die junge Frau will sich offenbar nach zwei

gescheiterten Ehen nicht mehr dauerhaft binden, bewohnt eine spartanisch einge-
richtete, kleine Wohnung und hat sich auf ein Leben „im Übergang" eingerichtet.
Das Bekenntnis, kürzlich einen Menschen getötet zu haben und unter dieser Handlung zu leiden, ergänzt die Selbstauskunft. Die protokollarisch wirkende Mitteilung
vermittelt den Eindruck, dass man es im vorliegenden Fall mit einem Menschen zu
tun hat, der es gewohnt ist, offen mit sich und seinen Gefühlen – auch gegenüber
anderen – umzugehen. Wendungen wie „Ich bin ein netter Mensch und habe viele Freunde" signalisieren Durchschnittlichkeit, Normalität und Alltäglichkeit. Der
dargestellte Charakter wirkt auf den Leser glaubwürdig, sympathisch und eröffnet
dem Rezipienten dadurch eine Fülle von Identifikationsmöglichkeiten. Vor allem
der biographische Gestus des Erzählens stiftet ein hohes Maß an Authentizität und
Identifikationspotenzial, wie ein anderes Beispiel verdeutlichen dürfte, in dem
nicht aus der Ermittler-, sondern aus der Täterperspektive erzählt wird:

> In der Schule hatte ich zwei altjüngferliche Lehrerinnen, die behaupteten, ihre Verlobten sei-
> en im Krieg gefallen. Wenn man wie ich nicht verheiratet, verwitwet, geschieden ist ... und
> nicht mal mit kurzfristigen Männerbekanntschaften aufwarten kann, dann kriegt man heute
> wie damals einen abwertenden Spitznamen angehängt. Aber eine alte Jungfer wie meine
> Lehrerinnen bin ich nicht. Und es gibt auch Leute, die meinen Status positiv sehen: Verheira-
> tete Kolleginnen betrachten meine Unabhängigkeit, meine Reisen, meine berufliche Karriere
> oft mit Neid und dichten mir so manches romantische Urlaubserlebnis an, wozu ich vielsa-
> gend lächle.[170]

Der zitierte Text bildet die Einleitung zu Ingrid Nolls erstem Kriminalroman *Der
Hahn ist tot* (1991), in dem die Geschichte der Rosemarie Hirte erzählt wird, einer
52-jährigen „alten Jungfer", die von einem späten Liebesglück träumt und alle
Konkurrentinnen, die einer Verbindung zu ihrem Traummann im Wege stehen,
einfallsreich und kurz entschlossen beseitigt. Schon die Exposition dieses Romans
macht deutlich, welches Motiv Auslöser der kriminellen Handlung sein wird: die
Angst, sein Leben ohne einen Ehepartner zu fristen und alleine alt zu werden.
Dieser – zumindest aus emanzipatorischer Sicht – eher kleinbürgerlichen und
systemkonformen Absicht kann im Kontext des Erzählten eine hohe Authentizität
zugebilligt werden. Ingrid Noll arbeitet in diesem Kriminalroman zwar mit vielen Klischees, aber man kann diesen stereotypen gesellschaftlichen Wertvorstel-
lungen ihren Realitätsbezug kaum absprechen. Gerade die Mittelmäßigkeit, ja
Banalität, des bloßgelegten Weltbildes lässt die Figur von Anfang an vertrauens-
und glaubwürdig erscheinen, ihr Handeln bekommt durch die narrative Innen-
schau eine nachvollziehbare Plausibilität wodurch „erzählendes und erlebendes
Ich ... zu einer einzigen Perspektive auf das Geschehen [verschmelzen]"[171].
    Diese für den Frauen-Kriminalroman typische Erzählhaltung, die vielfach
biographisch-konfessionellen Charakter annimmt, hebt sich von den tradierten
Romanen der hard-boiled Ära stark ab. In den Texten von Chandler, Hammett

und Spillane wird das Bild des Detektivs stilisiert oder heroisiert, Informationen über biographische Defizite, Versagensängste oder psychische Probleme findet man hier eher selten. Der Held tritt selbstsicher, souverän und abgeklärt auf. Der Glaube des Lesers an die pseudomythische Figur des Privatdetektivs soll nicht erschüttert, sondern situiert und gefestigt werden. Zweifel an der Überlegenheit des Protagonisten dürfen erst gar nicht aufkommen, damit die Ikonographie dieses Heldentums keine Risse bekommt. Frauen spielen in diesen Tableaus der Heldenverehrung – wie ein Beispiel aus Dashiell Hammetts *The Maltese Falcon* (1930) zeigt – oftmals nur als Statistinnen, kriminelle Verführerinnen (*femme fatal*) oder Objekte sexueller Begehrlichkeit eine Rolle:

> Samuel Spades Unterkiefer war lang und knochig, sein Kinn ein scharf vorspringendes V unter dem geschmeidigeren V seines Mundes. Die Nasenflügel bogen sich zurück in ein weiteres, kleineres V. Seine gelbgrauen Augen lagen waagerecht. Das V-Motiv wurde erneut von den Augenbrauen aufgegriffen, die von der Doppelfalte über seiner Hakennase nach außen hin anstiegen, während sein blassbraunes Haar von hohen, flachen Schläfen zu einer Spitze in der Stirnmitte auslief. Er sah ganz umgänglich aus, wie ein blonder Satan.
> Er sagte zu Effie Perine: ‚Ja, mein Schatz?'
> Sie war ein schlankes, hoch gewachsenes und sonnengebräuntes Mädchen, der ihr lohfarbenes dünnes Wollkleid wie angegossen am Körper klebte. Ihre aufgeweckten braunen Augen saßen in einem klaren, jungenhaften Gesicht. Langsam zog sie die Tür hinter sich zu ... und sagte: ‚Draußen ist ein Mädchen, das Sie sprechen möchte.'[172]

Der Heroismus des Charakters spiegelt sich bereits in der Physiognomie des Protagonisten wider. Die verwendete V-Symbolik der Deskription vermittelt nicht nur Dynamik und Durchsetzungsvermögen der Figur, sondern verweist mit ihrer aufdringlichen Emblematik zugleich auch auf den Sieges- und Wahrheitswillen – V steht für das englische *victory* – des Privatdetektivs, der sich von Anfang an als Siegertyp präsentiert. Frauen fungieren hier als erotische Wunschobjekte, die der „promiskuitiven Sexualität"[173] des Privatdetektivs als Projektionsfläche dienen: „Sie war groß und von schlanker, geschmeidiger Gestalt, die nirgendwo Unregelmäßigkeiten aufwies. Sie hielt sich sehr aufrecht, hatte hohe Brüste, lange Beine und schmale Hände und Füße."[174] Der englische Originaltext artikuliert mit seiner kaum verhüllten Sexualmetaphorik – „Her body was erect and highbreasted"[175] – die Begehrlichkeiten des männlichen Betrachters in kaum verhüllter Weise.

Von den männlichen Vorbildern ist schließlich auch die Detektionstechnik der Privatdetektivinnen zu unterscheiden. Evelyne Keitel hat hervorgehoben, dass die Aufklärung im Frauen-Kriminalroman vielfach durch weibliche Intuition (*feminine intuition*) ermöglicht wird – einem Detektionsprinzip, das in der poetischen Tradition der Gattung stets abwertend behandelt wurde.[176] Frauen haben ein authentischeres Verhältnis zu ihren – oftmals auch durch Zufall – herbeigeführten Ermittlungserfolgen. In diesem Kontext passt, dass die Watson-Figur bisher in keinem Frauen-Kriminalroman eine Rolle gespielt hat: „Die unterwürfige Bewunderung einer Watson-Figur haben sie nicht nötig, womit auch bestimmte Herrschafts- und Autoritätsstrukturen zurückgewiesen werden."[177] Neben Abduktion[178], tradierter Deduktion, Kreativität und Intuition scheint freilich noch eine andere, spezifische Fähigkeit der Privatdetektivin wichtig zu sein, die man vielleicht *Introspektion* nennen kann. Weibliche Ermittlerinnen können sich hervorragend in die Psyche anderer Menschen – vor allem Frauen! – hineinversetzen, sie besitzen vor allem *Emotionale Intelligenz*[179]. Diese Fähigkeit scheint das Resultat einer ausgeprägten psycho-sozialen Kompetenz zu sein, die Frauen in besonderer Weise auszeichnet. Die breite Palette emotionaler Fähigkeiten, über die viele Privatdetektivinnen verfügen, spiegelt sich etwa in der Charakteristik wider, die Kathleen Gregory Klein von Sara Paretskys Heldin V. I. Warshawsky gibt: Sie bezeichnet die Detektivin als „aufmerksam, einfühlsam, verantwortungsvoll, selbstbewusst und skeptisch"[180]. Schon die genuin anders aufgebauten Dialogstrukturen im Frauen-Kriminalroman verdeutlichen, dass hier ein eigenständiges Detektionsprinzip begegnet, das sich von den tradierten (männlichen) Beispielen des Genres abhebt. In Christine Gräns *Weiße sterben selten in Samyana* (1986) wird der folgende Dialog zwischen einem inhaftierten Farbigen, der zu Unrecht des Mordes beschuldigt wird, und der Journalistin Anna Marx in dem fiktiven afrikanischen Kleinstaat Samyana wiedergegeben:

> Der Gefangene sagte nichts. Er sah Anna an, damit sie den Hass in seinen Augen sehen konnte, die ohnmächtige Wut. Er sah aus wie ein Tier in der Falle. ‚Warum', fragte sie, ‚hat das Kind deinen Namen gerufen?'
> ‚Woher soll ich das wissen? Sie mochte mich, die Kleine, sie hat wohl um Hilfe gerufen, weil sie meinte, dass ich da war'.
> ‚Eine Gegenüberstellung?', Anna wandte sich an Mmusi, der scheinbar gelangweilt aus dem vergitterten Fenster starrte.
> ‚Wir wären sehr daran interessiert, aber die Ärzte lassen uns nicht einmal ins Krankenzimmer … Mmusi war sichtlich ungeduldig.
> Warum er nicht auf Kaution freigelassen würde, fragte Anna.
> ‚Weil er erstens Flüchtling ist und zweitens ohnehin kein Geld hat.'
> Anna packte das Tonband ein und stand auf. Sie drückte dem Gefangenen ihre Zigaretten in die Hand, eine lächerliche Geste der Solidarität. Er blickte zu ihr hoch, und in seinen Augen stand blanker Hass. Er machte ihr Angst.[181]

Das Gespräch ist vor allem durch Mitgefühl und Unsicherheit gekennzeichnet. Die Journalistin sieht in diesem Gespräch weniger die Begegnung mit einem vermeintlichen Mörder als mit einem Entrechteten, der zwischen die Mühlsteine einer Klassenjustiz geraten ist. Die Fragen, die von ihr an den Gefangenen gerichtet werden, sind durch Verständnis, Empathie und Aufklärungsbedürfnis getragen. Überzeugend wirkt an dieser Szene vor allem die menschliche Reaktion der Reporterin auf die hasserfüllte Ablehnung des Gefangenen, die sie erschreckt und ratlos macht. Während weibliche Ermittlerinnen in Gesprächen vor allem auf Stimmungen, Gesten und Gesichtsspiele achten, arbeiten die männlichen Detektive vor allem mit Dominanzstrategien.

b) Die Entdeckung des Fremden

Die Erfahrung einer abstoßenden, verstörenden Fremdheit, die Anna Marx im Verhör mit dem farbigen Inhaftierten macht, verweist auf einen anderen wichtigen Erfahrungsbereich des postmodernen Kriminalromans. Ich spreche von der Entdeckung des Fremden und Anderen. Drei Kategorien von Fremdheit haben in den vergangenen Jahren eine konstitutive Bedeutung für die Entwicklung des modernen Kriminalromans gewonnen: Die Dimensionen der subjektiven Identität, des Raumes und der Zeit. Damit hat sich gleichzeitig ein erstaunlicher Paradigmenwechsel im Umgang mit diesem Sujet vollzogen, denn die Thematik hat – von wenigen Ausnahmen abgesehen – in der Kriminalliteratur lange Zeit unter gänzlich anderen Vorzeichen gestanden.

Das Fremde und Andere ist seit Anbeginn der Gattung in seinen verschiedenen Dimension mit dem Kriminellen, Gefährlichen und Schrecklichen in Verbindung gebracht worden. Bereits E. A. Poes *The Murders in the Rue Morgue* (1841) befestigt die klischeehafte Sichtweise, dass die exotische Fremdheit mit Gefahr verbunden ist: Ein Menschenaffe, den ein Seemann mit nach Frankreich gebracht hat, begeht einen bestialischen „Mord" an zwei allein stehenden Frauen. In Conan Doyles Kriminalgeschichten um Sherlock Holmes und Dr. Watson setzt sich diese Sichtweise fort. Das verbrecherische Personal dieser Kriminaltexte rekrutiert sich mit Vorliebe aus Kontinentaleuropäern und noch weiter entfernten Nationalitäten. In *The Adventure of the Engineer's Thumb* ist es ein verbrecherischer Deutscher, der in großem Stil Falschgeld in Großbritannien produziert und Mitwisser bedenkenlos beseitigt. Die Geschichte von den *Five Orange Pips* handelt von einer Gruppe krimineller Amerikaner, die Anhänger des Ku-Klux-Klan sind und eine Reihe von Fememorden begehen, bis Sherlock Holmes ihnen versucht, das Handwerk zu legen. In *The Adventure of the Illustrious Client* erscheint ein österreichischer *homme fatal* namens Baron Gruber, der einer reichen Engländerin den Kopf verdreht, diese heiraten will und dann – zwecks Aneignung der Mitgift – zu beseitigen versucht. Ein ausländischer Arzt betreibt in dem Krimi *The Door with Seven Locks* (1926) von Edgar Wallace genetische Experimente mit Kindern, die er zu willenlosen Mordwerkzeugen abrichtet, und in Dashiell Hammetts *The Maltese Falcon* (1930) signalisiert bereits der Name Joel Cairo, dass Privatdetektiv Sam Spade es mit einem ausländischen Widersacher zu tun bekommt. Und noch in Jörg Fausers *Schlangenmaul* (1985) wird der asiatische Schlangenkult einer kriminellen Berliner Clique als bedrohliche Kulisse für den temporeichen Krimi verwendet.[182]

Gleichwohl wird man festhalten müssen, dass die Einbindung des personal Fremden in der Geschichte der Kriminalliteratur nicht immer nur mit negativen Konnotationen verbunden worden ist. Es gab auch Ausnahmen. So gelangte 1931 die Figur des chinesischen Privatdetektivs Charlie Chan aus Honolulu, die der amerikanische Autor Earl Derr Biggers (1884–1933) erfunden hatte, durch die erste Hollywood-Verfilmung zu großer Popularität.[183] Der kleingewachsene Chinese tritt als ein zurückhaltender, bescheidener Ermittler auf, der nicht nur die traditionelle asiatische Schweigsamkeit verkörpert, sondern auch ständig konfuzianische Weisheiten von sich gibt. Ein anderer asiatischer Detektiv ist der japanische Mr. Moto, den der amerikanische Autor John P. Marquand (1893–1960) geschaffen hat.[184] In den Serienverfilmungen aus den Jahren 1937–1939 mit dem deutschen Exilschauspieler Peter Lorre wurde diese Figur Ende der 30er Jahre vor allem in den USA bekannt. Mr. Moto ist Agent des kaiserlichen Japan, hat ein äußerst distinguiertes Auftreten und ist Liebhaber von Feuerwaffen sowie Jiu-Jitsu-Spezialist. Als 1939 der Zweite Weltkrieg ausbricht, wurde die Produktion der Filmserie eingestellt, da man glaubte, dass die positive Darstellung eines Japaners – das Land war Bündnispartner Hitler-Deutschlands – für das Publikum unzumutbar sei.

Weitere asiatische Detektivfiguren sollten vor allem nach dem Zweiten Weltkrieg bekannt werden: So der australische Detektiv Napoleon ‚Bony‘ Bonaparte von Arthur W. Upfield, der indische Inspektor Ganesh Ghote von Henry Keating, James Melvilles japanischer Superintendent Tetsuo Otani von der Polizeipräfektur in Kobe und der chinesische Richter Di des Niederländers Robert van Gulik. Die vier letztgenannten Romanautoren hatten einige Zeit in den Ländern ihrer fiktiven literarischen Protagonisten gelebt, was sich literarisch darin manifestierte, dass „alle diese Figuren mit starker Sympathie … gezeichnet [wurden]“[185]. In den späten 80er und den frühen 90er Jahren des letzten Jahrhunderts kristallisierte sich aus dieser zunächst noch exotischen Vorliebe für fremdländische Detektivfiguren schließlich ein eigenes poetisches Paradigma heraus, das zur Genese einer eigenständigen Subgattung des Kriminalromans geführt hat, dem Ethno-Krimi.[186] Seitdem ist der Auftritt interkultureller Detektive im zeitgenössischen Kriminalroman gleichsam zu einer Modeerscheinung geworden und die Autoren übertreffen sich damit, Detektive zu erfinden, die aus immer entfernteren Kulturkreisen stammen. Mittlerweile scheint es kaum noch geographische Regionen und Kulturen zu geben, die keine Berücksichtigung in dem neu erblühten Genre gefunden haben. Es gibt sowohl Inuits, die in den Eiswüsten Alaskas[187] ihrer Arbeit als Polizeidetektive nachgehen, Aborigine-Inspektoren,[188] die im australischen Busch ihre Untersuchungen durchführen als auch chinesische Inspektoren, die ihre Ermittlungen in einem sich rasant verändernden China führen müssen, das zwischen Kadersozialismus und Kapitalismus hin- und hergerissen wird.[189]

Die Gründe für diese literarische Entwicklung sind vielschichtig; drei Ursachen scheinen freilich von größerer Bedeutung zu sein. Zum einen dürften die veränderten weltpolitischen Gegebenheiten, die seit den 80er Jahren in vielen

Regionen der Welt zu stetig wachsenden Migrationsbewegungen geführt haben, auch positiven Einfluss auf die Bereitschaft, sich mit fremden Kulturen zu befassen, ausgeübt haben, zum anderen hat die rasante Entwicklung der Kommunikationsmedien in den vergangenen 15 Jahren dazu beigetragen, dass auch geographisch entfernte Gebiete und Kulturen näher rücken. Schließlich hat sich herausgestellt, dass der Reiz fremder Identitätserfahrung in der poetischen Figur des Detektivs besonders intensiv nachempfunden werden kann.

Die Heldenkonstruktion im Kriminalroman stellt dem Autor ein Tableau zur Verfügung, das die positive Entfaltung kultureller Andersartigkeit gestattet und den zur Stereotypie neigenden Handlungsmodellen des Genres neue Gestaltungsmöglichkeiten bietet. Das Profil des fremden Detektivs wird von einer Fülle neuer, faszinierender Fähigkeiten bereichert, die ihre Ursprünge in der jeweiligen ethnischen Herkunft und Prägung der Hauptfigur haben.

Der seit den 60er Jahren des vergangenen Jahrhunderts ermittelnde Amateurdetektiv David Small etwa, den der Amerikaner Harry Kemelman geschaffen hat, ist ein Rabbiner, der sich immer wieder mit kriminellen Vorfällen beschäftigen muss, die in seiner jüdischen Gemeinde geschehen. In *Friday the Rabbi slept late* (1964), dem ersten Roman der Rabbi-Reihe, wird gleich zu Beginn der Geschichte deutlich, dass der jüdische Gelehrte sich durch seine intensiven Talmud-Studien zu einem scharfsinnigen Logiker und Hermeneutiker entwickelt hat, der im oftmals verwirrenden Geflecht menschlicher Handlungen, Ursachen und ihrer Folgen den Überblick behält. Der Streit zwischen den beiden Gemeindemitgliedern Ben Schwarz und Abe Reich um ein defektes Auto wird von David Small in einem so genannten „*din-tojre*"[190] beigelegt, einer Art inoffiziellen Gerichtsverhandlung, zu der sich die beiden Konfliktparteien bereit erklären und die mit einem Schiedsspruch des Rabbiners endet, den die Streitenden anerkennen müssen. Die beim Studium des Talmud erworbenen Fähigkeiten und Kenntnisse ermöglichen es dem Gelehrten schließlich auch, den Mord an der jungen Elspeth Bleech zu klären, die von ihrem Liebhaber umgebracht wurde. Im Vorfeld einer dialektischen Erörterung der Täterfrage mit dem befreundeten Polizeioffizier Lanigan, die *pipul* genannt wird, erläutert der Rabbiner dem amerikanischen Polizisten, dass die jüdische Schrift- und Sprachkultur, die über tausend Jahre an der Talmud-Auslegung geschult wurde, einen großen Einfluß auf die Ausbildung und Schärfung seines analytischen Denkvermögens gehabt hat:[191] „Das Talmudstudium hat auf die Juden einen enormen Einfluß ausgeübt. Unsere großen Gelehrten haben ihr Leben damit verbracht, nicht etwa, um durch exakte Auslegung des Gesetzes ihre akuten Probleme zu lösen, sondern weil sie es als geistiges Training faszinierte. Es regte zu den vielfältigsten Gedankengängen an."[192]

In Tony Hillermans *The Dark Wind* (1983) zeichnet sich der Held Jim Chee, Officer der Navajo Tribal Police, vor allem durch seine ausgeprägte Fähigkeit aus, Spuren zu lesen und auf ihre Verursacher zu schließen. Während weiße Kriminalisten nur allgemeine Erkenntnisse aus den Spuren ableiten können, liest

Jim Chee weitaus mehr aus den Fährten. Jede Spur erzählt ihm eine Geschichte, die er scharfsinnig deuten und in Beziehung zu anderen Spuren bringen kann. Seine Reflexionen über die Lehrzeit bei seinem Onkel, der ihm die Regeln des Fährtenlesens beigebracht hatte, zeigen, dass die Navajos ein Naturvolk sind, das im Einklang mit seiner natürlichen Umwelt lebt:

> Er mußte daran denken, wie ihn sein Onkel ins Hochland der Chuska mitgenommen hatte … Wie er ihm die Hufspuren von Hirschen während der Brunft gezeigt hatte. Wie er ihm beigebracht hatte, das Alter vom Damwild daran abzuschätzen, je nachdem wie weit die Hufzehen gespalten waren. Wie der Onkel sich neben die Reifenspuren eines Pick-up gekniet und ihm gezeigt hatte, daß der allmählich trocknende Schlamm verriet, vor wie vielen Stunden das Fahrzeug hier entlanggekommen war.[193]

Wiederholte Sabotageaktionen an einer staatlichen Windmühle, die Jim Chee parallel zu einem Drogendelikt untersucht, kann er schließlich aufklären, weil er sich in das Denken des Täters, eine Hopi-Medizinmannes, hineinversetzen kann. Die Windmühle droht durch ihren Wasserverbrauch eine unterirdische Quelle zum Versiegen zu bringen, die den Hopis heilig ist. Chee erklärt sich mit dem Täter solidarisch und gibt ihm sogar Hinweise, wie er die Mühle endgültig zerstören kann. Im Gegenzug verlangt er von dem Hopi Informationen über seine Beobachtungen als Augenzeuge eines Verbrechens. Selbst das Denken ist für den Navajo-Polizisten ein religiöser Akt, der im Einklang mit den Riten der Navajos zu vollziehen ist, wenn er erfolgreich und gut sein soll: „Als er jedoch noch mal darüber nachdachte, als er seine Gedanken den richtigen Kreis beschreiben ließ, von Osten über Süden und Westen nach Norden, so wie sein Onkel es ihn gelehrt hatte, erkannte er, daß es ihm womöglich doch weiterhalf. Alles mußte einen tieferen Grund haben, nichts geschah zufällig."[194]

Die Fähigkeiten des deutsch-türkischen Detektivs Kemal Kayankaya, eines weiteren interkulturellen Kriminalisten, liegen auf anderem Gebiet. Seinen ersten Auftritt hat der Frankfurter Privatdetektiv türkischer Eltern, der von einer deutschen Lehrerfamilie adoptiert und aufgezogen wurde, in Jakob Arjounis Debütroman *Happy birthday, Türke!* (1985). Kayankaya ist – wie viele Ausländer der zweiten und dritten Generation – ein Grenzgänger der Kulturen. Vom Aussehen türkisch und vom Denken her durch das urbane Leben der Mainmetropole geprägt, ermittelt der Detektiv im Milieu der Frankfurter Unterwelt. Seine Klienten sind die Randfiguren der Gesellschaft: Asylbewerber, ärmliche Ausländer, Aussteiger und andere Unterprivilegierte. Das besondere Profil dieses Ermittlers liegt gerade in seiner kulturellen Ambivalenz begründet. Der Kriminalroman entdeckt in seinen neuen Heldenfiguren „zerrissene Identitäten als Quelle der Inspiration"[195]. Kayankayas Aussehen lässt ihn für die Außenseiter vertrauenswürdig erscheinen und seine Sprachgewandtheit, Klugheit und Tatkraft verschaffen ihm den Respekt der Mächtigen und Saturierten. Dass ein „Türke" sprachgewandter ist und schneller denken kann als ein Deutscher, damit rechnen viele, die diesem ungewöhnlichen Detektiv begegnen, überhaupt nicht. Der Effekt ist häufig nur Sprachlosigkeit und ungläubiges Staunen:

‚Na, Mustaffa, was gibt's?'

‚Ich brauch'n Teller und 'ne Gabel. Lässt sich so was in dem Laden hier auftreiben?'

‚Was gibt's denn Feines? Kebab?'

‚Mhm, kann schon sein.'

‚Na ja, will mal sehen, was sich machen lässt.'

Er wuchtete sich aus dem Sessel, schlappte zu einer Tür und verschwand. Es roch süßlich. Ich ging um den Schreibtisch herum und zog die obere Schublade heraus. Eine halbleere Flasche Likör rollte mir entgegen ... Kurz darauf kam der Kassierer fluchend mit Gabel und Teller zurück.

‚Hier haste dein Porzellan, Mustaffa.'

Er sah den Likör und zog die Mundwinkel hoch.

‚Kannste dich denn nicht daran gewöhnen, dass de nun in 'nem zivilisierten Land bist, wo man nich' in anderer Leute Schubladen rumschnüffelt?'

Ich stellte die Flasche auf den Tisch.

‚Musst 'n ganz schöner Schlappschwanz sein. Hat mir deine Frau neulich geflüstert. Glaub mir, das liegt am Alkohol.'

Er glotzte mich dämlich an.

‚Nimms nicht tragisch, ich war auch nicht so toll', tröstete ich ihn, nahm Teller und Gabel und verließ das Kreditinstitut.[196]

Grotesk-satirische Züge bekommen Kemal Kayankayas Auftritte in deutschen Amtsstuben. Seine witzigen Bemerkungen und ironischen Kommentare demaskieren den dumpfen Provinzialismus, die Intoleranz und das Ressentiment einer anscheinend hoffnungslos verkrusteten Behördenrepublik. Paradigmatisch für die Dramaturgie dieser tragikomischen Begegnungen ist in *Ein Mann, ein Mord* sein Kommentar zu der Begriffsstutzigkeit einer Beamtin im Ausländeramt der Stadt Frankfurt, die offenbar Schwierigkeiten hat, die Tatsache zu akzeptieren, dass es auch deutsche Staatsbürger mit einem türkischen Namen gibt: „Falls Sie bei jedem Namen, der nicht wie Wurst klingt, so 'ne rasche Auffassungsgabe an den Tag legen, sind Sie vielleicht im falschen Betrieb gelandet."[197] Verblüffend ist vor allem die Wandlungsfähigkeit des Privatdetektivs, der in den unterschiedlichsten Rollen auftreten kann. Bei verschiedenen Gelegenheiten gelingt es Kayankaya sich als (ausländischer) Geschäftsmann oder Reporter auszugeben und auf diesem Weg die Bekanntschaft von Verdächtigen zu machen. In *Kismet* (2001) tritt er als internationaler Geschäftsmann „Orhan Yaprak"[198] auf und setzt die Vorzimmerdame des vermutlich kriminellen Suppenfabrikanten Dr. Ahrens mit der Bemerkung unter Druck, dass es in dem Gespräch um den Verkauf von zwei Millionen Tütensuppen gehe: „‚Hmhm. Erdbeben in Kasachstan, gestern

Abend. Humanitäre Hilfe, die deutsche Regierung zahlt, Sie verstehen.'"[199] Während einer Gerichtsverhandlung in *Mehr Bier* (1987) macht er die Bekanntschaft einer Reporterin, indem er sich selbst als Pressemitarbeiter vorstellt:

> ‚Von welcher Zeitung kommen Sie?'
> ‚Meine Frau und dein Auto.'
> ‚Aha'. Nach einer Pause. ‚Kenn ich nicht.'
> Ich zündete mir eine Zigarette an.
> ‚Kann ich eine haben?'
> Ich gab ihr Feuer. Wir rauchten eine Weile. Was der Anwalt wohl von mir wollte, und warum er mich so früh herbestellt hatte. Sie betrachtete mich von der Seite. Ich lehnte mich zurück und schloss die Augen.[200]

Ein anderer interkultureller Privatdetektiv, der in den letzten Jahren im deutschen Sprachraum bekannt wurde, ist der Südtiroler Fernfahrer Tschonnie Tschenett des österreichischen Autors Kurt Lanthaler. Die Erfahrung des Fremden spielt auch in diesen Kriminalromanen eine zentrale Rolle, sie ist aber hier stärker an den Raum als an die Person gebunden. Das Beispiel erschließt die zweite Dimension des Fremden, die im zeitgenössischen Kriminalroman eine wichtige Rolle spielt: die Auseinandersetzung mit der fremden Landschaft, dem fremden Raum. Lanthaler wählt für seine Krimis die Region Südtirol als Handlungskulisse. Ursprünglich Bestandteil der österreich-ungarischen Donaumonarchie fiel das Land nach dem Ersten Weltkrieg als Kriegsbeute an Italien und erlebte eine wechselvolle Geschichte. Nach der Machtergreifung der italienischen Faschisten unterwarf Mussolini Südtirol in den 20er Jahren einer umfassenden Zwangsethnisierung durch die Ansiedelung zehntausender italienischer Industriearbeiter. Die von Hitler an Mussolini gegebene Garantie eines italienischen Südtirols wurde 1943 – nach der Kapitulation Italiens – aufgehoben und bescherte den Südtirolern am Ende des Zweiten Weltkrieges eine kurze und sehr zweifelhafte Staatszugehörigkeit zum Deutschen Reich, das bereits zu diesem Zeitpunkt militärisch geschlagen war. Nach dem Zweiten Weltkrieg gab es immer wieder Auseinandersetzungen zwischen der italienischen Zentralregierung in Rom und der Südtiroler Kommunalregierung, die mehr Autonomie verlangte. Höhepunkt dieser Auseinandersetzungen waren die Sprengstoffanschläge gewaltbereiter Südtiroler Separatisten in den 60er Jahren, die den Konflikt eskalieren ließen und dazu führten, dass sich sogar die Vereinten Nationen mit dem Problem befassten. Erst in den letzten zwei Jahrzehnten scheint die Region auch politisch befriedet worden zu sein, nachdem man das Selbstbestimmungsrecht der Südtiroler anerkannt und dem Land größere Autonomie zugestanden hat.

Die Grenzregion liefert eine ausgezeichnete Kulisse für einen Ethno-Krimi, denn durch das Land fließt nicht nur der europäische Schwerlasttransport, sondern an diesem Knotenpunkt des internationalen Warenverkehrs treffen auch die unterschiedlichsten Menschen und Interessen aufeinander. In Lanthalers erstem Kriminalroman mit dem Amateurdetektiv Tschenett geht es um einen Toten, der bei Tunnelarbeiten für eine neue Brennertrasse in den Alpen aus dem Fels gesprengt wird. Der Kommentar des italienischen Vorarbeiters Santini zu dem Vorfall – „Bestia. Quà qualcuno cerca di fotterci"[201] – steckt den Rahmen ab für die weiteren Geschehnisse, die sich an diesen grausigen Fund anschließen. Als die Polizei auftaucht, verlässt Tschonnie Tschenett den Ort, allerdings nicht, ohne vorher den Aktenkoffer, den der Tote bei sich hatte, mitzunehmen. Damit beginnen freilich für den neugierigen Fernfahrer die Schwierigkeiten erst, denn nach und nach enthüllt sich, dass der römische Geheimdienst und korrupte Politiker in diesem Fall eine undurchsichtige Rolle spielen, in dem es um Bodenspekulationen mit großen Geldsummen geht. Das Personal dieses hard-boiled Krimis aus der Bergregion wird komplettiert durch skurrile Verbrechertypen, Alt-Nazis, eine schöne Frau, einheimische Originale und die Landschaft selber, die eigentlich die Hauptrolle spielt. Der interkulturelle Grundzug des Romans wird daneben auch am Sprachgebrauch deutlich: Die Dialoge oszillieren zwischen Hochdeutsch, Italienisch und Tiroler Dialekt. Ergänzt wird die polyglotte Erzählung durch umfangreiche historische Anmerkungen[202] und Bezüge, die tief in die deutsche Vorkriegsgeschichte zurückreichen.

Ein häufig verwendetes Kompositionsprinzip des zeitgenössischen Kriminalromans, das in diesem Zusammenhang zur Anwendung gelangt, ist die geographische Verlegung des Verbrechensschauplatzes. Der Detektiv wird aus seiner vertrauten Ermittlungsumgebung herausgelöst und an einen fremden, weit entfernten Ort versetzt, wodurch für ihn nun zusätzlich massive Verständnisprobleme im Sprach- und Kulturbereich hinzukommen. Bereits in den Kriminalromanen des Niederländers Janwillem van de Wetering begegnet man diesem Konstruktionsprinzip häufiger. Der 1975 erschienene Kriminalroman *Buitelkruid* (dt. *Eine Tote gibt Auskunft*, 1978) spielt über weite Strecken in der ehemaligen Kolonie *Curacao*, wohin den niederländischen Commissaris die Ermittlungen in einem mysteriösen Amsterdamer Mordfall geführt haben. In dem 1977 veröffentlichten Kriminalroman *The Japanese Corpse* (dt. *Ticket nach Tokio*, 1979) reist der Commissaris mit seinem Mitarbeiter Brigadier De Gier nach Tokio und bekommt es dort mit der Yakusa, einer gefährlichen japanischen Verbrecherorganisation, zu tun. Die Begegnung mit der Philosophie des Zen-Buddhismus spielt dabei eine wichtige Rolle. In einem Dialog des Brigadiers mit dem Japaner Dorin, der den Niederländern als Verbindungsmann zugeordnet ist, erkundigt sich De Gier nach der Lehre des Zen und erhält die Antwort:

> ‚Zen-Meister nehmen das tägliche Leben als Thema ihrer Unterweisung. Viele Mystiker versuchen, sich dem täglichen Leben, dem normalen Ablauf der Dinge zu entziehen, aber beim Zen ist alles umgekehrt. Und Zen-Lehrer moralisieren nie. Das gefiel mir am meisten an der Ausbildung. Sie sprechen einen nicht von einem Außenseiterstandpunkt an, um zu sagen, was gut ist und was nicht.'[203]

Der 1979 veröffentlichte Kriminalroman *The Maine Massacre* (dt. *Massaker in Maine*) schließlich führt den Commissaris in einer Familienangelegenheit nach Maine, wo kurz nach seiner Ankunft ein Serienmörder tätig wird. Alle drei genannten Romane modellieren ihre Spannungskurven um die Differenzerfahrungen der niederländischen Detektive, die sich in der fremden Umgebung erst zurechtfinden müssen und die besondere Bedeutung der fremden kulturellen Codes erst erfassen und sich aneignen müssen. Allerdings sind die Fähigkeiten und das Profil der Detektive für diese Aufgabe auch in besonderer Weise geeignet: Sowohl der Commissaris als auch der Brigadier de Gier zeichnen sich durch eine ungewöhnliche Toleranz und Offenheit für das Fremde in ihrer Umgebung aus.

Diese besondere „Dialektik der Fremdheit" kann noch an einem anderen Beispiel verdeutlicht werden. In Henning Mankells Kriminalroman *Die Hunde von Riga* (1992) ist der Ausgangspunkt der Handlung ein im schwedischen Ystad angeschwemmtes Rettungsfloß, in dem zwei ermordete Männer liegen. Die Ermittlungen des verantwortlichen schwedischen Kommissars Wallander führen bald nach Lettland, aus dem die Toten offenbar herstammen. Die lettische Polizei schickt einen Verbindungsoffizier, Major Liepa, der Wallander bei seinen Nachforschungen unterstützen soll. Erst nach einem Gespräch mit dem Polizeioffizier, für den Wallander Sympathie empfindet, dämmert dem ahnungslosen schwedischen Kommissar, in welch schwieriger Situation sich die baltischen Staaten zu Beginn der 90er Jahre befinden:

> Wallander mußte einsehen, daß sich hinter Major Liepas Worten Zusammenhänge und Inhalte verbargen, die er nicht unmittelbar überblicken und verstehen konnte. In Major Liepas Heimat war die Kriminalität an eine politische Elite geknüpft, die Macht und Autorität besaß, Verbrechen zu vertuschen oder den Strafvollzug direkt zu beeinflussen. Die beiden Leichen, die an der schwedischen Küste an Land getrieben worden waren, hatten den unsichtbaren Gruß eines komplizierten und fremden Hintergrundes mitgebracht.[204]

Die Handlung nimmt eine überraschende Wendung, als kurze Zeit nach Liepas Rückkehr die Nachricht bekannt wird, dass der lettische Polizeioffizier in seiner Heimat einem Attentat zum Opfer gefallen ist. Die lettische Regierung bietet daraufhin die schwedische Polizei um ihre Mithilfe, die wenig später den schwedischen Kommissar nach Lettland zur Unterstützung der dortigen Behörden abordnet. In Lettland angelangt, sieht sich Wallander alsbald einer unübersichtlichen und bedrückenden Situation gegenüber. Er ahnt, dass Teile der Polizeibehörden an der Ermordung des Majors beteiligt sind und erkennt nach und nach, dass die Bluttat Teil einer politischen Verschwörung ist, die von den Nachfolgern des Sowjetsystems betrieben wird, um die labile Autonomie Lettlands zu zerstören und die alten Verhältnisse zu restaurieren. Wallander, der nur von einer kleinen Oppositionsgruppe um Baiba Liepa, der Frau des ermordeten lettischen Polizeioffiziers, unterstützt wird, ist weitgehend auf sich selbst gestellt. Die Emblematik der trostlosen Leere und eisigen Kälte, die beinahe alle Szenen durchzieht, in denen die baltische Landschaft beschrieben wird, verweist auf die innere politische Lähmung des Landes.[205] Bald wird dem Schweden klar, dass er in diesem Land keinen Schritt tun kann, ohne von den Wachhunden seiner geheimen Widersacher beobachtet und bedrängt zu werden. Während seiner Nachforschungen in Lettland erkennt Wallander, „daß er nie zuvor mit einer ähnlichen Ermittlung zu tun gehabt hatte. Das Leben der Menschen hier hatte nichts mit seinem Leben gemeinsam."[206] Dennoch will der Kommissar bleiben, er wird von der beeindruckenden Aufopferungsbereitschaft der Menschen, mit denen er zusammenkommt, ihrem Idealismus und ihrem Freiheitswillen beeindruckt. Der schwedische Detektiv lässt sich auf die Fremdheit dieser Welt ein und entscheidet, nachdem ihn die verantwortliche lettische Polizeibehörde abgeschoben hat, illegal nach Lettland zurückzukehren und den Fall zu lösen. Ihm ist durch das Studium der Verhältnisse in Lettland klar geworden, dass er diesen Fall nur aus der Illegalität, dem Dunkel heraus, lösen kann, da die (immer noch) totalitären Strukturen dieses Staatswesens ein offenes Vorgehen nicht erlauben. In dialektischer Aneignung und Umformung der eigenen Fremdheitserfahrung kehrt Wallander also heimlich nach Lettland zurück, dringt illegal in das Polizeipräsidium ein, in dem er das geheime Dossier des ermordeten Major Liepa vermutet, stiehlt die Akte, wird gemeinsam mit der Witwe des getöteten Majors auf der Flucht gestellt und von dem zweiten hohen Polizeioffizier, den er zunächst im Verdacht hatte, den Mord an Liepa begangen zu haben, aus seiner misslichen Lage befreit.

Kurt Wallander kann seinen Fall lösen, weil er sich die kulturellen und gesellschaftlichen Codes seiner Umgebung erschließt: Der Kriminalist erlangt auf diese Weise „the function of cultural mediator"[207]. Voraussetzung für die erfolgreiche Detektion ist eine bestimmte Form der Akkulturation: Die Detektive müssen die spezifischen Denk- und Handlungsweisen einer fremden Umgebung studieren, verstehen und oftmals auch adaptieren, um die Verbrecher überführen zu können. Dies setzt voraus, dass (literarische) Detektive besondere Fähigkeiten besitzen, sich dem Fremden zu öffnen und dieses zu verstehen. Es ist eine der großen Leistungen der zeitgenössischen Kriminalliteratur, erkannt zu haben, dass die poetische Figur des Detektivs ein Agent der Alterität ist. Der Kriminalist ist – sui generis – ein Spezialist für die Erfahrung und Analyse des Fremden. Insofern jedes Verbrechen zunächst das Siegel der Fremd- und Andersartigkeit besitzt, muss sich der Ermittler, um den Fall lösen zu können, zu einem Fachmann für die Entschlüsselung des zunächst Fremden, das heißt Unverständlichen, machen. Jedes Verbrechen ist eine Differenzerfahrung, weil seine Voraussetzungen, Motive und Ursachen zunächst im Dunkeln liegen. Der Detektiv muss in diesen Komplex des Fremdartigen Licht bringen, indem er die verborgenen Spuren, die der Verbrecher hinterlassen hat, sichtbar macht. Es ist nur nahe liegend, diese Ausgangssituation zu komplizieren, indem man den Grad und die Dimension der Alteritätserfahrung dadurch steigert, dass man das Verbrechen in einer völlig fremden Umgebung stattfinden lässt und die Figur des Detektivs entweder als Teil dieser fremdartigen Umgebung definiert oder dezidiert als von Außen kommende Gestalt einführt, die genauso wenig weiß wie der Leser. In beiden Fällen steht der Rezipient vor dem gleichen ästhetischen Problem: Er muss eine neue, zusätzliche Dimension der Alterität erkunden. Der zeitgenössische Kriminalroman spielt mit diesen neu entdeckten Möglichkeiten der Fremdheitserfahrung und hat den bisher genannten literarischen Mustern wenigstens noch zwei weitere hinzugefügt, die hier ebenfalls Erwähnung finden sollen: Es ist die Rede vom Genre des Lokalkrimis und des Historischen Krimis.

Bernhard Waldenfels hat in seiner *Topographie des Fremden* formuliert, dass sich „Fremdes nur von einem Ort der Fremde her denken läßt"[208]. Der so genannte *Lokalkrimi* kann als eine spezifisch literarische Antwort auf diese Hypothese interpretiert werden. Der eigentümliche Reiz dieser Kriminalromane liegt darin, dass sie das Fremde gleichsam als etwas vor der eigenen Haustür Liegendes exponieren. In vielen zeitgenössischen Kriminalromanen wird dieser Grundzug zur Regionalisierung spürbar: Jakob Arjounis Romane um den deutsch-türkischen Detektiv Kemal Kayankaya etwa profilieren sich sehr stark durch eine stilisierte Abbildung des Frankfurter Milieus, die Kriminalromane von Gabriella Wollenhaupt sind in der „Bierstadt" Dortmund angesiedelt, Kurt Lanthalers Tschonnie-Tschenett-Romane spielen in den Tiroler Alpen. Mittlerweile hat beinahe jede größere Stadt und Region in Deutschland mindestens einen Lokal-Krimi hervorgebracht: So gibt es Köln- und Düsseldorf-Krimis, einen Borkum-Thriller, Kriminalromane vom Niederrhein und aus dem Bergischen, aus Ostfriesland und aus der Eifel.[209] Das setting des zeitgenössischen Lokalkrimis greift das klassische Spannungsmodell der englischen Landhausidylle in den Kriminalromanen des Golden Age auf und entwickelt es weiter. In den Romanen des wohl erfolgreichsten Lokalkrimi-Autors Deutschlands, des Wahl-Eifelers Jacques Berndorf, werden Adaption und Transformation dieses Musters deutlich. Berndorfs erster Krimi, *Eifel-Blues* (1989), beginnt mit einem arkadischen Bild der Lebensgewohnheiten des Helden: Nachdem Sigi Baumeister sich müde von seiner Schlafstätte erhoben – zwischenzeitlich bekommt er von seinem Chef einen neuen Auftrag – und seinen Trainingsanzug angelegt hat, macht er sich mit seinem verrosteten Wagen auf den Weg zur nächsten funktionierenden Telefonzelle, um weitere Instruktionen in dem Fall zu erhalten. Auf der Fahrt begegnet er unten am Dorfbrunnen dem Eifelbauern Alfred, der ihm eine Lieferung frisch geschlagenes Holz ankündigt. Während seines kleinen Ausfluges reflektiert Baumeister die anstehenden Garten- und Hausarbeiten:

> Auf der Anhöhe zwischen den Dörfern peitschte der Regen in einer Bö fast waagrecht, aber weit im Westen war der Himmel blau. Ich würde gutes Wetter haben, nicht zu heiß. Ich mußte Holz schlagen, ich mußte die Natursteinmauer bepflanzen, ich mußte die Pflaumenbäume ausputzen, ich mußte den Abfall aus der Garage abtransportieren, ich hatte genug zu tun. Das alles in fast frischer Luft.[210]

Die Landschafts- und Raumdeskriptionen verdeutlichen, dass dieser Held in seiner Umgebung aktiv lebt und über sein Verhältnis zu ihr nachdenkt. Die Charaktere, die diesen Lebensraum bevölkern, sind typische Produkte der Region: Da gibt es den bärbeißigen Eifelbauern Alfred, den couragierten Landarzt Dr. Naumann, den ehrlichen Schäfer Sebastian Meier und den gewitzten Polizisten Rodenstock. Was diese Figuren auszeichnet, ist ihre Authentizität, ihre Situierung in der sie umgebenden Landschaft. Die Tatsache, dass Sigi Baumeister von diesen Menschen immer wieder Unterstützung und Hilfe bei seinen Recherchen bekommt, zeigt, wie bedeutsam der prägende Einfluss der regionalen Signatur auf die Narrativik des Krimis sein kann.

Die Landschaft ist in den Lokalkrimis von Berndorf freilich nicht nur das ästhetische Reservoir, das ein harmonisches Gemeinschaftsleben hervorbringt, sondern zugleich auch ein Hort des Kriminellen und Bösen. Im *Eifel-Blues* (1989) beherbergt die Landschaft neben den positiven Charakteren auch eine Vielzahl von Kriminellen und fungiert als schaurige Kulisse brutaler Verbrechen. Der Mörder, ein MAD-Mann namens Hartkopf, macht mit seinen Schlägertrupps die umliegenden Kneipen unsicher und verprügelt oder ermordet alle Menschen, die seinen Plänen im Wege stehen. Die abgelegene Eifel ist für diesen größenwahnsinnigen Psychopathen, der davon träumt, einen großen Spionagefall zu lösen, das passende Territorium für seine verbrecherischen Machenschaften. Hier, in diesem abgegrenzten und überschaubaren Milieu, kann er einfacher Menschen manipulieren, unter Druck setzen und seine kriminellen Taten verbergen. Die eigentliche Wahrheit hinter den Morden ist, wie Baumeister zuletzt herausfindet, nicht der große Spionagefall, sondern „das miese bürgerliche Drama"[211] einer gescheiterten Ehe mit einer habgierigen Frau und ihrem kriminellen Liebhaber. Baumeister findet die Lösung des Rätsels in dem ost-westfälischen Provinznest Kalkdorf, dort, wo die Familie des ermordeten Lorenz Monning lebt. Hinter der Fassade einer scheinbar normalen Ehefrau und Witwe, die Gabriele Monning spielt, verbergen sich eiskalte Berechnung und handfeste finanzielle Interessen. Die Motive des Verbrechens sind also, wie sich herausstellt, nicht weniger provinziell als sein Schauplatz. Das Strukturmoment des Hermetismus, der Systemgeschlossenheit, das schon viele Referenztexte des Golden Age auszeichnete, wird offenbar in den zeitgenössischen Lokalkrimi herübertransportiert und weiter ausdifferenziert. Dieser Hermetismus der provinziellen Lebenswelt trägt einerseits zur Verrätselung des Verbrechens bei, andererseits ermöglicht er zugleich auch die Enträtselung, da in der Gestalt des Provinz-Detektivs, der sich sicher in der Umgebung bewegen und auf eine Gruppe regionaler Helfer stützen kann, ein Protagonist bereit steht, der die nötigen Fähigkeiten besitzt, den Fall zu lösen. Die Aura des Raumes ist im zeitgenössischen Kriminalroman keineswegs auf die Funktion als Tatort oder Schreckenskulisse beschränkt, sondern spielt eine zunehmend wichtige Rolle für die Konturierung des Protagonisten und anderer Figuren: „Die Krimi-Lokalitäten sind nicht mehr ausschließlich ‚Tatorte'.

Sie verlieren zunehmend ihre Rolle als Indizienträger und dienen vermehrt dazu, das Feld zu skizzieren, in dem die Figur des Detektivs lebt, arbeitet und mit dem er sich in Gedanken und Gesprächen auseinander setzt."[212]

Der historische Krimi, um die letzte wichtige Subgattung des zeitgenössischen Kriminalromans zu nennen, die ein besonderes Verhältnis zum Fremden auszeichnet, hat seinen Siegeszug mit Umberto Ecos Bestseller *Il nome della rosa* (1980) angetreten. Die fremde, entfernte Zeit fungiert in diesem Krimitypus als ästhetische Kategorie der Verrätselung und Spannungssteigerung. Zugleich wirkt dieses poetische Konstruktionsprinzip auch auf die Gestaltung der Charaktere und des Raumes zurück, denn mit der Situierung der Handlung in vergangenen Jahrhunderten konturieren sich auch neue Räume und handelnde Subjekte. Insbesondere der Mittelalter-Kriminalroman hat durch Ecos Buch starke Verbreitung gefunden und ein eigenes Genre des Kriminalromans begründet.[213]

Im deutschen Sprachraum ist Frank Schätzings *Tod und Teufel* (1999) sehr bekannt geworden. Der Kriminalroman spielt um 1260, zur Frühzeit des Kölner Dombaus. Die Kriminalgeschichte nimmt ihren Anfang mit einem Verbrechen: Der Vagabund Jacop der Fuchs beobachtet beim Äpfelstehlen im Garten des Erzbischofs von Köln, am Fuße der Dommauer, wie eine große dunkle Gestalt den Dombaumeister Gerhard Morart von einem Gerüst in die Tiefe stürzt. Nach diesem Ereignis ist der Augenzeuge seines Lebens nicht mehr sicher, alle, denen er von seinen Beobachtungen berichtet, sterben kurz darauf eines unnatürlichen Todes, er selbst wird von dem mysteriösen Mörder gejagt, bis es in einer dramatischen Begegnung gelingt, dem Attentäter das Handwerk zu legen. Den sozialhistorischen Hintergrund der Geschichte bildet die zunehmende Verstädterung und der rasch wachsende Machtgewinn des Bürgertums, der im späten 13. Jahrhundert die Vorherrschaft des Rittertums beenden sollte. Der Mord an dem Dombaumeister ist von reichen Patriziern in Auftrag gegeben worden, die gegen den Erzbischof rebellieren und seiner Machtentfaltung entgegenwirken wollen. Urquhart von Monadhliath, der Auftragsmörder, wird als tragisches Opfer eines Kreuzzuges beschrieben. Er war angesichts eines an Kindern verübten Massakers im Heiligen Land, das er verhindern wollte, wahnsinnig geworden und „das Böse, das er zu bekämpfen glaubte, wurde seine Natur"[214]. Seine Beliebtheit verdankt dieser Kriminalroman neben der gelungenen Synthese einer Sozialgeschichte des späten Mittelalters mit dem Kriminalschema vor allem auch dem ausgeprägten Lokalkolorit des Handlungsschauplatzes. Das mittelalterliche Köln bildet die Kulisse dieses packenden Historienromans, dem es überzeugend gelingt, die Subgattungen des historischen Kriminalromans und des Lokalkrimis zusammenzuführen.

Schließlich müsste neben dem Mittelalter-Krimi noch der viktorianische Kriminalroman Erwähnung finden, der sich seit den 80er Jahren stark verbreitet hat. Als bekannteste Autorin kann wohl die Engländerin Anne Perry gelten, die mittlerweile mehrere Dutzend Romane über ihren viktorianischen Helden Inspektor Monk veröffentlicht hat. Eine andere bekannte Schriftstellerin ist die früh verstorbene Amerikanerin Kate Ross, die vier Romane um den Dandy-Detektiv Julian Kestrel hinterlassen hat. Aber auch Autoren von bekannten Serienhelden, wie der Engländer Colin Dexter, der mit seinem Chief Inspector Morse eine der populärsten Krimifiguren überhaupt geschaffen hat, greifen mitunter gerne auf Modelle des tradierten viktorianischen Kriminalromans zurück. Der Kriminalroman *Die Detektivin* von Nikola Hahn zeigt schließlich, dass der viktorianische Kriminalroman mittlerweile sogar in Deutschland seine Ableger gefunden hat. Der Krimi erzählt die Geschichte einer im Frankfurt der wilhelminischen Epoche ermittelnden jungen Frau, die sich mit der ihr von der Gesellschaft zugewiesenen Geschlechterrolle nicht zufrieden gibt und auf eigene Faust Ermittlungen in einem mysteriösen Mordfall anstellt.[215]

c) Kriminelle Detektive

Die Trennung der moralischen Kategorien von Gut und Böse war spätestens in den Kriminalromanen Friedrich Dürrenmatts ins Wanken geraten: In *Der Richter und sein Henker* (1950) bedient sich der Ermittler verbrecherischer Methoden – er hetzt einen Mörder auf einen anderen –, um den Täter zu überführen, in *Der Verdacht* (1953) lebt ein ehemaliger KZ-Arzt unbehelligt als Leiter eines Nobelsanatoriums in der Nachkriegsschweiz und kann seinem perversen Handwerk – er operiert Kranke ohne Narkose – weiter nachgehen; der Folterknecht wird am Ende von einem seiner Opfer grausam umgebracht, während der kranke Kommissär Bärlach hilflos in einem Operationssaal liegt und auf seine eigene Ermordung wartet. In *Das Versprechen* (1960) wird der Täter, ein psychopathischer Kindermörder, nicht gefasst, weil er kurz zuvor bei einem Autounfall sein Leben verliert, der Ermittler wird darüber wahnsinnig. Zuvor hatte er, um den Mörder fassen zu können, das Leben eines Kindes aufs Spiel gesetzt. Die ethische Unschärferelation der dürrenmattschen Detektivfiguren findet ihre Fortsetzung und Steigerung in der Figur des Privatdetektivs Gerhard Selb von Bernhard Schlink, eines frühpensionierten Juristen, der eine Vergangenheit als Nazi-Staatsanwalt hat. In dem Gespräch mit einer Klientin sagt dieser seltsame Kriminalist über sich selbst:

,Nach Kriegsende wollte man mich nicht mehr. Ich war überzeugter Nationalsozialist gewesen, aktives Parteimitglied und ein harter Staatsanwalt, der auch Todesstrafen gefordert und gekriegt hat ... Ich glaubte an die Sache und verstand mich als Soldat an der Rechtsfront, an der anderen Front konnte ich nach meiner Verwundung gleich zu Beginn des Krieges nicht mehr eingesetzt werden ... Nach 1945 war ich zunächst bei meinen Schwiegereltern auf dem Bauernhof, dann im Kohlenhandel, und danach ging's langsam als Privatdetektiv los. Für mich hatte die Arbeit als Staatsanwalt keine Perspektive mehr. Ich sah mich nur als nationalsozialistischen Staatsanwalt, der ich gewesen war und auf keinen Fall mehr sein konnte. Mein Glaube war verloren gegangen ... Um die Zeit der Währungsreform begann man, belastete Kollegen wieder einzustellen. Da hätte ich wohl auch wieder zur Justiz gekonnt. Aber ich sah, was die Bemühung um die Wiedereinstellung und die Wiedereinstellung selbst aus den Kollegen machte. Anstelle von Schuld hatten sie nur noch das Gefühl, man habe ihnen mit der Entlassung Unrecht getan und die Wiedereinstellung sei eine Art Wiedergutmachung. Das widerte mich an.'[216]

Der Pensionär Selb wird in allen seinen Fällen mit der eigenen verbrecherischen Vergangenheit als ehemaliger Nationalsozialist konfrontiert. Ein immer wieder-kehrendes Leitmotiv der Kriminalromane um Gerhard Selb ist das biblische Motiv von *Schuld und Sühne*. Selbs Verwicklung in die Verbrechen der Vergangenheit beeinflusst auch seine Arbeit als Privatdetektiv in der Gegenwart. Die Dialektik von Schuld und Unschuld ist das große Thema dieser Kriminaltexte. So etwa schon in Schlinks – gemeinsam mit Walter Popp verfassten – erstem Kriminalroman *Selbs Justiz* (1987): In der Geschichte geht es um einen Hackerangriff auf das werkseigene Computersystem der Rheinischen Chemiewerke, die von Selbs altem Schulfreund Ferdinand Korten geleitet werden. Selb, der mit Kortens Schwester verheiratet war, wird von seinem Schwager beauftragt, in dem Fall Nachforschungen anzustellen. Der alternde Privatdetektiv überführt den Täter, einen gewissen Peter Mischkey, übergibt dem Auftraggeber seine Ermittlungsergebnisse und fährt in den Urlaub. Damit ist der Fall freilich nicht abgeschlossen, denn als Selb aus den Ferien zurückkommt, erfährt er, dass der Tatverdächtige bei einem Autounfall tödlich verunglückt ist. Die Untersuchungen führen den Privatermittler bald auf die Spuren eines Verbrechens, das weit in die Vergangenheit zurückreicht. Selb findet heraus, dass der Unfall, dem Mischkey zum Opfer fiel, ein kaltblütig geplanter Mord war. Der linksliberale Intellektuelle Mischkey hatte belastendes Material über die Vergangenheit des Firmenchefs Korten gesammelt und drohte diesem mit der Veröffentlichung seiner Recherchen. Mischkeys Nachforschungen hatten ergeben, dass Korten sich seine Machtposition in der Firma durch den Verrat an den erfolgreichen Mitarbeitern Dohmke und Tyberg während der Nazizeit erkauft hatte. Korten lässt Mischkey daraufhin von seinem früheren Vertrauten Schmalz, einem ehemaligen SS-Offizier, der viele Jahre im Werkschutz der Firma gearbeitet hatte, beseitigen. Der Privatdetektiv Selb begreift im Verlauf seiner Ermittlungen, dass ihn Korten zweimal benutzt hat. Das erste Mal als junger Nazi-Staatsanwalt, der die Hochverrats-Anklage gegen zwei Mitarbeiter des Chemieunternehmens vertrat, die von einem jüdischen Zwangsarbeiter, den man erpresst hatte, denunziert wurden, das zweite Mal im Fall Mischkey, den Selb überführen sollte, damit Korten sich seiner entledigen konnte. Der Vorwurf Judith Buchendorffs, der Freundin des Ermordeten, dass Selb nur ein „Irgendwer [sei], der für die Mächtigen die Drecksarbeit erledigt" (SJ, 202), enthüllt Selbs Lebenslüge. Er ist, wie er später selbst erkennt, nichts weiter als ein dummer Bauer, den man „benutzt hatte auf dem Schachbrett einer kleinen, schäbigen Intrige" (SJ, 214).

Und so werden Selbs Nachforschungen zu einer Reise in die eigene, düstere Vergangenheit. In San Francisco trifft sich Selb mit einer jüdischen Überlebenden des Holocaust, der Frau des vermeintlichen Denunzianten Weinstein, auf dessen erzwungene Aussage der ehemalige Nazi-Staatsanwalt Dr. Selb zwei Todesurteile beantragt und auch bekommen hatte. Während Selb es in diesem Gespräch nicht schafft, über seine eigene Rolle in dem Prozess zu sprechen, gelingt es im Gespräch mit dem Überlebenden Tyberg, den Korten aus Gewinnsucht vor dem Galgen gerettet hatte, sich das eigene Versagen einzugestehen: „Tyberg sah mich forschend an. Mir war nicht wohl in meiner Haut. Was sagt man, wenn man jemandem gegenübersitzt, den man mit fehlerhaften Ermittlungen fast zur Hinrichtung gebracht hat?" (SJ, 251). Selbs Erkenntnis, dass er Korten wenig beweisen könne, und das Eingeständnis eigener Schuld lassen in ihm den Plan reifen, den Drahtzieher der vergangenen Verbrechen zu töten und selbst als Richter zu agieren. „Selbs Justiz", der Mord an Ferdinand Korten, ist der Versuch, die eigene – über Jahrzehnte lastende – Schuld zu mildern. In der erregten Auseinandersetzung mit dem Kontrahenten, am Rande einer Klippe in der nordfranzösischen Bretagne, wird dieses Motiv sichtbar, wenn Selb auf die Erwiderungen des angegriffenen Firmenchefs mit dem Bekenntnis reagiert: „Ja, so hatte mein Schuldgefühl sich auch davongestohlen, Jahr um Jahr" (SJ, 282). Selb tötet Korten schließlich vorsätzlich, indem er ihn die Klippen hinunterstößt. Der Mord an Korten gewinnt somit auch den Charakter eines Schuldbekenntnisses. In der Übernahme der Verantwortung an dem Mord vergegenständlicht sich Selb die eigene Schuld. Die Tat wird sichtbares Zeugnis für das eigene Vergehen und steht für den Versuch, diese Verbrechen zu sühnen, indem der Mittäter sich selbst durch einen Mord vor der Gesellschaft schuldig macht. Für diese Interpretation spricht auch die gefasste Haltung des Privatdetektivs, mit der er seine Verhaftung erwartet:

> Das war also das Ende. Man sagt, es passiere kurz vor der Hinrichtung, aber mir schossen jetzt wie ein Film die Bilder der vergangenen Woche durch den Kopf, Kortens letzter Blick, die Ankunft in Mannheim am Morgen des ersten Feiertags, Manuels Hand in meiner, die Nächte mit Brigitte, unsere ausgelassene Runde unter dem Weihnachtsbaum. Ich wollte etwas sagen. Ich brachte keinen Ton heraus. (SJ, 294)

Es ist bezeichnend für die Präsenz der Schuldthematik, dass Selb im Moment der angenommenen Verhaftung die Assoziation einer Hinrichtung kommt: Auch in dieser Szene bedrängt ihn das übermächtige Gefühl eigener Schuld, denn er hatte als nationalsozialistischer Staatsanwalt selbst Todesurteile gefordert und herbeigeführt. Die Symbolik des „letzten Ganges" spielt also unverkennbar auf die eigene Vergangenheit an. Auch die ironisch-sarkastische Schlusswendung, dass der Auftritt des uniformierten Polizisten in der letzten Szene gar nicht mit der von Selb erwarteten Verhaftung zusammenhängt, sondern wegen einer Beschwerde von Mitbewohnern erfolgt, die sich durch die Silvesterfeier der Gesellschaft ge-stört fühlen, wirkt nur auf den ersten Blick als dramaturgischer Kunstgriff. Die Schlussformel „Auf ein gutes neues Jahr" (SJ, 295), mit der dieser Kriminalroman schließt, verweist in kaum verhüllter Symbolik zugleich auf Selbs Versuch, in der Auseinandersetzung mit der eigenen belastenden Vergangenheit einen „neuen Anfang" zu setzen.

Selbs zuletzt erfolgloser Kampf mit der eigenen Biographie manifestiert sich in einer ausgeprägten Metaphorik des Scheiterns, die sich sowohl auf inhaltlicher wie sprachlicher Ebene widerspiegelt. Der alte Privatdetektiv ist eine tragische Figur, die zu spät begreift, zu spät handelt und zu spät bereut. In der Vergeblich-keit ihrer eigenen Daseinsbewältigung gewinnt diese widersprüchliche Gestalt eine existentielle erzählerische Tiefe. Es ist kein Zufall, dass Bernhard Schlink für die fiktive Rolle des Privatdetektivs Selb eine Figur entworfen hat, deren Lebens-abend sich bereits dem Ende zuneigt. In *Selbs Justiz* (1987), dem ersten Krimi der Serie, ist Gerhard Selb immerhin schon 68 Jahre alt (SJ, 9). Der bisher letzte Fall, *Selbs Mord* (2001), zeigt einen Privatdetektiv, der mit Mitte oder Ende 70 eigent-lich schon im Greisenalter ist. Wie allerdings ein etwa 20-Jähriger im Hitlerreich Staatsanwalt sein konnte, wird wohl das Geheimnis des Autors bleiben. Ein Re-zensent hat im Hinblick auf diese logische Unschärfe in der Personalbiographie des Helden mit einiger Süffisanz gemutmaßt, dass der Protagonist vermutlich „knapp nach dem Kindergarten mit dem Jurastudium begonnen und später un-ter dem Talar des Staatsanwalts noch kurze Hosen getragen habe(n)"[217]. Dass, bedingt durch die Altersstruktur des handelnden Personals, eine Art Endzeitstim-mung bei der Lektüre der Romane aufkommt, lässt sich nicht verhindern.

Die Fälle des alternden Ermittlers sind – um mit Heidegger zu sprechen – gleichsam ein „Vorlaufen in den Tod"[218]. Jeder einzelne der behandelten Fälle enthüllt Selb eine weitere Seite seiner unabgeschlossenen Biographie, stellt den Kriminalisten erneut vor die ungelösten Fragen des eigenen Daseins, konfron-tiert ihn mit lange verdrängten Lebenslügen. Dass Selb schließlich die Zeit fehlt, um aus den gewonnenen Erkenntnissen Konsequenzen für das eigene Leben zu ziehen, verleiht der Handlung ein starkes Spannungsmoment. Die Tragik dieses Scheiterns dokumentiert sich vor allem in Selbs familiären Bindungen und seinen Beziehungen zu Frauen. Über seine eigene Ehe mit Klara, der Schwester Kortens, sagt der Privatdetektiv beinahe lakonisch: „Wir waren nicht sehr glücklich mit-einander."[219] Mit Blick auf den frühen Tod seiner Frau heißt es sogar etwas pie-tätlos: „Ich wäre gerne Witwer mit Tochter gewesen, aber das ist ein ungehöriger Wunsch, und ich gestehe ihn mir erst ein, seit ich alt bin und keine Geheimnisse mehr vor mir habe" (SB, 18).

Der sentimentale Wunsch, eine eigene Tochter zu haben, veranlasst den De-tektiv schließlich sogar, einen Fall zu übernehmen, der ihm von Anfang an nicht gefällt. In *Selbs Betrug* (1992) setzt ein Foto die Ermittlungen in Gang; das Bild einer vermissten jungen Frau übt auf Selb eine so magische Wirkung aus, dass

er den Fall spontan übernimmt: „Leo sah mich an, als habe sie sich gerade entschlossen, erwachsen zu werden, nicht mehr Mädchen, sondern Frau zu sein.
Noch etwas lag in ihren Augen: eine Frage, eine Erwartung, ein Vorwurf, ein
Trotz – ich konnte es nicht deuten, aber es rührte mich an" (SB, 9). Selbs Adoptiv-
Vaterschaft endet freilich tragisch: Nachdem es ihm zunächst gelungen ist, die
junge Frau ausfindig zu machen und vor dem Gefängnis zu bewahren, bricht bei
dieser am Ende des Abenteuers erneut eine schwere Depression aus, die Selb
zwingt, seine Schutzbefohlene in eine Nervenklinik zu bringen. Das Geschehen
wird bezeichnenderweise in einem mit „Zu spät" überschriebenen Kapitel beschrieben:

> Dann hörte ich Leo leise weinen. Weinte sie sich in den Schlaf? Ich wartete und lauschte. Das
> Weinen wurde lauter, gleichmäßig, kehlig, stöhnend und klagend. Ich ging hinüber, setzte
> mich zu ihr, redete mit ihr, hielt sie und streichelte sie. Sie verstummte, aber die Tränen flos-
> sen weiter. Nach einer Weile setzte die Klage wieder ein, schwoll wieder an und verstummte
> wieder. So ging es fort und fort. Die Tränen versiegten nie.
>
> Ich mochte lange nicht wahrhaben, daß ich der Situation nicht gewachsen war. Aber dann
> wurde das Klagen so heftig, daß Leo eine Weile keine Luft bekam. Ich rief Philipp an. Philipp
> riet mir, mit Eberlein zu sprechen. Eberlein wies mich an, Leo sofort ins Psychiatrische Lan-
> deskrankenhaus zu bringen. Auf der Fahrt weinte sie weiter. Sie hörte auf, als ich sie vom
> Auto zum alten Bau führte.
>
> Auf der Heimfahrt weinte ich (SB, 290 f.).

Die Emblematik des schuldhaften Scheiterns oder des „Zu spät" ist vor allem
Gerhard Selbs Beziehungen zu Frauen eingeschrieben. Überschattet werden alle
diese Annäherungen und Verbindungen von der unglücklichen Ehe mit Klara
Korten. Selbs Leben mit Klara ist Teil seiner belastenden nationalsozialistischen
Vergangenheit. Die Ehe mit der Schwester des Firmenchefs Ferdinand Korten,
den Selb vorsätzlich getötet hat, bleibt eine schwärende Wunde in der Erinnerung des alternden Detektivs. Die Beziehung zu Klara Korten ist gleichsam die
erste einer Reihe von Lebenslügen, die Selb verfolgen. Durch den Zuspruch des
allmächtigen Korten befördert, stolpert Selb in diese Ehe mehr hinein als sie wirklich zu wollen. Nach seinem Ausscheiden aus dem Amt des Staatsanwalts gerät
die Beziehung immer mehr ins Abseits, weil die karrieresüchtige Klara sich mit
Selbs Abkehr von dem früheren, prestigeträchtigen Beruf nicht abfinden kann.
Der frühe Tod seiner Frau ist für Selb wie eine Erlösung, da er schon lange weiß,
dass man einander nichts mehr zu sagen hat.[220]
    Die Last der eigenen Schuld erschwert bereits im ersten Fall die Annäherung
an eine Mitarbeiterin der Rheinischen Chemiewerke, die dem Detektiv sehr gefällt: „Judith Buchendorff gab mir die Hand und blickte mich mit ihren grünen
Augen direkt an. Ihr Blick gefiel mir. Frauen sind erst dann schön, wenn sie mir
in die Augen sehen" (SJ, 13). Nachdem Selbs Ermittlungen allerdings den Tod

des Liebhabers Peter Mischkey verursacht haben, werden seine Avancen zunehmend schwächer und durch ein schlechtes Gewissen ersetzt. Auf der Fahrt zu dem Zeitzeugen Tyberg, von dem man sich Informationen über Kortens Rolle bei den Rheinischen Chemiewerken in der Nazizeit erhofft, gesteht der Ermittler Judith Buchendorff, die ihn mit der Aufklärung der Hintergründe von Mischkeys Unfall beauftragt hat, seine Zuneigung: „‚Du hast mich immer wieder auch als Frau interessiert, und jetzt frag ich mich, ob ich für dich nur der alte Tatterer war, onkelhaft und geschlechtslos'" (SJ, 246). Die Reaktion der Buchendorff auf diese Äußerung verdeutlicht Selbs Unentschlossenheit und Zurückhaltung; sie wirft dem Privatdetektiv „verquälte erste Schritte" (SJ, 246) vor und kritisiert sein vorsichtiges Taktieren. Gerhard Selb fühlt sich nach diesem Gespräch „gedemütigt" (SJ, 247) und unterlässt schließlich weitere Annäherungsversuche. Wenig später gibt es auch keine Gelegenheit mehr dazu, denn der attraktive Tyberg bietet Judith Buchendorff einen Posten als Mitarbeiterin an: „‚Hätten Sie Lust, für mich zu arbeiten? Seit ich an meinen Erinnerungen schreibe, suche ich jemanden, der für mich recherchiert, im RCW-Archiv, in anderen Archiven und in Bibliotheken, der kritisch gegenliest, sich an meine Handschrift gewöhnt und das endgültige Manuskript schreibt'" (SJ, 255). Nachts quälen Selb, der erkennt, dass Judith Buchendorff für ihn verloren ist, unangenehme Träume. Erneut spielt der Tochter-Wunsch – diesmal mit dem Inzest-Motiv verklammert – eine wichtige Rolle:

> Ich hatte vergessen, das Fenster aufzumachen, und wachte von meinem Traum auf. Ich schlief mit Judith, die aber die Tochter war, die ich nie hatte, und ein lächerliches rotes Tingeltangel-Röckchen trug. Als ich für sie und mich eine Sardinendose aufmachte, kam Tyberg raus, wurde immer größer und füllte schließlich den ganzen Raum. Mir wurde eng, ich wachte auf. (SJ, 258 f.)

Von Missverständnissen, Fehlentscheidungen und Versäumnissen ist schließlich auch Selbs Beziehung zu Brigitte geprägt, einer Masseurin, die er parallel zu Judith Buchendorff kennen lernt. Ironischerweise kommt man an einer Bar über das Thema Sterilisation miteinander ins Gespräch. Es stellt sich heraus, dass Brigitte ungewollt gerade „jenes" Kind bekommen hat, das Gerhard Selb sich sein ganzes Leben lang gewünscht hat, und das seine Frau niemals bekommen konnte, weil sie nach einer heimlichen Schwangerschaft mit einem unehelichen Kind unfruchtbar geworden war. Als er erfährt, dass Brigitte ihr Kind mit dem Vater nach Brasilien hat gehen lassen, will er den Flirt schon abbrechen, weil bei ihm dieses Handeln auf Ablehnung stößt: „Ich hielt sie für eine Rabenmutter, jedenfalls eine befremdliche Mutter, und hatte keine rechte Lust, weiter zu flirten" (SJ, 125). Brigittes genaue Kenntnisse über die Rheinischen Chemiewerke (RCW) und ihren Chef Korten – sie hat den Seniorchef in ihrer Praxis mehrfach behandelt – lassen die eigentlich gescheiterte Kontaktaufnahme dann zuletzt doch gelingen. Selbs abwartende, wenn nicht gar distanzierte, Haltung führt allerdings dazu, dass auch seine Partnerin der Beziehung zunächst keine wirkliche Perspektive einräumt. Ein fataler Fehler, wie sich bald herausstellt, denn das Paar findet Gefallen aneinander und muss sich ausgerechnet in dieser Situation wieder trennen, weil Brigitte kurze Zeit später für ein halbes Jahr nach Brasilien zu ihrem Ex-Mann und dem gemeinsamen Sohn Manuel reist, um die alte Beziehung noch einmal aufzunehmen. In einem Gespräch mit Selb gesteht sie diesem unter Tränen, dass sie nur schweren Herzens abreist und von dem positiven Verlauf ihrer Beziehung zu Selb überrascht wurde. Abschließend heißt es: „,Ich kann doch nicht die Rabenmutter bleiben, die du sowieso nicht magst.'" (SJ, 199) Bevor das halbe Jahr um ist, kehrt Brigitte zurück und bringt ihren Sohn Manuel mit. Selb kann sich freilich nicht entschließen, seine Freundin zu heiraten, die ihm deswegen später schwere Vorwürfe macht „,Vielleicht bist du deswegen, was du bist. Ein einsamer, schwieriger, alter Mann. Du siehst das Glück nicht, wenn es dir über den Weg läuft, und... wie sollst du es festhalten, wenn du es nicht siehst. Hier wird es dir sogar in die Finger gelegt, aber du lässt es durch die Finger rinnen. Wie du unser Glück durch die Finger rinnen lässt.'"[221]

Später meint Selb selbstkritisch: „,Es tut mir leid, Brigitte ... Ich bin immer wieder zu langsam, nicht erst seit ich älter werde.'" (SM, 187) Diese Einschätzung bestätigt sich auch in der Beziehung mit der viel jüngeren Freundin. Als Selb ihr einen Heiratsantrag macht, ist es eigentlich schon zu spät, denn er hat seinen ersten Herzinfarkt bereits hinter sich. Nachdem klar geworden ist, dass Welker der Haupttäter ist und vermutlich nicht belangt werden kann, spielt Selb erneut mit dem Gedanken, das Recht in die eigene Hand zu nehmen und den Bankchef zu töten. Bevor es dazu kommen kann, erleidet er einen weiteren Herzanfall und wird in die Intensivstation eines Krankenhauses eingeliefert.

Gerhard Selb steht am Schluss seines dritten Falles als ein Gescheiterter und Todkranker dar. Der lakonische Befund des Chirurgen nach der (misslungenen?) Bypassoperation – „,Was wollen Sie, Herr Selb, Ihr Herz ist einfach ausgelatscht'" (SM, 286) – lässt vermuten, dass dem Helden wohl nicht mehr viel Zeit mit seiner Freundin Brigitte bleibt. Jetzt rächt sich, was Selb schon während eines gemeinsamen Urlaubes mit seiner Lebenspartnerin klar geworden war, „er hatte Jahre gebraucht, wo Wochen oder Monate hätten genügen sollen" (SM, 182). Spätestens hier wird zugleich deutlich, dass die Problematik des Versäumens oder Scheiterns einer Philosophie des Alterns eingeschrieben ist, die in allen Kriminalromanen um den Privatdetektiv Selb eine Rolle spielt. Angefangen von Selbs spätpubertärem Brunftverhalten bei der ersten Begegnung mit der jungen, attraktiven Judith Buchendorff über die Vaterrolle für die depressive Leo Salger und die späte Erkenntnis, dass er seine Freundin Brigitte liebt und heiraten möchte, spiegeln die Romane Stationen eines Alterungsprozesses wider, die sich gerade in dem unterschiedlichen Verhalten gegenüber Frauen ablesen lassen. Dass am Ende dieses Selbstfindungsprozesses der Tod steht, liegt in der Natur der Sache begründet. Insofern gewinnt die Schuldproblematik hier zugleich auch einen weiten, philosophischen Horizont: Leben heißt schuldig werden, und gemessen an dieser Maxime kann das Leben des Privatdetektivs Gerhard Selb als unvergleichlich reich und vielfältig angesehen werden.

Die moralische Ambivalenz des zeitgenössischen Krimihelden lässt sich vortrefflich auch an den Figuren der Autorin Ingrid Noll studieren, die mit ihren ersten drei Kriminalromanen *Der Hahn ist tot* (1991), *Die Häupter meiner Lieben* (1993) und *Die Apothekerin* (1994) überraschend „vom Nobody zum Nachwuchsstar gediegener Kriminalliteratur avanciert [ist]"[222]. Die Heldinnen dieser Bücher sind keine scharfsinnigen Detektivinnen vom Schlage einer Miss Marple oder schlagkräftige Amazonen vom Zuschnitt einer V. I. Warshawski, sondern Durchschnittsexistenzen mit langweiligen Berufen und einem noch langweiligeren privaten Leben: „Es sind eigensinnige, manchmal spießige Frauen, zu kurz gekommen, vom Leben und den Männern vernachlässigt, mit ausgeprägtem Hang zur Neurose."[223] Detektive spielen in diesen Kriminalromanen – wenn überhaupt – allenfalls eine untergeordnete Rolle. Die Sympathie des Lesers gehört ganz den kleinbürgerlichen Figuren, die aus dem Hermetismus ihrer zwanghaften Moral- und Lebensvorstellungen auszubrechen versuchen und dabei ihre kriminellen Energien entdecken. Mord wird bei Ingrid Noll zu einer Form der existenziellen Auflehnung, zu einem gewaltsamen Befreiungsakt aus den Ketten des selbst gewählten bürgerlichen Einerleis.

Dieser narrative Grundzug wird bereits in Nolls erstem Roman, *Der Hahn ist tot* (1991), sichtbar. Die Heldin der Geschichte ist die 52-jährige Versicherungskauffrau Rosemarie Hirte, der in fortgeschrittenem Alter schmerzhaft bewusst wird, dass sie niemals einen Mann dauerhaft an sich binden konnte. Bei einem Vortrag lernt sie den 49-jährigen Lehrer Rainer Witold Engstern kennen und verliebt sich in ihn. Die manische Leidenschaft für den drei Jahre jüngeren Mann, der sich für die ältere Frau nicht interessiert, führt schließlich dazu, dass die von Amors Pfeil Getroffene gefährliche Mitkonkurrentinnen bedenkenlos beseitigt. Am Ende der Geschichte hat sich die Zahl der Morde auf vier summiert, die Täterin hat nach einer Krebsoperation einen künstlichen Darmausgang bekommen und das Liebesobjekt wird von ihr – nachdem Engstern bei dem Versuch, das letzte Opfer Rosemaries zu beseitigen, schwer verletzt wurde – in einem Rollstuhl durch die Gegend gefahren. Auf eine ironisch-groteske Art und Weise hat die Akteurin also zuletzt doch das bekommen, wonach sie die ganze Zeit mit mörderischer Energie gestrebt hat: einen Mann, der allein „ihr gehört" und um den sie sich kümmern kann.

Die Farblosigkeit dieser Alltagsprosa, mit der die Ich-Erzählerin ihre Geschichte vorträgt, verleiht dem fiktiven Geschehen gerade jene identifikatorische Kraft, die sich in einer starken Lesersympathie für die Hauptfigur äußert.

Gerade weil das Motiv der Verbrechen so banal ist, erscheint es besonders glaubwürdig und überzeugend. Die meisten kriminellen Handlungen werden schließlich aus kaum nachvollziehbaren, lächerlichen Gründen heraus begangen. Ingrid Noll entschlackt in ihren Kriminalromanen den Komplexitätsgrad des Verbrechens. Dass dabei die „kriminalistische Handlungslogik"[224], wie ein Rezensent schon frühzeitig bemerkt hat, leidet und die wenigen Kommissare, die auftreten, nicht selten ahnungs- und planlos durch die Gegend laufen, muss vom Rezipienten in Kauf genommen werden. Noll schildert die triviale Logik der Gewohnheit, ermöglicht dem Leser in ihren Texten einen Blick hinter die Fassade der Normalität. Auf eine fesselnde Weise wird dabei die Banalität des Alltäglichen in ihren verschiedenen Dimensionen durch die narrative Textur hindurch sichtbar. Zunächst wäre hier die Sprache der Ich-Erzählerin zu nennen: Sie ist einfach, unprätentiös und reflektiert die stereotypen Anschauungsweisen und Moralvorstellungen der Protagonistin. Bereits in der Exposition des Romans werden diese schablonenhaften Denkmuster in vielen Formulierungen sichtbar. Die Heldin fürchtet sich wegen ihrer offensichtlichen Geschlechtslosigkeit davor, als „alte Jungfer"[225] angesehen zu werden, sexuelle Beziehungen mit dem anderen Geschlecht werden als „Männergeschichten" (Hahn, 9) kategorisiert, das bürgerliche Lebensglück verheirateter Freundinnen – „drei süße Kinder, ein gut aussehender charmanter Mann, ein wunderschönes Haus" (Hahn, 11) – wird mit unversöhnlichem Neid betrachtet. Vergleichbare Muster begegnen auch auf der Handlungsebene: Die Heldin schleicht um das Haus des Angebeteten wie eine Katze um die Milchschale, belauscht oder beobachtet seine Gespräche und Begegnungen mit anderen Frauen und bietet dem Geliebten ihre Dienste als Raumpflegerin an.

Selbst die Morde sind von jener Aura bürgerlicher Mittelmäßigkeit und Einfallslosigkeit gekennzeichnet, die das gesamte Geschehen wie mit einer Glasur überziehen. Die alkoholabhängige Frau des Lehrers wird auf ziemlich unprofessionelle Weise durch einen Kopfschuss, der eigentlich ein Herzschuss werden sollte, ins Jenseits befördert, die Freundin Beate wird bei einem Sektfrühstück von einem Aussichtsturm in die Tiefe gestürzt, der pietätlosen, angriffslustigen Scarlett[226] wird ein elektrischer Lockenwickler(!) zum Verhängnis, der in ihrer Badewanne landet, der plump ermittelnde, unvorsichtige Inspektor aus Ladenburg, der Rosemaries Badezimmer auf der Suche nach Indizien durchwühlt, wird mit einem Pistolenschuss niedergestreckt, bevor er überhaupt weiß, was mit ihm geschieht: „Er hatte nicht einmal Zeit gehabt, sich nach mir umzudrehen" (Hahn, 234), heißt es in dem Kommentar der Täterin. Selbst der einfallsreich geplante Mord des Paares an dem reichen Onkel in Nolls drittem Roman Die Apothekerin (1994) ist von einer so unübersehbaren kleinbürgerlichen Banalität und Abstrusität, dass er schon beinahe wieder amüsant erscheint: Der schwer herzkranke Mann fällt einem Anschlag zum Opfer, der mit Hilfe seines präparierten Gebisses ausgeführt wird. In eine künstliche Höhlung seiner dritten Zähne wird ein starkes Herzmittel eingebracht, das sich bei Gebrauch der Prothese – bedingt durch den Speichelfluss – nach einiger Zeit freisetzt und seinen (qualvollen) Tod verursacht.

Der Handlung und dem Denken entsprechen die im Roman exponierten Dimensionen des Räumlichen. Die Wohnungsrequisiten der Protagonistinnen sind von jener bürgerlichen Wohlanständigkeit, die auch ihr Bewusstsein geprägt hat. Rosemarie Hirte, die Heldin in *Der Hahn ist tot*, umgibt sich mit Möbeln – „schwarz und weiß, japanisch streng und zeitlos, von bester Qualität" (Hahn, 15) – klassischen Stils, die selbst ihrer besten Freundin Beate „viel zu langweilig" (Hahn, 15) sind; ihre Wohnung ist „ein Ort, der allen Normen perfekt entspricht, jedoch gerade kein Ort, an den andere Menschen gerne kommen"[227]. Der klinischen Kälte dieser Behausung korrespondiert die Fremdheit der eigenen „körperlichen Behausung". Das Verhältnis der Protagonistin zur eigenen körperlichen Identität ist gestört, die Morde an den anderen Frauen haben in diesem Körperverlust ihre Ursache: „Die Tötung hat immer auch eine spiegelbildliche Funktion, wenn die Protagonistin das vernichtet, was sie selbst gerne wäre. Durch die Morde an Frauen, die ihr Gegenbild verkörpern, zerstört Rosemarie Hirte sich selbst immer ein Stück mit: Nach jedem Mord erkrankt sie und muss schließlich wegen eines Krebsleidens operiert werden. Insgesamt steckt hinter den Morden die Vorstellung mangelhafter weiblicher Existenz an sich."[228]

Ein gestörtes Körper- und Sexualbewusstsein hat auch die Heldin in Nolls Kriminalroman *Die Apothekerin*. Für Hella Moormann ist die eigene Küche von zentraler Bedeutung für ein zufriedenes und glückliches Dasein:

> Ich bin ein ordentlicher, fast pedantischer Mensch, sonst wäre ich nicht Apothekerin geworden. Schon als kleines Mädchen liebte ich es, Kuchen und Plätzchen zu backen, wobei ich auf der Briefwaage alles aufs Gramm genau auswog. Meine Küche blitzt, sie hat System, ich kann mit einem Griff blindlings greifen, was ich gerade brauche ... Meine Küche ist ein kleines Laboratorium, mein Reich der Düfte, Gewürze und Experimente, in dem ich mich nach einem langen Verkaufstag in der Apotheke erhole (Apothekerin, 103).

Als das junge Ehepaar Levin und Hella gemeinsam mit der chaotischen Margot und ihrem undurchsichtigen Ehemann Dieter das Haus des ermordeten Großvaters von Levin beziehen, ist, wie die Ich-Erzählerin treffend bemerkt, „das Drama ... vorprogrammiert" (Apothekerin, 103). Die unordentliche, völlig desorganisierte Margot braucht nur kurze Zeit, um die reinliche Ordnung des bürgerlichen Schmuckstücks zu destruieren: „Das war der erste Schock: Vanille, Zimt, Nelken und Kardamom waren nicht mehr getrennt in ihren niedlichen Schublädchen aufbewahrt, sondern steckten alle zusammen in einer schrill-rosa Plastikdose für Billigkaffee" (Apothekerin, 103). Es dauert nicht lange und die gepflegte Hella Moormann ergreift ein existentieller Ekel vor allem, was die Untermieterin Margot berührt, macht oder sagt: „Alles, was sie tat, war mir eklig ... ich haßte sie auf eine sehr körperliche Art" (Apothekerin, 106). Es ist äußerst aufschlussreich, dass Hellas ausgeprägtes Reinlichkeitsbewusstsein offenbar mit einer unterentwickelten Sexualität korrespondiert, während die „schmutzige" Margot sexuell von erschreckender Vitalität ist. Iring Fetscher hat zutreffend bemerkt, dass diese Art von Sauberkeit ungesund, ja lebensfeindlich ist:

> Sie scheint mir assoziiert mit Protestantismus, aber auch mit dem Emporkommen des Kleinbürgertums. Sauberkeit, meist im Verein mit Sparsamkeit, wird nötig, wo die Dinge geschont werden müssen, weil das Einkommen klein ist und der Betrieb im Konkurrenzkampf nur bestehen kann, wenn er ständig erweitert wird. Die Reformation verweist die Gläubigen auf die innerweltliche Askese. Zur inneren Sauberkeit gehört die äußere: keine unsauberen Gedanken, keine sinnlichen Phantasien, keine schmutzige Kleidung oder Wohnung. Durchsichtig soll alles sein, den wachsamen Augen der Nachbarn und Gemeindeältesten jederzeit offenbar. Solche ständige Bemühung um Sauberkeit, solche frühe Zucht erzeugt, was Sigmund Freud den Analcharakter genannt hat: geizige, pedantische, mißgünstige Menschen, die umso leidenschaftlicher bei anderen aufspüren und verfolgen, was ihnen selbst so gewaltsam und roh vorenthalten wurde.[229]

Hier scheinen auch die tieferen Ursachen für die kriminellen Verhaltensdispositionen der Heldinnen in den Romanen von Noll zu liegen: Es sind die Sozialisationsschäden einer lieblosen oder/und sexualfeindlichen Erziehung, die für das spätere kriminelle Handlungspotenzial sorgen. Dass im Falle Margots die psychosozial verankerte Abneigung schließlich zu einem Verbrechen führt, entspricht also nur der inneren Logik des Geschehens. Bei einer gemeinsamen Reinigungsaktion der beiden Frauen kommt es zur Katastrophe. Als die unästhetische Margot auf ein Fensterbrett klettert, um beim Putzen zu helfen, löst Hella Moormann abrupt ihren Haltegriff, sodass die Verfemte kopfüber in die Tiefe stürzt und sich den Hals bricht. Auslösendes Moment dieser Tat ist ein „feines Rinnsaal Schweiß, das langsam und stetig aus dem Hosenbein" (Apothekerin, 132) der sich an den Fensterläden abmühenden Margot kriecht und auf die Halt gebende rechte Hand Hella Moormanns zuläuft: „In diesem Augenblick erreichte mich der glitschige Schweißtropfen, und ich ließ aus einem spontanen Impuls unbeschreiblichen Ekels jählings los" (Apothekerin, 132). Der Wunsch nach mondän-bürgerlichen Lebensverhältnissen hatte vor Margots Fenstersturz schon den Anschlag auf Levins Großvater Hermann Graber motiviert und Hella Moormann zur Mittäterin gemacht. Die Ich-Erzählerin äußert sich im Vorfeld der verbrecherischen Aktivitäten zu den Gründen für ihr Handeln wie folgt: „Mein Blick fiel auf das wunderschöne Foto der großelterlichen Villa, das Levin in der Küche aufgehängt hatte. Mehr als seine geschickten Plädoyers überzeugte mich dieses stumme Bild: Dorthin gehörte ich, nicht in eine Mietwohnung ohne Balkon und Garten" (Apothekerin, 65). In dieses Ambiente passen auch die kleinbürgerlichen Bildungsexkurse, mit denen die Geschichte angereichert wird. Insbesondere die Erzählungen aus *Tausend und eine Nacht* und Grimms Märchensammlung spielen im literarischen Bewusstseinshaushalt der Protagonistin eine wichtige Rolle. Hella Moormanns Katze heißt Tamerlan, der interessierten Bettnachbarin

Rosemarie Hirte erzählt sie „wie Scheherezade immer speziellere Details aus [ihrem] Leben" (Apothekerin, 12), anlässlich ihrer Heirat mit Levin fällt ihr die Geschichte von Blaubarts letzter Frau ein (Apothekerin, 96), der „Vogel als Symbol dunkler oder guter Mächte" (Apothekerin, 185) erinnert sie an das Märchen von Jorinde und Joringel und nach der Silvesterschlacht im Wintergarten der Villa, in deren Verlauf sich die gesamte Bewohnerschaft der Villa gegenseitig krankenhausreif schlägt, bleiben die nur leicht verletzten Pawel und Hella – sich einander tröstend „wie Hänsel und Gretel" (Apothekerin, 206) – erschüttert zurück. In Nolls Kriminalroman *Röslein rot* (1998) sind es Stillleben – Zeugnisse bourgeoiser Lebenskultur – des 17. und 18. Jahrhunderts, die von der Ich-Erzählerin detailliert und mit liebevoller Sorgfalt beschrieben werden. Die geschickt in den Ablauf des Geschehens eingestreuten Bildbeschreibungen erfüllen dabei verschiedene poetische Funktionen: Sie sind luzide Psychogramme der Heldin, sie exponieren die Themen und Motive eines tragikomischen Familiendramas, das sich langsam vor den Augen des Lesers entwickelt, und sie konstituieren eine poetische Gegenwelt zur Trivialität des Alltagsgeschehens, das aus der ästhetischen Perspektive dieser großbürgerlichen Ikonographie transformiert, stilisiert und verrätselt wird. Die essayistischen Exkurse, in denen diese Deskriptionen mitgeteilt werden, kontrastieren das Schema des Kriminalromans zudem wirkungsvoll mit Partikeln des Künstlerromans, was diesen Krimi auch von seiner Narrativik her auszeichnet.

Das Bürgerlich-Familiäre spielt auch in der Vergangenheit der Heldinnen eine wichtige Rolle. Beinahe durchgängig enthüllt sich die zunächst scheinbare Idyllik der Kindheitsbiographien als eine Fassade, hinter der Brüche, Widersprüche und Ängste verborgen sind. So lassen sich die neurotischen Defekte der Heldinnen in vielen Fällen auf eine gestörte Familienbiographie zurückführen. Die heimlichen Fleischorgien der Familie während der Abwesenheit des Vaters, den eines Tages urplötzlich eine seltsame Abneigung gegen alles Fleischliche erfasst hat und der „missionarisch auf seine Familie einwirkte" (Apothekerin, 7), müssen bei der jungen Hella Moormann zu mehr oder minder tief greifenden psychischen Störungen geführt haben. In auffälliger und krankhafter Verkehrung werden bei der jungen Frau die sexuellen Gelüste von den kulinarischen abgelöst: „Wahrscheinlich wurde ich durch Vaters Vegetariertum eine große Liebhaberin von Fleischgerichten" (Apothekerin, 28). Der sexuelle Verkehr mit Männern scheint sich auf ein mechanisches Mindestmaß zu beschränken: „Wir schliefen zwar mit einer gewissen Regelmäßigkeit miteinander, aber er investierte viel mehr Zeit in Gespräche. Meistens war ich es, die die Initiative für ein zärtliches Stündchen ergriff, obgleich man besser von einem Achtelstündchen sprechen sollte" (Apothekerin, 22).

Die angeführten Beispiele zeigen, dass sich die Konturen der Heldenfigur im Kriminalroman der Gegenwart weiter verändert haben. Das Beispiel des Ex-Nazi-Staatsanwaltes Gerhard Selb, der zum linksliberalen Ermittler mutiert, verdeutlicht, dass die ethische Integrität des Detektivs mit starken Eintrübungen durchsetzt wird. Gerhard Selb – „Ich verstand mich als Soldat an der Rechtsfront" (SJ, 121) – ist eigentlich selbst ein Verbrecher gewesen, der in seiner Vergangenheit Unschuldige an den Galgen oder vor das Erschießungskommando gebracht hat.[230] Dass seine kriminellen Taten, die er in dieser Ära begangen hat, nicht geahndet wurden, hängt mit der politischen Praxis der Adenauer-Zeit zusammen, in der nur sehr wenige Täter des nationalsozialistischen Regimes vor Gericht gestellt und zur Verantwortung gezogen wurden. Während viele belastete Zeitgenossen Selbs wenig später in Ämter und Würden zurückkehren und die eigene (kriminelle) Vergangenheit erfolgreich verdrängen, kehrt der entwurzelte Jurist – „Das widerte mich an" (SJ, 121) – nicht in seinen alten Beruf zurück und verdingt sich fortan als Privatdetektiv. Selbs Aufträge sind eher Verstrickungen als Ermittlungen, denn der Protagonist wird weitaus häufiger mit den „eigenen Leichen im Keller", als mit denen seiner Mitmenschen konfrontiert. Seine detektivischen Nachforschungen können auch als selbst inszenierte Psychotherapien gelesen werden, die sich mit dem eigenen, existentiell verfestigten Schuldvorwurf auseinandersetzen.

Eine zweite, stärker psychologisierend ausgerichtete Variante des zeitgenössischen Kriminalromans, die das tradierte Gefüge von gut und böse außer Kraft setzt, geht von der Täterperspektive aus. Bernhard Schlinks Kriminalroman *Die gordische Schleife* (1988) ist diesem Typus zuzuordnen. Der Roman erzählt die Geschichte eines jungen Aussteigers, der in Südfrankreich lebt und seinen Unterhalt mit Übersetzungsarbeiten bestreitet. Durch die Liebe zu einer Frau gerät der Protagonist in eine Spionagegeschichte und wird das Opfer krimineller Machenschaften. Von seiner Geliebten verlassen und von Agenten gejagt, macht er sich daran, die Hintergründe seines eigenen Falles aufzuklären. Er spürt die ehemalige Geliebte, die ihn hintergehen musste, weil sie sich selbst in der Hand ihrer Auftraggeber befand, in New York auf und erpresst die früheren Täter mit seinem Wissen. Bei der vereinbarten Übergabe des Erpressungsgeldes kommt es zu einer Schießerei, die Geheimdienstler töten oder verletzen sich gegenseitig, der Held kann mit dem Geldkoffer unerkannt fliehen, lässt sich mit seiner neuen und alten Geliebten in Portugal nieder und führt ein geruhsames Leben als Frühpensionär. Das Besondere der Geschichte liegt – wie schon in den Selb-Romanen deutlich wurde – in der Synthese der unterschiedlichen Rollenkonstrukte: der Held Georg ist zugleich Opfer, Detektiv und Täter. Die Aufklärung der kriminellen Vorgeschichte und seiner eigenen, unfreiwilligen Spionagetätigkeit als Übersetzer militärischer Konstruktionspläne lässt den Helden vom Opfer zum Detektiv und dann zum Täter werden, der seine Schwierigkeiten wie Alexander beim Rätsel um den Gordischen Knoten „mit einem Schwertstreich"[231] lösen will.

Die Kriminalromane Ingrid Nolls beschränken sich dagegen auf die Opfer-Täter-Matrix, das Detektivische spielt in ihnen so gut wie keine Rolle. Ihre Heldinnen sind neurotische Frauen, deren Defekte in unbewältigten Kindheitserfahrungen und gescheiterten Liebesbeziehungen begründet sind. Das mörderische Potenzial dieser Figuren entwickelt sich schleichend aus der kruden Banalität ihres öden Alltagslebens heraus. Der Wunsch, eine eigene Familie oder einen Lebenspartner zu haben, finanziell unabhängig zu sein oder einfach nur geliebt und gebraucht zu werden, wird zur Antriebskraft ihrer kriminellen Aktivitäten, die sich eher beiläufig und schlagartig aus der monotonen Rhythmik ihres beengten, defizitären Daseins entwickeln: Ein störrischer Großvater, der mit seinem Erbe Druck ausüben will, wird mit einem Herzmittel beseitigt, ein gewalttätiger Ehemann, der seine Frau misshandelt und ständig betrunken ist, wird im Vollrausch mit einer Flasche erschlagen, sein Saufkumpan bei dem Mordversuch erst zum Krüppel und dann zum Tatverdächtigen gemacht, ein Erpresser wird mit Zyankali beseitigt und der Leichnam auf einer Terrasse eingemauert, eine ungepflegte, vulgäre Mitbewohnerin beim Fensterputz in einem Ekelanfall zu Tode gestürzt. Diese Mord-Szenarien sind im bürgerlichen Interieur der Mittelstandsgesellschaft angesiedelt. Es sind „gehobene Ausführungen" der banal-brutalen Familiendramen, die man aus den einschlägigen Katastrophenmeldungen der Sensationspresse kennt und die in Nolls Romanen zur Keimzelle der Handlungsdramaturgie werden. Die Handlungen der Täterinnen mutieren dadurch zu Kurzschlusshandlungen, nachvollziehbaren Befreiungsakten oder begreiflichen Rachetaten. Zugleich wird mit dieser Konturierung des Heldischen das tradierte Schema des Kriminalromans vollends außer Kraft gesetzt: Es gibt keine strafende Nemesis mehr, die Frage, was gerecht oder ungerecht ist, wird der psychologisch rekonstruierbaren Subjektivität menschlicher Handlungen untergeordnet. Mit einiger Berechtigung kann der Literaturkritiker Thomas Wörtche auf die dargestellte Problematik die folgende Antwort geben: „Moral in Kriminalromanen ... steckt nicht in der Frage, ob am Ende der Mörder gefasst wird. Sie erweist sich daran, *wie* man die Welt sieht und *wie* man sie literarisch einrichtet. Manchmal kann eine solche Moral prekär sein und einem selbst – als Leser – nicht ‚ins Bild passen'."[232]

d) Das Kriminalschema im postmodernen Roman

Der zeitgenössische Kriminalroman bricht schließlich auch noch mit einem anderen Gestaltungsgesetz der tradierten Kriminalliteratur: der Integrations-Resistenz des Kriminalschemas in eine größere Prosaform. Ulrich Suerbaum hat in diesem Zusammenhang einmal von der „Unmöglichkeit des Einbaus der Rumpfstruktur des Detektivromans in ein anderes, umfassenderes Erzählwerk"[233] gesprochen. Diese Einschätzung muss freilich nach dem heutigen Stand der literaturwissenschaftlichen Forschung – vor allem aber mit Blick auf die postmoderne Literatur – als überholt gelten. So haben Alida Bremer[234] und zuletzt Edward Reichel[235] in ihren Beiträgen herausgearbeitet, dass dem Kriminalroman bei der Geburt des postmodernen Romans eine Schlüsselrolle zukommt. Formeln wie „die Erneuerung des Romans über die Infragestellung des traditionellen Kriminalromans"[236] oder „kriminalistische Dekonstruktion"[237] sind die griffigen Deskriptionen der poetischen Symbiose zwischen den Gattungen. Es hat sich gezeigt, dass der von seinem Umfang eher überschaubare Kriminalroman sehr wohl mit dem großen Roman synthetisiert werden kann. Alida Bremer hat gezeigt, dass dieser poetische Aneignungsprozess in der Postmoderne über eine „Ästhetik der Mehrdeutigkeit"[238] gesteuert wird, die sich vor allem in der ambivalenten Figur des Detektivs widerspiegelt:

> Der gescheiterte Detektiv ist ... einem poststrukturalistischen Kritiker ähnlich, einem [sic!] der eine ambivalente Lektüre der vorgegebenen Zeichen bevorzugt. Die Autoren, die gescheiterte Detektive einführen, dekonstruieren eine lösungsorientierte Narration und schaffen damit die Grundlagen für verschiedene Interpretationen. Mit ihrem Zweifel an der Kausalität und wissenschaftlicher [sic!] Objektivität suggerieren sie den Interpretatoren Misstrauen in die textuelle Autorität.[239]

Die poetischen Mittel für diese konstruktiv-dekonstruktive Metamorphose des Kriminalromans zum subjektiven Roman der Postmoderne sind Intertextualität, Metatextualität, das Prinzip der mise en abyme und die verschiedenen Spielarten der Kontrafaktur wie Parodie, Pastiche und Persiflage. Die beiden wohl meistgelesenen Texte der 80er Jahre, Umberto Ecos *Der Name der Rose* (Il nome della rosa, 1980) und Patrick Süskinds *Das Parfum* (1985) verdeutlichen dies nachhaltig. Ecos voluminöser Mittelalter-Kriminalroman um den eigenwilligen Mönchs-Detektiv William von Baskerville sowie Süskinds Biographie des genialen Mörders Jean Baptiste Grenouille und seines rational organisierten Gegenspielers Antoine Richi repräsentieren die bekanntesten und erfolgreichsten Beispiele dieser literarischen Symbiose. Sowohl Ecos als auch Süskinds Roman zeichnen sich durch eine Fülle intertextueller Verweise, metatextueller Diskurse und parodistischer Umformungen aus. Gemeinsam ist beiden auch die konstruktiv-dekonstruktive Auseinandersetzung mit dem Kriminalschema: In Ecos Roman kämpft der Held nicht nur um die Aufklärung der mysteriösen Mordfälle im Kloster, sondern zugleich auch gegen die Kräfte des Dogmatismus und der Inhumanität, die sich in Gestalt der Inquisition und des fortschrittsfeindlichen, misanthropischen Abtes Jorge zeigen. William kann zwar die Morde aufklären, aber die Archive der Zukunft – Aristoteles Buch über die Komödie und andere Schätze des Wissens – verbrennen in der Bibliothek. Überdies unterliegt er in dem Schauprozess als Verteidiger des Mädchens und muss sich seinem Widersacher, dem Inquisitor Bernardo Gui, geschlagen geben.

Ein ähnliches Bild zeigt sich auch in Patrick Süskinds Bestseller *Das Parfum*. Der Untertitel des Romans – *Die Geschichte eines Mörders* – verweist bereits auf die Nähe zum Kriminalgenre. Mit einiger Berechtigung ist darauf hingewiesen worden, dass mit dieser Namensgebung und dem in der Buchausgabe als Cover ausgewählten Bild Watteaus, das ein nacktes, junges Mädchen zeigt, auch geschickt mit Leseinteressen und Leseerwartungen gespielt wird.[240] Es ist dabei unverkennbar, dass die ausgesendeten Signale den Eindruck vermitteln wollen, der Leser erwerbe „einen Kriminalroman mit pikant-erotischer Note"[241]. Abseits dieser verkaufsstrategischen Analysen stellt sich freilich die Frage nach der konkreten Umsetzung des Kriminalschemas in diesem Roman.

Die Mehrheit der Romaninterpreten hat bisher die Ansicht geäußert, dass Süskinds Umgang mit diesem Gattungstyp sehr oberflächlich und distanziert sei. Für Gottfried Willems etwa ergeben sich noch die größten Annäherungen an das Kriminalschema in den Kapiteln 40 bis 47, die sich mit den Serienmorden an jungen Mädchen in der Umgebung der Stadt Grasse und dem Mord an Laure Richis beschäftigen.[242] Willems leitet seine Einschätzung von dem Gattungsverständnis ab, dass der Kriminalroman „die Handlung als abenteuerliche ‚Hetzjagd' auf Verbrecher konstruiert … und dass sie aus der Perspektive des ‚Spürhunds' mit seinem begrenzten Wissen um Verbrecher und Verbrechen auf spannende Weise dargeboten wird"[243]. Gegen diese Definition ist einzuwenden, dass sie die Konstituenten der postmodernen Gattungsprofilierung übergeht, denn die herangezogenen Kategorien und Merkmale sind auf viele zeitgenössische (und auch schon ältere!) Gattungsexemplare nicht mehr anwendbar. Vor allem die einseitige Zentrierung des erzählerischen Geschehens auf die Figur des Detektivs verrät ein zu hermetisches Poetikverständnis der literarischen Form.[244] Überzeugender erscheint dagegen das Argument, die Einflüsse des Entwicklungs- und Künstlerromans würden der Entfaltung des Kriminalschemas enge Grenzen zuweisen. Gleichwohl scheint der besondere Stellenwert des Kriminalschemas in Süskinds Roman bisher nicht ausreichend in den Blick gekommen zu sein. Die vom Erzählschema des Kriminalromans getragene Spannung übt keineswegs eine nur partielle Wirkung auf den Leser dieses Romans aus, sondern begleitet ihn von der ersten Seite bis zum Ende der Geschichte.

Grenouilles Geschichte ist als Biographie eines Mörders angelegt, dessen erste Lebensäußerung der eigenen – kriminellen – Mutter das Ende bereitet: Der unerwartete, trotzige Überlebensschrei des schon tot geglaubten Neugeborenen bringt die Mutter aufs Schafott und initiiert Grenouilles mäandrische Lebensgeschichte. Das zentrale Ereignis seiner Kindheits- und Jugendgeschichte, das zugleich auch den erzählerischen Magnetismus des Kriminalschemas auslöst, ist der erste Mord des Helden im Alter von 15 Jahren an einem jungen Mädchen, dessen betörenden Körperduft er sich über seinen genialen Geruchssinn aneignet und der von Grenouille als eine paradiesische Gegenwelt zur stinkenden Wirklichkeit begriffen wird. Nachdem der Mörder den Duft der Getöteten wie eine Droge in sich aufgenommen hat, beschließt er, „der größte Parfumeur aller Zeiten"[245] zu werden. Mit dieser Entscheidung konturiert sich nicht nur der Entwicklungs- und Künstlerroman im Handlungsgefüge der Geschichte, sondern in gleicher Weise auch das Handlungsgerüst eines Kriminalromans. Dass zwischen diesem ersten Mord bis zu dem nächsten annähernd 200 Seiten liegen, spielt für die ausgeklügelte, äußerst wirksame Dramaturgie des Romans keine Rolle, denn der andeutungsreiche, vielschichtige Text hat das Phantasma des Lesers bereits auf die Spur des Täters gesetzt. Es ist klar, dass Grenouille, um zu diesem Ziel zu gelangen, weitere Menschen – respektive junge Mädchen – töten wird. Zuvor muss er sich aber in der Technik der Gewinnung und Konservierung von Düften vervollkommnen: Grenouille wird also Parfumeur. Die Logik der Narration folgt also nicht allein dem Ziel, die olfaktorischen Fähigkeiten des Helden weiterzu-entwickeln und auszuformen, sondern sie folgt auch der inneren Logik eines ge-planten, monströsen Verbrechens: durch ein geniales Parfum Macht über Men-schen zu gewinnen. In dieser Spannung schwebt nun auch der Leser – spätestens ab Seite 56, wo der erste Mord geschieht! – unablässig und fragt sich, wann der nächste Mord geschieht. Dass Grenouille nichts anderes vorhat, als diesen mör-derischen Plan in die Tat umzusetzen, wird dem Leser mit einigem Nachdruck immer wieder deutlich gemacht. Er schleicht sich in das Leben des Parfumeurs Baldini ein, um sich in der Technik der Duftgewinnung zu professionalisieren und um das nötige Handwerkszeug und die nötigen Materialien für seine Studien zu erlangen. Er verlässt Baldini, als er erfährt, dass er die wichtige Technik der Ma-zeration nur in Grasse erlernen kann. Nach seiner Rückkehr aus der Einsiedelei des Plomb du Cantal, in der er sieben Jahre unter erbarmungswürdigen Umstän-den gehaust hatte, lebt Grenouille zunächst kurze Zeit im Haus des exaltierten Marquis de Taillade-Espinasse, eines fortschrittsgläubigen Erfinders, der ihn mit Hilfe seines selbst ersonnenen Vitalluftventilationsapparates und einer „Ven-tilationstherapie in Kombination mit Vitaldiät" (Parfum, 182) in kürzester Zeit physisch wiederherzustellen weiß. Als Grenouille entdeckt, dass er auch in der Lage ist, sich durch ein künstliches Geruchsprofil eine menschliche Identität zu verleihen, befestigt sich in seinem Bewusstsein erneut der Gedanke, ein außer-gewöhnliches, göttliches Parfum zu kreieren. Anders als nach dem ersten Mord wird dieser Plan nun auch explizit mit der Absicht verknüpft, Macht über andere Menschen zu gewinnen: „Wer die Gerüche beherrschte, der beherrschte die Her-zen der Menschen" (Parfum, 199). Mit diesem Plan im Herzen bricht Grenouille nach Grasse auf, um seine Kenntnisse der Parfumgewinnung zu komplettieren und zugleich an die Umsetzung seines Planes zu gehen. Kurze Zeit nachdem der Held die Stadt betreten hat, wird sein Bewusstsein von einem besonderen Duft eingenommen: „Da schien noch etwas anderes zu sein, etwas mörderisch Gutes, was in diesem Garten duftete, ein Geruch so exquisit, wie er ihn in seinem Leben noch nicht – oder doch nur ein einziges Mal – in die Nase bekommen hatte … Er mußte näher an diesen Duft heran" (Parfum, 214).

Die Szene nimmt innerhalb der Romanarchitektur eine zentrale Stellung ein. Es ist unübersehbar, dass die Situationsbeschreibung auf die Initiationsszene des ersten Kapitels verweist, die Grenouilles Mord an dem Pariser Mädchen einlei-tet. Damals befand sich der Protagonist als gelangweilter Zuschauer auf einem Fest zum Jahrestag der Thronbesteigung des Königs. Grenouille, der sich bereits anschickte das – aus olfaktorischer Perspektive – uninteressante Geschehen zu verlassen, wird plötzlich durch einen überraschend anfliegenden Geruchshauch zurückgehalten:

> Er war schon im Begriff, die langweilige Veranstaltung zu verlassen, um an der Galerie des Louvre entlang heimwärts zu gehen, als ihm der Wind etwas zutrug, etwas Winziges, kaum Merkliches, ein Bröselchen, ein Duftatom, nein, noch weniger: eher die Ahnung eines Dufts als einen tatsächlichen Duft – und zugleich doch die sichere Ahnung von etwas Niegerochenem (Parfum, 50).

An dieser Stelle wird die Handlung also auf das initialisierende Moment der epischen Kriminalkonzeption zurückgebogen, sie greift den Anfangsimpuls auf, verdichtet ihn durch einen Kontrapunkt und dramatisiert ihn auf ein furioses, aktionsgeladenes Ende hin. Die metaphorische Wendung, dass Grenouille „etwas mörderisch Gutes" in diesem Garten rieche, leitet das verbrecherische Finale der Geschichte ein. Der spannungsträchtige Gegenpol zu Grenouilles düsteren Mordplänen materialisiert sich erzählerisch in der Figur des Antoine Richi, dem Vater des designierten Opfers Laure. Richi übernimmt in diesem Schlusskapitel die Rolle des Detektivs, des Gegenspielers. Es ist einigermaßen aufschlussreich, das Richi hier – auch erzählerisch gesehen – in die Rolle eines berühmten Vorgängers schlüpft: Sherlock Holmes. Wie Holmes in vielen seiner Abenteuer steht nun Richi vor der Aufgabe, ein Verbrechen zu verhindern. Analog zu Sherlock Holmes kann dies nur gelingen, wenn Richi die verborgenen Motive und Hintergründe des geplanten Verbrechens aufklären kann. Richis Aufgabe ist mit der eines zeitgenössischen Profilers zu vergleichen: Er muss das Täterprofil aus den kriminellen Handlungen, den Opfern und ihrer Geschichte herauslesen. Richis analytischer Scharfsinn befestigt bald die Überzeugung in ihm, dass Laure das letzte Opfer des Täters sein soll, und dass hinter den begangenen Morden ein (ästhetisches) Prinzip steht:

> Der Mörder besaß ... ein System. Nicht nur, daß die Morde alle auf die gleiche ordentliche Weise ausgeführt waren, auch die Wahl der Opfer verriet eine beinahe ökonomisch planende Absicht. Zwar wusste Richis nicht, was der Mörder eigentlich von seinen Opfern begehrte, denn ihr Bestes: die Schönheit und den Reiz ihrer Jugend konnte er ihnen ja nicht geraubt haben ... oder doch? Auf jeden Fall aber schien ihm der Mörder, so absurd es klingen mochte, kein destruktiver Geist zu sein, sondern ein sorgfältig sammelnder. Wenn man sich nämlich – so dachte Richis – all die Opfer nicht mehr als einzelne Individuen, sondern als Teile eines höheren Prinzips vorstellte und sich in idealistischer Weise ihre jeweiligen Eigenschaften als zu einem einheitlichen Ganzen zusammengeschmolzen dächte, dann müßte das aus solchen Mosaiksteinen zusammengesetzte Bild das Bild der Schönheit schlechthin sein, und der Zauber, der von ihm ausginge, wäre nicht mehr von menschlicher, sondern von göttlicher Art (Parfum, 258).

Aber obwohl Konsul Richi die tieferen Beweggründe der begangenen Verbrechen und die Gefährdung seiner eigenen Tochter Laure erkennt, ist er nicht in der Lage, den Mord an seinem Kind zu verhindern. Richis Deduktion dringt nicht weit genug vor: Der Konsul erkennt zwar die Motive des Täters, er macht sich aber zu wenig Gedanken über den Ablauf der mörderischen Taten und die besonderen Fähigkeiten des Täters, der sich – unsichtbar wie ein Phantom – seinen Verfolgern stets leicht zu entziehen weiß. So bleiben Richis Gegenmaßnahmen letztlich wirkungslos, und er muss den Tod seiner Tochter hinnehmen. Sein Scheitern ist zugleich auch in symbolischer Überhöhung als eine Niederlage des aufgeklärten Denkens zu bewerten, das in selbstherrlicher Hybris seine eigenen Möglichkeiten überschätzt hat.

Nach Laures Tod gelingt es, eine flächendeckende, wirksame Fahndung in Gang zu setzen, die schnell zu Grenouilles Verhaftung führt. Der nur geringe Zeit in Anspruch nehmenden Aufklärung der begangenen Verbrechen folgt die rasche Verurteilung des Delinquenten. Das durch Grenouilles Parfum ausgelöste Bacchanal während der Hinrichtungszeremonie wirkt wie ein retardierendes Moment im Handlungsgefüge des Kriminalschemas, denn der Leser fragt sich unwillkürlich, ob der Täter seiner „gerechten Bestrafung" nun entgehen kann oder nicht. Die aufbereitete Schlussspannung wird schließlich in der Kannibalismus-Szene überraschend-schlüssig einer Lösung zugeführt.

Ein Jahr nach der Publikation von Süskinds Bestseller erscheint ein Roman, der mit dem Welterfolg des Münchner Autors viele Gemeinsamkeiten aufweist: gemeint ist Klaus Modicks *Das Grau der Karolinen* (1986).[246] Der in der Taschenbuchausgabe 452 Seiten umfassende Roman hat wie Patrick Süskinds Bestseller ebenso (mindestens) drei erzählerische Dimensionen: Er ist Künstlerroman, Entwicklungsroman und Kriminalroman. Modick erzählt in diesem Roman die Geschichte eines Bildes und die des freischaffenden Künstlers Michael Jessen. Der junge Werbegrafiker, der das Leben sorgenfrei genießen kann – er hat genug Geld, eine attraktive Freundin und ist in seinem Beruf erfolgreich –, wird aus der Glätte und Eindimensionalität seiner Alltagserfahrungen durch ein Bild gerissen, das ihm zufällig im Schaufenster eines Trödelladens begegnet. Das zunächst achtlos wahrgenommene Gemälde entfaltet im Bewusstsein des jungen Mannes eine seltsame Unruhe, die ihn zunächst dazu bringt, das Bild zu ersteigern und seine Geschichte, sowie die seines Schöpfers, zu rekonstruieren. Jessen taucht in die beunruhigende Sprache dieses Bildes ein, verliert sich in den Biographien seiner unterschiedlichen Besitzer, wird mit längst vergangenen Epochen deutscher Zeitgeschichte konfrontiert, legt Tausende von Kilometern zurück und enthüllt die geheime Botschaft des Gemäldes schließlich auf einer einsamen Südseeinsel. Mit der Lösung des Rätsels ist der Held zugleich ein anderer geworden: Er hat seinen alten Arbeitsplatz und die ehemalige Freundin verlassen, sein Denken und Fühlen hat sich grundlegend gewandelt. Die Suche nach der Identität des Bildes ist – ein klassisches Motiv! – die Suche nach der eigenen Identität, die im Prozess des Recherchierens, Nachforschens und Analysierens immer klarere Konturen gewinnt. Der Protagonist durchläuft auf dieser Irrfahrt also eine Entwicklung, die ihn am Ende derselben als gewandelten Menschen erscheinen lässt. Begleitet wird dieser Bewusstseinsprozess von breit angelegten Reflexionen und Debatten über die Kunst und das Künstlertum, in denen es immer wieder auch um das Verhältnis von Kunst und Leben geht. Die Klammer dieser beiden Form- und Inhaltsdimensionen des Romans ist freilich erneut ein zentrales Gestaltungselement des Kriminalromans: die nicht erzählte Vorgeschichte des Bildes. Im Kriminalroman umfasst – nach Edgar Marsch[247] – die so genannte „Vorgeschichte (VG)" jenen nicht erzählten Teil des Kriminalfalles, den der Detektiv auflösen muss, um die Identität des Täters, seine Motive und seine Vorgehensweise zu klären. Die weiteren Kategorien des von Marsch entwickelten Grundschemas der Kriminalerzählung, das bis heute gebräuchlich ist, umfassen die Elemente Fall (F), Detektion (D) und Erzähleinsatz (EE). Eine Anwendung dieser Formschemata auf Modicks Roman zeigt, dass der Text zentrale Strukturmerkmale des Krimigenres adaptiert. Es ergibt sich der folgende Konstruktionsplan:

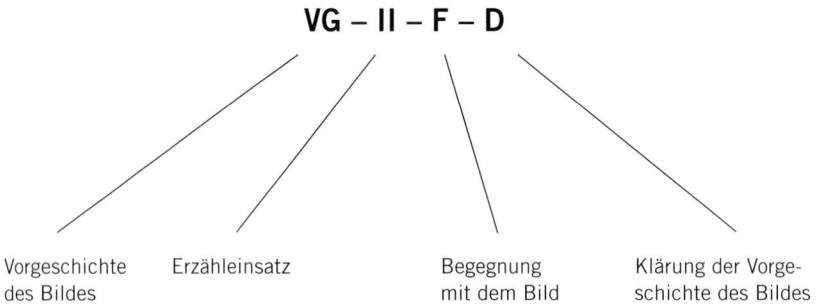

VG – II – F – D

| Vorgeschichte des Bildes | Erzähleinsatz | Begegnung mit dem Bild | Klärung der Vorgeschichte des Bildes |

Abb. 4: Grundschema der Kriminalerzählung (nach E. Marsch)

Der Erzähleinsatz des Romans beginnt mit einer Alltagsszene: Jessen versucht während einer sommerlichen Hitzeperiode an einem Auftrag zu arbeiten, der bald fertig werden muss. Da seine Arbeit nicht fortkommt, entschließt er sich, an den Strand zu fahren, später trifft er sich mit einer jungen Frau aus einer großen Werbeagentur zum Abendessen. Es gerät auf dem Weg zum Restaurant in ein Gewitter und stellt sich vor dem Schaufenster eines Trödelladens unter, in dessen Auslage ihm das seltsame Bild erstmals begegnet:

Direkt vor ihm stand, auf einem Gründerzeit-Buffet, ein Ölgemälde in einem ausladenden Goldrahmen. Es zeigte zwei rote Flugzeuge, jene Doppeldecker, die er wegen des Ineinanders von Bild und Spiegelbild eben am Himmel gesehen zu haben glaubte. Die Flugzeuge standen auf einem nahezu farblosen, gleichwohl unruhig wirkenden Hintergrund. Eine der Maschinen schien zu stürzen, war in der Bewegung auf den linken, unteren Bildrand festgehalten und zog einen weißen Schleier hinter sich her. Aufmerksamkeitswert Eins A, dachte Jessen. Aus dem Motor schlugen Flammen, der Schleier war Rauch, und Jessen war er im ersten Moment vorgekommen wie die Kondensstreifen, die er heute Nachmittag beobachtet hatte. Kriegskitsch, dachte er. Vierzehn-Achtzehn, stieß sich von der Scheibe ab und ging kopfschüttelnd weiter (GdK, 24).

Die kurze, zufällige Begegnung mit dem Bild verwandelt Jessen. Zunächst kann er sich die Veränderung, die mit ihm vorgegangen ist, nicht erklären: „Da war etwas. Es hatte sich in ihm eingenistet. Bohrte. Rumorte" (GdK, 35). Er beschließt, das Gemälde zu kaufen und sucht den Laden ein zweites Mal auf. Jessen trifft den Eigentümer nicht an, der Laden ist geschlossen. Dabei mustert er erneut das Bild, das eine eigentümliche Sogwirkung auf ihn ausübt. Das Gemälde strahlt eine bedrückende Leere und zugleich magische Anziehungskraft auf den betrachtenden Jessen aus, der sich diesem Zwang kaum zu entziehen weiß: „Er spürte ein Ziehen im Nacken, wandte sich gewaltsam ab, blickte die Straße hinunter, die flimmernd vor sich hin döste" (GdK, 37). Jessen sucht den Laden ein drittes Mal auf und kauft das Bild für einen geringen Preis. Kurz darauf wirft eine seltsame Lebenskrise den jungen Grafiker aus seinem geregelten Lebensablauf: Er verlässt überstürzt seine Arbeit und seine Geliebte und kehrt erst Wochen später wieder nach Hamburg zurück. In einem Entschuldigungsbrief an Kathie, seine Freundin, äußert er den Verdacht, dass das Bild vielleicht an diesem Zusammenbruch schuld ist: „Ich war so überreizt, so gestresst, daß ich sogar auf die fixe Idee kam, das Bild, das ich damals bei Wuttke gekauft hatte, hätte etwas Entscheidendes mit meinem Zustand zu tun, würde mich beeinflussen, mich negativ bestrahlen … In der Tat eine irre Vorstellung! Wenn ich heute darüber nachdenke, muß ich lächeln" (GdK, 98). Nach seiner Rückkehr reguliert sich sein Leben wieder schnell und Jessen kehrt zu seinen alten Gewohnheiten zurück, der Stachel in seinem Bewusstsein aber bleibt. Als die Ängste und Verunsicherungen ihn erneut überfallen, beginnt der junge Grafiker zu begreifen, dass die in ihm schwelende Lebens- und Sinnkrise durch das seltsame Gemälde hervorgerufen worden ist: „Es war das Bild, dort hatte er das alles schon einmal gesehen" (GdK, 105). Mit dieser Erkenntnis des Helden leitet der personale Erzähler einen Detektionsprozess ein, der mehr als Dreiviertel des gesamten Romans einnimmt: die Geschichte des Gemäldes und seines Urhebers wird rekonstruiert. Und obwohl diese Geschichte nichts Kriminelles enthüllt, gewinnt der Roman durch den analytischen Rekurs auf diese ungeklärte Vorgeschichte eine enervierende Zielspannung. Das eigentlich Kunstvolle an dieser narrativen Konstruktion ist, dass es dem Autor gelingt, diese Spannung über knapp 350 Seiten nicht nur aufrecht zu erhalten, sondern auch noch zuzuspitzen und zu steigern. Modicks wichtigstes Hilfsmittel dabei ist die poetische Synthese von innerer und äußerer Geschichtsschreibung. Das Bild wird zum Reflektor und Spiegel personaler Biographien und zeitgeschichtlicher Vorgänge, der Roman gewinnt auf diesem Wege schließlich auch noch eine ausgeprägte historische Dimension und mutiert über weite Strecken zu einem Zeitroman.

Analog zum Kriminalroman werden also auch in diesem Roman nicht nur die Person des „Täters" enthüllt und seine Motive aufgeklärt, sondern seine Taten selbst – bei Modick ist es die Erschaffung des Gemäldes – konstituieren den Ausgangspunkt der Nachforschungen. Die komplizierte Sprache dieser „Tatäußerungen" muss, bevor man nach dem Täter selbst sucht, zuvor dechiffriert werden. In Modicks Künstlerroman sind es die verschiedenen Aussageschichten des Gemäldes, die von den Detektiven erst abgetragen werden müssen, bevor sie den Blick freigeben auf den eigentlichen Verfasser und seine ungewöhnliche Lebens- und Künstlergeschichte.

Begleitet und potenziert werden die Nachforschungen der Kunstdetektive von einer ausgeprägten „Semantik des Geheimen"[248], wie sie in englischen Schauerromanen des 18. und 19. Jahrhunderts und im englischen Spionageroman des 20. Jahrhunderts begegnen. Insbesondere die Kontrastierung der übernatürlichen, irrationalen Wirkung des Bildes und der Arithmetik des Alltags, wie sie sich im Dasein des Helden Michael Jessen widerspiegelt, erinnert stark an Erzählmuster der *Gothic Novel*, etwa an Passagen aus Horace Walpoles *The Castle of Otranto* (1764).

Auffällig sind daneben auch Analogien zur Erzähltechnik des Spionageromans bei Eric Ambler, der häufig Helden auftreten lässt, die in der Auseinandersetzung mit einer bedrohlichen Umwelt als Persönlichkeit wachsen und an Profil gewinnen: „Das gewonnene Wissen über die Welt dient dem amblerschen Protagonisten ... dazu, seine individuelle Position in der politischen Auseinandersetzung zu definieren und sich individueller Werte bewußt zu werden, die die Konfrontation mit dem Geheimnis bestärkt."[249] Dieser Entwicklungs- und Bewusstwerdungsprozess findet seine Entsprechung auch in der Figur des Michael Jessen, der durch die Auseinandersetzung mit dem Geheimnis des Bildes zu einem anderen Kunst- und Lebensverständnis findet. Die wenigen, in einem Aufriss gezeigten, Merkmale des Romans sollten verdeutlicht haben, wie zentral die Funktion kriminalliterarischer Erzählmuster für die epische Dramaturgie dieses Romans ist.

Eine ähnlich starke Zurückwendung auf Gestaltungselemente des Kriminalromans kann auch in einem der erfolgreichsten Romane der 90er Jahre nachgewiesen werden, der in dieser kleinen Beispielsammlung den Abschluss bilden soll: die Rede ist von Bernhard Schlinks Bestseller *Der Vorleser* (1995). Der zunächst überwiegend positiv bewertete Roman über die tragische Liebesgeschichte eines Jugendlichen und einer 36-jährigen attraktiven Unbekannten, die spurlos verschwindet und später als nationalsozialistische Kriegsverbrecherin enttarnt wird, ist in den letzten Jahren einer zunehmend kritischeren Beurteilung unterworfen worden. Die Kritik richtet sich vor allem gegen die zahlreichen ästhetischen und inhaltlichen Defizite des Romans, auf die zwar schon frühzeitig von vereinzelten Rezensenten aufmerksam gemacht worden war, die aber in der Anfangseuphorie über den unglaublichen Verkaufs- und Rezeptionserfolg des Romans weitestgehend ausgeblendet wurden.[250]

Von den jüngeren Stellungnahmen sei vor allem der harsche Verriss von Moritz Baßler erwähnt, der die erzählerische „Engführung von Minderjährigen-Sex und Auschwitz"[251], wie er sich ausdrückt, „einigermaßen unappetitlich"[252] findet und „die Anmaßung der Opferrolle … [als] das eigentlich Geschmacklose der Konstruktion"[253] herausstellt. Die angesprochenen Wertungsprobleme in der Auseinandersetzung mit Schlinks Roman interessieren im Kontext dieser Untersuchung freilich weniger. In den Vordergrund soll hier die Untersuchung narrativer Grundmuster des Romans gestellt werden, die auf Vorbilder der Kriminalliteratur zurückzuführen sind.

Dass Schlink in diesem Roman auf spezifische Erzählmuster des Krimigenres zurückgreift, vermag dabei nicht weiter zu verwundern, da der Autor – lange bevor er diesen Roman schrieb – sich bereits als Kriminalroman-Autor einen Namen gemacht hatte. Als Schlink den *Vorleser* publizierte, hatte er bereits drei Kriminalromane geschrieben und die Mutmaßung, er habe bei der Abfassung seines ersten Romans auch von der Professionalität seiner kriminalliterarischen Bemühungen profitiert, kann als nahe liegend bezeichnet werden. Seltsamerweise scheint diese Sichtweise bisher bei der literarischen Beurteilung dieses Romans keine Rolle gespielt zu haben.[254] Eine Analyse des Erzählverlaufs unter Berücksichtigung der von Marsch aufgestellten narrativen Kategorien zeigt allerdings die Ähnlichkeiten mit den Standardschemata kriminalliterarischer plots sehr deutlich:

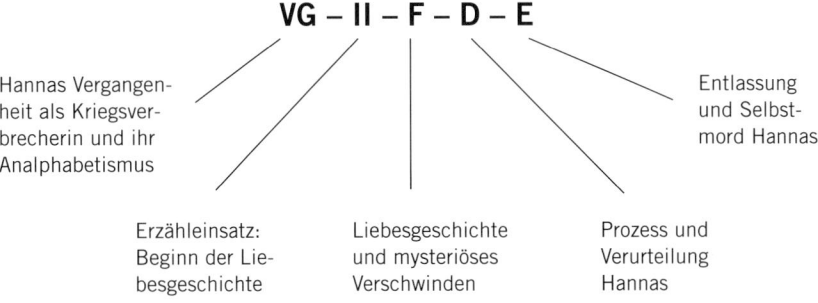

Abb. 5: Erzählverlauf im Roman „Der Vorleser" von Bernhard Schlink

Wie schon in Modicks *Das Grau der Karolinen* wird das Phantasma der Erzähl-
spannung von einem Geheimnis gespeist, das der Roman sehr früh exponiert:
die ungeklärte Identität von Michael Bergs seltsamer Liebhaberin. Der auktoriale
Ich-Erzähler des Romans versucht von Beginn an, den Leser auf die Spur des
Mysterösen und Rätselhaften dieser Herkunft zu setzen: „Ich wußte den Namen
der Frau nicht."[255] Die selbstreferentielle Verbergungstechnik des Erzählers bestimmt daneben auch die räumlichen Deskriptionen des Verfahrens: „Von den
anderen Bewohnern des Hauses lernte ich nie mehr kennen als diese Gerüche,
die Fußabtritte vor den Wohnungstüren und die Namensschilder unter den Klin-
gelknöpfen. Ich erinnere mich nicht, im Treppenhaus jemals einem anderen Be-
wohner begegnet zu sein" (Vorleser, 12 f.). Selbst in den mimetischen Teilen der
Erzählung dominieren Verrätselungsstrategien, wie das nachfolgende Beispiel
belegt:

> ‚Wie heißt du?' Ich fragte sie am sechsten oder siebten Tag. Sie war auf mir eingeschlafen
> und wachte gerade auf. Ich hatte bis dahin die Anrede, das Sie und das Du vermieden.
> Sie fuhr hoch. ‚Was?'
> ‚Wie du heißt!'
> ‚Warum willst du das wissen?' Sie sah mich misstrauisch an (Vorleser, 34 f.).

Die geschilderten Phänomene werden in der Erzählforschung zur Kriminalliteratur als ein extradiegetisches Erzählverfahren beschrieben:[256] Ein Detektiv – etwa
Raymond Chandlers Figur Philip Marlowe – beschreibt als Ich-Erzähler seinen ei-
genen Fall, d. h. der Erzähler schildert dem Leser in einer eigenen Erzählung die
Geschichte seines Falles. Die Spannung zwischen diesen beiden Geschichten ist
eine der zentralen narrativen Konstituenten des Kriminalromans. Die besondere
Aufgabe des Krimi-Autors besteht nun darin, eine fruchtbare Mischung von ver-
bergendem und enthüllendem Erzählen zu inszenieren, um den Leser zu fesseln.
Nichts anderes geschieht über weite Strecken in Schlinks Roman *Der Vorleser*.
Der Kriminalroman-Autor Schlink verwendet dasselbe Erzählverfahren, das auch
schon in seinen vorangegangenen Kriminalromanen Verwendung gefunden hat.
Zum Vergleich sei die Einleitung von *Selbs Betrug* (1992) in Erinnerung geru-
fen:

> Sie erinnerte mich an die Tochter, die ich mir manchmal gewünscht habe. Wache Augen, ein
> Mund, der gerne lacht, hohe Wangen und volle braune Locken bis auf die Schultern. Ob sie
> klein war oder groß, dick oder dünn, krumm oder gerade, zeigte das Photo nicht. Es war nur
> ein Passbild.
> Ihr Vater hatte mich angerufen, Ministerialdirigent Salger aus Bonn. Seit Monaten sei die
> Familie ohne Nachrichten von Leonore. Man habe zuerst einfach gewartet, dann bei Freun-
> den herumtelefoniert, schließlich die Polizei benachrichtigt. Nichts (SB, 5).

Die Ausgangsposition ist in beiden Romanen dieselbe: Der Detektiv ist in eine Frau verliebt, deren Identität und Geschichte unbekannt ist. In beiden Fällen haben wir es mit einem ungleichen Paar zu tun: In *Selbs Betrug* ist der Möchtegern-Liebhaber Gerhard Selb schon gut 40 Jahre älter als sein Liebesobjekt, in *Der Vorleser* ist der junge Michael Berg 20 Jahre jünger als seine Liebhaberin. In beiden Konstellationen wird mit gesellschaftlicher Exterritorialität gespielt: In Selbs Beziehung wird das Inzest-Motiv verarbeitet, in Michael Bergs Liebesbeziehung zu Janna Schmitz das Motiv der Minderjährigen-Verführung. Beide Romane thematisieren die Suche nach der Unbekannten und reflektieren zugleich die Veränderungen, die bei den Nachforschungen im Bewusstsein des Helden sichtbar werden. In beiden Fällen führen die Ermittlungen im Fall der schönen Unbekannten auch zu einer Aufklärungsleistung in Sachen der eigenen Person. Die Beziehungen der beiden Paare komplizieren sich vor allem durch das lückenhafte Wissen über den weiblichen Partner. Im Fall der Leonore Salger ist es die verschwiegene pseudo-terroristische Vergangenheit der jungen Frau und das unüberschaubare Geflecht geheimer Beziehungen und Verwicklungen, das an dieser Vergangenheit hängt, im Fall der Hanna Schmitz ist es das Geheimnis ihrer Vergangenheit als Kriegsverbrecherin und ihres verborgenen Analphabetismus. Die Strukturähnlichkeit der beiden Erzählplots scheint ein weiteres Indiz dafür zu sein, dass Schlink die Architektonik seiner Erzählmuster in seinen Romanen kaum verändert hat.

Auffällig ist in diesem Kontext auch, dass in den Kriminalromanen bestimmte Handlungsszenerien präkonfiguriert werden, auf die der Autor später im *Vorleser* wieder zurückgreift. So etwa der Besuch bei und das Gespräch mit Holocaust-Überlebenden in Amerika. Die im dritten Teil des *Vorlesers* beschriebene Szenerie dürfte ihr Vorbild in Gerhard Selbs Besuch bei der Frau des jüdischen Professors Weinstein haben (SJ, 209 f.). Adaptionen sind auch die – teilweise rabiaten – Beziehungskrisen des jungen Michael Berg mit seiner Liebhaberin; das Pendant findet sich in Schlinks *Gordischer Schleife*. Das Verhältnis des gestrandeten Gelegenheitsübersetzers Georg Polger zu der rätselhaften Francois Kramski weist ähnliche Muster auf wie das des Vorlesers Michael Berg. Als Polger seine Geliebte, die ihn – wie sich später herausstellt – ausspioniert, bittet, ihn zu heiraten, reagiert diese überraschend sehr abweisend und kühl: „Sie löste sich aus der Umarmung, machte das Licht an und setzte sich auf. Sie sah ihn verzweifelt und abweisend an. ‚Warum kannst du es nicht lassen, wie es ist? Warum musst du immer drängen? Mich in die Ecke treiben?'."[257] Seine immer drängenderen Fragen nach den Gründen für ihr merkwürdiges Verhalten werden auf die gleiche Art und Weise abgewiesen, wie sie auch bei Hanna Schmitz begegnet: „Sie ... beschimpfte ihn mit ihrer Kleinmädchenstimme, die quengelig und nörgelig wurde und mit Sätzen, die mit ‚im Ernst' und ‚lass dir eins sagen' und ‚wenn du nicht endlich' anfingen. Er wusste nicht wie reagieren, stand mit rotem Kopf da."[258] Später, so liest man, „drängte [sie] sich in seine Arme"[259] und löst den aufkeimenden Argwohn ihres Liebhabers mit sexueller Zuwendung und Bereitwilligkeit. Ein vergleichbares Abhängigkeitsverhältnis begegnet auch in der Beziehung zwischen Hanna und Michael. Über das Ritual dieser Auseinandersetzungen berichtet der Erzähler:

> Ich hatte nicht nur diesen Streit verloren. Ich hatte nach kurzem Kampf kapituliert, als sie drohte, mich zurückzuweisen, sich mir zu entziehen. In den kommenden Wochen habe ich nicht einmal mehr kurz gekämpft. Wenn sie drohte, habe ich sofort bedingungslos kapituliert. Ich habe alles auf mich genommen. Ich habe Fehler zugegeben, die ich nicht begangen hatte, Absichten eingestanden, die ich nicht gehegt hatte. Wenn sie hart und kalt wurde, bettelte ich darum, daß sie mir wieder gut ist, mir verzeiht, mich liebt. Manchmal empfand ich, als leide sie selbst unter ihrem Erkalten und Erstarren. Als sehne sie sich nach der Wärme meiner Entschuldigungen, Beteuerungen und Beschwörungen. Manchmal dachte ich, sie triumphiert einfach über mich. Aber so oder so hatte ich keine Wahl (Vorleser, 50).

Schließlich fällt auf, dass der große Themenkomplex über die Verbrechen des Nationalsozialismus und die Schuldfrage bei Schlink durchgehend erzählerisch präsent zu sein scheint. Auch in dieser Hinsicht haben die ersten beiden Kriminalromane um den pensionierten Nazi-Juristen Gerhard Selb offenbar einen prägenden Einfluss auf den *Vorleser* gewonnen. Allerdings erweitert der Berliner Autor in seinem Roman-Bestseller das kriminalliterarische Erzählkonzept um einen Epilog. Nachdem die unerzählte Vorgeschichte der Hanna Schmitz in den ersten beiden Abschnitten des Romans aufgeklärt worden ist, muss die ungelöste Liebesbeziehung der beiden Protagonisten einen Schluss finden. Schlink löst diese Verwicklung – wie Moritz Baßler hervorhebt – auf eine sehr oberflächliche, ja triviale Art und Weise: „Hannas Selbstmord am Tag vor ihrer Entlassung befreit den nachgeborenen Helden von seiner eigenen Geschichte und ist nebenbei noch für eine angemessene Dosis Pathos gut. Realismus ist, wenn die Problematischen am Ende sterben und die Helden existentiell bereichert zurückbleiben."[260] Abseits dieser polemischen Einschätzung wird man freilich festhalten müssen, dass dieser etwas trivial anmutende Romanschluss keine grundlegende Abweichung vom kriminalliterarischen Schema der vorangegangenen Kriminalromane darstellt: In den meisten dieser Romane haben wir es mit einem schuldverstrickten Helden zu tun, den die Liebe zu einer Frau auf gefährliche Entdeckungsreisen in die eigene Vergangenheit geführt hat.

Der Aspekt des Fremden und Anderen erweist sich somit als eine Art Shifter (ein unangreifbar gleitendes Zeichen), das einem Großteil der zeitgenössischen Kriminaltexte eingeschrieben ist. Im Frauenkrimi steht Fremdheit für das narrativ aufgearbeitete Problem der Geschlechterdifferenz, im Ethno-Krimi verbirgt sich hinter dem Terminus eine genealogische Fremdheitserfahrung, im psychologischen Krimi wird Fremdheit zur Metapher für die zersetzende Alterationserfahrung, die sich am Detektiv, der Schlüsselfigur des Genres, selbst festsetzt und im zeitgenössischen Roman wird das Kriminalschema zu einem narrativen Konstruktionsmodell, das Fremdheitserfahrung durch Verrätselungsstrategien erzeugt. Aus der Perspektive einer kritisch-reflexiven Wertungsdidaktik ist mit diesem Strukturmoment gleichsam ein metadiskursives Arbeitsprinzip gewonnen, denn Differenz- und Alterationserfahrung sind zentrale Zielpunkte einer neuen Didaktik des Kriminalromans.

e) Exkurs: Medial beeinflusste Konfigurationsmuster aus didaktischer Sicht

Das Genre Kriminalroman zeichnet eine große Anbindungsfähigkeit und Offenheit für neue, medial beeinflusste Darstellungsmuster aus; Gabriela Holzmann hat die Anbindung des Krimis an die medialen Diskursformationen des 19. und 20. Jahrhundert zuletzt am eindrucksvollsten herausgearbeitet.[261] Im telematischen Zeitalter sind es freilich nicht Fernsehen oder Rundfunk, sondern das Internet als neue Kommunikationsplattform und das PC- oder Video-Spiel, die ihren Einfluss immer stärker geltend machen. Die Gattung ist – was sie aus didaktischer Perspektive besonders interessant erscheinen lässt – somit gleichsam an einer Schnittstelle von Text und digitalem Medium situiert. Eine pädagogische Auseinandersetzung mit diesem literarischen Genre berührt damit zugleich auch zwangsläufig das Spannungsverhältnis von Deutschunterricht und Medienkunde. Schon 1997 hatte Jutta Wermke in diesem Kontext gefordert, „daß nicht von ‚Buch und Medien' die Rede sein kann, sondern vom Buch als einem Medium unter anderen"[262]. Für Wermke und viele andere Didaktiker kann Deutschunterricht in einer Medienkultur nur ein „integrativer Deutschunterricht sein ..., weil sein traditioneller Gegenstandsbereich – das Buch bzw. die Buchkultur – nur noch bedingt isoliert betrachtet werden kann"[263]. Aus dieser didaktischen Perspektive ist es auch nachvollziehbar, wenn „die Rezeptionserfahrungen der Schüler mit den verschiedenen Medien als für den Deutschunterricht relevant [angesehen]"[264] werden. Hier ergeben sich eine ganze Reihe von Ansatzmöglichkeiten für einen intermedial gestalteten Literaturunterricht, in dem das Genre des Kriminalromans eine Hauptrolle spielt.

Vor allem der Bereich der PC-Spiele scheint eine wichtige Schnittlinie zwischen den digitalen Medien und dem Genre des Kriminalromans zu sein. Eine erstaunliche Fülle von Videospielen setzt sich auf dem digitalen Terrain mit dieser literarischen Form auseinander. Dabei lassen sich zwei Grundzüge in der Konzeption dieser so genannten *Adventure-Spiele* unterscheiden: Hier wäre zunächst die narrative Komponente zu nennen, die sich insbesondere in der Konzeption der Heldenfigur widerspiegelt. Der Spieler schlüpft gleichsam in die Rolle einer Figur, die zu Beginn des Spieles ein bestimmtes Handlungsprofil besitzt, das aber im Verlauf der Handlung weiterentwickelt werden muss, damit eine Lösung der gestellten Probleme erreicht werden kann. Einige der ersten PC-Spiele, die sich auf dieses Handlungskonzept gestützt haben, sind die Abenteuer von *Indiana Jones*. Die nach den Spielberg-Filmen konzipierten Spiele, die bereits vor über zehn Jahren von Lucasfilm-Games auf den Markt gebracht wurden, haben in dieser Hinsicht ästhetische Maßstäbe gesetzt. Das Schema dieser Spiele folgt dabei den cineastischen Vorgaben der Hollywood-Filme: Action, eine interessante Story, bissig-humorvolle Kommentare, Nazi-Schergen zum Verprügeln und eine attraktive Begleiterin. Die Ermittlungen des Archäologie-Professors Jones werden in den PC-Spielen durch interaktive Module vorangetrieben, in denen der Spieler durch Kombinationsgabe und Kreativität bestimmte Problemsituationen, die sich dem virtuellen Helden stellen, bewältigt. Diese Lösungsmöglichkeiten werden, wie Lennart Koch ausführt, in der Regel „im Multiple-Choice-Verfahren angeboten"[265]. Der Spieler muss also – um ein Beispiel zu nennen – bei einem Dialog eine Antwort wählen, die das Geschehen in eine bestimmte Richtung treibt. Der hohe Identifikationsgrad dieses virtuellen Handelns – verbunden mit einer immer realistischeren Darstellungstechnik – begründet den großen Erfolg dieser Spiele bei Kindern und Jugendlichen. Nur in diesem Medium ist es möglich, dass ein Spieler „als Rezipient in die aktive Handlungskompetenz des Protagonisten"[266] hineinschlüpft. Das Problem des Spielers, verschiedene digitale Handlungspartikel zu einer sinnvollen Geschichte zu verknüpfen, konturiert eine Aufgabenstellung, die dem hermeneutischen Prozess beim Verstehen von Texten vergleichbar ist.[267]

In der Mehrzahl der auf dem Markt angebotenen Computerspiele begegnet das Element des Narrativischen freilich als Schwundstufe. Bei diesen Simulationsspielen wird die Dimension des Erzählerischen zugunsten des Action-Elements auf ein Mindestmaß reduziert. Hier spielt die Geschichte allenfalls im Vorspann oder in ausgewählten Knotenpunkt-Szenen des digitalen Handlungsablaufes eine Rolle. Zu diesem Genre von Spielen zählen etwa die Abenteuer der modernen Schatzsucherin *Lara Croft* oder die Abenteuer des amerikanischen Detektivs *Max Payne*, der sich wild schießend seinen Weg durch den Dschungel einer amerikanischen Großstadt bahnt. Eine ausgefeilte Slow-Motion-Technik lässt die Brutalität der Darstellung in diesem Adventure-Game als besonders bedenklich erscheinen: Dem Spieler wird durch diese Zeitlupentechnik die Möglichkeit geboten, den Aufprall seiner Geschosse beim Gegner in jeder Einzelheit zu studieren und die Tötung seines digitalen Gegenübers „ästhetisch" zu genießen. Dass bei solchen Darstellungs- und Effektmustern eine gefährliche Grenze überschritten wird, muss hier nicht eigens betont werden. Der hohe Verbreitungsgrad gerade solcher Spiele unter Jugendlichen zeigt aber, welche Gefahren hier drohen.[268] Wermke hat die digitalen Darstellungsmuster, die hier zum Tragen kommen, wie folgt beschrieben:

> Die schnelle Schnittfolge, die Auflösung komplexer narrativer Strukturen zugunsten assoziativ geknüpfter Bild-Ton-Teppiche, die lineare Handlung als Vorwand für Bewegungsmuster, Bewegungen, die je nach Genre mehr als Auto-Ralleys [sic!] oder als Schießereien präsentiert werden und bei denen visuelle oder akustische Ereignisse dominieren können.[269]

Ein integrativer Deutschunterricht, der die spezifische medienästhetische Sozialisation seiner Schüler/innen berücksichtigen will, muss „nach Möglichkeiten … suchen, die Ziele des Deutschunterrichts mit dem Wissen der Schüler zu
verbinden, das sie in anderen Medienkontexten erworben haben"[270]. Für dieses
Vorhaben liefern die verschiedenen medial geprägten Konfigurationsmuster der
Kriminalliteratur eine ganze Reihe von Möglichkeiten. An einigen ausgewählten
Beispielen kann dies – zumindest in einem Überblick – verdeutlicht werden.

Hier wären zunächst die zahlreichen hypermedialen Detektivgeschichten zu
nennen, die auf dem Markt sind. Über die didaktische Dimension von Hyper-
medialität heißt es in dem von Werner Faulstich herausgegebenen Materialienband *Grundwissen Medien*:

> Unter *didaktischen Aspekten* erscheinen Hypermedia-Systeme kognitiv insofern als angemes-
> sen, als das Wissen, dessen Erwerb allgemeines Ziel von Informieren und Lernen ist, im
> menschlichen Gehirn in vernetzten, topologischen, nicht-linearen Strukturen organisiert ist.
> Unter dieser Annahme kann die Wissensaufnahme über eine vergleichbare Organisations-
> form, wie sie durch die Hyper-Struktur angestrebt wird, effizienter sein als eine Aufnahme,
> die den ‚Umweg‘ über lineare Präsentationsformen nimmt.[271]

Eine der bekanntesten Reihen, die sich andauernder Beliebtheit erfreut, wird von
der Firma Tivola produziert: Es sind die Geschichten um TKKG. Die schon seit
Jahren auf dem Buchmarkt präsenten Geschichten um ein Quartett von jugendlichen Detektiven werden seit den frühen 90er Jahren mit großem Erfolg auch
auf CD-ROM als hypermediale Detektivgeschichten verlegt. Das Schema dieser Geschichten und ihrer hypermedialen Organisation ist dabei über die Jahre
gleich geblieben. Jede der Detektivgeschichten beginnt in einem Eis-Café – dem
Versammlungsort des Quartetts – mit der Exposition eines kriminalistischen Problems. An diesem Ort versammeln sich die Protagonisten stets am Beginn und
am Ende eines Falles. Den einzelnen Figuren Tim, Karl, Klößchen und Gaby,
die dem Quartett seinen Namen geben, werden daneben bestimmte Fähigkeiten und Handlungsprofile zugeschrieben, die für die Lösung der anstehenden
Ermittlungsprobleme hilfreich sein können. Der übergewichtige Willi Sauerlich,
der den Spitznamen „Klößchen" trägt, ist beispielsweise Fachmann für Scho-
koladenprodukte aller Art. In der ersten Detektivgeschichte, *Katjas Geheimnis*,
ist sein Wissen für die Aufklärung des Falles von zentraler Bedeutung. Erst ein
aufgefundenes Schokoladenpapier bringt das Detektiv-Quartett auf eine heiße
Spur. In einem Gespräch mit seinem Vater, einem Schokoladenfabrikanten, erfährt Willi, wo das Konfekt verkauft wird und ob es ein Massenprodukt ist oder
zu einer ganz speziellen, seltenen Sorte gehört. Tim ist der sportliche, durchtrai-
nierte Mitstreiter, der immer dann zum Einsatz kommt, wenn es brenzlig wird.
Karl ist der Computerfachmann und scharfsinnige Denker, der Probleme logisch
analysieren kann, und Gaby ist diejenige, die mit Tieren besonders gut umgehen

kann und im Umgang mit Menschen besondere Fähigkeiten hat. Spieler, welche die einzelnen Fähigkeiten der Figuren nicht so gut kennen, können über den Menüpunkt *Die Detektive* die biographischen Daten und das Handlungsprofil der verschiedenen Akteure studieren und sich informieren.

Der Ausgangsort der Ermittlungen wird visuell durch eine Stadtkarte markiert, in die verschiedene Hyperlinks integriert sind. Der Spieler hat nun die Möglichkeit, mit einer der vier Figuren seine Ermittlungen aufzunehmen und kann über die Hyperlinks bestimmte Orte aufsuchen und Personen befragen. Die hypertextuelle Struktur des Computer-Spiels, dessen zentrales Organisationsmerkmal „Nichtlinearität und Multimedialität"[272] ist, erlaubt es dabei, die verstreuten Textbausteine und Einzeltexte zu einer kohärenten Geschichte zusammenzufügen. Der Spieler rekonstruiert also auch in der digitalen Umgebung die unerzählte Geschichte eines Falles, indem er Mosaikstein für Mosaikstein an Informationen sammelt, um ein komplettes Bild des Falles zu bekommen. Ein digitaler Karton, der auf der unteren Leiste der Ausgangsmaske liegt, dient dazu, wichtige Indizien oder Werkzeuge zu deponieren und bei Gelegenheit zu studieren oder zu benutzen (etwa Schlüssel oder Dokumente).

Koch hat zutreffend in seiner Analyse des Adventure-Spiels hervorgehoben, dass „der Spieler nicht auf einen einzigen festen Handlungsablauf festgelegt [ist], in dem es ihm gelingt, bestimmte Aufgaben zu erledigen"[273]. Vielmehr kann er an einzelnen Knotenpunkten alternative Lösungswege beschreiten, die allerdings stets wieder auf den Hauptstrang der Handlung zurückführen. Je mehr Abweichungsmöglichkeiten ein digitaler plot bietet, desto stärker wird die Illusion aktiver Entscheidungsfindung beim Spieler gefördert, ein Merkmal bei PC-Spielen, das man mit dem Terminus „Spieltiefe" belegt hat. Ein Computerspiel, das eine geringe Spieltiefe hat, gestattet bei der Lösungsfindung nur wenige Abweichungen, ein Spiel mit großer Spieltiefe erlaubt eine Fülle von alternativen Lösungsmöglichkeiten. Entscheidend ist darüber hinaus, dass einzelne Lösungsabschnitte in einer bestimmten Reihenfolge durchlaufen werden: „Unter Umständen kommt man also, obwohl man die Lösungsstruktur an einem Knotenpunkt erkannt hat, dort nicht weiter, weil an einem anderen Knotenpunkt der Durchgang noch nicht geöffnet wurde."[274] Ein anderes Moment, das von Bedeutung ist, konturiert sich in den Wiederholungsmustern, die für ein Computerspiel genuin sind: Das Scheitern des Spielers in einer bestimmten Szene des Spiels führt zu einer Wiederholung der Aktion und – bei perpetuierendem Versagen – zwangsläufig zu einer Suche nach alternativen Lösungen. Dieses Verfahren scheint dem Lektüreprozess durchaus vergleichbar zu sein, denn auch hier führt die Wiederholung häufig zu einem Erfahrungsgewinn, da der Text bei jedem Rezeptionsvorgang anders als zuvor wahrgenommen wird.

Die enge Verknüpfung zwischen dem interaktiven Medium PC-Spiel und benachbarten Medien wie Film oder Buch wird bei vielen Produktionen auf diesem Sektor deutlich. Neben den altbekannten TKKG-Spielen, welche als digitale Fortsetzung der erfolgreichen Buchserie auftreten, lässt sich das Phänomen dieser „mobilen Kinderkultur, die meist mehrfach im Medienverbund situiert und abgesichert ist"[275], an vielen Beispielen studieren. So etwa an dem neuen Kinderhelden Harry Potter, dessen Abenteuer sich nicht mehr nur auf das Medium Buch begrenzen, sondern auch das cineastische und digitale Medium erobert haben: Mittlerweile gibt es mehrere Harry-Potter-Filme und auch einige PC-Spiele zu dieser Heldenfigur. Unter umgekehrten Vorzeichen verläuft die Rezeption im Falle des amerikanischen Archäologen Indiana Jones, der zunächst im filmischen Medium durch die markante Darstellung des Schauspielers Harrison Ford Berühmtheit erlangte, bevor er auf den heimischen PC-Bildschirm kam. Ein ähnlicher Prozess war bereits schon bei den Videospielen zu beobachten gewesen, die im Schatten der bekannten Star-Wars-Trilogie von Lucasfilms bereits in den 80er Jahren den Videospiele-Markt überschwemmten und dem Filmverleih einen warmen Regen von Tantiemen einbrachte. Neuartig und überraschend ist schließlich, dass dieser mythenbildende Effekt auch vom digitalen Medium ausgehen kann: Das Beispiel der attraktiven PC-Detektivin Lara Croft zeigt, welche zentrale Rolle der PC mittlerweile in unserem Medienverbund eingenommen hat. Hier erlangt zum ersten Mal das digitale Heldenkonstrukt einen solchen Bekanntheitsgrad, dass die benachbarten Medienbereiche Film und Buch sich veranlasst sehen, das populäre Heldentableau in das eigene Medium zu transformieren. Dass diese multimedialen Vernetzungen, die einen elementaren Grundzug der zeitgenössischen Medienkultur aufzeigen, gerade aus didaktischer Perspektive von besonderem Interesse sind, dürfte in diesem kurzen Problemaufriss deutlich geworden sein.

Der Detektivroman als PC-Spiel repräsentiert freilich nicht das einzige neue Konfigurationsmuster des Genres, das sich in unserer Medienlandschaft verbreitet hat. Neuartige digitale Muster der hypermedialen Detektivgeschichte begegnen daneben vor allem im Internet als so genannte Hypertexte oder als Hyperfiction. Beat Suter definiert den Terminus wie folgt:

> Eine Hyperfiction ist ein elektronischer Hypertext, der Text als Gewebe oder Textur versteht, an der ständig weitergeflochten wird. Einzelne Texteinheiten werden innerhalb und außerhalb eines Dokumentes auf assoziative, nicht-sequenzielle Weise, d. h. in der Struktur eines Rhizoms oder Baums miteinander verbunden. Der Leser erhält damit die Möglichkeit, verschiedenen Gewebefäden und damit auch Erzählsträngen zu folgen, ja, er muss neue Fäden finden und sie (weiter)spinnen. Somit hat er beim Lesen die Möglichkeit, mehrere Informationen oder Texteinheiten in eine neue Abfolge zu bringen und damit einen neuen Zusammenhang eigenschöpferisch zu kreieren.[276]

Im Bereich der Kriminalliteratur hat es schon eine ganze Reihe von Versuchen gegeben, die Gestaltungsmuster des neuen Mediums auf das Genre zu übertragen. Zu erinnern wäre etwa an Stephen Kings *Riding the bullett*, ein Internet-Roman, der als so genanntes eBook für 2,50 Dollar aus dem Internet heruntergeladen werden kann.[277] Bedeutsam ist in diesem Zusammenhang, dass der vermutlich erste Hypertext-Roman in deutscher Sprache ein Detektivroman ist: Norbert Ohlers *Die Quotenmaschine*[278]. Ohlers erzählt in diesem Hyperfiction-Roman die Geschichte des stummen Detektivs Maxx Rutenberg, der ein Abbruchhaus am Ufer des Hudson Rivers in Hoboken bewohnt und der nur noch per E-Mail mit seiner Außenwelt kommuniziert. Sein einziger Fall ist ein Mord, den er vor einiger Zeit unter anderem Namen selbst begangen hat.

Ein anderes hypertextuelles Kriminalroman-Projekt wurde 1999 in Angriff genommen. In Zusammenarbeit mit dem Fraunhofer-Institut für Software- und Systemtechnik ISST hatte der SWR in diesem Jahr eine digitale Kommunikationsplattform entwickelt, die es erlaubte, einen Netz-Krimi zu erstellen, der sich auf die E-Mail-Beiträge seiner Zuhörer stützte.[279] Sehr schnell haben daneben auch einschlägige Schulbuchverlage erkannt, dass sich diese neue Präsentationsform besonders gut dafür eignet, didaktische Fragestellungen zu transportieren. So wirbt der Internet-Krimi *Max* des Cornelsen-Verlages auf seiner Homepage mit dem Slogan: „Du hast entschieden, wie es weiter geht."[280] Bekannt geworden ist auch das Projekt der rheinischen Krimiautoren Jörg Juretzka und Roger M. Fiedler, die mit *Enzi@n* einen Kriminalroman in 54 e-mails vorgelegt haben.[281] *Enzi@n* ist vermutlich der erste Internet-Krimi, der komplett im Netz erdacht und geschrieben worden ist. Die beiden Autoren hatten, ohne ein Handlungsgerüst für den Roman verabredet zu haben, im Winter 1999 via Mail damit begonnen, den Roman als eine Stegreifgeschichte zu komponieren. Über das Internet konnte der interessierte Leser den Roman als Mail abonnieren: Dreimal pro Woche wurde ein Mail-Kapitel an die registrierten Netz-Teilnehmer versandt, die über eine Internet-Seite mit den Autoren kommunizieren und an der Entstehung einzelner Mail-Kapitel tätigen Anteil nehmen konnten. Die „elektronische Korrespondenz"[282] der beiden Krimiautoren ist mittlerweile auch als Buch erschienen und kann bei BOD aus Norderstedt als Druckversion bestellt werden.[283]

Die Hauptpersonen dieses rasanten Roadmovies sind die beiden Detektivfiguren Igor Gorski (Roger M. Fiedler) und Kristof Kryszinski (Jörg Juretzka), die sich bei ihren Ermittlungen gegenseitig das Leben schwer machen. Beide Protagonisten sind Randfiguren der Gesellschaft. Während der heruntergekommene Kryszinski seine „irgendwo zwischen Schrottplätzen, Spielhöllen und Bahnhofspelunken angesiedelten Fälle ... eher per Zufall, denn dank gründlicher Recherche [löst]"[284], gilt Igor Gorski „Insidern als Deutschlands erfolgloser Privatdetektiv"[285]. Das Konstruktionsprinzip dieses sperrigen Kriminalromans, der über weite Strecken zu einem „zwerchfellerschütternden Slapstick"[286] mutiert, ist vielleicht am treffendsten durch die Formel „Chaos als Methode"[287] zu beschreiben. Die in Geldnöten steckenden Kryszinski und Gorski nehmen einen windigen Auftrag bei dem undurchsichtigen Unternehmer Fausto an und begeben sich auf einen gefahrvollen, illegalen Weintransport quer über die Alpen. Komplettiert wird das Trio durch Faustos Nichte Venus, eine undurchsichtige Schöne, deren

Verführungskünsten und Cleverness es immer wieder gelingt, die beiden Mitreisenden aus den unmöglichsten – meist selbstverschuldeten – Zwickmühlen herauszuholen. Die tradierten Gattungsvorgaben des klassischen Detektivromans werden in diesem temporeichen underground-Stück weitgehend außer Kraft gesetzt: Die beiden derangierten männlichen Protagonisten, die ständig von Alkohol, Geld und Geschlechtsverkehr mit Venus träumen oder vulgärsprachliche Kommentare abliefern („Du musst siegen, wenn du ficken willst"[288]), ermitteln in einem Fall, den sie durch ihr dilettantisches Verhalten selbst erzeugt haben. Die detektivische Ermittlungsarbeit ruht über weite Strecken, weil ihre Träger entweder betrunken, verhaftet oder anderweitig verhindert sind. Anstatt den Fall und seine Hintergründe aufzuklären, bemühen sich die Helden nach Kräften, die Geschichte weiter zu verrätseln und noch undurchsichtiger zu machen, als sie ohnehin schon ist. Über weite Strecken erinnert dieses Elaborat daher eher an ein absurdes Theaterstück als an einen Detektiv- oder Kriminalroman.

Der mediale Einfluss der telematischen Epoche spiegelt sich schließlich nachhaltig in einem Grundzug der zeitgenössischen Kriminalliteratur wider, den sie vermutlich von der gegenwärtig so erfolgreichen Popliteratur übernommen hat: der Archivierung zeitgenössischer Alltagskultur. Moritz Baßler gibt zu diesem Themenkomplex die folgende Erläuterung:

> Im Gegensatz zu einer Literatur des ersten Wortes, die ihre eigene Sprache als vom Zeitgeist unkorrumpiertes Werkzeug primärer, authentischer Kunst und Welterfahrung ins Feld führt …, operiert der neue Archivismus – implizit oder explizit – mit der Prämisse, dass die Kultur der Gegenwart und somit unsere Sprache – und damit die Sprache jeder möglichen Literatur – immer schon medial und diskursiv vorgeformt ist. Daraus ergibt sich die Notwendigkeit einer Literatur der zweiten Worte, die im Material einer Sprache des immer schon Gesagten arbeitet. Was von der traditionellen Warte als billiges Gemeinmachen mit den herrschenden (Konsum-, Kommerz-, Medien- etc.) Verhältnissen gedeutet wird, ist für die Autoren der Pop-Generation gar nicht anders denkbar.[289]

In der Kriminalliteratur der 90er Jahre begegnen die Spuren dieses neuen Archivismus immer wieder. Die literarischen Figuren trinken Marken-Whiskey, unterhalten sich über Sportvereine, Fußball-Weltmeisterschaften, Olympiaden, berühmte Spielfilme, Aufsehen erregende Verbrechen, diskutieren über politische Ereignisse, schnelle Autos und Vorspeisen in einem Nobelrestaurant genauso wie über junk food an der Theke eines Schnellrestaurants. Als Beispiel wäre etwa der Beginn von Jakob Arjounis drittem Detektivroman *Ein Mann, ein Mord* zu nennen, der den Protagonisten bei einer seiner Lieblingsbeschäftigungen zeigt: „Ich saß am Schreibtisch, kritzelte meine Gladbacher Mannschaftsaufstellung für ein Spiel im Jenseits in den Kalender und langweilte mich mit Herrn Kunze."[290]

Die Fantasie-Aufstellung einer Ideal-Mannschaft des großen deutschen Fußballclubs Borussia Mönchengladbach, die alle großen Spieler der vergangenen

20 Jahre vereint, streift nicht nur ein Stück Sport-, sondern auch Kulturgeschichte der Bundesrepublik Deutschland. Mit den aufgeführten Namen verbindet der informierte, sachverständige Leser etwa Kenntnisse der Biographie einzelner Spieler und ihrer gesellschaftlichen Rolle. Im Falle des Abwehrspielers Hans-Hubert Vogts wird man sich beispielsweise nicht nur an seine Laufbahn als Spieler, sondern auch als wenig erfolgreicher Bundestrainer der deutschen Nationalmannschaft erinnern. Der Hinweis auf die „himmlische Aufstellung" ironisiert einerseits den ersatzreligiösen Charakter, den die Sportart für viele angenommen hat, andererseits enthält sie einen versteckten Hinweis auf die der Kriminalliteratur eingeschriebene Thematik des Verbrechens und seiner Aufklärung.

Ein anderes Beispiel liefert Tom Zürchers rasanter Detektivroman *Tote Fische reden nicht* (1999), in dem der skurrile Schweizer Högo Sopatis auf Verbrecherjagd geht. Auch dieser Roman spielt auf eine erheiternd-ironische Weise mit den Paradigmen unserer medial geprägten Alltagswelt. So ist eine der ersten Bekanntschaften, die Högo Sopatis als Detektiv macht, ein erfolgloser Drehbuchautor, der für die deutsche Krimiserie *Derrick* als Drehbuchautor verpflichtet werden sollte: „Ich durfte mal für Derrick schreiben, die Krimiserie. Bin aber durchgefallen. Der Regisseur fand Derricks Hechtsprung auf die Feuerwehrleiter unrealistisch. Auch sah er nicht ein, weshalb Derrick am Schluss von seiner Stieftochter verführt werden sollte."[291] Angesichts solcher Ausführungen wird der Kenner der Münchner Krimiserie nur schmunzeln können, da sich der nicht besonders sportliche und wenig attraktive Hauptdarsteller des Kommissars, der Schauspieler Horst Tappert, für derartige Szenarien nun überhaupt nicht eignet. Amüsant und erzählerisch abwechslungsreich sind daneben die zahlreichen intertextuellen Verweise und Anspielungen. So etwa die geplante Einstellung einer Sekretärin, die natürlich „schneeweiße Zähne und goldblonde Locken und … ein enges T-Shirt"[292] trägt. Leider wird die Anstellung der gut aussehenden jungen Dame durch die hässliche, aber umso resolutere Mitbewerberin Frau Müschk hintertrieben, die sich kurzerhand im Vorstellungsgespräch selbst einstellt und ihrer Konkurrentin – „dem jungen Flittchen"[293] – anschließend mitteilt, dass es nach Hause gehen darf. Die schnelle Wendung überrascht nicht nur den Leser, sondern knüpft im intertextuellen Spiel auch an die Historie der legendären Vorzimmerdamen des amerikanischen hard-boiled-Krimis an, die stets clever, klug und von exzellentem Aussehen gewesen sind. Von der langen und dürren Frau Müschk heißt es dagegen wenige Seiten später, dass sie an einem anstrengenden Arbeitstag schon früh nach Hause ging: „Sie musste dauernd furzen."[294] Eine, wie man zugeben wird, nicht gerade erotisierende Arbeitsatmosphäre, die den Amateurdetektiv in seinem Büro umgibt und die auch nicht wesentlich durch Frau Müschks Vorliebe für Brokkolikuchen verbessert wird. Diese Form „spielerischer Subversion von Begriffen"[295], wie sie hier bei Zürcher und Arjouni begegnet, ist als ein Grundzug moderner Popliteratur beschrieben worden.

Vergleichbare narrative Dispositionen begegnen auch in den Detektivromanen des Österreichers Wolf Haas. In dem Detektivroman *Silentium!* (1999) wird die heikle, weil verspätete und stückweise geleistete Erinnerungsarbeit eines Salzburger Internatsinsassen, den man sexuell missbraucht hat, von einem Präfekten der Schule mit den Leistungen eines russischen Hochspringers abwertend verglichen: „Da hat es einmal einen russischen Stabhochspringer gegeben, der hat seinen Weltrekord immer nur um einen einzigen Zentimeter verbessert, obwohl er im Training schon zehn Zentimeter höher gesprungen ist, nur damit er die Millionenprämie jedes einzelne Mal wieder bekommt."[296] Dieses Marketing-Prinzip, das der russische Stabhochspringer Sergei Bubka in den 80er Jahren erfolgreich umgesetzt hat, findet nun Anwendung auf ein kriminelles Faktum: den sexuellen Missbrauch Minderjähriger unter dem Deckmantel der Kirche. Die Tatsache, dass ein Repräsentant der Kirche die mentalen Spätschäden eines missbrauchten Internatszöglings mit marktwirtschaftlichen Prozessen zu erklären versucht, demaskiert den Ordensmann und seine Institution selbst als Parteigänger dieser inhumanen Philosophie. Offenbar haben Mitglieder des geistlichen Kollegiums – in grotesker Analogie zu den marktwirtschaftlich motivierten Leistungssteigerungen des Athleten Bubka – ihre sexuellen Perversionen immer weiter gesteigert und immer schamloser ausgelebt, bis diese Verfehlungen zuletzt an die Öffentlichkeit drangen.

Ironische Spiegelungen von Zeit- und Gegenwartsgeschehen begegnen auch in dem Detektivroman *Der Knochenmann* (1997) von Wolf Haas. Im dritten Kapitel dieses Romans wird die Geschichte einer erfolgreichen „Hendl-Wirtschaft" in der Steiermark erzählt, die nun der Schauplatz eines grausigen Verbrechens geworden ist. Der zeitgeschichtliche Rückblick setzt mit der Fußballweltmeisterschaft 1970 in Mexiko ein: „Vier zu eins, ich weiß es heute noch, und alle Klöcher auf der Seite vom Brasilianer, weil der Pelé natürlich ein Zauberer. Ganz schwarz, ein ganz ein schwarzer Neger ist das gewesen, weil da gibt es auch hellere, aber der Pelé schwarz wie eine Kohle. Und weiße Augen, die haben geleuchtet, und ein Künstler, so was gibt es heute nicht mehr."[297]

Die banalen Erörterungen des „Schwärzegrades" von Pelés Hautfarbe verweisen in symbolischer Überzeichnung freilich auf eine „Dunkelheit" ganz anderer Art hin: Der Erzähler deutet mit diesem subtilen Wortspiel an, dass die Grillstation – in deren Kellergewölben neben einem Berg von Hühnerknochen auch menschliche Überreste gefunden wurden – dunkle Geheimnisse birgt, die an „Schwärze", sprich Grausigkeit, kaum zu übertreffen sind. Weiter heißt es in diesem Zusammenhang zu den Lebensbedingungen brasilianischer Fußballer:

> Und so was wird es nicht mehr so schnell geben, weil denen geht es ja heute auch schon viel zu gut drüben, und wenn du heute in einem Slum aufwächst , da hast du auch schon alles, Farbfernseher, Video, alles haben die Leute schon im Slum. Und da strengt sich der Bub auch nicht mehr so an beim Kicken, der letzte Einsatz fehlt, wenn es kein richtiger Slum mehr ist. Und der wird vielleicht auch ein guter Fußballer, aber kein, sagen wir einmal, Pelé.[298]

Die geradezu satirische Schärfe dieser Deskription, in der den Bewohnern süd-amerikanischer Elendsquartiere paradiesische Lebensbedingungen bescheinigt werden, kolportiert offenbar den Bewusstseinsstand einzelner Teile des Kleinbür-gertums und politischer Ultrakonservativer, die mit diesen Denkschablonen und Ressentiments immer noch arbeiten. An Schärfe gewinnt die Erörterung durch den versteckten Hinweis auf die im Roman geschilderten eigenen Verhältnisse: In den Kellern der Grillstation arbeitet nämlich an der Knochenmehlmaschine ein jugoslawischer Ex-Nationalspieler, dem vor Jahren ein übereifriger Stürmer mit einem Fußtritt schwere Kopfverletzungen zugefügt hat. Die unwirtliche Um-gebung des Arbeitsplatzes, in der dieser Sklave des modernen Kapitalismus sein Dasein fristet, wird von dem Erzähler wie folgt geschildert: „Zuerst hat er den Jugo nur von hinten gesehen. Er ist fast bis zur Hüfte in einem Knochenberg ge-standen und hat mit den Knochen eine Maschine gefüttert, die ist fast so lang ge-wesen wie die fünfzehn Kabinen im Männerklo zusammen. Und der Geruch erst. Wenn du dir auch hier die fünfzehn Männerklos zusammenaddiert vorstellst."[299]

Die verräterische Terminologie der Schilderung („Jugo" respektive „ganz ein schwarzer Neger") zeigt, dass man gar nicht auf die favelas Südamerikas schauen muss, um einen Eindruck von den Lebensbedingungen der Unterprivilegierten zu bekommen: Südamerika ist – so die verschlüsselte Botschaft des Erzählers – in Klöch (Oststeiermark) gleich um die Ecke. Diese Einschätzung wird auf drasti-sche Weise auch noch durch ein weiteres Beispiel untermauert. Als der Privat-detektiv Brenner die Toilettenfrau der Grillstation sucht, um ihr ein paar Fragen zu stellen, macht er die folgende Entdeckung:

> Aber dann hat er sich einmal gewundert. Weil was er da aufgemacht hat, das ist nicht die Tür von einer Besenkammer gewesen. Das ist die Wohnung von der Trummerin gewesen. Die hat nicht nur den ganzen Tag im Klo herunten gearbeitet. Die hat auch im Klo gewohnt. Sie ist dagesessen auf ihrem alten rostbraunen Diwan in dem 10-Quadratmeter-Loch, das nur ein bisschen Licht aus zwei Kellerfenstern bekommen hat.[300]

Ergänzt werden diese plastischen Milieu-Reportagen durch ein „geradezu ge-nüssliches, ausschweifendes und idiomatisches Erzählen"[301], das geprägt ist „von einem stark österreichisch gefärbten Hochdeutsch mit Merkmalen der Mündlich-keit (Du-Anreden, ‚weil' mit Hauptsatz, Ellipsen, Kolloquialismen)"[302]. Manfred Papst nennt Haas' Sprache sogar einen „umgangssprachlichen Trümmerslang"[303] und Christina Nord charakterisiert den originären Sprachstil des Österreichers als eine „durchaus ansprechende Mischung aus Ausschweifung und Knappheit ..., flankiert von einer Lust am Gegensätzlichen, am Widersinn"[304]. Diese von Literaturwissenschaftlern und Rezensenten genannten Besonderheiten der Spra-che ließen sich noch durch eine ganze Reihe weiterer Merkmale ergänzen: Zu nennen wären etwa die häufigen Satzinversionen, die Vorliebe für Konjunktio-nen am Satzanfang oder der inflationäre Gebrauch des bestimmten Artikels. Der fragmentarische Sprachduktus des Erzählers findet seine Entsprechung in den skurrilen Ermittlungsmethoden Brenners, der sich bei seinen Nachforschungen weniger auf Deduktion als „auf seine Intuition und die Zielgerichtetheit der Abschweifung verlässt"[305]. Verwirrend ist auch die Rolle, die der sympathische, aber kaum fassbare Erzähler der Haas'schen Detektivromane spielt: „Ein nebulöser, indifferenter Erzähler involviert den Leser in den Text, der wie eine Geschichte, die quer über den Wirtshaustisch erzählt wird, angelegt ist."[306] Die sprachliche Verknappung und idiomatische Verschlüsselung seines Erzählens macht den Text widerständig und spröde, oftmals muss der Leser Teile oder Abschnitte erneut lesen. Auch in „narratologischer Hinsicht ist dieser Erzähler ein Unikum"[307], wie Baßler mit einiger Berechtigung feststellt. Er bedient sich der drei typischen Erzählsituationen und bleibt – trotzdem er den Leser ständig mit „Du" anspricht – ein extradiegetischer Erzähler, der nicht Teil der Geschichte ist.[308]

Aus wertungsdidaktischer Perspektive ergeben sich für diese popliterarisch eingefärbten Texte von Arjouni, Zürcher oder Haas – neben den genrespezifischen Fragestellungen – eine ganze Reihe neuer Verwendungs- und Besprechungsmöglichkeiten. Hervorzuheben sind etwa die Möglichkeiten einer dekonstruktiven Lektüre. Clemens Kammler hat in seiner Studie über *Neue Literaturtheorien und Unterrichtspraxis* zu Recht hervorgehoben, dass sich gerade solche Texte für eine kritisch-reflexive Herangehensweise eignen, „die einer oberflächlichen Lektüre simple Deutungsschemata anbieten"[309]. Die von den genannten Autoren verwendeten Deskriptionen und enzyklopädischen Versatzstücke von Alltags- und Gegenwartskultur, die gleichsam als nebensächliche Akzidentien des Textes auftreten, erfüllen diese Vorgabe paradigmatisch, denn sie enthüllen ihre subversive Bedeutung erst beim zweiten, „dekonstruktiven" Blick. Auch ein diskursanalytischer Zugriff verspricht bei diesem Textkorpus unter didaktischem Blickwinkel positive unterrichtliche Erträge. Die ‚gegendiskursive Kraft' dieser Literatur ermöglicht es, herrschende Sprach- und Wertmuster gegen den Strich zu lesen und die verschiedenen Dimensionen ihres diskurskritischen Reservoirs freizulegen. Dass ausgerechnet vermeintlich triviale Literatur über die Projektion banaler Wertmuster ein kritisches ästhetisches Potenzial entfalten kann, „um Schülerinnen und Schülern Realitätssinn zu vermitteln angesichts einer Wirklichkeit, in der allzu einfache alte Entgegensetzungen von wahr und falsch, gut und böse, schön und hässlich, Realität und Fiktion immer fragwürdiger werden"[310], muss freilich überraschen. Hier enthüllt sich damit einmal mehr der pädagogische Nutzen des lange Zeit der Trivialität bezichtigten Genres, das man für untauglich hielt, Schülern differenzierte und distanzierte (ästhetische) Positionen zu vermitteln.

Mit Blick auf eine kritisch-reflexive Wertungsdidaktik des Kriminalromans zeigt sich an diesen Texten der Nutzen eines kritisch-reflexiven Vorgehens nachhaltig: Gerade nicht-kanonisierte Texte lassen mehr Deutungs- und Werthorizonte zu als klassische Texte, die eher auf bestimmte hermeneutische Lesarten festgelegt sind. Ein Unterricht, der sich einer offenen Wertungsdidaktik verpflichtet fühlt, muss so gestaltet werden, dass er Transparenz und Offenheit für literarische Wertung ermöglicht und zulässt.

Anmerkungen

[1] Zu nennen sind, in chronologischer Anordnung: Jochen Vogt (Hrsg.): Der Kriminalroman. Band I und II. München 1971 (= Vogt I, II); Viktor Žmegač (Hrsg.): Der wohltemperierte Mord. Frankfurt am Main 1971 (= Žmegač); Edgar Marsch: Die Kriminalerzählung. Theorie – Geschichte – Analyse. Darmstadt ²1983 (EA 1972); Jens-Peter Becker: Der englische Spionageroman. Historische Entwicklung, Thematik, literarische Form. München 1973; Paul G. Buchloh/Jens P. Becker (Hrsg.): Der Detektivroman. Studien zur Geschichte und Form der englischen und amerikanischen Detektivliteratur. Darmstadt 1973 (= BB1); Eckhard Finckh: Theorie des Kriminalromans. Stuttgart 1974; Ulrich Schulz-Buschhaus: Formen und Ideologien des Kriminalromans. Ein gattungsgeschichtlicher Essay. Frankfurt am Main 1975; Paul Gerhard Buchloh/Jens Peter Becker (Hrsg.): Der Detektiverzählung auf der Spur. Essays zur Form und Wertung der englischen Detektivliteratur. Darmstadt 1977 (= BB2); Hans-Otto Hügel: Untersuchungsrichter, Diebsfänger, Detektive. Theorie und Geschichte der deutschen Detektiverzählung im 19. Jahrhundert. Stuttgart 1978; Erhard Schütz (Hrsg.): Zur Aktualität des Kriminalromans. München 1978 (= SchützS); Jürgen-Wolfgang Goette/Hartmut Kircher (Hrsg.): Der Kriminalroman. Texte zur Theorie und Kritik. Frankfurt 1978 (= Goette/Kircher); Ira Tschimmel: Kriminalroman und Gesellschaftsdarstellung. Eine vergleichende Untersuchung zu Werken von Christie, Simenon, Dürrenmatt und Capote (Studien zur Germanistik, Anglistik und Komparatistik 69) Bonn 1979; Hans Nusser, Der Kriminalroman, Stuttgart ²1992 (EA 1980); Jörg Schönert (Hrsg.): Literatur und Kriminalität. Die gesellschaftliche Erfahrung von Verbrechen und Strafverfolgung als Gegenstand des Erzählens. Deutschland, England und Frankreich 1850–1880 (Studien und Texte zur Sozialgeschichte der Literatur 8) Tübingen 1983; Ulrich Suerbaum: Krimi. Eine Analyse der Gattung. Stuttgart 1984; Karl Ermert/Wolfgang Gast (Hrsg.): Der neue deutsche Kriminalroman. Beiträge zu Darstellung, Interpretation und Kritik eines populären Genres. Rehburg-Loccum 1985 (= Ermert/Gast); Reinhard Hillich (Hrsg.): Tatbestand. Ansichten zur Kriminalliteratur in der DDR 1947–1986. Berlin 1989 (= HillDDR); Ulrike Leonhardt: Mord ist ihr Beruf. Eine Geschichte des Kriminalromans. München 1990; Jörg Schönert (Hrsg.): Erzählte Kriminalität. Zur Typologie und Funktion von narrativen Darstellungen in Strafrechtspflege, Publizistik und Literatur zwischen 1770 und 1920. Vorträge zu einem interdisziplinären Kolloquium, Hamburg, 10.–12. April 1985 (Studien und Texte zur Sozialgeschichte der Literatur; 27) Tübingen 1991;

[2] Jochen Vogt (Hrsg.): Der Kriminalroman. Poetik – Theorie – Geschichte. München 1998 (= Vogt III).

[3] So beispielsweise die Aufsätze von Volker Neuhaus (Mysterion tes anomias – Das Geheimnis des Bösen. Der Detektivroman als regelgeleitete Gattung, S. 16–27) und Peter Nusser (Überlegungen zum neuen deutschen Kriminalroman, S. 42–53); neue Untersuchungsansätze liefern lediglich die beiden Studien von Ulrike Landfester (Die Spuren des Lesers. Überlegungen zur intertextuellen Rezeption im modernen deutschen Kriminalroman, S. 28–41; Das Geschlecht der Irene Adler, oder: der geheimnisvolle Fall der schreibenden Frau in der deutschen Kriminalliteratur, S. 54–64).

[4] Zu nennen wären etwa, in chronologischer Reihenfolge und ohne Anspruch auf Vollständigkeit: Jost

Hindersmann: Der britische Spionageroman. Vom Imperialismus bis zum Ende des Kalten Krieges. Darmstadt 1995; Stefan Andriopoulus: Unfall und Verbrechen. Konfigurationen zwischen linguistischem und literarischem Diskurs um 1900. Pfaffenweiler 1996; Marieke Krajenbrink: Intertextualität als Konstruktionsprinzip. Transformationen des Kriminalromans und des romantischen Romans bei Peter Handke und Botho Strauß. Amsterdam 1996; Alfred Lichtenstein: Der Kriminalroman. Eine literarische und forensisch-medizinische Studie mit Anhang „Sherlock Holmes zum Fall Hau". Köln 1998; Kimberly J. Dilley: Busybodies, Meddlers, and Snoops. The Female Hero in Contemporary Women's Mysteries. New York 1998; Ulrike Götting: Der deutsche Kriminalroman zwischen 1945 und 1970. Formen und Tendenzen. Gießen 1998; Gabriele Vickermann: Der etwas andere Detektivroman. Italianistische Studien an den Grenzen von Genre und Gattung. Heidelberg 1998; Britta-Karolin Öhding: Thriller der 90er Jahre. Struktur, Spannung und Bedeutung an ausgewählten Spielfilmen. Bardowick 1998; Arlene A. Teraoka: Detecting ethnicity. Jakob Arjouni and the case of the missing german detectiv novel, in: German Quarterly 72.3 (1999), S. 265–289; Alida Bremer: Kriminalistische Dekonstruktion. Zur Poetik des postmodernen Kriminalromans. Würzburg 1999; Walter Nutz: Trivialliteratur und Popularkultur. Vom Heftromanleser zum Fernsehserienzuschauer. Eine literatursoziologische Analyse unter Einschluss der Trivialliteratur der ehemaligen DDR. Opladen 1999; Josef Quack: Die Grenzen des Menschlichen. Über Georges Simenon, Rex Stout, Friedrich Glauser, Graham Greene. Würzburg 2000.

[5] Gabriele Dietze: Hardboiled woman. Geschlechterkrieg im amerikanischen Kriminalroman. Hamburg 1997.

[6] Evelyne Keitel: Kriminalromane von Frauen für Frauen. Unterhaltungsliteratur aus Amerika. Darmstadt 1998.

[7] Gabriela Holzmann: Schaulust und Verbrechen. Eine Geschichte des Krimis als Mediengeschichte (1850–1950). Stuttgart 2001; vgl. die Rezensionen von Anne Zielke in: FAZ (4.12.2001, Literaturbeilage); Thomas Wörtche in: Freitag (Ausgabe Nr. 52) – Crime Watch No. 55, Ausgabe 12/2001 (http://www.freitag.de/2001/52/01521702.php). Andreas Blödorn in: IASLonline (http://iasl.uni-muenchen.de/rezensio/liste/bloedorn1.html) vom 8.8.03; Heike Anna Hierlwimmer in IASLonline (http://iasl.uni-muenchen.de/rezensio/liste/hierlwimmer.html), 11.7.02; Reinhard Wilczek in literaturkritik.de 12/2003.

[8] Bühler, Patrick: Die Leiche in der Bibliothek. Friedrich Glauser und der Detektivroman. Heidelberg 2002.

[9] Kemmer, Wolfgang: Hammett – Chandler – Fauser. Produktive Rezeption der amerikanischen hardboiled school im deutschen Kriminalroman. Köln 2001.

[10] Alexandra Krieg: Auf Spurensuche. Der Kriminalroman und seine Entwicklung von den Anfängen bis zur Gegenwart. Marburg 2002.

[11] Vgl. Brigitte Kehrberg: Der Kriminalroman der DDR 1970–1990. Hamburg 1998; Dorothea Germer: Von Genossen und Gangstern. Zum Gesellschaftsbild in der Kriminalliteratur der DDR und Ostdeutschlands von 1974–1994. Essen 1998; Susanne Vollberg: Fiktion oder gesellschaftliche Wirklichkeit. Verbrechen im ost- und westdeutschen Krimi, in: Sibylle Bolik/Manfred Kammer/Thomas Kind/Susanne Putz (Hrsg.): Medienfiktionen. Illusion – Inszenierung – Simulation. Frankfurt am Main 1999, S. 285–291; Andrea Guder: Genosse Hauptmann auf Verbrecherjagd. Der Krimi in Film und Fernsehen der DDR. Bonn 2002; Karin Wehn: „Crime-Time" im Wandel. Produktion, Vermitt-

lung und Genreentwicklung des west- und ostdeutschen Fernsehkrimis im Dualen Rundfunksystem. Halle/Saale 2002.

[12] Vgl. etwa den schon erwähnten Beitrag von Teraoka, Detecting ethnicity, GQ (1999) sowie Doreen Bollmann: Deutschsprachige Kriminalliteratur im Wandel der Zeit, in: Petra Bohnensack/Hans-Friedrich Foltin (Hrsg.): Lesekultur. Populäre Lesestoffe von Gutenberg bis zum Internet (Schriften der Universitätsbibliothek Marburg 93). Marburg 1999 und Carmen Birkle/Sabina Matter-Seibel/Patricia Plummer (Hrsg.): Frauen auf der Spur. Kriminalautorinnen aus Deutschland, Großbritannien und den USA. Tübingen 2001 sowie Marianne Vogel: Ein Unbehagen an der Kultur. Zur Kriminalliteratur deutschsprachiger Schriftstellerinnen in den 90er Jahren, in: Ilse Nagelschmidt u. a. (Hrsg.): Zwischen Trivialität und Postmoderne. Literatur von Frauen in den 90er Jahren. Frankfurt am Main 2002.

[13] Zu den skandinavischen Kriminalromanen vgl. Annelore Engel-Braunschmidt u. a. (Hrsg.): Mord hat Konjunktur. Zeitgenössische Kriminalliteratur aus Nordosteuropa. Kiel: Landeszentrale für politische Bildung Schleswig-Holstein 2001, S. 89–101; zum neuen italienischen Krimi beachte Vickermann, Der etwas andere Detektivroman, Heidelberg 1998.

[14] Vgl. zur Gegenwartsorientierung der Forschung noch in den 80er Jahren vor allem die Studien im Sammelband von Ermert/Gast, Der neue deutsche Kriminalroman, Rehburg-Loccum 1985.

[15] Richard Gerber: Verbrechensdichtung und Kriminalroman, in: Jochen Vogt (Hrsg.): Der Kriminalroman. Band II. München 1971 (im Folgenden stets: Vogt II), S. 404–420.

[16] Gerber (ebd., S. 414) vertritt in diesem Kontext die Auffassung: „Die Verbrechensdichtung forscht nach dem Ursprung, der Wirkung und dem Sinn des Verbrechens und damit nach der Tragik menschlicher Existenz. Der Kriminalroman aber lebt vom Motiv der Jagd." Weiter heißt es: „Im Kriminalroman wird der Verbrecher immer äußerlich handgreiflich zur Strecke gebracht … [im Vordergrund steht] die menschliche Kraft, die das Verbrechen und den Verbrecher unter Aufbietung aller geistigen und körperlichen Gaben von Anfang gezielt bekämpft und am Schluß erledigt" (ebd., S. 411).

[17] Vgl. etwa die Kriminalromane von Patricia Highsmith und Ingrid Noll.

[18] Diese Auffassung vertreten schon Angelika Jockers: Die Kriminalromane Friedrich Glausers. Diss. München 1994, S. 14 und auch Evelyne Keitel: Kriminalromane von Frauen für Frauen. Unterhaltungsliteratur aus Amerika. Darmstadt 1998, S. 112.

[19] Ulrich Suerbaum: Krimi. Eine Analyse der Gattung. Stuttgart 1984, S. 14 f.

[20] Richard Gerber, Verbrechensdichtung und Kriminalroman, S. 410.

[21] Ebd., S. 410.

[22] Diese Differenzierung engt die Anwendung von Gerbers Begriff ‚Verbrechensdichtung‘ auf Werke des 20. Jahrhunderts beträchtlich ein. Nach der explosionsartigen Verbreitung des Genres ‚Kriminalroman‘ gibt es kaum noch ein Werk der Kriminalliteratur, das sich diesem Gattungseinfluss entziehen kann. In der Moderne gibt es kaum noch ‚Verbrechensliteratur‘.

[23] Vgl. Peter Nusser: Der Kriminalroman. Stuttgart ²1992, S. 143 (= Sammlung Metzler 191).

[24] Ebd., S. 143.

[25] Ebd., S. 143.

[26] Nusser definiert den Thriller bzw. kriminalistischen Abenteuerroman in Abgrenzung zum Detektivroman wie folgt: „Im Thriller sind im Vergleich zum Detektivroman die ‚action‘-Elemente … vorran-

gig, und zwar eindeutig gegenüber den ‚analysis'-Elementen. Die Bewältigung der Aufgabe, die der Held übernommen hat, verläuft nicht als intellektuelle Tätigkeit, sondern als handelnde Auseinandersetzung." (Ebd., S. 53). Als weitere Merkmale des Thrillers nennt Nusser die Unterteilung der handelnden Akteure in eine ‚ingroup' und eine ‚outgroup' (die Guten gegen die Bösen!), die Häufung von Verbrechensdarstellungen und ihre Realistik, die Konturierung eines so genannten ‚master criminal', den der Detektiv häufig in einem duell-ähnlichen Endkampf besiegt und die ‚action'-lastige Ausdifferenzierung des Fahndungsvorganges in Teilbereiche wie Verfolgung, Flucht, Gefangennahme, Befreiung und Kampf (ebd., S. 53–70).

[27] Vgl. Gerber, Verbrechensdichtung und Kriminalroman, S. 408 f.

[28] Vgl. Richard Alewyn: Anatomie des Detektivromans, in: Vogt II, S. 372–404, 375: „Der Kriminalroman erzählt die Geschichte eines Verbrechens, der Detektivroman die Geschichte der Aufklärung eines Verbrechens."

[29] Zur Genese des Gattungsbegriffes „Detektivroman" hat zuletzt Patrick Bühler weiterführende Überlegungen angestellt. Nach seiner Auffassung ist die Darstellung der Gattungsgeschichte dieses Terminus das Resultat einer nachträglichen Erklärung, die nicht mit den tatsächlichen Gegebenheiten übereinstimmt: „Die ‚rückwirkenden Kräfte' [wurden] bisher in den Untersuchungen zur Detektiv-Literatur unterschätzt oder gar übersehen." Vgl. Patrick Bühler: „Es bedarf noch so vieler rückwirkender Kräfte!" Einige Anmerkungen zur Geschichte des Detektivromans, in: Zeitschrift für Germanistik, Neue Folge 2 (2001), S. 382–392.

[30] Richard Alewyn: Ursprung des Detektivromans, in: Ders.: Probleme und Gestalten. Essays. Frankfurt am Main 1982, S. 342–360, S. 351 f.

[31] Marsch, Die Kriminalerzählung, S. 117 f. Vgl. daneben auch Gerhard Schmitt-Henkel: Kriminalroman und Trivialliteratur, in: Žmegač, S. 149–176, S. 157 und Waltraud Woeller: Illustrierte Geschichte der Kriminalliteratur. Leipzig 1984, S. 33 f.

[32] Ebd., S. 119.

[33] Edgar Marschs Angaben scheinen in diesem Punkt ungenau zu sein. Marsch, der den Titel *Merkwürdige Kriminalfälle* von Feuerbach auf die Jahre 1808/11 datiert, wird sich hier sowohl in der Titelei als auch der Jahreszahl geirrt haben. Vgl. hierzu die Angaben bei Rainer Schrage (Hrsg.): Feuerbach. Merkwürdige Verbrechen. Frankfurt am Main 1981, S. 371 f.

[34] Marsch, Die Kriminalerzählung, S. 121.

[35] Ebd., S. 134.

[36] Vgl. Ernest Mandel: Ein schöner Mord. Sozialgeschichte des Kriminalromans. Frankfurt am Main 1987, S. 11.

[37] Auch bei Schiller spielt die Thematik eine wichtige Rolle, wie die Figuren des Karl Moor (*Die Räuber*), Wilhelm Tell und des Sonnenwirts (*Der Verbrecher aus verlorener Ehre*) zeigen.

[38] Hans von Hentig: Der Desperado. Ein Beitrag zur Psychologie des regressiven Menschen. Berlin/Göttingen/Heidelberg 1956, S. 5 f.

[39] Vgl. auch Marsch, Die Kriminalerzählung, S. 21 f.

[40] Hentig, Der Desperado, S. 157 f.

[41] So etwa Brander Mathews: Edgar Allen Poe und die Detektivgeschichte, in: Buchloh/Becker, S. 41–57, S. 43.

[42] Ernst Jünger: Sämtliche Werke in 18 Bänden. Band 2. Strahlungen I. Stuttgart 1979, S. 13.

[43] Edgar Allen Poe: Das gesamte Werk in 10 Bänden (hrsg. von Kuno Schumann und Hans Dieter Müller, deutsch von Arno Schmidt und Hans Wollschläger). Band 2. Herrsching 1979, S. 735.

[44] Ebd., S. 736.

[45] Siegfried Kracauer: Der Detektiv-Roman. Ein philosophischer Traktat. Frankfurt am Main 1979, S. 86.

[46] Bernard Suits: Die Detektivgeschichte: Eine Fallstudie über Spiele in der Literatur, in: Vogt III, S. 255–273, S. 255.

[47] Vincent Starrett: Kriminalgeschichten, in: Buchloh/ Becker, S. 243–261, S. 246.

[48] Vgl. die Angaben bei Leonhardt, Mord ist ihr Beruf, S. 33 f.

[49] Vgl. etwa Klaus Günther Just: Edgar Allen Poe und die Folgen, in: Vogt I, S. 9–32, S. 18.

[50] Ernst Kaemmel: Literatur unterm Tisch. Der Detektivroman und sein gesellschaftlicher Auftrag, in: Vogt II, S. 516–523, S. 517. Eine von Kaemmel (und auch Mandel) abweichende Auffassung vertritt Hans-Otto Hügel (Theorie und Geschichte der dt. Detektiverzählung, S. 202); er erhebt die Kategorie der „Verbrechensaufklärung als Arbeit" zum zentralen Merkmal der Gattung und stellt die Berechtigung soziologischer Erklärungsversuche in Frage: „Die Detektiverzählung ist weder ein Kind der Romantik, noch eines des Positivismus oder der exakten Naturwissenschaften. Sie korreliert unmittelbar weder mit der Ausbildung kapitalistischer und demokratischer noch urbaner Gesellschaftsformen ... Ihre sozialhistorischen Grundlagen sind vielmehr die Entwicklungen, die seit dem frühen 19. Jahrhundert im Bereich der Kriminalistik und der Arbeitsverhältnisse stattgefunden haben bzw. stattfinden." Allerdings wird man bezweifeln können, dass der von Hügel verwendete Arbeitsbegriff – den er im Übrigen explizit auch auf Marx zurückführt (S. 230 f.) – von den sozialökonomischen Gegebenheiten dieser Epoche abgetrennt und isoliert betrachtet werden kann. Insofern scheint mit Hügels Analyse eher für die sozialökonomische und kultursoziologische Verflechtung der Gattung mit den historischen Phänomenen als dagegen zu sprechen.

[51] Sir Arthur Conan Doyle: Sherlock Holmes: The Complete Novels and Stories. Volume I. New York 1986, S. 522. Im Folgenden stets zitiert als: (ACDBand, Seitenzahl*). Der Stern weist darauf hin, dass die Übersetzung vom Verfasser dieser Arbeit stammt.

[52] Gabriela Holzmann (Schaulust und Verbrechen, S. 180 f.) hat an dieser Geschichte sehr überzeugend gezeigt, wie das photographische Phänomen der Bildprojektion schon in den frühesten Gattungszeugnissen narrativ verarbeitet wird.

[53] Mandel, Sozialgeschichte des Kriminalromans, S. 15.

[54] Vgl. die Angaben bei Jürgen Thorwald: Das Jahrhundert der Detektive. Weg und Abenteuer der Kriminalistik. Zürich 1965, S. 61.

[55] Ebd., S. 61.

[56] Friedrich Engels: Die Lage der arbeitenden Klasse in England. Nach eigner Anschauung und authentischen Quellen (hrsg. von Walter Kumpmann). München ³1980, S. 150.

[57] Ebd., S. 152.

[58] Just, Edgar Allen Poe und die Folgen, S. 13.

[59] Vgl. Mandel, Ein schöner Mord, S. 30 oder Viktor Žmegač: Aspekte des Detektivromans. Statt einer Einleitung, in: Žmegač, S. 9–34, S. 13 sowie Alewyn, Ursprung des Detektivromans, S. 347.

[60] Gilbert Keith Chesterton: Verteidigung von Detektivgeschichten, in: Vogt I, S. 95–98, S. 98.

[61] Dieter Wellershoff: Vorübergehende Entwirklichung. Zur Theorie des Kriminalromans, in: Ders.: Literatur und Lustprinzip. Essays. Köln 1973, S. 77–138, S. 95.

[62] Richard Alewyn: Ursprung des Detektivromans, in: Ders.: Probleme und Gestalten. Essays. Frankfurt am Main 1982, S. 341–360, S. 344.

[63] Vgl. etwa Mandel, Ein schöner Mord, S. 49 f.

[64] Vgl. Schmidt-Henkel: Kriminalroman und Trivialliteratur, in: Žmegač, S. 149–176, S. 171.

[65] Alewyn, Anatomie des Detektivromans, S. 375.

[66] Willy Haas: Die Theologie im Kriminalroman, in: Vogt I, S. 110–122, S. 122, vgl. auch Lutz Lehmhöfer (Hrsg.): Pfarrer, Rabbis, Detektive … Über Religion im Kriminalroman. Frankfurt am Main 2001.

[67] Hans Daiber: Nachahmung der Vorsehung, in: Vogt II, S. 421–436, S. 434.

[68] Helmut Heißenbüttel: Spielregeln des Kriminalromans, in: Vogt II, S. 356–371, S. 366.

[69] Friedrich Nietzsche: Sämtliche Werke. Kritische Studienausgabe in 15 Bänden (hrsg. von Giorgio Colli und Mazzino Montinari). Band XII. München/Berlin/New York 1980, S. 313.

[70] Friedrich Nietzsche, Sämtliche Werke XIII, S. 189.

[71] Bruno Hillebrand: Ästhetik des Nihilismus – Von der Romantik zum Modernismus. Stuttgart 1991, S. 60 f.

[72] Kracauer, Der Detektiv-Roman, S. 53.

[73] Ebd., S. 52. Vgl. daneben auch Zdenko Škreb: Die neue Gattung. Zur Geschichte und Poetik des Detektivromans, in: Žmegač, S. 35–95, S. 80 und Daiber, Nachahmung der Vorsehung, S. 435.

[74] Daiber, Nachahmung der Vorsehung, S. 435.

[75] Leonhardt, Mord ist ihr Beruf, S. 50.

[76] Fritz Wölcken: Der literarische Mord. Eine Untersuchung über die englische und amerikanische Detektivliteratur. Nürnberg 1953, S. 99.

[77] Suerbaum (vgl. U. S., Krimi. Eine Analyse der Gattung, S. 57) vertritt in diesem Punkt eine etwas andere Auffassung; er sieht bei Sherlock Holmes zumindest mehr identifikatorisches Potential als bei E. A. Poes Detektivfigur Dupin.

[78] Vgl. auch Paul G. Buchloh/Jens P. Becker: Der Detektivroman. Studien zur Geschichte und Form der englischen und amerikanischen Detektivliteratur (mit Beiträgen von Antje Wulff und Walter T. Rix). Darmstadt 1973, S. 18, die in diesem Zusammenhang von „irrealen Karikaturen" sprechen.

[79] Wölcken, Der literarische Mord, S. 104.

[80] Suerbaum weist mit Recht auf die große Verbreitung dieses Sozialtypus hin: „Der vornehme Exzentriker, der mit seinem Spleen geduldet wird, solange er nicht gegen elementare Spielregeln der Gesellschaft verstößt, hat in England eine lange Tradition und entwickelt sich im 19. Jahrhundert geradezu zu einer nationalen Renommierfigur" (vgl. U. S., Krimi, S. 56).

[81] Colin Dexter: Ihr Fall, Inspector Morse. Hamburg 1999, S. 86.

[82] Hier erscheint erneut das Motiv der „damsel in distress", das in den Sherlock Holmes-Geschichten bei Conan Doyle immer wieder Verwendung findet.

[83] Vgl. die Ausführungen zum Frauen-Krimi im Abschnitt „Weibliche Heldenkonstruktionen".

[84] G. K. Chesterton: Father Browns Einfalt. Zwölf Geschichten. Band I (Deutsch von Hanswilhelm Haefs). Zürich 1999, S. 9 f. Im Folgenden stets zitiert als (FBBand, Seitenzahl).

[85] Just, E. A. Poe und die Folgen, S. 23 f.

[86] Ebd., S. 67.

[87] Dorothy L. Sayers: Ein Toter zuwenig. „Whose body?" (Deutsch von Otto Bayer). Hamburg 1985, S. 7 f.

[88] Ebd., S. 140.

[89] Buchloh/Becker, Der Detektivroman, S. 71.

[90] Kracauer, Der Detektiv-Roman, S. 33.

[91] Wellershoff, Vorübergehende Entwirklichung, S. 135.

[92] Vgl. vor allem Buchloh/Becker, Der Detektivroman, S. 81 f.

[93] Boileau/Narcejac, Der Detektivroman, S. 89.

[94] Yaak Karsunke: Ein Yankee an Sherlock Holmes' Hof. Der Kriminalromancier Philipp Chandler, in: SchützS, S. 113–122, S. 115.

[95] Race Williams ist der von Caroll John Daly 1923 geschaffene Held, der vielen hard-boiled Autoren als Vorbild für ihre Privatdetektive diente. Vgl. Leonhardt, Mord ist ihr Beruf, S. 226.

[96] Raymond Chandler: The Simple Art of Murder. New York 1988, S. 337*.

[97] Raymond Chandler: The Big Sleep. New York 1992, S. 13*; im Folgenden stets: (BS, Seitenzahl).

[98] Fredric R. Jameson: Über Raymond Chandler, in: Vogt III, S. 378–397, S. 394.

[99] Schulz-Buschhaus, Formen und Ideologien des Kriminalromans, S. 137.

[100] Ebd., S. 139.

[101] Bertolt Brecht: Über die Popularität des Kriminalromans, in: Žmegač, S. 97–103, S. 98.

[102] Vgl. auch Suerbaum, S. 139.

[103] Holzmann, Schaulust und Verbrechen, vgl. S. 209 f.

[104] Cornell Woolrich: Der schwarze Vorhang. Zürich 1988, S. 9; im Folgenden stets: (BC, Seitenzahl).

[105] Jameson, Über Raymond Chandler, S. 379.

[106] Bernhard Waldenfels: Topographie des Fremden. Studien zur Phänomenologie des Fremden. Band I. Frankfurt am Main 1997, S. 27.

[107] Wellershoff, Vorübergehende Entwirklichung, S. 83.

[108] Ebd., S. 94.

[109] Holzmann, Schaulust und Verbrechen, S. 217 f.

[110] Vgl. die biografischen Details bei Frank Göhre (Hrsg.): Zeitgenosse Glauser. Ein Porträt von Frank Göhre. Zürich ²1998, S. 20 f.

[111] Ursprünglich hatte Glauser dem Roman wohl den Titel *Schlumpf Erwin Mord* gegeben, beim Erstabdruck in der *Zürcher Illustrierten* vom 24. Juli–2.Oktober 1936 erschien der Krimi allerdings unter dem abgeänderten Titel *Wachtmeister Studer*; vgl. den Bericht in der historisch-kritischen Ausgabe (Friedrich Glauser: Schlumpf Erwin Mord [Wachtmeister Studer]. Zürich 1995, S. 245).

[112] Friedrich Glauser: Schlumpf Erwin Mord (Wachtmeister Studer). Zürich 1998, S. 8. Im Folgenden stets: (Studer, Seitenzahl).

[113] Quack, Grenzen des Menschlichen, S. 131.

[114] Friedrich Glauser: Offener Brief über die „Zehn Gebote für den Kriminalroman", in: F. G.: Wachtmeister Studers erste Fälle. Kriminalgeschichten. Zürich 1991, S. 181–191, S. 189.

[115] Ebd., S. 128.

[116] Ebd., S. 123.

[117] Quack, Grenzen des Menschlichen, S. 127.

[118] Leonhardt, Mord ist ihr Beruf, S. 110.

[119] Beatrice von Matt: Der Magier der Atmosphäre – Zum hundertsten Geburtstag von Friedrich Glauser, in: NZZ (3/4. 2. 1996).

[120] Ebd., S. 67.

[121] Immanuel Kant: Grundlegung zur Metaphysik der Sitten. Hamburg [3]1965, S. 50.

[122] Der von Waldmann stark betonte anti-aufklärerische Aspekt des Zufalls in Dürrenmatts Kriminal-romanen vernachlässigt zu sehr das Handlungsmoment. Es ist kein Zufall, dass Tschanz Gastmann tötet, sondern von Bärlach geplant. Ebenso wird man Bärlachs Rettung durch Gulliver kaum als Zu-fall bezeichnen können (vgl. Günter Waldmann: Kriminalroman – Anti-Kriminalroman. Dürrenmatts Requiem auf den Kriminalroman und die Anti-Aufklärung, in: Vogt I, S. 206–227).

[123] Friedrich Dürrenmatt: Der Verdacht. Zürich 1995, S. 110.

[124] Ebd., S. 110.

[125] Ernst-Peter Wieckenberg: Dürrenmatts Kriminalromane, in: Text + Kritik. Friedrich Dürrenmatt. Heft 56. München [2]1984, S. 30–41, S. 33.

[126] Dürrenmatt, Der Verdacht, S. 54.

[127] Reinhard Wilczek: Gemälde als poetische Chiffren. Ein vernachlässigtes Detail in Dürrenmatts frü-hen Kriminalromanen, in: WW, Heft 1 (2000), S. 70–78, S. 76.

[128] Dürrenmatt, Der Verdacht, S. 116.

[129] Ebd., S. 83.

[130] Ebd., S. 88.

[131] Ebd., S. 119 f.

[132] Klafki, Neue Studien zur Bildungstheorie und Didaktik, S. 56.

[133] Paefgen, Haben Detektive abgedankt?, S. 145.

[134] Wölcken, Der literarische Mord, S. 182.

[135] Barbara Davey: „Marcia Muller: On McCone and Other Matters", in: The Mystery Review 5 (1997), S. 34–37, S. 34*.

[136] Evelyne Keitel, Kriminalromane von Frauen für Frauen, S. 3.

[137] Ebd., S. 7.

[138] Dietze, Hardboiled Women, S. 10.

[139] Ebd., S. 24.

[140] Martin Grundmann: Der Abschied vom männlichen Helden. Martin Grundmann spürte Männern in Frauenkrimis nach, in: Ariadne Forum, Heft 2 (1993/94), S. 90–114, S. 106.

[141] Karsunke, Ein Yankee an Sherlock Holmes' Hof, S. 120.

[142] Dietze, Hardboiled Women, S. 54.

[143] So schätzt Evelyne Keitel, Kriminalromane von Frauen, S. 112.

[144] Ebd., S. 5.

[145] Vgl. Munt, Murder by the book?, S. 30 f. Allerdings hebt Munt hervor, dass daneben viele tradierte, maskuline Muster der „male hard boiled novel" in den Texten der „woman hard boiled writers" erscheinen.

[146] Vgl. etwa Grundmann, Der Abschied vom männlichen Helden, S. 90 f. und Gaby Pailer: ‚Weibliche' Körper im ‚männlichen' Raum. Zur Interdependenz von Gender und Genre im deutschsprachigen Kriminalroman von Autorinnen, in: Weimarer Beiträge 46 (2000), S. 561–581, S. 567 f.

[147] Vgl. auch Grundmann, Der Abschied vom männlichen Helden, S. 99 f.

[148] Nach Evelyne Keitel (Kriminalromane von Frauen für Frauen, S. 60) ist dieses Handlungsmuster nicht ungewöhnlich für den neuen Frauen-Krimi: „Der Gerechtigkeitssinn der neuen Detektivinnen

hat mit juristischen Prinzipien ebenso wenig zu tun wie mit wohlklingenden Worten wie *law and order*. Sie vertreten einen eigenen, idiosynkratischen Moralkodex."

[149] Doris Gercke: Der Krieg, der Tod, die Pest. Hamburg 1990, S. 54.

[150] Ebd., S. 57.

[151] Doris Gercke: Die Insel. Hamburg 1990, S. 17; im Folgenden stets: (Insel, Seitenzahl).

[152] Ebd., S. 19.

[153] Ebd., S. 63.

[154] Ebd., S. 64.

[155] Deitmer, Dominante Damen, S. 202.

[156] Thea Dorn: Berliner Aufklärung. Hamburg ⁵2000, S. 155.

[157] Ebd., S. 156.

[158] Evelyne Keitel, Kriminalromane von Frauen für Frauen, S. 82.

[159] Sue Grafton: Nichts zu verlieren. A wie Alibi. München 2000, S. 21; im Folgenden stets: (AA, Seitenzahl).

[160] Ebd., S. 21 f. Inwieweit diese Wohnwagen-Atmosphäre durch die männlichen Wohnklischees der amerikanischen Fernseh-Vorbilder eines *Detektiv Rockford* (1974–1980) oder Dan Tanner in *Vegas* (1978–1981) präkonfiguriert wurden, die das Wohnwagenleben salonfähig gemacht haben, muss offen bleiben. Allerdings bleibt zu vermuten, dass die maskulinen Vorbilder auch hier stärker gewirkt haben, als „frau" vielleicht offen zugeben will.

[161] Keitel, Kriminalromane von Frauen für Frauen, S. 96.

[162] Vgl. Maureen T. Reddy: Sisters in Crime. Feminism and the Crime Novel. New York 1988, die von „chosen families" (109) oder einer „substitute nuclear family" (110) spricht.

[163] Jochen Schmidt: Gangster, Opfer, Detektive. Eine Typengeschichte des Kriminalromans. Frankfurt am Main 1989, S. 165.

[164] Ebd., S. 173.

[165] Maureen T. Reddy: Die feministische Gegentradition im Kriminalroman. Über Cross, Grafton, Paretsky und Wilson, in: Vogt III, S. 444–460.

[166] Lehmann, Der Masochist, S. 5.

[167] Chandler, The Big Sleep, S. 71*.

[168] Ebd., S. 152*.

[169] Grafton, Nichts zu verlieren. A wie Alibi, S. 7.

[170] Ingrid Noll: Der Hahn ist tot. Zürich 1993, S. 7.

[171] Keitel, Kriminalromane von Frauen für Frauen, S. 52.

[172] Dashiell Hammett: The Maltese Falcon. New York 1992, S. 3.

[173] Keitel, Kriminalromane von Frauen für Frauen, S. 56.

[174] Hammett, The Maltese Falcon, S. 4*.

[175] Ebd., S. 4.

[176] Vgl. Keitel, Kriminalromane von Frauen für Frauen, S. 62.

[177] Ebd., S. 64.

[178] Keitel versteht unter diesem Begriff eine Art „wildes Raten" oder „spekulative Hypothesenbildung" (Keitel, Kriminalromane von Frauen für Frauen, S. 62).

[179] Vgl. etwa Daniel Goleman: Emotionale Intelligenz. München 1997.

[180] Kathleen Gregory Klein: The Woman Detective. Gender & Genre. Chicago ²1999, S. 215.

[181] Christine Grän: Weiße sterben selten in Samyana. Hamburg 1986, S. 41.

[182] Jörg Fausers *Der Schneemann* (1981), *Rohstoff* (1984) und *Das Schlangenmaul* können als die ersten gelungenen Transpositionen des hard-boiled Krimis in Deutschland gelten. In *Das Schlangenmaul* wird die Geschichte des „Bergungsexperten für außergewöhnliche Fälle", Heinz Harder, erzählt, der eine ausgerissene Tochter aus reichem Haus – ein klassisches Thema – in Berlin ausfindig machen und zurückbringen soll.

[183] Vgl. Georg Seeßlen: Detektive. Mord im Kino. Marburg 1998, S. 87 f.

[184] Ebd., S. 98 f.

[185] Schmidt, Gangster, Opfer, Detektive, S. 347.

[186] Vgl. zum Terminus „Ethnokrimi" vor allem Peter Freese: The Ethnic Detectives – Chester Himes, Harry Kemelman, Tony Hillerman. Essen 1992.

[187] So etwa der Inupiat-Polizist Nathan Active aus dem nördlichen Alaska (vgl. Stan Jones: Weißer Himmel, schwarzes Eis. Ein Fall für Nathan Active. Berlin 2000).

[188] Arthur W. Upfields Inspektor Napoleon „Bony" Bonaparte, ein Mischling, der halb Aborigine, halb Engländer ist.

[189] Qiu Xiaolong: Tod einer roten Heldin. Wien 2003.

[190] Harry Kemelman: Am Freitag schlief der Rabbi lang. Hamburg 1997, S. 9.

[191] Vgl. auch Freese, The Ethnic Detectives, S. 155.

[192] Ebd., S. 117.

[193] Tony Hillerman: Der Wind des Bösen. Hamburg 2000, S. 68 f.

[194] Ebd., S. 212.

[195] Edzard Obendiek: Der lange Schatten des babylonischen Turmes. Das Fremde und der Fremde in der Literatur. Göttingen 2000, S. 11.

[196] Jakob Arjouni: Happy birthday, Türke! Ein Kayankaya-Roman. Zürich 1987, S. 13.

[197] Jakob Arjouni: Ein Mann, ein Mord. Ein Kayankaya-Roman. Zürich 1991, S. 44.

[198] Jakob Arjouni: Kismet. Ein Kayankaya-Roman. Zürich 2001, S. 84.

[199] Ebd., S. 85.

[200] Jakob Arjouni: Mehr Bier. Ein Kayankaya-Roman. Zürich 1987, S. 12.

[201] Kurt Lanthaler: Der Tote im Fels. Ein Tschonnie-Tschenett-Roman, Zürich 1999, S. 8; Übersetzt wohl soviel wie: „Irgendwer legt uns hier rein!"

[202] Vgl. etwa die Exkurse zu „H. M. Schleyer" (Lanthaler, Der Tote im Fels, S. 203 f.) oder zu den Hintergründen von „Gladio" (Lanthaler, Der Tote im Fels, S. 285).

[203] Janwillem van De Wetering: Ticket nach Tokio. Hamburg 1989, S. 86 f.

[204] Henning Mankell: Die Hunde von Riga. München ⁴2000, S. 96.

[205] Vgl. auch Wilczek: Thriller im Deutschunterricht?, S. 75 f.

[206] Mankell, Die Hunde von Riga, S. 169.

[207] Freese, The Ethnic Detectives, S. 9.

[208] Waldenfels, Topographie des Fremden, S. 186.

[209] Jochen Schmidt hat die These aufgestellt, dass für die Entdeckung des Regionalen im zeitgenössischen Krimi einschlägige Fernsehproduktionen wie *Detektiv Rockford* oder der *Tatort* von ganz entscheidender Bedeutung waren. Vgl. Schmidt, Mord in Datteln, S. IV.

[210] Jacques Berndorf: Eifel-Blues. Dortmund [25]2001, S. 8.

[211] Ebd., S. 226.

[212] Melanie Wigbers: Von Paris über „Bramme" in die Eifel. Orte und Schauplätze in kriminalliterarischen Texten von der Romantik bis in die Gegenwart, in: WW 2/2002, S. 1–16, S. 15.

[213] Aus der mittlerweile kaum mehr überschaubaren Fülle von Mittelalter-Kriminalromanen, die in der Nachfolge von Ecos Bestseller stehen, seien stellvertretend die folgenden Titel genannt: Helene Nolthenius: Wenn der Wolf den Wolf frisst. Ein Kriminalroman aus dem Mittelalter. Hamburg 1995; Paul Harding: Der Kapuzenmörder. Kriminalroman aus dem Mittelalter. Frankfurt am Main 1994; Edgar Noske: Der Fall Hildegard von Bingen. Ein Krimi aus dem Mittelalter. Köln 2000.

[214] Frank Schätzing: Tod und Teufel. Ein Krimi aus dem Mittelalter. Köln 1999, S. 365.

[215] Nikola Hahn: Die Detektivin. Berlin 2002.

[216] Bernhard Schlink/Walter Popp: Selbs Justiz. Zürich 1987, S. 121. Im Folgenden stets zitiert als: (SJ, Seitenzahl).

[217] Sascha Verna: Selbs Vermarktung. Bernhard Schlinks enttäuschender Krimi, in: NZZ (7.2.2002), S. 35.

[218] Vgl. Martin Heidegger: Sein und Zeit. Tübingen 1979, S. 260 f.; Sven Boedecker drückt dies weniger philosophisch aus: „Die Figuren stehen entweder mit einem Bein im Grab oder stinken wie ein alter Mann unterm Arm" (Selbs Verstümmelung. Eins rechts, eins links – Bestsellerautor Bernhard Schlink zeigt, wie man keinen Krimi schreibt, in: Die Woche (12.10.2001), S. 2.

[219] Bernhard Schlink: Selbs Betrug. Zürich 1992, S. 18. Im Folgenden stets zitiert als: (SB, Seitenzahl).

[220] Vgl. auch: „Nach den schalen Ehejahren mit Klara hatte ich die ersten Jahre meiner Witwenschaft als zweiten Frühling erlebt" (SJ, 111).

[221] Bernhard Schlink: Selbs Mord. Zürich 2001, S. 186. Im Folgenden stets zitiert als: (SM, Seitenzahl).

[222] Ruth Bybarski: Trilogie der Perfidie. Mit drei Krimi-Bestsellern machte die deutsche Hausfrau Ingrid Noll Furore. Nun plant sie einen weiteren Band, in: Profil Nr. 5 (30.1.1995).

[223] Angela Gatterburg: Charmanter Wonnegraus. In *Röslein rot*, dem neuen Krimi der Erfolgsautorin Ingrid Noll, rechnet eine Frau lustvoll mit ihrem Mann ab, in: Spiegel (10.8.1998), S. 164.

[224] Gustav Zürcher: Aschenputtels Märchenprinz. Mord in der Provinz – Ingrid Nolls kriminalistisches Roman-Debüt *Der Hahn ist tot*, in: FR (9.7.1991)

[225] Noll, Der Hahn ist tot, S. 7. Im Folgenden stets zitiert als: (Hahn, Seitenzahl).

[226] Die Anspielung auf die Hauptfigur des Filmklassikers *Vom Winde verweht* dürfte hier wohl kein Zufall sein, zumal die Filmheldin erstaunliche Ähnlichkeiten mit der Figur des Romans aufweist, insbesondere die sexuelle Attraktivität und Vulgarität Scarletts erinnert an die Filmfigur.

[227] Pailer ‚Weibliche' Körper im ‚männlichen' Raum, S. 576.

[228] Ebd., S. 577.

[229] Iring Fetscher: Von deutscher Sauberkeit, in: Iring Fetscher: Arbeit und Spiel. Essays zur Kulturkritik und Sozialphilosophie. Stuttgart 1983, S. 47–53, S. 48 f.

[230] Allerdings tauchen in der Kriminalliteratur schon frühzeitig „mörderische Detektive" auf. Zu erinnern wäre etwa an den Detektiv Wallas in Alain Robbe-Grillets *Les Gommes* (1953) oder auch schon an Chestertons kriminellen Kriminalisten Valentin in *The Secret Garden* (1911).

[231] Bernhard Schlink: Die gordische Schleife. Zürich 1988, S. 202.

[232] Thomas Wörtche: „Renaissance des Erzählens?" – Im Kriminalroman?, in: Gerd Herholz (Hrsg.): Experiment Wirklichkeit. Renaissance des Erzählens? Poetikvorlesungen und Vorträge zum Erzählen in den 90er Jahren, S. 76–85, S. 85.

[233] Ulrich Suerbaum: Der gefesselte Detektivroman. Ein gattungstheoretischer Versuch, in: Žmegač, S. 221–240, S. 230.

[234] Alida Bremer: Kriminalistische Dekonstruktion. Zur Poetik des postmodernen Kriminalromans. Würzburg 1999.

[235] Edward Reichel: Die Geburt des modernen Romans aus dem Geist des Kriminalromans, in: Friedhelm Marx/Andreas Meier (Hrsg.): Der europäische Roman zwischen Aufklärung und Postmoderne. Festschrift zum 65. Geburtstag von Jürgen C. Jacobs. Weimar 2001. S. 141–152, S. 143.

[236] Ebd., S. 149.

[237] Bremer, Kriminalistische Dekonstruktion (vgl. Titel!).

[238] Ebd., S. 13.

[239] Ebd., S. 13.

[240] Werner Frizen/Marilies Spancken: Patrick Süskind. Das Parfum. München ²1998, S. 42.

[241] Ebd., S. 42.

[242] Gottfried Willems: Die postmoderne Rekonstruktion des Erzählens und der Kriminalroman. Über den Darstellungsstil von Patrick Süskinds *Das Parfum*, in: Wolfgang Düsing (Hrsg.): Experimente mit dem Kriminalroman: ein Erzählmodell in der deutschsprachigen Literatur des 20. Jahrhunderts. Frankfurt/Berlin/Bern/New York 1993, S. 223–244, S. 234.

[243] Ebd., S. 233.

[244] Allerdings wird man Willems zubilligen müssen, dass er den Zusammenhang zwischen anderen postmodernen Romanen, die sich des Kriminalschemas bedienen, sehr treffend beschreibt (vgl. Willems, Rekonstruktion des Erzählens, S. 238 f.).

[245] Patrick Süskind: Das Parfum. Die Geschichte eines Mörders. Zürich 1985, 58. Im Folgenden stets zitiert als: (Parfum, Seitenzahl).

[246] Klaus Modick: Das Grau der Karolinen. München 1998. Im Folgenden stets (GdK, Seitenzahl).

[247] Marsch, Die Kriminalerzählung, S. 93 f.

[248] Elena Jenssen: Die Narrativik des Geheimen. Erzählplots in den Spionageromanen von John le Carré. Hamburg 2000, S. 75.

[249] Ebd., S. 92.

[250] Vgl. Claus-Ulrich Bielefeld: Die Analphabetin, in: SZ (4./5. 11. 1995), der schon bemängelte, dass Schlink eine Geschichte erzähle, in der „sich das Monströse und das Banale untrennbar mischen" und „Klischees... [nieder]schreibe, ohne sie zu brechen".

[251] Moritz Baßler: Der deutsche Pop-Roman. Die neuen Archivisten. München 2001, S. 71.

[252] Ebd., S. 75.

[253] Ebd., S. 75.

[254] Vgl. etwa die zusammenfassende Darstellung von Juliane Köster: Bernhard Schlink. Der Vorleser. München 2000 (= Oldenbourg Interpretationen 98).

[255] Bernhard Schlink: Der Vorleser. Zürich 1995, S. 12. Im Folgenden stets zitiert als (Vorleser, Seitenzahl).

[256] Vgl. Jenssen, Narrativik des Geheimen, S. 8 f. Zur Terminologie von Diegesis und Mimesis ist nach

wie vor grundlegend: Franz K. Stanzel: Theorie des Erzählens ²1982, S. 93 f. sowie S. 191 f.

[257] Schlink, Gordische Schleife, S. 37.

[258] Ebd., S. 41.

[259] Ebd., S. 41.

[260] Baßler, Der deutsche Pop-Roman, S. 75 f.

[261] Vgl. vor allem Holzmann, Schaulust und Verbrechen, S. 70 f.

[262] Jutta Wermke: Deutschunterricht in einer Medienkultur, in: Mitteilungen des Deutschen Germanistenverbandes. 44. Jahrgang (1997), S. 35–55, S. 36.

[263] Ebd., S. 36.

[264] Ebd., S. 37.

[265] Lennart Koch: Zur Narrativik in Computerspielen. Der Einfluss des Mediums auf die ästhetische Wahrnehmung, in: Deutschunterricht, Heft 2 (1999), S. 109–118, S. 116.

[266] Ebd., S. 116.

[267] Auf diese narrative Analogie von Adventure-Spiel und literarischem Text ist schon häufiger hingewiesen worden, etwa bei Jutta Wermke: Medienkompetenz und Deutschunterricht, in: Mitteilungen des Deutschen Germanistenverbandes, Heft 4 (1997), S. 94–105, S. 101 und bei Koch, Narrativik in Computerspielen, S. 115.

[268] Informationen über den pädagogischen Wert von Computerspielen bieten die zweimal im Jahr herausgegebenen Hefte *Computerspiele auf dem Prüfstand* der Bundeszentrale für politische Bildung, Referat Medienpädagogik und Neue Medien, Postfach 2325, 53013 Bonn oder einschlägige Fachliteratur wie Thomas Feibel: Der Kinder-Software-Ratgeber. Hamburg 2001.

[269] Wermke, Deutschunterricht in einer Medienkultur, S. 40.

[270] Ebd., S. 45.

[271] Norbert Lang: Artikel „Multimedia", in: Werner Faulstich (Hrsg.): Grundwissen Medien. München ⁴2000, S. 296–313, S. 307.

[272] Peter Schlobinski: Multimedia und Deutschunterricht, in: Der Deutschunterricht, Heft 2 (2001), S. 2–3, S. 3.

[273] Koch, Narrativik von Computerspielen, S. 114.

[274] Ebd., S. 116.

[275] Sigrid Thielking: An der Seite Pikachus und Potters. Didaktische Überlegungen zu literarisch-medialen Kultfiguren der populären Kinderkultur, in: LiU, Heft 2 (2002), S. 67–81, S. 68.

[276] Beat Suter: Hyperfiction – ein neues Genre, in: DUS, Heft 2 (2001), S. 4–14, S. 5.

[277] Vgl. den Bericht unter http://www.literaturcafe.de/bf.htm?/ebook/king2.shtml (2.8.2002).

[278] Vgl. www.wildpark.de/quotenmaschine/ (25.6.2002). Mittlerweile ist der Roman auch als Buch erschienen; Norman Ohler: Die Quotenmaschine. Hamburg 1996. Andere Internetprojekte, die sich mit dem Genre des Kriminalromans beschäftigen, sind beispielsweise *Who killed Johnny Blueswing* (www.blueswing.de, 3.8.2002) oder die interaktiven Kriminalgeschichten von Internet-Surfern bei www.mordlust.de (3.8.2002).

[279] Vgl. http://idw-online.de/public/zeige_pm.html?pmid=9541 (25.06.2002).

[280] Vgl. http://www.learnetix.de/cgi/WebObjects/DoraDeutsch.woa/wa/DA/max (25.06.2002).

[281] Vgl. http://www.krimimails.de (25.6.2002).

[282] Andreas Kaiser: Ich schau' dir in die E-Mail, Kleines. Zwei Autoren veröffentlichen den ersten deut-

schen Kriminalroman, der nur über das Internet zu beziehen ist, in: Der Tagesspiegel (8.6.2001).

[283] Roger M. Fiedler/Jörg Juretzka: Enzi@n. Ein Kriminalroman in 54 e-mails. Norderstedt o. J.

[284] Kaiser, Ich schau' dir in die Mail, Kleines, o. S.

[285] Ebd., o. S.

[286] Ingeborg Sperl: Von Rockern und Lesben. Krimis aus Deutschland, den Niederlanden und Kanada, in: Der Standard, Ausgabe 3798, S. 8.

[287] Ebd., S. 8.

[288] Ebd., S. 29.

[289] Baßler, Der deutsche Pop-Roman, S. 185.

[290] Arjouni: Ein Mann ein Mord. Ein Kayankaya-Roman. Zürich 1993, S. 5.

[291] Tom Zürcher: Tote Fische reden nicht. Zürich 1999, S. 13.

[292] Ebd., S. 9.

[293] Ebd., S. 11.

[294] Ebd., S. 35.

[295] Thomas Ernst: Popliteratur. Hamburg 2001, vgl. S. 8.

[296] Wolf Haas: Silentium! Hamburg ⁴2002, S. 20.

[297] Wolf Haas: Der Knochenmann. Hamburg ⁵2002, S. 25.

[298] Ebd., S. 25.

[299] Ebd., S. 20.

[300] Ebd., S. 108.

[301] Baßler, Der deutsche Pop-Roman, S. 189.

[302] Ebd., S. 189.

[303] Manfred Papst: Pass auf. Ein neuer Brenner-Roman von Wolf Haas, in: NZZ (11.10.2001), S. 59.

[304] Christina Nord: Untersuchungen auf Herz und Leber, in: TAZ (25.9.2001), S. 18.

[305] Doris Knecht: Typisch Mann, aber trotzdem nicht unsympathisch. Der österreichische Krimiautor Wolf Haas und sein Detektiv Simon Brenner, in: NZZ (27.8.1998), S. 46.

[306] Ebd., S. 46.

[307] Baßler, Der deutsche Pop-Roman, S. 190.

[308] Baßlers Terminologie „heterodiegetisch" ist hier eher missverständlich; vgl. Baßler, S. 190.

[309] Kammler, Neue Literaturtheorien und Unterrichtspraxis, S. 18.

[310] Ebd., S. 6.

V. Kritisch-reflexive Wertkategorien einer postmodernen Kriminalromandidaktik

1. Der genuine Beitrag einer kritisch-reflexiven Wertungsdidaktik

Worin, so wird man schließlich fragen können, liegt nun der zentrale Beitrag einer kritisch-reflexiven Wertungsdidaktik (des Kriminalromans)? Die Antwort ist einfach und zugleich kompliziert. Sie verweist auf einen Widerspruch, der genuin für jede Vermittlung von Literatur (in Schule und Hochschule) ist, der aber zwischenzeitlich vergessen wurde: Es ist die Ambivalenz zwischen heteronomer und autonomer Literaturrezeption, die in jedem subjektiven Vermittler von Literatur angelegt ist. Literaturunterricht in der Schule ist, wie von Heydebrand und Winko ausführen, ein heteronomer Rezeptionsvorgang, der funktionalen Kategorien und Maßstäben folgt, etwa in der Art, dass man einen Text unter dem Gesichtspunkt auswählt, ob er geeignet ist, in den Gebrauch von Passivkonstruktionen einzuführen oder das Prinzip des auktorialen Erzählens zu verdeutlichen.

Dass schulische Literaturvermittlung unter dem Blickwinkel heteronomer Rezeptionsprinzipien abläuft, heißt aber nicht, dass der Literaturvermittler seine eigene, subjektive – mithin autonomieästhetische – Rezeptionshaltung völlig unterdrückt. Sie fließt, vielfach unbewusst, mit in das unterrichtliche Geschehen ein. Die literaturdidaktische Vermittlungspraxis hat aber dieses subjektive Moment des Lehrenden bei unterrichtlichen Entscheidungsfragen völlig verdrängt. Wer hat je den Unterrichtsentwurf einer Referendarin oder eines Referendars gesehen, in dem subjektive Gründe als entscheidende Kategorien für Unterrichtsentscheidungen genannt werden? Die didaktische Verdrängungspraxis und sprachliche Objektivierung subjektzentrierter Prozesse verhindert freilich nicht, dass sie sich dennoch ständig ereignen.

Alle unterrichtlichen Entscheidungen eines Lehrers verdanken sich – mehr oder weniger – subjektiven Wertungsdispositionen. Dass diese Dimension des Lehrens bisher unterdrückt wurde, ist im Rückgang auf das Wertungsargument einsichtig zu machen. Die Diskussion subjektiver Wertungshaltungen von Lehrern ist in der Literaturdidaktik zu dem Zeitpunkt eingestellt worden, als man das Interesse an wertungsdidaktischen Fragen verloren hatte. Das Subjektproblem des Lehrens – wenn man es je richtig in den Blick genommen hat – projizierte und verlagerte man auf die Schülerseite. Indem man den Schüler als Subjekt des Unterrichts entdeckte, konnte man den problembehafteten Subjektcharakter unterrichtlicher Entscheidungen erst einmal vergessen. Man ging und geht sogar so weit, subjektzentrierte Äußerungen (unterrichtssteuernde Eingriffe) als kontraproduktiv für Unterricht anzusehen, insofern sie ja die subjektiven Entäußerungen von Schülerinnen und Schülern hemmen könnten.

Allerdings hat man der Didaktik damit einen Bärendienst erwiesen, denn die verdeckt subjektzentrierten Lenkungsmechanismen lassen sich nicht beseitigen. Auch die mittlerweile exzessive Methodenhuberei im deutschen Literaturunterricht stellt hier keine wirkliche Lösung dar. Die Vorliebe mancher Kolleginnen und Kollegen für offene Unterrichtsformen wie das Stationenlernen, die Arbeit mit Wochenplänen, in Projektgruppen und mit Schreibkonferenzen verdankt sich wohl nicht immer dem innovativen pädagogischen Selbstverständnis, sondern partiell auch der Aussicht auf eigene Entlastung: Wenn Schüler produktiv sind, dann ist das nach allgemeinem und durchschnittlichem Verständnis schon einmal positiv, ob bei diesen Aktivitäten dann mittel- oder langfristig wirklich messbare Kompetenzzuwächse erworben werden, ist eine zweite Frage.

Abhilfe kann hier nur eines schaffen: Die Akzeptanz subjektzentrierter Einflüsse des Lehrenden auf die Lehr- und Lernprozesse, ihre Benennung und der offene, kritisch-reflexive Umgang mit ihnen. Die ambivalente Rollendisposition des Lehrenden, der zugleich professioneller, objektiver Vermittler literarischer Kompetenzen als auch subjektiv Wahrnehmender des Ästhetischen ist, muss als solche akzeptiert werden, – sie beinhaltet nicht nur Probleme, sondern sie bietet auch Chancen. Dieser genuine Rollenkonflikt des Literaturvermittlers darf nicht verdrängt, sondern muss ausgetragen werden. Das diesem Konflikt inhärente kreative Potenzial ist didaktisch erst noch zu entdecken.

Wie sähe ein praktischer Umgang mit dieser Konfliktsituation im Unterricht oder in der Unterrichtsvorbereitung aus? Zunächst einmal muss ein Lehrender akzeptieren, dass es immer zwei Rollensituationen gibt, die Einfluss auf seinen Unterricht nehmen; eine subjektzentrierte und eine pragmatisch-funktionale. In die subjektzentrierte Disposition fließen vor allem persönliche, individuelle Wertungshaltungen und Wissensproportionen ein, in die pragmatisch-funktionale solche, die auf das Gelingen von Unterricht abzielen. Beide Wertungshaltungen sind zu trennen, wenngleich sie auch wechselseitig Einfluss aufeinander ausüben. Ihr wechselseitiger Einfluss ist umso größer, je geringer sie voneinander abgehoben und differenziert werden.

Ein Beispiel kann dies vielleicht verdeutlichen. Nehmen wir einmal an, dass sich ein Lehrer dazu entschließt, E. T. A. Hoffmanns Erzählung *Das Fräulein von Scuderi* im Deutschunterricht zu lesen. Bei seiner Unterrichtsvorbereitung lässt er unbeachtet, dass er selbst für diesen Text ein besonderes Faible hat – sei es, dass er eine besondere Wertschätzung für den Schriftsteller Hoffmann empfindet oder sei es, dass ihm die Literatur dieser Epoche besonders liegt. Solange er diese subjektive Werthaltung und die hinter ihr verborgenen Wertaxiome nicht kritisch prüft und selbstreflexiv in den Blick nimmt, wird ihm auch die Sensibilität und Offenheit für jene Problemstellungen fehlen, die abseits seines eigenen, subjektiven Blickwinkels liegen. Seine pragmatisch-funktionalen Unterrichtsentscheidungen laufen immer Gefahr, untergründig von diesen subjektiven Werthaltungen beeinflusst zu werden.

Nehmen wir einen anderen Fall an. Eine Kollegin liest Hoffmanns Novelle und nimmt ihre erneute Beschäftigung mit dem Werk zum Anlass, sich zu fragen, warum dieser Text eine so hohe subjektive Wertschätzung bei ihr genießt. Ihr wird klar, dass die Hauptfigur eine große Sympathieträgerin ist und auf sie als Leserin eine starke Anziehungskraft ausübt. Der Grund dafür ist schnell ersichtlich: Hoffmanns Erzählung ist eine der wenigen Detektivgeschichten im 19. Jahrhundert, die einen weiblichen Ermittler hat. Die Kollegin beschließt, von dieser eigenen subjektiven Werthaltung her den Unterricht aufzubauen. Sie liest die Geschichte in einer 8. Klasse und arbeitet vor allem die detektivischen Fähigkeiten des Fräuleins heraus; im Gegenzug ermöglicht sie aber auch die Lektüre einer Geschichte von Arthur Conan Doyle, in der Sherlock Holmes als souveräner Ermittler auftritt, der einer in Not geratenen Frau hilft. Das Resultat dieser Gegenüberstellung ist eine ungewöhnlich lebhafte und intensive Auseinandersetzung über die unterschiedlichen Qualitäten weiblicher und männlicher Detektive, die auch eine Fülle von Schreibanlässen schafft. Zugleich wird den Schülerinnen und Schülern auf diesem Wege ein zentrales Problem des Genres bewusst gemacht: das über lange Zeit zementierte Rollenklischee der Gattung.

Die fiktiven Szenarien können kaum Anspruch auf Allgemeingültigkcit erheben, sie mögen aber verdeutlicht haben, dass subjektive Wertungshaltungen auf Seiten des Lehrenden durchaus – wenn man kritisch-reflexiv mit ihnen umgeht – einen positiven Effekt auf Unterricht ausüben können. Andererseits erschwert die mangelnde Ausleuchtung eigener, subjektiver Werthaltungen unterrichtliche Flexibilität. Eine Literaturdidaktik, die sich zugleich immer auch als eine kritisch-reflexive Wertungsdidaktik begreift, wird also nicht nur eigene Wertungspositionen transparent zu machen und in den Unterricht einzubinden versuchen, sondern zielt – in zweiter und dritter Instanz – auch darauf ab, institutionell und wissenschaftlich verfestigte Deutungsschemata von Literatur auf ihre Wertungshorizonte hin zu befragen sowie Schülerinnen und Schülern Wertungshorizonte sichtbar zu machen und zu eigenen, diskursfähigen Wertungspositionen zu verhelfen.

2. Neubestimmung des Kriminalromans im literaturästhetischen Kontext

Im vorliegenden Zusammenhang ist es freilich von Nöten, nicht nur die Wertungshaltungen der am Unterricht beteiligten Institutionen und Subjekte kritisch zu prüfen, sondern auch die gattungsgeschichtlichen und literaturästhetischen Verortungen unvoreingenommen in den Blick zu nehmen. Eine Neuverortung des Kriminalromans unter didaktischem Blickwinkel, die ihren Zielpunkt in den verschiedenen Konfigurationen des zeitgenössischen Kriminalromans sieht, muss zwangsläufig auch die Stationen der jüngsten gattungsgeschichtlichen Entwicklung berücksichtigen. Als Resultat dieser Neubestimmung darf die Notwendigkeit einer Revision der bisherigen gattungsgeschichtlichen und den auf ihr fußenden didaktischen Ein- und Zuordnungen hervorgehoben werden. Die vermeintlich literarische Randständigkeit und gattungsästhetisch verordnete Abseitigkeit des Genres lässt sich zu Beginn des 21. Jahrhunderts argumentativ kaum noch überzeugend verteidigen. Im Einzelnen lassen sich drei – teilweise miteinander korrespondierende – Begründungen für diese These anführen:

(1) Das Erzählschema des Kriminalromans, das in immer neuen Varianten und Konfigurationen auftritt und damit seine ästhetische Produktivität eindrücklich unter Beweis gestellt hat, ist in den vergangenen 20 Jahren zu einem **zentralen Gestaltungselement des postmodernen Romans** geworden. Mehr noch, das Erzählmodell Kriminalroman wird – diese Hypothese soll hier gewagt werden! – selbst zu einem entscheidenden Impulsgeber des neuen, postmodernen Erzählens. Alida Bremer hat in ihrer Arbeit über die Poetik des postmodernen Kriminalromans diesen Fragmentierungs- und Entkanonisierungsprozess mit Hilfe des Kriminalromanschemas in Anlehnung an Bachtins Poetik „Karnevalisierung"[1] genannt. Die erfolgreichen Romane von Patrick Süskind (*Das Parfum*), Umberto Eco (*Der Name der Rose*) oder Klaus Modick (*Das Grau der Karolinen*) verdeutlichen, wie fruchtbar diese literarische Anverwandlung des Kriminalschemas für die Modellierung großer Romanwerke ist. Durch diese **ästhetische Transformation** hat sich die Gattung nobilitiert und ist aus der ihr künstlich verordneten Randständigkeit und Bedeutungslosigkeit hervorgetreten. Der Kriminalroman repräsentiert also, wie Helmut Heißenbüttel schon Anfang der 70er Jahre zutreffend bemerkt hat, „eine der offensten Formen der heutigen Literatur"[2].

(2) Die trivialliterarische Verortung des Genres Kriminalliteratur[3], die schon in den letzten Jahrzehnten mehr ein Verdachtsmoment als ein Faktum gewesen sein dürfte, enthüllt mittlerweile ihre ganze Fragwürdigkeit. Durch die geglückte Synthese des Kriminalschemas mit der großen Romanform haben sich auch die **Grenzen zwischen U- und E-Literatur weiter aufgelöst**. Dem literarischen Avantgardismus der 60er und 70er Jahre wird nun, spätesten seit Beginn der 80er Jahre plötzlich eine neue „Lust am Fabulieren entgegengehalten"[4]. Die neue Ästhetik bekennt sich dabei – in Abgrenzung zu den dekonstruktiven Aktivitäten der Vergangenheit – vorbehaltlos zu einem traditionellen Erzählstil: „Der jeweilige Bruch mit der Tradition wird von einem Spiel mit der Tradition abgelöst. Mimetische Strukturen werden bewusst als Bestandteil des Kunstwerks akzeptiert und zur Grundlage einer Rekonstruktion des Erzählens."[5] Die Rehabilitierung des hedonistischen Lesers, der die ‚Lust am Text' wiederentdeckt hat und der Literatur als ein „Anagramm des Körpers"[6] versteht und genießt, hat diesen Prozess unterstützt und die Hegemonialstellung des Kriminalschemas in der zeitgenössischen Literatur weiter befestigt. Es ist dabei gewiss kein Zufall gewesen, dass ausgerechnet das spannungszentrierte Kriminalgenre – mit seinem nachweislich lustbetonten Rezipientenverhalten – mit zum Motor dieser ästhetischen Entwicklung geworden ist. Der Kriminalroman ist damit gleichsam zu einem **ästhetischen**

Paradigma des postmodernen Erzählens geworden, das sich in der lustvollen Unbezüglichkeit seiner fiktiven Möglichkeiten entfaltet.

(3) Der zeitgenössische Kriminalroman genügt diesem reinen Spiel der Fiktionen aber nicht, sondern er transzendiert es zugleich, indem er einen **zentralen anthropologischen Konflikt zum ästhetischen Schlüsselproblem gemacht hat: die Fremdheitserfahrung**. Naturgemäß verarbeitet das Genre die (mitunter schockartige) Alteritätserfahrung in seinen Geschichten von Anfang an, ja man kann den Angelpunkt kriminalistischen Erzählens, das Verbrechen, als eine Fremderfahrung sui generis bezeichnen. Fremdartigkeit ist schließlich auch schon mit Beginn der Gattungsgeschichte ein Parameter gewesen, der vorzüglich im Zusammenhang mit der Konzeption außergewöhnlicher Detektivfiguren zur Anwendung gelangte. Monsieur Dupin etwa, der Prototyp des scharfsinnigen Analytikers, macht einen eher extravaganten, exaltierten Eindruck. Ganz zu schweigen von dem Übervater aller Amateurdetektive, dem Engländer Sherlock Holmes, dessen dekadenter Lebenswandel – er verbringt mitunter Tage im Kokainrausch – schon seinen Mitbewohner Dr. Watson dazu brachte, missbilligende Worte für dieses „befremdliche" Verhalten zu finden. Bei aller Unterschiedlichkeit und Andersheit bleiben die genannten Protagonisten gleichwohl Teil des Werte- und Kultursystems, in dem sie als Detektiv tätig werden. Eine radikale Änderung dieser narrativen Weltkonstruktion vollzieht sich nachdrücklich und auf breiter Front erst im Kriminalroman der 80er und 90er Jahre. In diesem Zeitraum treten nun verstärkt Ermittler/innen auf, deren Weltwissen den Grundzug des Fremdartigen und Exotischen trägt. Mit bewundernswerter Konsequenz wird diese radikalisierte Fremdheitserfahrung von den Gegenwartsautoren des Genres auf die a priorischen Ordnungsprinzipien Raum und Zeit unseres ästhetischen Wahrnehmungsapparates[7] übertragen und literarisch fruchtbar gemacht. Das fiktive Ermittlungsgeschehen wird in entfernte exotische Räume (Wüsten- und Eislandschaften), vergessene Enklaven der eigenen, scheinbar bekannten Topographie (Provinz), in ein anderes Zeitkontinuum (Mittelalter, 19. Jahrhundert) oder in unbekannte subjektive Innerlichkeiten und kulturelle Identitäten (Eskimo, Rabbi, Migrant, Aborigine, Indianer, Frauen) übertragen. Der postmoderne Kriminalroman wird dadurch zu einem **Spielfeld für Differenz- und Fremderfahrungen**; das ausgeprägte identifikatorische und empathische Potenzial der Gattung zwingt den Leser gleichsam in die Auseinandersetzung und schließlich zur Anerkennung des Fremden, das in der fiktiven Gestalt des Detektivs seine prägende Form gefunden hat.

3. Neubestimmung des Kriminalromans im literaturdidaktischen Kontext

Welche Konsequenzen ergeben sich nun für eine postmoderne Didaktik der Kriminalliteratur aus den vorangestellten Überlegungen und welche Grundzüge muss ein Begriff von literarischer Bildung haben, in den eine Didaktik der Kriminalliteratur einbezogen wird? Die Lösung kann nur in einem Modell von literarischer Bildung[8] liegen, dass ästhetische und lebensweltliche Konzepte miteinander in kritisch-reflexiver Weise zu versöhnen versucht.

Kriminalliteratur kann im Unterricht der fortschreitenden „Marginalisierung der Literatur"[9] in der Öffentlichkeit und im schulischen Bereich entgegenwirken. Das Genre, das bei vielen Schülern/innen eine hohe Akzeptanz besitzt, erscheint in besonderer Weise geeignet, die **Dichotomie von Schul- und Freizeitlektüre** aufzubrechen und dazu beizutragen, „daß Literaturunterricht und Freizeitlektüre von Lernenden als korrespondierende Bereiche erlebt werden und nicht als getrennte Welten"[10]. Positiv wirkt sich in diesem Zusammenhang der enge lebensweltliche Konnex dieser literarischen Gattung aus. Darstellungen von Gewalt und Kriminalität gehören längst zu einem festen Bestandteil der medialen Wirklichkeit unserer Jugend. Kriminalliteratur kommt damit in paradigmatischer Weise der Forderung von Hartmut Eggert entgegen, dass „die Wissenschaft selbst zur Kenntnis nehmen und erforschen [muss], wo die Literatur denn ihren Sitz im Leben hat, und das ‚literarische Leben' nicht nur aus der Perspektive des gereinigten akademischen Geschmacks wahrnehmen"[11] kann. Eggerts Postulat schließt die These ein, dass „vor einem Überhang an Vergangenheit und einer Musealisierung literarischer Bildung … nur der Anschluss an die Literatur der Gegenwart bewahren [kann]"[12]. Dies bedeutet freilich nicht, dass der Literaturunterricht „sich parasitär der Unterhaltungssemantik anzuschließen und ihre Gegenstände, sofern möglich, als unterhaltsame zu präsentieren [hat]"[13] Vielmehr muss schulischer Unterricht auch hier eine Sichtweise ermöglichen, die verfestigte Rezeptionsmuster aufzubrechen und kritisch zu hinterfragen vermag. Dabei bietet das Genre zahlreiche Optionen, affirmative und kritische Leseweisen zu harmonisieren. „Die Sprache ist das primäre Vehikel der Weltorientierung des Menschen, und die Literatur ist das ‚Instrument', mit dem ihm diese Funktion bewußt gemacht wird."[14]

In diesem fruchtbaren Spannungsfeld von schulischer und häuslicher, von affektiver und kognitiver Lektüre gewinnt eine kritisch-reflexive Wertungsdidaktik zentrale Bedeutung: Zeitgenössische Kriminalliteratur fordert zur Stellungnahme heraus, sie provoziert Wertungen, sie spricht – aufgrund ihrer starken lebensweltlichen Verortung – die Schüler/innen unmittelbarer an als die kanonisierten Texte des Literaturunterrichts. Dies gilt insbesondere für jene postmoderne Kriminalliteratur, die noch nicht den Weg in die Lehrpläne und Curricula gefunden hat. Das „vermeintliche Wissensdefizit" der Lehrerin und des Lehrers bei der Vorbereitung des Unterrichts kann hier zu einem Glücksmoment für die schulische Praxis werden. Die Vermeidung typisierter hermeneutischer Schemata auf Seiten der Lehrperson sowie eine reflexiv-kritische Wertungsbewusstheit können sich in einer größeren Offenheit für fremde Wertungs- und Deutungsdispositionen äußern und damit auch zu größerer Schülerorientierung führen.

Für die schulische Lektüre von klassischen Texten des tradierten Kriminallite-ratur-Kanons, etwa Werken von Poe, Conan Doyle oder Agatha Christie, muss das Bemühen in den Vordergrund gestellt werden, diese Literatur „gegen den Strich" der verfestigten hermeneutischen Muster zu lesen und eine Anbindung an Fragestellungen des zeitgenössischen Kriminalromans zu suchen.

Auf der curricularen Ebene lassen sich weitere Gründe benennen, die für eine noch stärkere Einbindung des Genres in den Literaturunterricht der Sekundar-stufe I sprechen. So ist etwa Paefgens Einschätzung, „dass das detektivische Genre literarisch generativ gewirkt hat beziehungsweise noch immer wirkt und dass es sich – wie kaum ein anderes – zur poetologischen Propädeutik eignet"[15], unbedingt zuzustimmen. Dass sich Krimitexte vorzüglich für eine **Propädeutik des Erzählens** eignen, dokumentieren die ausgewerteten Richtlinien, Unter-richtsmaterialien sowie Lese- und Sprachbücher. Aus lernzieltheoretischer und -praktischer Sicht wären hier zunächst die zentralen Aspekte der Erzählperspek-tive, der Figurencharakteristik und der großformalen Strukturierung zu nennen, die bereits in der 7. Jahrgangsstufe an kleineren Krimitexten – etwa von Arthur Conan Doyle oder G. K. Chesterton – erarbeitet werden können. Als unschätzba-rer Vorteil für die unterrichtliche Behandlung erweist sich dabei vor allem die der Gattung gleichsam immanente hermeneutische Perspektivik des Fokussierens auf bestimmte Textstellen, ihres vergleichenden und prüfenden Lesens sowie die Schulung eines überblickshaften, synthetisierenden Wahrnehmens, das neben der Detailsicht zugleich auch immer die epische Totale in den Blick nimmt. Zu Recht hat Paefgen in diesem Zusammenhang mit Carlo Ginzburg darauf verwie-sen, dass „die Philologie eine spurensuchende und -sichernde Indizienwissen-schaft"[16] sei und in der detektivischen Ermittlung ihre symbolische Entsprechung gefunden habe. Mithin konturiert sich das Studium des Kriminaltextes in der Se-kundarstufe I nicht nur als ein ergiebiges Propädeutikum, sondern zugleich auch als ein metatextuelles und -hermeneutisches Verfahren, das sich hervorragend dafür eignet, Schüler/innen (in späteren Jahrgangsstufen) auf eine fortgeschrit-tene Stufe der Lesekompetenz zu bringen.

Angelpunkt dieser didaktischen Dimensionierung von Lesekompetenz ist der narrative Konstruktivismus des Kriminalromans, den man aus ästhetischer Sicht stets als trivial oder zumindest problematisch bezeichnet hat. Die Einsicht in die (relativ einfache) epische Konstruktion des klassischen Kriminalromans mit sei-nen überschaubaren ästhetischen Parametern vermittelt den Schülern/innen ein erstes, genuines Verständnis epischen Erzählens und seines Formenreichtums. Diesem Verständnis der Konstruktion ist in dialektischer Umformung auch immer zugleich die Möglichkeit der Variation und Kontrastierung immanent, wie schon ein Blick auf die bewegte Gattungsgeschichte der literarischen Form zeigt. Das kurze Resümee der Gattungsgeschichte, das in dieser Arbeit mit einem poin-tierten Überblick gegeben wurde, zeigt bereits, dass die Gattung schnell ‚an sich selber dekonstruktiv' wird. Das begrenzte ästhetische Potenzial des Genres führt schon bald nach seiner Entstehung zu kontrapunktischen, dekonstruktiven Verformungen. Chesterton erfindet einen Detektiv, der in vielen Charaktereigenschaften das diametrale Gegenbild seines berühmten Vorgängers Sherlock Holmes wird, der amerikanische hard-boiled Krimi demontiert das Modell des englischen Gesellschaftskrimis, die Kriminalromane Dürrenmatts und des französischen nouveau roman wenden sich gegen das (rest-)optimistische Weltbild des Kriminalromans, der Ethno-Krimi widerspricht der monokulturellen Verortung des Detektivs, und der zeitgenössische Frauen-Kriminalroman demontiert schließlich das maskuline Heldenbild des Kriminalromans überhaupt.

Das ausgeprägt **polysemantische Potenzial der Gattung**, das zugleich auch Wertungsreichtum signalisiert, ermöglicht ein kritisch-reflexives Umgehen mit dem Stoff. Vor allem die ausgeprägte Alteritätserfahrung, die der zeitgenössische Kriminalroman in Anschlag bringt, „leistet einen Beitrag zur Genealogie herrschender Identitätskonzepte"[17], indem sie Möglichkeiten bietet, tradierte Deutungsmuster und Diskurse zu unterwandern und in ihrer Heterogenität sichtbar zu machen. Als eines der zentralen Ergebnisse dieser Untersuchung kann somit der Vorschlag formuliert werden, kriminalliterarische Texte unter dem Aspekt ihres polysemantischen und intertextuellen Potenzials auszuwählen und zu lesen. Die besondere Affinität des Genres für selbstreferentielle Fragestellungen demaskiert damit zugleich alle Versuche einer einseitigen Festlegung der Gattung auf eine Ideologie stützende Funktion selbst als ein ideologisches Konstrukt.

Eine letzte, zentrale Dimension didaktischer Anwendungspraxis des Genres konturiert sich schließlich in **intermedialer Hinsicht**. Die Geschichte der Gattung zeigt, dass die literarische Popularität des Kriminalromans sich sehr schnell auch auf andere Medien übertragen hat. Schon wenige Jahre nachdem die Kinematographie entdeckt worden war, gab es die ersten Detektivfilme im Kino. Bereits 1902 entstand der erste Detektivfilm, der den Titel *Sherlock Holmes baffled* trug, und schon drei Jahre später folgte eine weitere Verfilmung nach dem Stoff von Arthur Conan Doyle, *The Adventures of Sherlock Holmes* (1905).[18] In schneller Folge wurden bis in die 40er Jahre weitere Sherlock-Holmes-Filme produziert, die den literarischen Erfolg des Detektivs auf der Leinwand verbreiteten und befestigten. Die rasche Eroberung des neuen Mediums durch Conan Doyles Romanfigur zeigt daneben, „dass Holmes schon früh zu einem optischen Mythos wurde"[19] und dass der Kriminalroman von Anfang an dazu neigte, sich auch in andere Medien zu transformieren und dort zu situieren. Diese Hypothese wird durch die Mediengeschichte unterstützt, denn es hat sich gezeigt, dass sich die neu auftretenden Medien stets sehr schnell dem Genre andienten: Als der Rundfunk aufkam, erlangte sehr rasch das Kriminal-Hörspiel große Popularität, das Fernsehen begründete seine Massenwirksamkeit nicht zuletzt durch ein großes Angebot von Krimiserien[20], die in immer kleineren Intervallen gesendet wurden, und der PC verdankt seine hegemoniale Stellung im Medienwettbewerb auch der Tatsache, dass er ein Unterhaltungskünstler ist, auf dem digitalisierte, interaktive Krimis laufen können, die den – mehrheitlich wohl jugendlichen – Zuschauer aktiv in das Geschehen einbinden können. Aus didaktischer Sicht stellt sich angesichts dieser massiven Medienkonkurrenz die Frage, wie der zeitgenössische Literaturunterricht diese Situation reflektieren und wie er sie selbst zum Thema einer immer mehr in Erklärungsnotstand geratenden schulischen Praxis machen kann. Viele Medien- und Bildungstheoretiker sehen mit der überzeugenden Lösung dieser Problemstellung die Zukunft des Literaturunterrichts, ja unserer Lesekultur überhaupt, verknüpft:

> Literatur heute erzählt *nach* dem Fernsehen. Ihr Stoff ist gesendet, selbst dort, wo er einfach nur auf der Straße zu liegen scheint. Und ihre Mittel sind längst durch einen intensiven Austausch mit den wahrnehmungsleitenden Darstellungsformen anderer Medien geprägt. Wenn Literatur das ignoriert, wird sie unerheblich, egal ob sie sich besser verkauft oder im kleineren Kreis philologisch verarbeitet wird. Andererseits sollte sie sich auch nicht ‚hinein in die Medien‘ treiben lassen, der Autor muss nicht durch den Medienproduzenten ersetzt werden, wie das mit avantgardistischem Aplomb häufiger gefordert wird. Doch bei sich selbst kann Literatur nur bleiben, wenn sie ‚die andere Technik‘ bewusst zum Bestandteil ihrer Arbeit macht.[21]

Einen Lösungsbeitrag für die dargestellte Problematik könnte die Berücksichtigung von Kriminalliteratur im Unterricht leisten. Die beschriebenen narrativen Gemeinsamkeiten zwischen Adventure-Games und Kriminalromanen, die Affinität des Genres zum Internet (Hyperfiction-Krimi, E-Mail-Krimi), und seine große Nähe zu den filmischen Medien Kino und Fernsehen lassen die Gattung geradezu prädestiniert erscheinen, literarische Texte im interdisziplinären Spannungsfeld verschiedener Medien zu positionieren, kritisch zu reflektieren und gerade jene bedeutsamen Differenzen des alten Mediums zu den neuen herauszuarbeiten, die eine Beschäftigung mit Literatur für Schüler/innen auch im 21. Jahrhundert erstrebenswert machen kann.

Auch in diesem Kontext empfiehlt sich bei der Unterrichtsplanung und -durchführung ein kritisch-reflexives Vorgehen, das Raum lässt für abweichende Lesarten, divergierende Wertungshaltungen, intermediale Oppositionen, Widersprüchlichkeiten und Brüche des einseitigen (medialen) Wahrnehmungskontinuums. Die beiden nachfolgenden Fallstudien und Unterrichtsentwürfe zu einzelnen Texterarbeitungen sollten geeignet sein, Beispiele für eine unterrichtspraktische Umsetzung der theoretischen Vorgaben zu liefern und können eine erste Diskussionsgrundlage für eine praxis- und theoriegeleitete Auseinandersetzung mit der Konzeption einer kritisch-reflexiven Wertungsdidaktik des Kriminalromans bilden.

Anmerkungen

[1] Bremer, Kriminalistische Dekonstruktion, S. 40 f.

[2] Heißenbüttel, Spielregeln des Kriminalromans, S. 371.

[3] Sieht man einmal von den Massenprodukten des Groschenheftromans und der Belletristik – etwa den Kriminalromane eines Edgar Wallace – ab!

[4] Nikolaus Förster: Die Wiederkehr des Erzählens. Deutschsprachige Prosa der 80er und 90er Jahre. Darmstadt 1999, S. 5.

[5] Ebd., S. 5.

[6] Roland Barthes: Die Lust am Text. Frankfurt am Main 1974, S. 26.

[7] Vgl. hierzu Immanuel Kant: Kritik der reinen Vernunft. Hamburg 1956, S. 63 f.

[8] Zur Renaissance des Bildungsbegriffes in der didaktischen Diskussion vgl. etwa das Themenheft „Ästhetische Bildung" der Mitteilungen des Deutschen Germanistenverbandes, Heft 1 (2000) oder die Monographie von Hartmut von Hentig: Bildung. Weinheim und Basel 1999.

[9] Jürgen Förster: Literatur und Lesen im Wandel. Möglichkeiten einer anderen Literaturrezeption in der Schule, in: DUS, Heft 6 (1995), S. 3–8, S. 3.

[10] Valentin Merkelbach (Hrsg.): Romane im Unterricht. Lektürevorschläge für die Sekundarstufe I. Hohengehren 1998, S. 2.

[11] Hartmut Eggert: Literarische Bildung oder Leselust? Aufgaben des Literaturunterrichts in der literarischen Sozialisation, in: Michael Kämper-van den Boogaart: Das Literatursystem der Gegenwart und die Gegenwart der Schule. Hohengehren 1997, S. 45–62, S. 55.

[12] Hartmut Eggert: Literarische Bildung ohne Schule? Überlegungen zur Spätphase literarischer Sozialisation, in: DUS Heft 6 (1998), S. 38–45, S. 44.

[13] Michael Kämper-van den Boogaart: Schönes, schweres Lesen. Legitimität literarischer Lektüre aus kultursoziologischer Sicht. Wiesbaden 1997, S. 309.

[14] Harald Gutschow: Die Rehabilitierung der Literatur, in: Herbert Mainusch (Hrsg.): Literatur im Unterricht. München 1979, S. 130–138, S. 133.

[15] Paefgen, Einführung in die Literaturdidaktik, S. 73; daneben auch Paefgen, Haben Detektive abgedankt?, S. 8 f. In beiden Arbeiten wird explizit auch auf die wichtigen Vorarbeiten von Hadwig Henze, Jochen Vogt, Ulrich Broich, Ulrich Suerbaum und Peter Hasubek hingewiesen.

[16] Paefgen, Haben Detektive abgedankt?, S. 7.

[17] Kammler, Neue Literaturtheorien und Unterrichtspraxis, S. 18.

[18] Vgl. Seeßlen, Mord im Kino, S. 54.

[19] Ebd., S. 54.

[20] Man denke nur an die gesellschaftlich fundierte Institution des „Tatort"-Krimis, der mittlerweile auf ein über 30-jähriges Bestehen zurückblicken kann. Andere, ähnlich erfolgreiche Krimi-Serien, die ein Stück bundesdeutscher Sozial- und Kulturgeschichte geschrieben haben, sind etwa *Derrick* oder *Der Kommissar*.

[21] Hubert Winkels: Leselust und Bildermacht. Über Literatur, Fernsehen und Neue Medien. Hamburg 1999, S. 9.

VI. Fallstudien

1. Arthur Conan Doyle (Skandal in Böhmen)

Das Konzept einer kritisch-reflexiven Wertungsdidaktik von Literatur im Unterricht ist wesentlich an den Begriff einer funktionalen, heteronomen Literaturrezeption gebunden. Im vorliegenden Fall einer schulischen Literaturvermittlung steht die Fragestellung im Vordergrund, welche literarischen Texte „besonders tauglich sind, [um] schulische Erziehungsziele zu erreichen, und welche nicht" (WvL, 34). Eine kritisch-reflexive Wertung im schulischen Rahmen wird zunächst also unter der Maßgabe zu erfolgen haben, ob ein ausgewählter Text in das Geflecht didaktischer Funktionalitäten passt. Im Hinblick auf die geplante Conan Doyle-Lektüre bedeutet dies zunächst einmal, Curricula und Lehrpläne zu studieren, um die funktional-didaktischen Anforderungen, die von institutioneller Seite an den Text herangetragen werden, zu prüfen.

So sieht das in den Richtlinien und Lehrplänen formulierte Anforderungsprofil im Deutschunterricht der Jahrgangsstufen 7 und 8 der weiterführenden Schulen vor, dass „nun auch inhaltlich und formal anspruchsvollere längere Erzählungen berücksichtigt werden"[1]. Die Kriminalerzählungen um den Superdetektiv Sherlock Holmes von Arthur Conan Doyle entsprechen dieser Forderung in besonderer Weise: Sie vereinen einen überschaubaren Textkörper mit einer starken narrativen Zielspannung und sind deswegen vorzüglich dafür geeignet, Schülern/innen Freude am (Bücher-)Lesen zu vermitteln. Ihr transparenter erzählerischer Aufbau erleichtert zudem eine erste Einführung in grundlegende Aspekte des Epischen wie Erzählperspektive, Figurencharakteristik und Sprachstil. Es kann daher nicht verwundern, dass diese Kriminalgeschichten im Deutschunterricht der Sekundarstufe I seit vielen Jahren eine wichtige Rolle spielen.[2]

In der nachfolgenden Fallstudie geht es um drei Sherlock Holmes-Geschichten, die in der Jahrgangsstufe 7 gelesen wurden, wobei das didaktische Interesse schwerpunktmäßig auf die zweite Geschichte, *Ein Skandal in Böhmen* (*A Scandal in Bohemia*), fokussiert wird. Als erste Geschichte der Unterrichtsreihe wurde die bekannte Kriminalerzählung *Das gefleckte Band* (*The Adventure of the Speckled Band*) ausgewählt, als dritter Text schließlich die sehr kurze Story *Eine Frage der Identität* (*A Case of Identity*).[3]

Eine besondere Zielsetzung der Unterrichtsreihe ist es, einen in den tradierten Deutungen bislang unterdrückten Diskurs freizulegen, der von genuiner Bedeutung für das Verständnis des Genres ist: Es geht um den latent vorhandenen Geschlechterdiskurs und -konflikt, der in der Gattung seit den Anfängen latent wirksam ist. Die Sichtbarmachung dieser anthropologischen Grundspannung ist das große Verdienst der Genderforschung in den vergangenen 15 Jahren. Eine postmoderne Didaktik der Kriminalliteratur kann von diesen Befunden – will sie sich nicht selbst ins Abseits stellen – kaum mehr absehen. Dies bedeutet, dass nicht nur zeitgenössische Texte unter dem Blickwinkel des Geschlechterdiskurses gelesen werden müssen, sondern auch – und gerade – die bekannten Texte des Genres. Es kann vermutet werden, dass die tradierten Interpretationsrituale über die Jahrzehnte hinweg gerade an den kanonisierten Texten jene Herme(neu)tik der Auslegung zementiert haben, die der aufgeklärte wissenschaftliche Diskurs gerade zu durchbrechen vorgab. An diesem Punkt muss eine kritisch-reflexive Lektüre ansetzen, die gerade – an den Rand gedrängte und gesellschaftlich miss-liebige – Diskurse freilegt und an die Oberfläche des Textes zurückbringt, wo sie Gegenstand neuer, fruchtbarer Auslegungsversuche werden können. Der Ge-winn für den Literaturunterricht kann nicht hoch genug eingeschätzt werden:

(1) Die seit Hegels Ästhetik für den Roman geforderte Welthaltigkeit würde Kriminalliteratur – durch dieses Aufgreifen anthropologisch-gesellschaftlicher Grundkonflikte – in besonderer Weise für sich reklamieren können.[4] Harro Mül-ler-Michaels hat mit seiner „literarischen Anthropologie in didaktischer Absicht" dieses enorme lebensweltliche Grundpotential des literarischen Textes zu Recht als den eigentlichen Fundus der Literaturdidaktik beschrieben.[5] Die Gattungs-geschichte des Kriminalromans und ihr schillernder Formenreichtum in der Ge-genwart bieten in dieser Hinsicht äußerst fruchtbare Archive mit viel lebenswel-tlichem Konfliktstoff.

(2) Die Thematisierung des Geschlechterrollenkonflikts in einer Kriminalerzäh-lung ist daneben in zweiter Hinsicht geeignet, das festgelegte Rollenklischee der männlichen Heldenfigur zu problematisieren und zementierte (schulische) Rezeptionsmuster aufzubrechen. Ein solches Vorgehen kann vor allem Schüle-rinnen stärker in die Auseinandersetzung mit der – vermeintlich maskulin ausge-richteten – Literaturgattung einbinden.

Aufgrund dieser gattungsübersteigenden und gattungserweiternden Frage-stellung, die vor allem an dem mittleren Text, *A Scandal in Bohemia*, exempla-risch vorgeführt werden kann, werte ich die zu besprechenden Texte unter hete-ronomen Gesichtspunkten sehr hoch ein. Das große pädagogische Potenzial der Texte ermöglicht es, die Schülerinnen und Schüler mit einem zentralen Konflikt der modernen Gesellschaft zu konfrontieren und seine ästhetischen Spiegelun-gen im Diskurs eines ausgewählten Gattungssystems zu untersuchen.

Die Lernzieldimension der Unterrichtsreihe verknüpft poetische und gesell-schaftskritische Fragestellungen. Als Lernziel der Sequenz ließe sich formulieren: **Die Schüler/innen sollen zentrale Gestaltungsmerkmale der literarischen Gat-tung Kriminalroman kennen lernen und in produktiver Aneignung den verbor-genen, aber latent vorhandenen Geschlechter- und Rollenkonflikt des Genres herausarbeiten.**

Mit Hilfe der ersten Lektüre sollen zunächst grundlegende Gattungsmerkma-le erarbeitet und Vorkenntnisse aktiviert werden. Gemäß dem berühmten Aus-spruch von Chesterton, dass Sherlock Holmes „die einzige große populäre Legendenfigur sei, die in der modernen Welt geschaffen wurde"[6], kann man bei vielen Schülern/innen ein mehr oder weniger stark ausgeprägtes Vorwissen in Betreff der Heldenfiguren Sherlock Holmes und Doktor Watson voraussetzen. Als Eröffnungsvariante bietet es sich daher an, den Schülern/innen neben der Lektüre die Aufgabe zu erteilen, weiteres Material zu den beiden Protagonisten zu sammeln. Die verschiedenen Informationen können dann zu Beginn der Texterarbeitung in einem Steckbrief zusammengefasst werden, den man in Gruppenarbeit erstellt. Alternativ zur häuslichen Arbeit ließe sich auch ein gemeinsamer Besuch im Informatikraum arrangieren und die Aufgabe im Zuge einer Internet-Recherche, die im Plenum organisiert wird, lösen.[7] Eine weiterführende Steckbrief-Variante könnte neben den beiden Hauptfiguren auch die Klientin Helen Stoner und ihren brutalen Stiefvater Dr. Grimesby Roylott berücksichtigen und weiterführende Untersuchungen – etwa der Exposition – einleiten. Die letztgenannte Darstellungsversion lässt sich sehr ertragreich als ein wachsendes Tabellenbild in synoptischer Anordnung arrangieren, das von den Schülern/innen am OHP fortlaufend ergänzt werden kann. Die nachfolgende Übersicht fasst die einzelnen Einführungsvarianten zusammen und gibt die Musterlösung einer Lerngruppe der 7. Klasse zum (wachsenden) Steckbrief wieder (siehe Seite 190).

Nachdem die Schüler/innen auf diese Weise erste Kenntnisse der handelnden Personen und des exponierten kriminalistischen Problems gesammelt haben, wurden weitere genretypische Aspekte erarbeitet. Das weitere Vorgehen kann wie folgt in einem tabellenartigen Abriss skizziert werden:
– Erarbeitung typischer Expositionsschemata der Sherlock Holmes-Story (aufgelöste/r Klient/ in erscheint, Holmes gibt Beispiele seiner hervorragenden deduktiven Fähigkeiten, der Fall wird [vom Opfer] geschildert, szenische Umsetzung einer typischen Klientenszene)
– Die Rolle des Erzählers Watson (Untersuchung der Erzählperspektivik Watsons und ihrer besonderen Leistung, produktionsorientierte Übungen zur Erzählperspektivik)
– Detektionsarbeit von Sherlock Holmes (Besichtigung des Tatorts, clues und red herrings, das Spiel des Erzählers mit dem Wissen des Lesers)
– Strukturierung des Textes, Erarbeitung eines genretypischen Erzählschemas nach Edgar Marsch (vgl. die Darstellung in Kapitel II/4, S. 144 Vg – || – F – D)
Die Erarbeitung der genannten Strukturmomente und poetischen Aspekte des Textes vermittelt den Schülern/innen einen ersten, fundierten Einblick in die Gattungstypologie des Kriminalromans. Die spezifischen Merkmale des von Arthur Conan Doyle geschaffenen Erzählmusters sind von der Lerngruppe – in überwiegend produktionsorientierter Vorgehensweise – herausgearbeitet worden. Das Motiv der „damsel in distress", einer jungen Frau, die in Schwierigkeiten geraten ist, bestimmt viele Expositionen von Sherlock Holmes-Geschichten. Die Stereotype verweist zugleich auf das Frauenbild der viktorianischen Gesellschaft: Frauen leben – gleichsam von der Außenwelt abgeschlossen – in ihrem häuslichen Be-

Sherlock Holmes	Doktor Watson	Helen Stoner	Dr. Grimesby Roylott
– groß gewachsen, kräftige Gestalt, hager – scharfsinnig, umfassende Kenntnisse auf vielen Gebieten – Tatmensch, plant das weitere Vorgehen – beruhigt seine verstörte Klientin und spricht ihr Mut zu – verrät nichts von seinen Gedanken, kennt die Lösung	– etwas untersetzt, aber kräftig – langsam im Denken, medizinische Kenntnisse (Arzt) – behäbig, abwartend, vertraut Holmes – unterstützt Holmes bei seiner Arbeit tat-kräftig – kann sich auf Helen Stoners Geschichte keinen Reim machen	– abgehärmtes Aussehen, steht unter Schock – naiv, ahnungslos, lebt von der Außenwelt abgeschnitten – zögerlich, zweifelnd, vertraut Holmes – fühlt sich nach ihrem Besuch bei Holmes besser – hat nach wie vor keine Erklärung für den Tod der Schwester	– riesige, massige Gestalt, jähzornig, brutal – gefährlicher Arzt, Kenntnis exotischer Tiere und Pflanzen – Tatmensch (gewalttätig, tötete einen Diener) – wird durch Holmes' Eingreifen nervös, bedroht ihn – Ist Roylott der Täter?

- Steckbrief von Holmes und Watson (Hausaufgabe, Ergebnissicherung mit OHP-Folie und Gruppenarbeit)
- Steckbrief von Holmes und Watson (gemeinsame Internet-Recherche/Gruppenarbeit mit OHP-Folie)
- „Wachsender" Steckbrief von Holmes, Watson, Helen Stoner und Dr. Grimesby Roylott (Vorarbeit zu weiterführenden Analysen/Gruppenarbeit mit OHP-Folie)

reich. Symptomatisch für dieses Klischee ist die kaum maskierte Gefangenschaft der beiden Schwestern Julia und Helen Stoner auf Stoke Moran. Die finanzielle Abhängigkeit und gesellschaftliche Bevormundung durch den jähzornigen und brutalen Stiefvater Dr. Grimesby Roylott wird von den beiden jungen Frauen weder in Frage gestellt noch beklagt. Als Helen Stoner bei Sherlock Holmes vorstellig wird, wagt sie es nicht einmal, die grausamen physischen Misshandlungen durch Roylott zu erwähnen: „Fünf kleine blasse Flecken, die Abdrücke von vier Fingern und einem Daumen, zeichneten sich auf dem weißen Handgelenk ab" (ACD1, 354*). Nichts kann die männliche Verfügungsgewalt über Frauen, die gesellschaftlich gebilligt wird, nachhaltiger dokumentieren als dieses Detail. Den einzigen Ausweg aus dieser menschenunwürdigen Lebenssituation bietet eine andere gesellschaftliche Institutionalisierung: die Eheschließung. Roylott versucht diese Handlungsoption der beiden Mädchen in kluger Voraussicht durch ihre gesellschaftliche Isolation zu unterbinden, was ihm freilich nicht gelingt. Als letztes Mittel sinnt er schließlich auf Mord, um die drohende Heirat der älteren Stieftochter – und damit seinen Ruin – zu verhindern. Die geschilderten Lebensbedingungen bleiben nicht ohne Auswirkungen auf Psyche und Verstand der jungen Helen Stoner; sie wird als ein verschrecktes, ängstliches Wesen beschrieben, das nicht in der Lage ist, die seltsamen Veränderungen in ihrem Umfeld mit dem mysteriösen Tod der Schwester in einen Zusammenhang zu bringen. Die von Sherlock Holmes übernommene Beschützerrolle – „‚Sie brauchen keine Angst zu haben', sagte er besänftigend und tätschelte ihren Arm" (ACD1, 348*) – passt ebenfalls in das gezeichnete Bild. Ein starker Beschützer muss die von männlicher Gewalt bedrohte Frau vor den Nachstellungen des gefährlichen Kontrahenten schützen. Hier scheinen die uralten patriarchalischen Legendenbilder von Drachen- und Revierkampf durch.

Dass indessen nicht alle Sherlock Holmes-Geschichten dieses patriarchalische Rollenverständnis reproduzieren, zeigt sich insbesondere an der Geschichte *Ein Skandal in Böhmen*, aber auch an anderen Kriminalerzählungen Conan Doyles.[8] Es ist sehr aufschlussreich, dass diese Erzählung die erste von 56 Kurzgeschichten ist, die ab 1891 im *Strand Magazine* publiziert wurden und die Figur des Meisterdetektivs weltberühmt gemacht haben. Offenbar war das vom Autor später entwickelte maskuline Heldentableau zu diesem Zeitpunkt noch sehr diffus. Dies wird vor allem daran deutlich, dass Sherlock Holmes in diesem Fall von einer Frau überlistet wird, die ihn mit seinen eigenen Waffen schlägt. Conan Doyle hat mit dieser Geschichte, wie man treffend bemerkt hat, „eine *battle of the sexes*"[9] inszeniert. Freilich befinden sich unter der Folie dieses literarischen Topos weitaus aufregendere Wahrheiten, als man zunächst glauben möchte. Während Ulrich Suerbaums Interpretation[10] vor allem die Analogien zu E. A. Poes Erzählung *The Purloined Letter* aufgreift, thematisiert Ulrike Landfester in dieser Geschichte die „fortgesetzte Diskreditierung des Maskulinitätsklischees"[11] und „entlarvt die Gattungskonventionen der Einstimmigkeit als Erscheinungsformen eines autoritären Gedächtnisses"[12]. – Und tatsächlich wird man in diesem Fall der Genderforschung recht geben müssen, die den lange unterdrückten Geschlechter- und Sexualitätsdiskurs der Kriminalerzählung offengelegt hat. Michel Foucault hat mit einiger Schärfe festgestellt, dass „die ‚bürgerliche' Gesellschaft des 19. Jahrhunderts … eine Gesellschaft der blühendsten Perversion"[13] gewesen sei. Als Begründung gibt Foucault an: „Sie sucht ihr nicht auszuweichen, sondern zieht mit Hilfe von Spiralen, in denen Macht und Lust sich verstärken, ihre Varietäten ans Licht; sie errichtet keine Blockade, sondern schafft Orte maximaler Sättigung. Sie produziert und fixiert die sexuelle Disparität."[14]

Genau dieses Verhalten lässt sich paradigmatisch am Fall des Königs von Böhmen studieren, mit dem Holmes in dieser Geschichte konfrontiert wird. Der selbstherrlich und großsprecherisch auftretende Adelige[15] berichtet Holmes von einer „kompromittierenden" Beziehung zu einer Sängerin und bittet den Meisterdetektiv um seine Hilfe. Die junge Irene Adler wird als „bekannte Abenteurerin" (ADC1, 215*) bezeichnet, eine Sprachregelung, die sie eher als Mätresse und Nobelprostituierte ausweist denn als eine selbstständige, (sexuell) attraktive Frau.[16] Es ist bezeichnend, dass sich diese problematische Sichtweise selbst in jüngeren Interpretationsmustern durchhält. So heißt es etwa bei Suerbaum:

> Die Geschichte enthält beispielsweise, so wie Doyle sie erzählt, das damals aktuelle Problem der Einstellung zu einer Frau mit Vergangenheit: die ebenbürtige Partnerin des Helden ist ja eine ‚gefallene' Frau. Das Thema wird angedeutet, aber gleich wieder verharmlost und ins Unverbindliche abgebogen: die Beziehung ist distanziert, platonisch; ein Photo mit Widmung ist die einzige erotische Geste.[17]

Die Andeutung, von der Suerbaum spricht, erweist sich freilich bei näherem Hinsehen als der eigentliche Kern der Sache. Dass der reiche Aristokrat sein (voreheliches) Sexualleben auskostet, hat – für die damalige Zeit – nichts Absonderliches. Unangenehm wird es erst, wenn Informationen über diese gesellschaftlich tolerierten Aktivitäten an die Öffentlichkeit dringen und die Maskerade der Wohlanständigkeit zu zerbrechen droht. Im vorliegenden Fall ist es die bevorstehende Heirat mit einer Prinzessin aus Skandinavien, deren Familie „sehr strenge Prinzipien hat" (ACD1, 216*). Der deutsche Aristokrat berichtet Holmes von der angeblichen Drohung Irene Adlers, ein kompromittierendes Foto an die Familie der skandinavischen Schwiegereltern in spe zu senden, falls der König beabsichtige, die nordische Prinzessin zu heiraten. Die vermeintliche Drohung wird damit zum Racheakt einer skrupellosen Frau umgedeutet. Aufschlussreich sind auch die Reaktionen des Meisterdetektivs Holmes, obgleich er wenig Sympathie für seinen Auftraggeber empfindet, werden dessen Ausführungen unwidersprochen akzeptiert. Sie entsprechen dem viktorianischen Moralkodex: Eine Schauspielerin dieses Formats kann sich nach landläufiger Meinung offenbar nur so wie geschildert verhalten. Der unausgesprochene Promiskuitätsverdacht wird untermauert durch Holmes' Beobachtungen als verkleideter Pferdekutscher. Er erfährt, dass ein gut aussehender Rechtsanwalt das Haus, in dem Irene Adler wohnt, regelmäßig besucht: „Dieser Godfrey Norton ist offenbar ein wichtiger Faktor in der Angelegenheit. Er ist Anwalt. Das klingt ominös. Wie sieht ihre Beziehung aus, und was ist der Gegenstand seiner wiederholten Besuche? Ist sie seine Klientin, seine Freundin oder seine Mätresse (ACD1, 219*)?"

Bedeutsam ist in diesem Zusammenhang nun, dass Holmes seine Vorurteile nach und nach revidieren muss und schließlich sogar zu der Erkenntnis gelangt, dass er der jungen Frau Unrecht getan hat und von ihr mit immer größerer Sympathie spricht. Dies wird schon deutlich, als Holmes von seiner unfreiwilligen Rolle als Trauzeuge bei der überstürzten Heirat des Paares berichtet: „‚Die Braut hat mir einen Souvereign gegeben, und ich beabsichtige, ihn als Andenken an dieses Ereignis an meiner Uhrkette zu tragen'" (ACD1, 221). Der Beziehung zu dem Anwalt Godfrey Norton, deren Legalisierung Holmes als Trauzeuge beiwohnen darf, scheint nichts Verwerfliches anzuhaften. Seine deduktive Überlegenheit erweist sich also schon einmal in dieser Hinsicht als brüchig und anmaßend. Dies zeigt sich auch in einer anderen Szene: Während Holmes nach seiner fingierten Verletzung in das Haus der Lady getragen wird, bemerkt der Mithelfer Watson, dass er sich in seinem „ganzen Leben noch nie so geschämt habe wie in diesem Augenblick, als [er] das wunderschöne Geschöpf sah, gegen das [er] konspirierte, und die Anmut und Güte, mit der die Frau sich um den verletzten Mann kümmerte" (ACD1, 225*). Durch Watsons Eingreifen, der von draußen eine Rauchgranate in das Haus wirft und auf diese Weise Irene Adler – die an einen Hausbrand glaubt – veranlasst, das Versteck des Bildes zu enthüllen, wird der Fall schließlich scheinbar gelöst. Der siegessichere Holmes meint in seiner „maskulinen" Überheblichkeit nach dieser Demonstration der Stärke, das Bild gemeinsam mit dem König am nächsten Tag im Haus Irene Adlers abholen zu können.

Der Glaube an die eigene Überlegenheit wird indessen enttäuscht. Als Holmes am Morgen das Haus der Adler aufsucht, wird er von einer Dienerin empfangen, die ihn durch leere Räume führt: das Paar ist ausgeflogen. Überdies findet der Detektiv in dem Versteck nicht das kompromittierende Foto, sondern nur einen Brief, der ihn darüber aufklärt, dass sein Manöver durchschaut wurde und die Verfolgten sich durch Flucht weiteren Nachstellungen entzogen haben. Der Brief klärt zudem darüber auf, dass Irene Adler offenbar gute Gründe hatte, dem König zu drohen: Sie sei „grausam getäuscht worden" (ACD1, 229*). Die von dem Aristokraten vorgebrachte Beschuldigung, Irene Adler wolle den Brief benutzen, um sich zu rächen, war offensichtlich nur vorgeschoben, denn die junge Frau erklärt im Brief: „Ich habe das Bild nur aufbewahrt, um mich zu schützen und eine Waffe zu behalten, die mich stets gegen alle Schritte absichern wird, die er in der Zukunft unternehmen könnte" (ACD1, 229*). Die Verhältnisse stellen sich am Ende also völlig anders dar als am Anfang. Nun wird offenbar, dass der aufgeblähte Aristokrat die junge Frau ausgenutzt und hintergangen hat und diese das Bild nur benutzt hat, um sich gegen ihn und seine Schergen abzusichern. Von besonderer Pikanterie ist schließlich, dass Irene Adler dem großen Sherlock Holmes mit den Mitteln auf die Schliche kommt, die er selbst gegen sie verwendet hat. Holmes kommt durch seine scharfsinnigen Deduktionen zu den richtigen Schlüssen und versteht es durch sein Verkleidungstalent, Informationen zu beschaffen. Auf dieselbe Art und Weise spioniert ihn nun Irene Adler – als Knabe verkleidet – aus und demaskiert seine Absichten und sein Tun. Am Schluss verweigert Holmes seinem aufgeblasenen Auftraggeber den Händedruck, beredtes Zeugnis für seinen neuen Erkenntnisstand und die Überzeugung, dass der eigentliche Täter in diesem Spiel nicht die junge Irene Adler, sondern der grobschlächtige und skrupellose König von Böhmen ist.

Die Kriminalerzählung *Ein Skandal in Böhmen* erzählt die „Geschichte der weiblichen Kreativität"[18] und demaskiert die pervertierte Sexualmoral einer viktorianischen Gesellschaft, die Männern sexuelle Abenteuer (vor und nach der Heirat) zugesteht, Frauen dieses Recht aber verweigert und sie gesellschaftlich stigmatisiert, wenn sie diesem Rollenverhalten nicht entsprechen. Nicht zu übersehen ist in diesem Kontext, dass auch Sherlock Holmes zunächst als Vertreter dieser repressiven Sexualmoral auftritt. Seine Meinung ändert sich partiell erst, als er durch Irene Adlers intellektuelle Fähigkeiten bloßgestellt wird und erkennen muss, dass diese außergewöhnliche Frau auch auf dem Feld der praktischen und theoretischen Vernunft ihm ebenbürtig ist. Die hinterlassene Fotographie, die „Irene Adler persönlich im Abendkleid" (ACD1, 228*) zeigt, dokumentiert nicht nur den Irrtum des Meisterdetektivs, sondern demaskiert zugleich auch das falsche (maskuline) Bewusstsein des Helden: „Dem Detektiv bleibt nur die Reproduktion eines Frauenbildes, dessen physische Weiblichkeit, in prunkvoller Abendkleidung inszeniert, sich für den Ermittler als die fatalste aller falschen Spuren erwiesen hat."[19] Nicht zu übersehen ist schließlich auch, dass die erotische Anziehungskraft der Irene Adler auf Männer aus ihrem androgynen Rollenverhalten abzuleiten ist. Die von dem König wie auch von Holmes gepriesenen Qualitäten der Gegnerin – „Sie hat das Gesicht der schönsten aller Frauen und den Verstand des entschlossensten aller Männer" (ACD1, 216*) – ist ein weiterer Beleg für das Rollenverständnis der Epoche, das Frauen auf bestimmte Eigenschaften und Fähigkeiten aus gesellschaftlicher Opportunität heraus festlegen will.

Die referierten Sachbefunde sind in ihren Grundzügen unterrichtlich zu erarbeiten. In der Jahrgangsstufe 7 wird man im Hinblick auf die Erarbeitung der Aspekte Liebe und Sexualität im viktorianischen Zeitalter vermutlich Abstriche machen müssen, da die erforderlichen sozial- und kulturgeschichtlichen Kenntnisse kaum vorausgesetzt werden können. Dagegen scheint die Dekonstruktion der konstruierten Dichotomie von männlichen Helden und weiblichen Opfern oder Täterinnen im Genre des Kriminalromans an diesem Text exemplarisch möglich zu sein. In diesem Sinne könnte der Nachweis geführt werden, „dass die kriminalliterarische Tradition von Anfang an auf die Durchlässigkeit der Geschlechtergrenzen hin angelegt ist"[20]. Die grundlegende Erkenntnis, dass Frauen genauso gute Detektive sein können wie Männer, dürfte zudem weitere Überlegungen auslösen, die auf den schwierigen sozialgeschichtlichen Hintergrund von Frauen in dieser Epoche hinweisen. Der Einstieg in die Thematik erfolgt über ein Unterrichtsgespräch. In der vorangegangenen Stunde hatten die Schüler/innen die Geschichte *Skandal in Böhmen*[21] zur häuslichen Lektüre aufbekommen. Nachfolgend sei der Anfang der Stunde in einem Transkript wiedergegeben:

(1) Lehrer: Was ist Euch an der Geschichte Ein Skandal in Böhmen aufgefallen?

(2) Manuel: Sherlock Holmes verknallt sich in eine Frau (Gelächter!)

(3) Berta: Außerdem kann er diesen Fall nicht lösen, weil ihn Irene Adler überlistet.

(4) Sebastian: Das stimmt nicht, der König, der ihm den Auftrag gibt, den Brief wiederzubeschaffen, ist ja am Ende voll zufrieden. (Gemurmel, Proteste: Nee!! Doch!)

(5) Philipp: Ich glaub auch, dass ... äh ... Sherlock Holmes gewinnt.

(6) Ruth: Sherlock Holmes ist zuletzt ja selbst enttäuscht von sich ... er fühlt sich als Verlierer.

(7) Violetta: Ich find' den König ... irgendwie schlimm, das ist doch ein fetter, selbstgefälliger Angeber. Sherlock Holmes findet den doch gar nicht gut.

(8) Erik: Wieso arbeitet er dann für ihn?

(9) Marita: Mir gefällt vor allem Irene Adler, die ist nicht nur schön, sondern auch sehr klug. Wahrscheinlich gefällt sie deswegen Sherlock Holmes.

(10) Lehrer: Das ist alles richtig, was Ihr sagt. Vielleicht beschäftigen wir uns zunächst mit der ersten Frage näher, ob sich Sherlock Holmes verliebt hat! Gibt es Hinweise im Text?

(11) Benjamin: Klar hat der sich verliebt, der ist doch hin und weg ... z. B. (blättert im Text, liest vor) ... „Für Sherlock Holmes ist sie stets die Frau"... und „die" ist auch noch anders gedruckt.

(12) Stefanie: Aber eigentlich passiert doch zwischen den beiden gar nichts ... äh ... Irene heiratet doch einen anderen Mann ... den ... (schaut ins Buch) ... ich weiß nicht, wie der heißt ...

(13) Aysel: ... das ist der Rechtsanwalt Go ... dingsda Norton, den scheint sie ja zu lieben, jedenfalls schreibt sie das in ihrem Brief ... (blättert) auf Seite 37.

(14) Violetta: Das ist mehr so 'ne Sache aus der Entfernung zwischen den beiden... keine richtige ... äh ... Liebe ...

(15) Ruth: Das ist mehr Liebe aus Bewunderung von Sherlock Holmes...

(16) Lehrer: Ihr habt recht, ich sehe das auch so: Holmes liebt oder schätzt Irene Adler vor allem wegen ihrer besonderen Fähigkeiten. Könnt ihr diese Fähigkeiten näher bestimmen?

(17) Erik: Irene Adler ist vor allem sehr klug, die kann so logisch denken wie Sherlock Holmes ...

(18) Violetta: Außerdem kann sie sich auch gut verkleiden und beschatten ... wie Sherlock Holmes... sie verfolgt ihn ja sogar, ohne dass er was merkt ...

(19) Stefanie: Sie ist auch hilfsbereit und gut, sie hilft ja Sherlock Holmes, der den Verletzten spielt und bringt ihn in ihr Haus ...

(20) Marita: ... eigentlich gemein von den beiden, sie so hinters Licht zu führen ...

(21) Sebastian: Sie ist auch total entschlossen und handelt auch so: sie verfolgt Sherlock Holmes, als sie ihn erkennt, dann flieht sie sofort mit ihrem Mann, nachdem sie das mit Holmes rausgekriegt hat ... und der komische König kriegt sie ja auch nicht klein ..., der lässt sie doch sogar nach dem Brief durchsuchen ... (Gekicher im Plenum).

(22) Lehrer: Sehr schön! Kann jemand die letzten Beiträge zusammenfassen?

(23) Violetta: Irene ist ebenso klug und entschlossen wie Sherlock Holmes.

Das Unterrichtsgespräch wird mit der offenen Lehrerfrage eingeleitet, welche Beobachtungen an dem Text gemacht wurden. Der Hinweis auf Vergleichsmöglichkeiten mit der vorher gelesenen Geschichte *Das gefleckte Band* wird bewusst unterlassen, um einen möglichst breiten Fokus an Assoziationen zuzulassen. Auffällig ist, dass die Sprechanteile des Lehrers sehr klein gehalten werden konnten, was auf die rege Gesprächsbeteiligung zurückzuführen ist. Der Gesprächsanteil von Schülerinnen ist mit insgesamt zwölf Wortmeldungen sehr hoch. Das Interesse der Schüler/innen wird zunächst sehr stark von der Frage geleitet, ob Sherlock Holmes sich in Irene Adler verliebt hat und ob er den Fall erfolgreich lösen konnte. Der Zusammenhang zwischen Holmes Interesse an Irene Adler und ihren besonderen Fähigkeiten wird in (9) auch explizit ausgesprochen. Sehr aufschlussreich ist auch die Abbildung des fiktiven Rollenkonfliktes in der Geschichte durch den Meinungskonflikt zwischen Jungen und Mädchen in (3)–(6). Hier hätte der Lehrer in Erwägung ziehen können, ob ein Eingreifen Sinn gemacht hätte. Etwa in der Form, dass eine Klärung der Frage, ob Holmes nun den Fall gelöst hat oder ob ihn Irene Adler überlistet hat, angeregt worden wäre. Allerdings hätte dieses Eingreifen auch kontraproduktiv wirken können, denn die sachlichen Argumente wurden ja bereits genannt: (3), (4) und (6). Eine weitere Diskussion des Aspekts hätte vermutlich wenig Neues gebracht und unter Umständen zu einer Verhärtung der Meinungsfronten geführt und das Gespräch in eine Sackgasse geführt.

Weiterführend und produktiv sind auch die Beiträge (7) und (8), weil sie die Aufmerksamkeit auf die problematische Figur des Königs gelenkt hätten. Der Lehrer entscheidet sich in (10) dafür, die Schüler/innen zu einer genaueren Untersuchung der Liebes-These zu veranlassen. Hier hätten auch andere Entscheidungen fallen können. Eine Alternative wäre es gewesen, die Aufmerksamkeit auf die Figur des Königs zu lenken. Die Ermunterung zu einer genaueren Textarbeit ist nachvollziehbar, schließlich kann das Problem nur hinreichend am Text präzisiert werden. Allerdings macht der Lehrer aus einer These („Sherlock Holmes verknallt sich in eine Frau" (2), eine Frage. Es wäre von der Gesprächsführung präziser und konstruktiver gewesen, den Sachverhalt genauer zu fassen. Etwa in dieser Form: „Manuel hat festgestellt, dass sich Sherlock Holmes in Irene Adler verliebt hat. Da keiner widersprochen hat, nehme ich an, dass alle zustimmen. Gibt es im Text Stellen, die diese Aussage belegen und präzisieren?" Der Schülerbeitrag (11) reflektiert diese Ungenauigkeit der Lehrer-Zusammenfassung: „<u>Klar</u> hat <u>der</u> sich verliebt, <u>der</u> ist doch hin und weg ... z. B. (*blättert im Text, liest vor*) ... ‚Für Sherlock Holmes bleibt sie immer *die* Frau' ... und *die* ist auch noch anders gedruckt." Die Ungenauigkeit erweist sich hier als ein produktives Defizit, indem sie den sofortigen Widerspruch eines Schülers herausfordert, wie das assertorisch gebrauchte „klar" und die zweifache deiktische Verwendung des Artikels „der" verdeutlicht.

Erkenntnis erweiternd wirkt sich anschließend der Beitrag (12) aus, in dem eine wichtige Unterscheidung vorgenommen wird: „Aber eigentlich passiert doch zwischen den beiden gar nichts ... Irene heiratet doch einen anderen Mann." Die Einschränkung, durch die adversative Konjunktion „aber" hervorgehoben, lenkt die Aufmerksamkeit der Schüler/innen folgerichtig auf die Besonderheiten dieser Zuneigung oder Sympathie. Holmes „liebt" Irene Adler primär wegen ihrer besonderen Fähigkeiten, wie in (14) und (15) erkannt wird. Der Lehrerbeitrag kann sich an diesem Diskussionspunkt auf Affirmation beschränken (16) – „Ihr habt recht, ich sehe das auch so" – und um Präzisierung der Eigenschaften bitten. Eine Anregung, die von den Schülern/innen sofort umgesetzt werden kann.

Die sehr sachhaltigen Beiträge (17)–(21) präzisieren jene Qualitäten Irene Adlers, die Sherlock Holmes besonders beeindrucken: logisches Denkvermögen, rasches und entschlossenes Handeln und ihre Verwandlungsfähigkeit. Hervorzuheben ist, dass die Schüler/innen auch die größere moralische Kompetenz der Gegnerin von Sherlock Holmes herausstellen, wie vor allem Beitrag (20) zeigt. Dieser Aspekt erscheint besonders hervorhebenswert, weil er von der Lehrkraft zunächst selbst nicht genügend beachtet wird. Er liefert einen wichtigen Anknüpfungspunkt für die weitere Gesprächsführung, denn er ermöglicht es, über die moralische Kompetenz der Protagonistin auch die eingangs vorgenommenen Wertungen des Königs zu relativieren. Die entsprechende Fragestellung lautet: [Lehrer] „Ihr habt Irene Adler sehr positiv dargestellt, sie hilft dem verletzten Holmes, sie scheint den Anwalt aufrichtig zu lieben ... Auf der anderen Seite wird sie doch vom König als Verbrecherin dargestellt, die ihn zu erpressen versucht. Wie passt das zusammen?"

Das nachfolgende Gespräch – das nicht mehr mitprotokolliert wird – erweist sich ebenfalls als ergiebig. Unter Hinweis auf die Meinungsäußerung von Sherlock Holmes und die schon im ersten Gespräch geäußerte Kritik am Auftreten des Königs (7) gelingt es, das vom Erzähler entworfene literarische Porträt der Irene Adler zu differenzieren und zu revidieren. Insbesondere das „frauenfeindliche" und inhumane Verhalten des Königs wird von einzelnen Schülerinnen kritisch reflektiert. Das Problem des Standesunterschiedes, das am Schluss der Erzählung thematisiert wird, nimmt dabei in der Diskussion breiten Raum ein. Die Ursachen der königlichen Haltung – das repressive Moralverhalten der viktorianischen Gesellschaft – kommen ebenfalls in den Blick. Über eine eingeschobene Stillarbeitsphase gelingt es, die maskulin ausgerichteten Herrschaftsdiskurse als Urheber dieser moralischen Urteile zu benennen. Die Aufgabenstellung lautet: „Sammelt bitte einmal die im Text abgegebenen Urteile über Irene Adler und stellt fest, aus welcher Perspektive sie abgegeben werden!" Die Ergebnisse der Stunde werden in einem Tafelbild festgehalten:

- Irene Adler wird zu Unrecht als Verbrecherin behandelt und verfolgt.
- Ursache für diese Verurteilung: Männer haben in der Gesellschaft zu bestimmen, Frauen haben kaum Rechte.
- Sherlock Holmes ändert seine Meinung, als er erkennt, dass Irene Adler über außergewöhnliche Fähigkeiten verfügt: Sie ist eine ebenso begabte und entschlossene Detektivin wie er selbst.
- Holmes erkennt am Ende, dass der eigentliche „Übeltäter" wohl der König selbst ist, der Irene Adler schlecht behandelt hat: Er gibt dem König nicht die Hand.

Ausgehend von diesen Befunden können die Schüler/innen damit beauftragt werden, als Hausaufgabe einen Brief zu schreiben, in dem Irene Adler ihrer besten Freundin in England nach der Flucht erklärt, wie sich die Auseinandersetzung um das Bild aus ihrer Sicht darstellt. Das Anforderungsprofil der Aufgabe umfasst insbesondere die detaillierte Darstellung von Detektions- und Intuitionsleistungen der Heldin, in denen das eigenständige intellektuelle und emotionale Profil der Akteurin deutlich wird. – Eine andere Hausaufgabe, die im Zusammenhang mit der gemeinsamen Lektüre von E. T. A. Hoffmanns Erzählung *Das Fräulein von Scuderi* in einer 7. Klasse erteilt wurde, zeigt, wie fruchtbar die Thematisierung der Geschlechterdifferenz im Untersuchungskontext detektivischer Ermittlungsmethoden ist. Die Schüler/innen hatten in einer Unterrichtsstunde das geschlechtsspezifische Ermittlungsprofil des Fräuleins von Scuderi mit den Detektionsmethoden von Sherlock Holmes – Wochen zuvor waren die hier aufgeführten Erzählungen Conan Doyles gelesen worden! – verglichen und lebhaft erörtert. Die teilweise erregt geführte Diskussion blieb unabgeschlossen und wurde in eine Hausaufgabe mit folgender Aufgabenstellung überführt: „Sind Frauen oder Männer die besseren Detektive?" Nachfolgend wird die Lösung einer 12-jährigen Schülerin wiedergegeben (lediglich orthographische Fehler wurden verbessert!):

Dialog zwischen dem Fräulein von Scuderi und Sherlock Holmes

SH: Guten Tag! Täusche ich mich oder steht niemand anderes als Magdaleine von Scuderi vor mir?

FvS: Nein, Sie täuschen sich nicht. Und Sie sind Sherlock Holmes, stimmt's?

SH: Ganz genau, aber kommen Sie doch erst einmal mit zu mir! Was machen Sie eigentlich hier in London?

FvS: Nun ja! Sie wissen ja selbst, dass in Paris nicht gerade viele Ganoven unterwegs sind. Ich dachte, dass es in London viel mehr Verbrechen gibt. Also schlussfolgerte ich, dass es hier auch mehr Detektive geben muss. Ich wollte eigentlich der Frage nachgehen, wer denn bessere Detektive seien: Männer oder Frauen?

SH: Aha! Darf ich Ihnen die Frage kurz und schmerzlos beantworten?

FvS: Bitte, tun Sie es doch!

SH: Männer! Und ich denke, egal, wen Sie fragen, dies wird die meistgegebene Antwort sein!

FvS: Mein lieber Sherlock Holmes, ich möchte Ihnen das gerne glauben, wenn ich nur einen Grund dazu hätte.

SH: Gerne, den möchte ich Ihnen geben: Frauen sind viel zu gutgläubig! Männer bleiben immer sachlich und beachten stets die Beweise.

FvS: Entschuldigen Sie bitte, dass ich Ihnen widerspreche, aber Beweise können täuschen! In der Geschichte, die ich erlebt habe, sieht man das gut. Die Beweise sprachen alle gegen den Angeklagten, dabei war er gar nicht der Mörder.

SH: Stopp, stopp! Is' ja schon gut, die Geschichte hat sich selbst bis nach London rumge sprochen. Das ist eine Ausnahme, die sehr selten vorkommt. Ich hatte in meinen vielen Fällen bis jetzt keinen einzigen, wo eine Frau mit mit ihren Gefühlen hätte helfen kön nen.

FvS: O.K.! Ich sehe es ja ein, dass es meistens von Vorteil ist, wenn man die Beweise beach tet. Aber Ausnahmen bestätigen ja bekanntlich die Regel. Trotzdem ist man nicht im Nachteil, wenn man ein bisschen auf sein Gefühl achtet.

SH: Ich glaube, so kommen wir nicht weiter! Ich kann Sie ja sowieso nicht davon überzeu gen, dass Gefühle in Kriminalfällen meistens nichts zu suchen haben.

Die dokumentierte Schülerleistung ist in vielerlei Hinsicht aufschlussreich und regt zu weiterführenden didaktischen Erörterungen an. Einige Besonderheiten sollen hier zumindest in einem Aufriss angesprochen werden. Am auffälligsten bei dieser kreativen Bearbeitung des Problems – die Dialogform war nicht vorgegeben! – ist wohl der ausgeprägte Rollenstil des Gesprächs. Sherlock Holmes tritt als selbstherrlicher und überheblicher Mann auf, der etwas verächtlich auf seine Widersacherin herabblickt: „Darf ich Ihnen die Frage kurz und schmerzlos beantworten." Oder: „Stopp, stopp! Is' ja schon gut, die Geschichte hat sich selbst bis nach London rumgesprochen." Das Fräulein von Scuderi dagegen ist mit allen (klischeehaften) Rollenattributen der sensiblen, gefühlsbetonten Frau ausgestattet, wie bereits die höflichen, zurückhaltenden Anredeformeln signalisieren: „Bitte, tun Sie es doch!" Oder: „Entschuldigen Sie bitte, dass ich Ihnen widerspreche!" Der Verlauf des Dialogs zeigt deutlich, dass Holmes über die gesamte Gesprächsdauer eine dominante Position einnimmt. Für ihn ist der Sachverhalt immer völlig klar, wie sein ständiger Rekurs auf autoritative Formeln verrät: „Egal, wen Sie fragen ... Ich hatte in meinen vielen Fällen bis jetzt keinen einzigen, wo eine Frau mir mit ihren Gefühlen hätte helfen können." Das Fräulein von Scuderi dagegen hat große Schwierigkeiten, sich mit ihrem Plädoyer für mehr Sensibilität und Einfühlsamkeit durchzusetzen. Ihre Gegenrede stützt sich weniger auf Argumente, sondern mehr auf affektive Positionen, die zudem deutlich durch konzessive, einschränkende Formulierungen abgeschwächt werden: „Trotzdem ist man nicht im Nachteil, wenn man ein bisschen auf sein Gefühl achtet." Symptomatisch für diese kompromisslose Gesprächsführung von Holmes ist auch sein Schlusswort, in dem der Londoner Meisterdetektiv seiner Gegnerin mangelnde Kompromissfähigkeit anlastet, ein Vorwurf, der viel eher auf ihn selber Anwendung finden könnte: „Ich glaube, so kommen wir nicht weiter! Ich kann Sie ja sowieso nicht davon überzeugen, dass Gefühle in Kriminalfällen meistens nichts zu suchen haben."

Das eigentliche Erstaunliche an dieser Schülerarbeit ist aus metadiskursiver Sicht, dass die Verfasserin in ihrem Text eine Position einnimmt, die sich gegen ein bestimmtes Rollenklischee wendet, dass sie diesen Standpunkt aber – wohl unbewusst – in ihrer Darlegung genau mit den Sprach- und Denkmustern vorbringt, die sie gerade kritisieren will. Aus didaktischer Sicht liefert dieser Befund ein starkes Argument für die Einbeziehung der Geschlechterdifferenz im Kontext einer modernen Didaktik der Kriminalliteratur: Wenn es selbst leistungsstarken, differenziert wahrnehmenden Schülern/innen nicht auffällt, wie stark geltende Geschlechternormierungen ihr eigenes Denken unbewusst beherrschen, dann ist es höchste Zeit, dass (nicht nur) der Literaturunterricht nach Mitteln und Wegen sucht, diese Problematik in das Bewusstsein seiner Schüler/innen zu heben und die kontraproduktiven Auswirkungen einer solch einseitigen Denkweise sichtbar zu machen.

Die von zwei Schülerinnen vorgetragene Hausaufgabe hatte überdies den positiven Effekt, dass der etwas undifferenziert gebrauchte Begriff des Gefühls

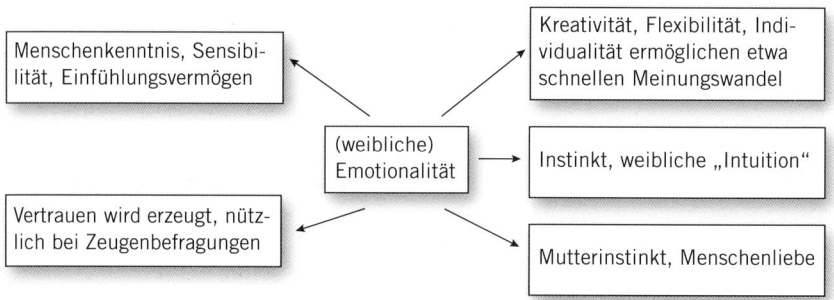

Abb. 6: „Detektivische Gefühlsarbeit" aus femininer Sicht

zum Ausgangspunkt weiterführender Diskussionen wurde. Im Verlauf der sich anschließenden Erörterung wurden ganz unterschiedliche Dimensionen einer „detektivischen Gefühlsarbeit" aus femininer Sicht in Anschlag gebracht. Die Skizze nennt die wichtigsten Diskussionsaspekte (siehe Seite 200).

Der Erkenntnisgewinn, den solche Geschlechterdiskurse befördern, ist – wie ein Beispiel abschließend verdeutlichen soll – auch unter hermeneutischen Gesichtspunkten bemerkenswert. Während der angeregt geführten Diskussion äußerte eine Schülerin, dass Frauen ja beispielsweise auch zu Neugeborenen eine unmittelbare, äußerst intensive Beziehung aufbauen könnten, die von dem neugeborenen Kind erwidert werde. Nach ihrer Einschätzung gebe es gleichsam urmütterliche Instinkte bei Frauen, die sich in einer größeren menschlichen Zuwendungsfähigkeit äußern können. Diese erstaunlichen Überlegungen einer 13-jährigen Schülerin korrespondieren mit den subtilen Befunden der psychoanalytischen Deutung Friedrich Kittlers, die dieser zu Hoffmanns Erzählung formuliert hat. Nach seiner Einschätzung kann nur das Fräulein von Scuderi das Rätsel um die mysteriösen Morde entwirren, weil sie als Mutter die „pränatale Traumatisierung"[22] des Mörders Cardillac intuitiv erahnen kann. Dessen schwangere Mutter war von einem aufdringlichen Adeligen mit einem kostbaren Schmuckstück zum Sexualverkehr überredet worden; der Verführer erleidet im Augenblick der sexuellen Vereinigung mit der habgierigen Mutter einen Herzinfarkt und stirbt, das obskure Objekt seiner Begierde mit eisernen Griffen umklammernd: „Vergebens war das Mühen meiner Mutter, sich den im Todeskampf erstarrten Armen des Leichnams zu entwinden. Die hohlen Augen, deren Sehkraft erloschen, auf sie gerichtet, wälzte der Tote sich mit ihr auf dem Boden."[23] Das grausige Erlebnis stigmatisiert nicht nur Cardillacs Mutter als Ehebrecherin, sondern bestimmt auch das Leben des Kindes, das fortan von einer unstillbaren Sehnsucht nach Gold und Geschmeide getrieben wird. Später werden die seelischen Zwänge des psychisch kranken Cardillac so stark, dass sie sich in einer Serie von Morden entladen. Während der eigentliche Täter zunächst unerkannt bleibt, konzentriert sich der Verdacht auf seinen unschuldigen Gehilfen Brusson, den man der Morde bezichtigt. Später stellt sich heraus, dass die Scuderi eben jenen Verdächtigen – er ist der Sohn ihrer Pflegetochter – in seiner Kindheit gehätschelt und gepflegt hat und seitdem die Rolle einer Idealmutter einnimmt. Die Tat wie auch die Aufklärung in einem der ersten Kriminalromane wären demnach also durch matriarchale Bewusstseins- und Handlungparadigmen bestimmt.

Doch zurück zur Geschichte der Irene Adler. Im Anschluss an die vorgestellte Hausaufgabe werden gattungstypologische Fragen behandelt. Unter Berücksichtigung des von Edgar Marsch entworfenen narrativen Schemas – das nach der ersten Lektüre zur Anwendung kam – wird den Schülern/innen die Aufgabe gestellt, dieses Modell auf die Erzählung *Skandal in Böhmen* zu übertragen. Das in Gruppenarbeit erstellte Ergebnis wird von Schülern/innen auf OHP-Folie festgehalten.

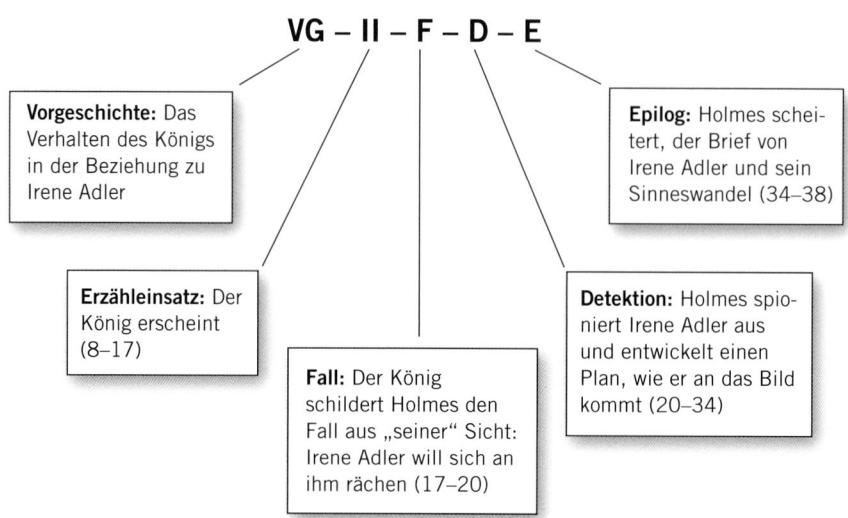

VG – II – F – D – E

Vorgeschichte: Das Verhalten des Königs in der Beziehung zu Irene Adler

Epilog: Holmes scheitert, der Brief von Irene Adler und sein Sinneswandel (34–38)

Erzähleinsatz: Der König erscheint (8–17)

Fall: Der König schildert Holmes den Fall aus „seiner" Sicht: Irene Adler will sich an ihm rächen (17–20)

Detektion: Holmes spioniert Irene Adler aus und entwickelt einen Plan, wie er an das Bild kommt (20–34)

Abb. 7: Ergebnisse der Gruppenarbeit

Das abgebildete Schema benennt die verschiedenen Abweichungen von Marschs Muster – wie die ungewöhnliche Vorgeschichte, die eigentlich gar keine ist, oder den Epilog, in dem Holmes als Verlierer auftritt – und strukturiert die Geschichte durch die angegebenen Seitenzahlen in insgesamt vier Erzählabschnitte. Die Unterschiede der Erzählstruktur zur Geschichte *Das gefleckte Band* können über eine synoptisch angeordnete Tabelle deutlich gemacht werden. Optional bietet sich zum Abschluss die Behandlung einer weiteren Sherlock Holmes-Geschichte an. Sinnvoll ist die kurze Kriminalerzählung *Eine Frage der Identität*. In dieser Geschichte geht es um einen Betrugsversuch an der jungen, etwas unbeholfenen Mary Sutherland, die von ihrem verschlagenen Stiefvater an der Nase herumgeführt wird. Die Erzählung eignet sich besonders zur praktischen Überprüfung des erworbenen Wissens, weil in ihr das bekannte Muster der „damsel in distress" erneut Verwendung findet. Das Prinzip einer dekonstruktiven Lektüre kann ebenfalls produktiv werden, indem die Schüler/innen eine Lösung des Falles erfinden, in der Mary Sutherland eben nicht als naiv-dümmliches Opfer auftritt, sondern als selbstbewusste, pragmatische Frau, die ihre Probleme selber lösen kann.

Gestützt auf die vorab erworbenen Kenntnisse bei der Analyse von *Skandal in Böhmen* lässt sich auch problemlos eine produktionsorientierte Aufgabenstellung für eine Klassenarbeit ableiten, in der die Schüler/innen einen Brief aus der Perspektive der Miss Mary Sutherland verfassen, in dem diese Sherlock Holmes für seine Bemühungen dankt und ihm schriftlich mitteilt, dass sie selbst die Lösung des Rätsels gefunden habe. In ihren Ausführungen müsste Miss Sutherland dann auch mit logischen Schlussfolgerungen aufwarten, die sie aus verschiedenen Beobachtungen und Erlebnissen ableiten konnte und die sie zur Lösung des Falles geführt haben. Ergänzt werden können diese Arbeitsaufträge durch Referatthemen, die lesemotivierende Wirkung haben. So könnte die Lektüre weiterer Sherlock Holmes-Erzählungen oder eines -Romans angeregt werden, das Studium eines deutschen Gegenstücks zum viktorianischen Kriminalroman mit einer Detektivin, die im Frankfurt der Gründerzeit lebt[24], oder die Lektüre einer Sherlock Holmes-Parodie, die auf die Geschichte *Eine Frage der Identität* Bezug nimmt.[25]

2. Jack Orlando (Videospiel)

Die Verwendung von Adventure-Spielen im Deutschunterricht ist bisher kaum näher untersucht worden. Dass hier ein beträchtliches Potenzial liegt, das für den Unterricht genutzt werden kann, hat man zwar mittlerweile erkannt, es gibt allerdings bisher nur sehr wenige Unterrichtsentwürfe oder Reihenvorschläge zu diesem Gegenstandsbereich. Die meisten praktischen Entwürfe kommen über den Status der Anregung oder Empfehlung kaum hinaus. Dies zeigt sich paradigmatisch etwa an dem Artikel zu *Detektiv spielen am Computer*[26], der über ein interessantes Multimedia-Projekt in der Jahrgangsstufe 5 berichtet: Die Schüler/innen einer Klasse beschäftigen sich in einem Unterrichtsprojekt mit Detektivspiel-CD-ROMs und den dazugehörigen literarischen Texten. Für die Unterrichtsreihe werden sogenannte Spin-Off-Produkte ausgewählt, die bereits schon seit einiger Zeit auf anderen medialen Plattformen laufen, wie etwa dem Buchmarkt, und die als interaktive Geschichten nun digital vermarktet werden. Als Beispiel sei etwa die bei Tivola erschienene Reihe zu „TKKG" genannt, die schon seit vielen Jahren – lange bevor es PC-Spiele gab – auf dem Buchmarkt präsent ist. Der Beitrag skizziert zwar in Umrissen die methodischen Abläufe des unterrichtlichen Vorgehens, über die einzelnen Lernziele und Unterrichtsergebnisse, vor allem aber über den angestrebten Erkenntnis- und Kompetenzgewinn an der medialen Schnittstelle von PC-Spiel und Buch erfährt der Leser so gut wie nichts. Die hier gegebenen Anregungen bleiben also leider in einem Frühstadium unterrichtlicher Praxis stecken.

Eine wichtige, wenn nicht gar entscheidende, Voraussetzung für die Einbindung von Videospielen in den Unterricht sind gute Medienkenntnisse der Lehrperson. Die Einsatz digitaler Medien beginnt nicht mit der Unterrichtsstunde, sondern bereits lange vorher; er ist gekennzeichnet durch einen erheblichen logistischen und technischen Aufwand. Bevor an den Einsatz von Computer-Medien ernsthaft gedacht werden kann, müssen die Hardware-Voraussetzungen vor Ort geprüft werden. Es empfiehlt sich, vor der Anwendung von Computermedien in einer Checkliste die Voraussetzungen und Möglichkeiten in der vorhandenen schulischen Lernumgebung abzuklären, damit Engpässe und technische Probleme früh beseitigt werden können:

Mit welchem Betriebssystem wird auf den Schulrechnern gearbeitet
(Linux, Windows NT, Windows 95, 98, ME oder XP)?

Läuft die Software, die man einsetzen will, überhaupt
unter dem vorhandenen Betriebssystem?

Ist die Rechner- und Speicherleistung auf den zur Verfügung stehenden
Rechnern ausreichend für das beabsichtigte Vorhaben?
Wie viele Rechner stehen zur Verfügung / sind funktionstüchtig?

Sind die Installationsroutinen für die Software schnell und zügig durchzuführen oder muss
die Software vor der Unterrichtsstunde aufgespielt werden?

Sind alle Sicherheits- und Zugangsprobleme geklärt (Passwörter,
Rechte im System für die Installation neuer Software)?

Welche digitalen Darstellungs- und Informationsmöglichkeiten
bietet der Arbeitsplatz (Internetzugang, Beamer ...)

Gibt es Schüler/innen, deren Hilfe man bei den
Vorbereitungen in Anspruch nehmen kann?

Da der größte Teil der Unterrichtsstunden nicht im Informatikraum der Schule abgehalten wird, müssen bei der Lehrperson Kenntnisse im Umgang mit einem Screenshot-Programm vorhanden sein. Mit Hilfe eines solchen Programms – etwa Hypersnap (Hyperionics[27]) oder SnagIt (TechSmith[28]) – lassen sich beliebige Bildschirmausschnitte des Videospiels abbilden und beispielsweise als farbige OHP-Folie im Klassenraum projizieren. Daneben wären Kenntnisse im Umgang mit Medien-Dateien aller Art ebenfalls nützlich. So etwa Fähigkeiten in der Handhabung von Audio-Dateien, speziell von sogenannten WAV-Files, in denen die Musik der Computerspiele abgespeichert ist. Da viele dieser Daten, wegen ihres großen Umfangs, in komprimierter Form auf Massenspeichern (CD-ROM oder Festplatte) abgelegt werden, sind daneben Kenntnisse im Umgang mit Packprogrammen (Winzip, ARJ, LHA usw.) unerlässlich. Auf diese Weise können auch verschiedene Aspekte des Videospiels außerhalb des PCs im Plenum untersucht werden.

Für eine Bewertung von PC-Spielen ist die Diskussion und Analyse spezifischer Darstellungsformen dieses Mediums unverzichtbar. Voraussetzung für diese Analyse sind allerdings – das muss hier unmissverständlich gesagt werden – auch spezifische mediale Kompetenzen der Lehrperson. Wenn etwa Angelika Kusenberg und Doris Mause in ihrem Beitrag über hypermediale Detektivgeschichten herausstellen, „dass der Spieler direkt in die Handlung mit einbezogen wird"[29] oder digitale Inhalte „insgesamt eher plakativ und wenig anschaulich dargestellt [werden]"[30] und die Spiele „sich zwei Typen zuordnen ließen, nämlich den eher linear aufgebauten, streng geführten und den nicht-linearen"[31], dann gehen diese Befunde über die reine Oberflächengrammatik dieser Medien nicht hinaus und tragen zu einer Analyse spezifischer Darstellungsformen des Mediums und der Differenzen zu anderen Medien nur sehr wenig bei. Das Problem, das hier sichtbar wird, ist ein allgemeines: Der Deutschunterricht kann die neuen Medien nur dann gewinnbringend in den Bildungsprozess integrieren, wenn er sich auf die mediale Andersartigkeit einlässt, diese selbst zur Sprache kommen lässt. Dies kann aber nur gelingen, wenn einzelne Partikel und Sequenzen – mit Hilfe eben dieser digitalen Technologie – zum Gegenstand unterrichtlicher Betrachtung gemacht werden können:

> Ausgewählte Paradigmen des audiovisuellen Überflusses werden in einem mediengerechten Unterricht auf plastische, relativ einfache, wiederum ergänzungsbedürftige Modelle, Module und Modems gebracht werden, um den Effekt in Sprache, das Bild in Schrift, die Stimmung in Ausdruck, Gefühle in Erkenntnisse zu verwandeln, ohne den Phänomenen ihren medialen, technischen und ästhetischen Eigensinn zu rauben.[32]

Es geht um nicht weniger als eine Transformation der heißen Medien (Bilder, Töne und Geräusche) in die der kalten Medien (Sprache, Schrift, Buch und Hefte). Damit diese Transformation aber gelingt, bedarf es eines gewissen technischen Aufwandes. Die mikroskopische Betrachtung einzelner Videospiel-Sequenzen etwas setzt die digitale „Entschleunigung" dieser Ausschnitte voraus. Eine Übersetzung in das Medium der Sprachlichkeit kann in diesem Fall nur erfolgreich gelingen, wenn die Akzeleration der Bilder und Töne gebremst wird: „Intermedialität ist ein Paradigma zur bewussten Entschleunigung, Übersetzung und Differenzierung von diffusen und kompakten Medienerlebnissen mitten im Kontext der Alltagswelt, des Mainstreams oder einer spezialisierten Teilkultur."[33]

Das Beispiel zeigt, dass hier ein Desiderat des Deutschunterrichts liegt, das zu füllen ist. Ein erster Versuch zur Schließung dieser Lücke soll hier unternommen werden, wenngleich auch einschränkend gesagt werden muss, dass die hier vorgestellten Unterrichtsvorschläge weitergehender praktischer Erprobung bedürfen und als ein kleiner Schritt verstanden werden, Bausteine für die Entwicklung eines zukünftigen, stärker intermedial orientierten Unterrichts zu liefern.

Grundlage der Reihe ist das noch im Handel erhältliche Videospiel *Jack Orlando*[34], das für Schüler ab 12 Jahren geeignet ist und von der Firma TopWare verlegt wird. Der vorgelegte Reihenentwurf versteht sich als Beitrag zu einem Deutschunterricht in den Jahrgangsstufen 9 und 10, der die intermedialen Kompetenzen von Schülern/innen stärken soll, indem er die spezifischen ästhetischen Darstellungsmöglichkeiten eines Videospiels an sorgfältig ausgewählten Schnittpunkten mit den ästhetischen Parametern anderer Medien kritisch vergleicht.

Durch die Gegenüberstellung von Videospiel, Film und Buch soll vor allem zweierlei erreicht werden:

(1) Die Gemeinsamkeiten der medialen Darstellungsparameter werden herausgearbeitet, etwa im Bereich der Narrativik,

(2) die Unterschiede der medialen Darstellungsparameter können differenziert untersucht werden, etwa im Bereich der Bildlichkeit. Der vergleichende Zugriff soll auf ausgewählte Passagen begrenzt werden, damit die Schüler/innen von der Stofffülle nicht überfordert werden. Ausgangspunkt des Reihenentwurfs ist die Untersuchung des Videospiels, an einzelnen Schlüsselszenen sollen die ästhetischen Möglichkeiten konkurrierender Medien schlaglichtartig erhellt werden. Der dekonstruktive Grundzug bei dieser Reihenplanung liegt im intermedialen Ansatz verborgen. Indem gezeigt wird, dass Videospiele – die nur eine spezielle Textform repräsentieren – ihre Gestaltungsmöglichkeiten von anderen Medien (Buch und Film) leihen, werden auch die Defizite und Beschränkungen dieses Mediums deutlich, zugleich kommen die besonderen ästhetischen Möglichkeiten anderer Medien in den Blick. Für die vergleichende Untersuchung werden Ausschnitte aus Chandlers Kriminalroman *Der tiefe Schlaf* (The Big Sleep) und der Verfilmung des Romans durch Howard Hawks aus dem Jahre 1945 verwendet. Das Reihenthema lässt sich wie folgt formulieren: **Die Analyse des PC-Spiels Jack Orlando im intermedialen Geflecht von Film-, Roman- und Videoästhetik.** Als Lernziele der Reihe wären zu nennen:

> Die Schüler/innen sollen in der vergleichenden Analyse eines Adventure-Videospiels mit anderen Medien grundlegende Merkmale des hard boiled-Kriminalromans und der intermedialen Verflochtenheit neuzeitlicher Medienästhetik erarbeiten, wobei sowohl Gemeinsamkeiten als auch Unterschiede der einzelnen medialen Ästhetiken herausgestellt werden sollen.

Die Unterrichtsreihe beginnt mit einer Doppelstunde im Informatikraum. Es werden Gruppen mit jeweils fünf Schülern/innen gebildet, die jeweils einem PC-Arbeitsplatz zugeordnet werden. Die Spiele – zwischen 5–6 Exemplare sind durchschnittlich notwendig – können von der Schule gestellt werden. Die Aufgaben der verschiedenen Gruppenmitglieder und der einzelnen Gruppen sind:[35]

Die Aufgaben der Gruppenmitglieder:
1. der Gruppenleiter: bedient die Maus und entscheidet über die nächsten Spielzüge
2. der Story-Sekretär: schreibt auf, wie die Geschichte auf dem Bildschirm weitergeht
3. der Heldenbiograph: beschreibt Aussehen, Verhalten und Besonderheiten des Helden und seiner Umgebung
4. der Kritiker: schreibt alles auf, was an dem Spiel auffällt (Grafik, Geräusche, Texte, Sprecherstimmen, Spielführung, Benutzerfreundlichkeit, Spannung, Lösungsalternativen)
5. der Zeitnehmer: achtet darauf, dass alle Gruppenmitglieder ihre Aufgabe alle 15 Minuten wechseln

Die Aufgaben der Gruppen:
1. Sie muss das Spiel in der zur Verfügung stehenden Zeit möglichst weit vorantreiben
2. Sie muss den Anfang des Spiels spannend nacherzählen, sodass ein möglicher Leser Lust hätte, weiter zu lesen/spielen
3. Sie muss am Ende der Unterrichtsreihe eine kurze Kritik zum Spiel schreiben, die auch Unterrichtsergebnisse berücksichtigt

Nachdem die Schüler sich nach Anleitung mit der Benutzer- und Menüführung vertraut gemacht haben, beschäftigt man sich mit dem eigentlichen Spiel. Für den reibungslosen Ablauf der Spielprotokollierung empfiehlt sich die Herstellung eines Arbeitsblattes, das auch für die Ergebnisauswertung herangezogen werden soll. Eine tabellarische Anordnung der verschiedenen Aspekte hat sich als praktikabel erwiesen. Eine Musterlösung hätte etwa das folgende Aussehen:

Story (mit Einleitung)	Held	Spiel
JO verlässt angetrunken seine Kneipe, er wird Zeuge eines Verbrechens, als er zur Hilfe eilen will, wird er hinterrücks niedergeschlagen. Am nächsten Morgen wacht JO neben einer Leiche auf. Die von einer Frau herbeigerufene Polizei nimmt JO als Tatverdächtigen fest. Später im Polizei-Präsidium wird er von seinem Freund, dem Inspektor, freigelassen und bekommt 24 Stunden Zeit, um den richtigen Täter zu finden. JO geht nach Hause, wäscht und bewaffnet sich. Anschließend besucht er seine Nachbarin Alice, aus deren Wohnung er einiges „mitgehen" lässt.	JO ist scheinbar völlig auf den Hund gekommen, er trinkt und bemitleidet sich selbst, seine früheren Heldentaten als Streiter für die Gerechtigkeit sind vergessen. JO fällt durch seine markigen Sprüche auf, er lebt allein. Alice und der Inspektor gehören wohl zu seinen Freunden.	Vorspann schildert die historische Situation, Jazz-Musik im Hintergrund, Szenemilieu mit harten Burschen. Markante Figurenzeichnung, flüssiger Spielablauf, die Realistik der Bewegungen ist in neueren Spielen freilich deutlich verbessert worden. Alternative Lösung: JO wird am Tatort oder im Präsidium von seinem Freund, dem Inspektor, freigelassen. Andere Besuche führen nicht zum Erfolg (Niederlage gegen Biff!), es muss eine gewisse Reihenfolge der Abläufe eingehalten werden (erst braucht man das Hufeisen, um Biff zu besiegen und an die Kurbel zu kommen).

Nachdem auf diese Weise die „Exposition" des Spiels in der Doppelstunde protokolliert wurde, werden die einzelnen Gruppen mit einem Exemplar des Spiels entlassen und beauftragt, sich außerhalb der Schule zu treffen, um das Spiel gemeinsam fortzuführen. Ein Gruppenmitglied, das ausgewählt wird oder sich freiwillig dazu bereit erklärt, ist verantwortlich für die pflegliche Behandlung des Videospiels und für die spätere Rückgabe. Die Fortführung des Protokolls wird angemahnt; die einzelnen Gruppen sollen in der nächsten Stunde über ihre Fortschritte – anhand des Protokolls – berichten. Auch die nächste Stunde soll im Informatikraum stattfinden. Es wird angekündigt, dass man eine Internetsitzung veranstalten wird.

Die zweite Stunde beginnt mit einem kurzen Bericht des Spielstandes derjenigen Gruppen, die sich weiter mit dem Videospiel beschäftigt haben. Unterschiedliche Lösungsansätze oder Fehlschläge können diskutiert werden. Sofern nicht aus dem Gespräch im Klassenplenum selbst ein Hinweis auf die Beschaffung von „Cheats" über das Internet kommt, kann das Thema durch eine entsprechende Frage angeschnitten werden. Die Bedeutung des Terminus ist vielen Schülern/innen geläufig: Cheats sind Lösungen oder Hinweise, die von anderen Spielern ins Netz gestellt werden. Viele Spiele sind auch mit einem sogenannten „Cheat-Mode" oder einer „Cheat-Console" ausgestattet, die von den Programmierern verdeckt in das Spiel implementiert worden sind und durch einen „Cheat-Code", eine bestimmte Tastenkombination, aktiviert werden können. Im Anschluss an diese Begriffsklärung bekommen die einzelnen Gruppen die Aufgabe, nach geeigneten „Cheats" für das Spiel *Jack Orlando* zu suchen und eine Empfehlung für den besten Cheat abzugeben.

Nachdem die Schüler/innen verschiedene Cheat-Seiten im Internet gefunden und vorgestellt haben, wird untersucht, warum es im Internet diese Fülle von Cheat-Seiten gibt. In der Regel muss die Frage nicht von der Lehrperson formuliert werden, da sich das Problem von alleine ergibt: Es stellt sich vielen Schülern/innen nämlich die Frage, welche Befriedigung die Beschäftigung mit einem Spiel noch bietet, dessen Lösung man nicht selbst zu finden braucht. Andererseits weisen der ungebrochen große Absatz der Videospiele und die Konjunktur von Cheat-Seiten nicht auf eine Spielemüdigkeit hin. Als Erklärungen für dieses Phänomen werden von Schülerseite angeboten:

– auch mit Lösung macht das Spielen noch Spaß
– der zeitliche Aufwand, alles selbst herauszubekommen, ist oftmals zu groß (tage-, ja wochenlanges PC-Spielen wäre dafür notwendig!)
– man kann auch seine eigenen Lösungen mit denen anderer Spieler vergleichen (kommunikatives Moment!)
– manche Spiele haben Programmierfehler, die man mit cheats umgehen kann, bis es einen patch gibt

Buch	Videospiel
Philip Marlowe trinkt viel und macht Sprüche	JO ebenfalls.
Marlowe bekommt einen Auftrag von einem General Sternwood.	JO ermittelt in eigener Sache.
Die Figuren, die auftreten (Butler, Sternwood, Tochter Carmen), werden sehr anschaulich beschrieben (Aussehen, Sprache, Umgebung); die Deskriptionen regen durch ihre Vieldeutigkeit die Fantasie des Lesers an.	Die Figuren, die auftreten, sind holzschnittartig gezeichnet, ihre Darstellung entspricht gängigen Klischees oder Typisierungen (Ganove, Prostituierte, Polizist).
Spannung liegt in der Story (Whodunit?) und in den Gefahren, die der Detektiv bestehen muss.	Spannung liegt in der Story und in den Gefahren, die der Detektiv bestehen muss.
Identifikation mit dem Helden.	Identifikation mit dem Helden.
Bilder werden im Kopf des Lesers erzeugt.	Bilder werden auf dem Bildschirm erzeugt.
Geschriebenes Wort (Text).	Texte, Bilder, Musik, Geräusche.
Leser hat eine passive Rolle, er liest (?).	Spieler lenkt aktiv das Geschehen, er spielt (?).
Bücher brauchen keine Cheats (?).	Videospiele brauchen häufig Cheats.

Die Ergebnisse der Diskussion werden von den Schülern/innen in einem Tafelbild festgehalten. Für die nächste Stunde wird der Anfang von Chandlers Kriminalroman *Der große Schlaf*[36] in Kopie ausgeteilt. Die häusliche Lektüreaufgabe wird mit der Frage verbunden, welche Unterschiede und Gemeinsamkeiten es zu den einleitenden Sequenzen des Videospiels Jack Orlando gibt. Das Ergebnis kann später in einem synoptischen Tafelbild verdeutlicht werden:

Die festgehaltenen Ergebnisse werden in aller Regel von kontroversen Diskussionen begleitet. Strittig sind vor allem die Feststellungen, dass Texte keine Cheats brauchen (Interpretationen!?) und dass Lesen eine passive Angelegenheit, Videospielen dagegen eine aktive sei. Die intensive Erörterung dieser strittigen Punkte – auch wenn sie zu keinem Konsens führt – befördert eine differenzierte Wahrnehmung der unterschiedlichen medialen Gestaltungsmöglichkeiten. Dass Lesen kein passiver Akt sein muss, sondern – im Gegenteil – aktiver sein kann als das Betreiben von Videospielen, lässt sich daneben an ausgesuchten Textpassagen des Romans von Chandler überzeugend demonstrieren. So etwa an dem Gespräch Marlowes mit dem General, das durch seine plakative

Verfalls- und Todesmetaphorik die kommenden Geschehnisse vorwegnimmt und erzählerisch verdichtet. Gleichzeitig mit diesen kontrovers diskutierten Aspekten lassen sich aus den gesammelten Gemeinsamkeiten wichtige Merkmale des hard boiled-Kriminalromans ableiten. Die starke Abhängigkeit des Videospiels von Cheats kann in diesem Zusammenhang auch weiter problematisiert werden; sie weist m. E. auf den vielfach mechanischen Charakter des Videospiels hin, das – obgleich eine begrenze Zahl von Varianten möglich ist – einem gewissen Schematismus folgt. Um dem „entnervenden, unproduktiven Geklicke" einer nicht lösbaren Spielsituation zu entkommen, bedient sich der Spieler als ultima ratio eines vorgefertigten Lösungsmusters oder er überbrückt den Engpass in der immanenten Systemlogik des Spiels durch einen künstlich herbeigeführten Ausnahmezustand, in dem der Figur übernatürliche Kräfte verliehen werden – etwa durch Aktivierung des sogenannten „godmode".

Segment	Filmszene / Handlung	Kameraführung / Effekte	Musik
01	Hausschild der Sternwoods	Detailaufnahme	Streicher-musik
02	Empfang durch den Butler, Gespräch	Halbnah, Halbtotal	
03	Szene mit Carmen, Marlowes Ironie		Streicher-musik am Schluss
04	Einlass in den Wintergarten durch den Butler und Gespräch mit dem General; Sternwood unterrichtet Marlowe, dass er erpresst wird und beauftragt ihn, diesen Erpressungen nachzugehen	Nah; Marlowes Schwitzen wird plastisch dargestellt (legt Jackett ab, lockert Krawatte, Schweißperlen auf dem Gesicht, Schweißflecken auf dem Hemd, das zuletzt völlig durchnässt ist)	Ausblenden der Musik als Marlowe eintritt
05	Nach Verlassen des Wintergartens kurzes Gespräch mit dem Butler		
06	Empfang bei Vivian Sternwood, feindseliger Dialog, der durch Anzüglichkeiten und Sarkasmen geprägt ist	Nah, Halbtotal, Totale; Marlowe trocknet sich mit einem Taschentuch ab	
07	Gespräch mit dem Butler, Abschied		

In einem dritten Zugriff werden die Befunde der Text- und Videospiel-Analyse mit einem Ausschnitt aus dem 1946 gedrehten Film *The Big Sleep* (Tote schlafen fest) von Howard Hawks konfrontiert. Den Schülern/innen wird die Exposition (12 Minuten Dauer!) des Films mit dem Besuch Marlowes im Haus des Generals gezeigt. Die Vorführung des Films wird mit der Aufgabe verknüpft, ein Beobachtungsprotokoll des Filmausschnitts zu erstellen, in dem Merkmale der Sprache, Kameraführung, Musik und des Handlungsverlaufs festgehalten werden. Auch für dieses Vorhaben empfiehlt sich die Erstellung eines Arbeitspapiers, das – ausgefüllt – etwa das folgende Aussehen haben kann:

Die filmische Dramaturgie dieser Exposition wird strukturiert durch die Begegnungen mit dem Diener: Philip Marlowe wird von dem Butler empfangen, er begegnet zunächst der jüngeren Tochter des Hauses, Carmen Sternwood, der Bedienstete bringt ihn dann zum General, anschließend führt ihn der Diener zu Vivian Sternwood, der älteren Tochter, und bringt ihn zuletzt an die Tür. Die distinguierte Höflichkeit und Unnahbarkeit dieses Dieners repräsentiert in symbolischer Überhöhung die Brüchigkeit und Scheinhaftigkeit dieser Lebenswelt. Die beiden Töchter des Generals scheinen im kriminellen Milieu der Unterwelt zu verkehren, der General selbst – ein todkranker Mann, der nicht mehr viel vom Leben zu erwarten hat – ergeht sich über die Ausschweifungen seiner Kinder in drastischen Kommentaren. Überzogen wird das ganze Geschehen von einer feinen Patina des Morbiden und Dekadenten: Die gedrechselten Höflichkeiten des Dieners, der das völlig missratene Verhalten seiner „Herrschaft" mit verschlossener Miene zur Kenntnis nimmt, der aufdringliche Reichtum der Einrichtung und der Kleidung, die genussorientierte Haltung der Akteure – es wird ständig Alkohol getrunken – und die von Sarkasmus, Zynismus und Anzüglichkeiten geprägten Wortgefechte signalisieren dem Zuschauer auf eine untergründige Weise, dass hinter der Fassade von Wohlstand und Macht gefährliche Geheimnisse lauern. Symptomatisch für diese Drohung ist das extensive Schwitzen des Protagonisten Marlowe, das filmisch effektvoll in Szene gesetzt wird. Die Kameraeinstellungen wechseln von der Detailaufnahme in die Halbtotale. Der penibel gekleidete Detektiv verlässt seinen Klienten nach dem Gespräch in völlig derangierter Verfassung: Sein Oberhemd ist völlig durchnässt, das Jackett trägt er über dem Arm, die Krawatte hängt gelockert und unordentlich an seinem Hals und mit einem Taschentuch versucht Marlowe – in etwas unästhetischer Weise – seiner fortdauernden Transpiration Einhalt zu gebieten. Die Disparität seines Erscheinungsbildes am Ende seines Besuches korrespondiert mit der Disparität seiner späteren Ermittlungsergebnisse. Es wird sich herausstellen, dass seine Auftraggeber an den begangenen Straftaten erheblichen Anteil haben. Die fortschreitende Auflösung des Erscheinungsbildes von Marlowe während des Besuchs dürfte unter dieser Perspektivik damit zugleich auch einen Hinweis auf die subtile Hintergründigkeit und Kompliziertheit dieses Falles enthalten, der Marlowe noch mächtig „ins Schwitzen" bringen wird.

Gegen die ausgefeilte Dramaturgie dieser Filmszene, die differenzierte Kameraführung, die feinnervige Mimik und Gestik der Akteure sowie den nuancenreichen Sprachgebrauch wirkt das Videospiel vergleichsweise plan und ereignislos. Weder die dialogische Spannung des szenischen Spiels noch die düstere
Ausstrahlung der dunklen Bildgebung des Films wird im PC-Spiel annähernd
erreicht. Auch der Hinweis, dass die Programmiertechnik mittlerweile weitaus
realistischere Spiele möglich macht, wird nicht überdecken können, dass in der
Komposition von Aktion, Sprache, Musik und bewegtem Bild dem PC-Spiel im
Film ein Medium gegenübertritt, dessen ästhetische Kategorien weitaus subtilere
Darstellungsmöglichkeiten bieten als das Videospiel. Die digitalen Tricksequen-
zen in Filmen wie *Terminator 2* oder *Independence Day* und der große Publi-
kumserfolg dieser Produkte zeigen schließlich, dass der Film sich die digitalen
Darstellungsmöglichkeiten des neuen Mediums seinerseits Gewinn bringend zu
Nutze macht und in sein ästhetisches Instrumentarium zu integrieren weiß.

Die vergleichende Untersuchung der einzelnen Medien öffnet auf diese Weise
den Blick für Gemeinsamkeiten und für die spezifischen Unterschiede der ästhetischen Darstellungsformen. Der Vorteil der komparatistischen, intermedialen
Erarbeitung kann hier erneut dekonstruktiv beschrieben werden: Die korrespondierende Analyse legt zugleich auch immer die ästhetischen Schwächen einer
bestimmten Darstellungsform offen. Auf eine Bewertung der einzelnen Befunde
(durch die Lehrperson) kann daher auch weitestgehend verzichtet werden, da
die einzelnen Ergebnisse für sich sprechen. Die Defizite der einen medialen Darstellungsform lenken den Blick auf das Leistungsvermögen des konkurrierenden
Mediums. Eine so verstandene intermediale Analyse dekonstruiert also den ästhetischen Hegemonieanspruch eines einzelnen Mediums, indem sie konkurrie-
rende Medien und ihr ästhetisches Instrumentarium in den Blick rückt.

Im vorliegenden Fall ließe sich die Reihe durch einen weiteren Vergleich ab-
schließen: Die korrespondierende Untersuchung einer Action-Szene im Videospiel, im Text und im Film etwa erscheint geeignet, die unterschiedlichen ästhetischen Parameter der medialen Darstellungsformen kritisch zu überprüfen und
die analytischen Kenntnisse zu vertiefen sowie weiter auszudifferenzieren. Durch
die Analyse eines vorangegangenen Wortgefechts – etwa in der Szene, in der Joe
Brody erschossen wird[37] – können zudem weitere wichtige Merkmale des hard
boiled-Romans erarbeitet werden.

Aus dem Videospiel *Jack Orlando* ist beispielsweise die Szene mit dem farbigen Schläger Biff für einen Vergleich geeignet, weil diese Auseinandersetzung in
der Logik des Spielablaufs eine entscheidende Rolle spielt. Jack Orlando braucht
die Kurbel des alten Autos, um die Feuerleiter am Tatort herunterzuholen und
seine Ermittlungen auf dem Dach des angrenzenden Hauses fortzusetzen. Dem
Gebrauch der Kurbel steht freilich Biffs Widerstand entgegen, der nur durch den
mit einem Hufeisen manipulierten Boxhandschuh überwunden werden kann.
Die einzelnen Sequenzen des Videospiels können problemlos durch Screenshots

im normalen Unterricht verfolgt und analysiert werden. In einem ersten Schritt ließe sich die vergleichende Untersuchung der Film- und Videospiel-Sequenz gemeinsam vornehmen, als Hausaufgabe wäre dann der schriftliche Vergleich eines Textausschnitts aus Chandlers *Der große Schlaf* mit der Videospiel-Sequenz denkbar. Weitere Schreibaufträge können die intermediale Erarbeitung des Videospiels *Jack Orlando* abrunden. So können einzelne Ausschnitte des Videospiels zu kleinen Romankapiteln eines hard-boiled-Kriminalromans umgeschrieben werden. Auf diese Weise erproben die Schüler unmittelbar, welche Gestaltungsmöglichkeiten im Medium des Narrativen für eine bestimmte Handlungsszenerie Verwendung finden können. Die erarbeiteten Ergebnisse lassen sich daneben auch in eine „Videospiel-Rezension" einbringen, die am Schluss der – hier in Umrissen skizzierten – Unterrichtsreihe erstellt werden kann.

3. Ingrid Noll *(Die Apothekerin)*

Ingrid Nolls zweiter Krimi *Die Apothekerin* stand 77 Wochen auf der Spiegel-Bestsellerliste. Der Roman erzählt die Geschichte einer nicht mehr ganz jungen Frau in den Dreißigern, deren sehnlichster Wunsch es ist, zu heiraten und eine Familie zu gründen. Ein pathologisches Verhältnis zu Männern – Hella Moormann leidet unter einem stark ausgeprägten Helfersyndrom – hat die Erfüllung dieses Wunsches bisher verhindert. In der Gestalt des jungen Nichtstuers Levin Schücking, der auf das Erbe seines reichen Großvaters spekuliert, glaubt die Pharmazeutin den geeigneten Partner gefunden zu haben. Da der Erblasser noch lange nicht zu sterben scheint, beschließt das Paar etwas nachzuhelfen. Mit Hilfe eines starken Herzmittels, das Hella aus ihrer Apotheke besorgt und einer manipulierten Zahnprothese wird der Erblasser in spe zu Tode befördert. In seinem Testament hat der alte Schücking freilich – sehr zur Überraschung Levins – verfügt, dass Hella Moormann den Löwenanteil der Erbschaft erhält, wenn es zur Eheschließung zwischen Levin und Hella kommt. Unter diesen Voraussetzungen heiratet man schnell und zieht in die Villa des Großvaters ein. Nachdem etwas seltsame Freunde von Levin aufgetaucht sind und sich als Untermieter einquartieren, kommt es zu Konflikten. Vor allem die laszive Margot fordert den Unwillen der frisch gebackenen Ehefrau Hella heraus. Nach einer gestörten Hochzeitsfeier und anderen Vorfällen stürzt Margot beim gemeinsamen Fensterputz mit Hella zu Tode. Levin, der zwischenzeitlich unter einem Vorwand ins Ausland gereist ist, lässt Hella allein zurück. Nach Margots Tod kommt es zu einer Affäre mit dem Hausgenossen Dieter, Margots Ehemann. Kurz darauf wird Hella schwanger, weiß aber nicht von wem. Nach kurzer Zeit wird klar, dass Dieter auch nicht besser als Levin ist, er betrügt Hella genauso wie dieser. Durch Zufall lernt Hella unterdessen Pawel kennen, einen introvertierten, gemütlichen Lektor, dessen Frau unheilbar psychisch krank ist und in einer Klinik betreut wird. Bei einer Silvesterfeier kommt es zwischen den konkurrierenden Männern zu einer Auseinandersetzung, in der Dieter seinem Freund Levin alle Vorderzähne ausschlägt und sich durch ein Messer selber schwer verletzt; Hella und Pawel werden ebenfalls durch den rasenden Dieter verwundet. Dieter wird inhaftiert, Levin wohnt nach seiner Entlassung aus dem Krankenhaus zunächst weiter in der Villa, Dieter erhält nach seinem Zuchthausaufenthalt ebenfalls erneut Asyl in der Villa. Später treffen sich alle Beteiligten zu einer Feier, an der auch Pawels kranke Frau Alma teilnimmt. Dieter und Levin hetzen die kranke Alma gegen Hella auf, die Feuer legt. Das Haus brennt ab, aber alle können sich retten. Zuletzt verschwindet Alma nach dem Anschlag endgültig in der Klinik, Dieter und Levin eröffnen in Norddeutschland einen Gebrauchtwagenhandel und Hella zieht mit Pawel und seinen Kindern zusammen in ein neues Haus, – soweit das im Roman geschilderte Geschehen.

Die Lektüre des Textes erscheint für die Jahrgangsstufen 9–11 besonders geeignet. Der Roman beschreibt den Identitätsentwurf einer Frau, die im Spannungsfeld der gesellschaftlichen und personalen Determinanten ihren eigenen Glücksanspruch zu verwirklichen sucht. Das ständig präsente Konfliktpotenzial zwischen den beiden Geschlechterrollen spielt dabei im Kontext der Handlung eine herausgehobene Rolle und dürfte für Heranwachsende von besonderem Interesse sein. Der unprätentiöse Erzählstil, die Situierung der Geschichte in einer Alltagswelt, die zahlreichen intertextuellen Verweise auf die Welt des Märchens, die Themen Liebe und Sexualität, der spannende Handlungsverlauf und die nuancenreichen Figurenzeichnungen kommen den Lektüreerwartungen von Schülerinnen und Schülern in diesen Jahrgangsstufen entgegen.

Ausgangspunkt der unterrichtlichen Bearbeitung ist allerdings ein Aspekt der weiblichen Identitätskonstruktion, der in diesem Roman nur untergründig hervorscheint: Die Ursachen für Hella Moormanns fortgesetztes Scheitern herauszuarbeiten und zu benennen. Diese liegen darin begründet, dass der Entwurf einer eigenständigen Identitätskonstruktion nicht gelingt, weil Hella Moormanns Vorstellungs- und Handlungswelt permanent durch gesellschaftliche, familiäre und ethische Fremdeinflüsse bestimmt wird. Es ist gerade der Diskurs von besonderem Interesse in diesem Text, der nicht geführt, ja ständig unterdrückt wird: Die Reflexion von Hella Moormanns feststehenden Wert- und Moralvorstellungen, die ihre Geschlechterrolle determinieren und ihr Handeln und Denken manipulieren. Der kritisch-reflexive Ansatz dieser Unterrichtslektüre zielt also darauf ab, eine Bedeutungsschicht des Textes an die Oberfläche zu holen, die sichtbar macht, warum Hella Moormanns Entwicklung zu einem autonom handelnden Subjekt gerade verhindert wird. Aus dieser analytischen Perspektive werden gesellschaftliche Zwänge und Determinationen enthüllt, die das Brüchige und Lügenhafte des beschriebenen weiblichen Identitätsentwurfes enthüllen. Die vermeintliche Befreiung Hellas am Ende der Geschichte, wenn sie mit Pawel in einem neuen Haus zusammenzieht, ist überhaupt keine. Die epische Schlusskonstruktion des Happy-Ends ist – unter diesem Blickwinkel gesehen – in sich widersprüchlich und inkonsequent, denn die Protagonistin hat aus den Ereignissen letztlich nichts gelernt und ist bewusstseinsmäßig auf demselben Stand geblieben wie zu Beginn ihrer Beziehung mit Levin. Dass sie zuletzt mit Pawel glücklich werden kann, ist eine Folge von – episch inszenierten – Zufällen, die den immanenten narrativen Widerspruch des Romans offenlegen.

Aus heteronomer Rezeptionssicht beurteile ich diesen Text im Äußerungskontext Schule daher als sehr positiv; im Vordergrund stehen „wirkungsbezogene axiologische Werte" (WvL, 124). Die unübersehbaren inhaltlichen und formalen Defizite des Romans wirken sich unter didaktischem Blickwinkel gewinnbringend aus, da sie eine kritisch-produktive Rezeption herausfordern und die Lektüre des Textes, gerade auch für leseschwächere Schüler, zu einer positiven Erfahrung werden lassen. Die alltäglich und durchschnittlich gelebten Glücksvorstellungen mit ihren fest gefügten Wertehorizonten, die in diesem Kriminalroman zum Thema werden, stellen ein großes identifikatorisches Potenzial bereit, auf das sich Schülerinnen und Schüler bereitwillig einlassen. Dass diese grob strukturierten, reflexionsarmen Lebensentwürfe viele Brüche und Widersprüche aufweisen, fordert kritische Prüfung heraus. Die hybride gattungstypologische Konstruktion des Romans, der weder Detektiv- noch Kriminalroman zu sein scheint, eröffnet zudem eine Fülle von produktiven Arbeitsmöglichkeiten im Unterricht. Ein differenzierter Umgang mit den beiden Leserrollen des identifikatorischen und des distanzierten Lesens, die nach Heydebrand und Winko der heteronomen und der autonomen Rezeption von Literatur zuzuordnen sind, lässt sich an diesem Text ebenfalls exemplarisch einüben (WvL, 102 f.). Unter diesem funktionalen Blickwinkel können autonomieästhetische Rezeptionshaltungen bei Schülerinnen und Schülern gefördert und erprobt werden.

Die Erarbeitung dieser textimmanenten Widersprüche konstituiert das unterrichtliche Hauptanliegen des hier skizzierten Reihenentwurfs, der an exemplarischen Gelenkstellen auch Falluntersuchungen des Unterrichtsgeschehens vorlegt und Schülerarbeiten dokumentiert. Die Konzeption der Sequenz ist auf etwa 15 Unterrichtsstunden ausgerichtet, wobei eine zwei- bis dreistündige Klassenarbeit und Hausaufgaben einbegriffen sind. Der Planungsablauf der Reihe kann in einem Überblick wie folgt skizziert werden:

Einstieg in die Unterrichtsreihe über das Buchcover (Gesichtsporträt changiert zwischen Wohlanständigkeit und Verschlagenheit, 1 Std.)

Expositionsanalyse (S. 7–16) – Gibt es Hinweise auf spätere Verbrechen? – Erzählsituation (Hella erzählt Frau Hirte ihre Lebensgeschichte; 2 Std.)
Schreibauftrag: Entwurf einer Partnerschafts-Annonce für Hella (1 Std.)

Schreibauftrag: Es werden Rollenmonologe angefertigt, in denen sich die einzelnen Figuren der Geschichte selbst vorstellen (ggf. szenisches Spiel; 2 Std.)

Auswertung dieses Unterrichtsabschnitts in einer Strukturskizze
zur Personenkonstellation (1 Std.)

Exemplarische Analyse ausgewählter Textausschnitte, in denen Konfliktsituationen
dargestellt werden (Hellas Hochzeit und Margot, Mord an Hermann Graber, 2 Std.)

Klassenarbeit (Analyse mit weiterführendem Schreibauftrag):
Ist der Fenstersturz Margots ein Mord oder ein Unfall (2–3 Std.)

Die Untersuchung der Motivkomplexe Zähne, Fleisch(-eslust),
Sauberkeit und Märchen in arbeitsteiliger Gruppenarbeit (2–3 Std.)

Aspekt Gattungsfrage: Ist *Die Apothekerin* ein Kriminalroman? Schreibaufträge: Erzählerische Einbindung einer Detektion oder eines/r Detektivs/in (1–2 Std.)

Der Einstieg in die Erarbeitung des Textes erfolgt über die Bildbeschreibung des
Buchcovers, das ein Frauen-Porträt des
französischen Malers Georges de la Tour
wiedergibt. Es wird der Kopf eines jungen
Mädchens gezeigt, das mit einem Haartuch
bedeckt ist. Eine leichte Röte überzieht das
Antlitz der Frau, deren Augen schräg gestellt auf etwas – vom Bildbetrachter aus
gesehen – links von ihr sich Befindendes
blicken. Die Einstellung der Augen hat
etwas Berechnendes und Aufmerksam-
Abwartendes. Die fein gezeichnete Mund-
und Nasenpartie zeigt schmal konturierte,
zarte Formen. Die Lippen sind geschlossen,
die Oberlippe ist leicht vorgeschoben und
wird symmetrisch von einer dreiecksarti-
gen Ausbuchtung geteilt. Die gespannten
Muskelpartien der Mundwinkel verstärken den Eindruck äußerster Konzentration.
Das rund gewölbte Kinn ist – wie der Ge-
samteindruck der Physiognomie – von unaufdringlicher, dezenter Formgebung.
Nur an einer Stelle – knapp rechts oben von der Mittelachse – schimmert der
Haaransatz der jungen Frau unter der Kopfbedeckung, die akkurat geschnürt
ist, durch. Der Kleidungsausschnitt der Schulterpartie und des Halsansatzes verrät, dass die Porträtierte ein reich besticktes, offenbar hoch geschlossenes Kleid
trägt. Die Bildaussage ist durch eine luzide Ästhetik der Verhüllung geprägt. Die

weiblichen Attribute der Schönheit werden verborgen oder – wie es scheint – unterdrückt: Das Haar verschwindet unter einem Kopftuch, die Lippen sind fest aufeinander gepresst, Hals-, Schulter- und Brustpartie werden züchtig von einem hoch geschlossenen Kleid verdeckt. Einzig das Spiel der Augen, die beginnende Rötung der Wangen und die leicht geschürzte Oberlippe verraten so etwas wie Berechnung, Aufmerksamkeit oder erotische Spannung.

Die beschriebene Ambivalenz des physiognomischen Eindrucks findet sich im Erscheinungs- und Handlungsbild der Protagonistin Hella Moormann ebenfalls wieder. Ebenso wie die von de la Tour porträtierte junge Frau lebt die Heldin im Spannungsfeld ihrer sittsam-bürgerlichen Lebenswelt – die weitgehend auch ihre Wünsche und Utopien beherrscht – und der frustrierenden Realität. Die Apothekerin Hella möchte eine Familie gründen und definiert ihre weibliche Identität in erster Linie über die Gebärfähigkeit, „denn ein Leben ohne Mutterschaft erschien mir vertan" (Apothekerin, 16). Nach einem Klassentreffen, bei dem sie als eine der wenigen kinderlosen Frauen auffiel, beschreibt die Ich-Erzählerin ihren Zustand wie folgt: „Am Tag nach dem Klassentreffen war ich nicht zu gebrauchen. Depressiv und kränklich lag ich im Bett und fühlte mich minderwertig. Sicher kann ich gar keine Kinder kriegen, dachte ich unaufhörlich" (Apothekerin, 31). Der Verwirklichung dieser – durchschnittlich ja auch vielfach gelebten – Glücksvorstellung steht indessen eine neurotische Veranlagung entgegen, die ihre Wurzeln in einer gestörten Kindheit hat. Die junge Frau hat ein ausgeprägt abnormales Helfersyndrom, das sie an Männern abarbeitet, die sich eher am Rande der Gesellschaft bewegen: „Anfangs war es mir gar nicht bewusst, dass mich Außenseiter, Kranke und Neurotiker magnetisch anzogen" (Apothekerin, 15). Der Widerspruch zwischen der Utopie des bürgerlichen Lebens und ihrer Realisierung in der konkreten Lebenswelt der Heldin muss unweigerlich zu Konflikten führen.

In einem Kriminalroman wird der Leser nach Anzeichen und Hinweisen auf ein späteres Verbrechen suchen. Die Untersuchung der Exposition auf derartige Antizipationen erscheint also nahe liegend und dürfte den Schülern/innen unmittelbar einleuchten. Eine genauere Analyse des Expositionsmaterials konturiert überdies das Profil der Hauptfigur und vertieft die Kenntnis epischer Gestaltungsmerkmale. Im vorliegenden Fall ist die Aufmerksamkeit auf den tödlichen Schulunfall, der beschrieben wird, zu lenken sowie auf die spezifische Erzählsituation, die gleich eingangs fixiert wird. Die unbeabsichtigte Tötung eines mobbenden Schülers wird von der Ich-Erzählerin selbstreferentiell als symbolische Vorankündigung späterer Tötungsdelikte gewertet. Der intensive kommunikative Austausch mit der Bettnachbarin Rosemarie Hirte – im Buch sind diese Passagen kursiv hervorgehoben – ergänzt und bereichert das Bild der Ich-Erzählerin, das im reflektorisch angereicherten Dialog mit der fremden Patientin weitere Konturen gewinnt: „Jedenfalls merke ich, dass es mir hilft, einer fremden Frau, die ich wohl niemals wiedersehen werde, wie einer Beichtmutter in der trüben Dämme-

Erzählerische Besonderheiten	Die Beziehung zwischen den Frauen
Außer dem ersten Kapitel werden alle anderen Kapitel durch einen Dialog eingeleitet. Vereinzelt werden in den Text auch Reaktionen, Kommentare von Frau Hirte geschildert (60/63).	Die Beziehung ist zunächst distanziert, Hella charakterisiert das Gespräch als Beichte, die Hirte als „Beichtmutter" (13), „Schrulle". (18) Hella glaubt, dass Frau Hirte bald stirbt. (18) Frau Hirte signalisiert ihr Interesse an Hellas Lebensgeschichte. (60)
Text ist stärker dialogisch ausgerichtet. (75) *	Hella nennt Fr. Hirte eine „dürre Zimtziege" (75), der Text ist stärker dialogisch geprägt, die beiden Frauen kommen sich näher. Die Frauen spionieren sich gegenseitig aus. (100)
Hella gefällt die Rolle der Erzählerin: „In dieser Nacht wollte ich sie das Gruseln lehren." (125)	Frau Hirte „brennt" auf die Fortsetzung der Story (112); sie erzählt erstmals von sich. (125) Frau Hirte bietet Hella das Du an (139), Hella äußert Sympathie für Rosemarie Hirte. (161).
Idiomatischer Sprachstil (173) *	Die Frauen werden immer vertrauter (173), R. macht H. Vorhaltungen, worüber sich H. ärgert * „verschrumpelte alte Jungfer" (187), H. fragt R. erstmals nach ihrer Meinung (196), Frauen verbünden sich gg. Dr. Kaiser (208), R. wird gesund entlassen, H. ist
R. kommentiert sachkundig die Geschichte: „Wir nähern uns langsam dem Happy-End." (230) * Auslegungskompetenz	beeindruckt, gegenseitige Hilfe der Frauen (220) Anteilnahme Rosemaries an Hellas Bevorstehen der Geburt (231) Hella will ihr Kind „zur Hälfte" nach Rosemarie benennen (243).
R. schreibt am Ende der Geschichte mit.*	* Frauen begießen Idee Hellas. Rosemarie kündigt mörderische Hilfe für H. im Fall „Alma" an (249).

rung unseres Krankenzimmers meine Erlebnisse anzuvertrauen" (Apothekerin, 13). Die spezifische Erzählsituation gibt der Geschichte eine autobiografische Färbung und verleiht den Äußerungen der Protagonistin einen bekenntnishaften Charakter. Durch diesen konfessionellen Grundzug des Narrativen gewinnen die Ausführungen der Ich-Erzählerin (und Heldin) an Glaubwürdigkeit und Unmittelbarkeit. Die epischen Besonderheiten dieser Gesprächssituation zwischen Hella Moormann und Rosemarie Hirte können sehr gut in einer Einzelstunde untersucht werden. Eine resümierende Analyse aller zwischen den beiden Frauen geführten Gespräche lässt sich bequem in Partnerarbeit durchführen und hat den angenehmen Nebeneffekt, dass auf diese Weise auch ein genaues Bild der Rosemarie Hirte entsteht. Die Ergebnisse der Untersuchung können tabellarisch festgehalten werden (siehe Tabelle S. 218).

Ein Resümee des gesamten Arbeitsabschnittes lässt sich in einer fiktiven Bekanntschaftsanzeige Hella Moormanns gut herstellen. Auf kreative und amüsante Art und Weise kann so abschließend ein Psychogramm der Hauptdarstellerin erstellt werden. Die beiden nachfolgenden Beispiele versammeln besonders gelungene Lösungen von Schülern/innen:

> Zwei Kontaktanzeigen Hella Moormanns (Klasse 9)
> 30-jährige, tierliebe, leidenschaftliche, ein bisschen verrückte Apothekerin sucht liebevollen, abenteuerlustigen, familientauglichen Mann – etwa im gleichen Alter – für Langzeitbeziehung. Ich koche sehr gerne und liebe es zu plaudern. Vielleicht können wir uns zu einem gemeinsamen Abendessen bei Kerzenschein verabreden?!
> Chiffre 3706810
> 30 Jahre junge, blonde, intelligente, kinderliebe Frau sucht einen Partner für lange gemeinsame Spaziergänge und Gespräche; er sollte ebenfalls kinderlieb und ausgeglichen sein, sowie fest im Leben stehen. Bist du interessiert? Dann melde dich unter …

In einem weiteren Schritt können Charakteristiken der anderen Figuren über geschriebene Rollenmonologe erarbeitet werden. Als besonders hilfreich hat sich in diesem Zusammenhang auch der Vortrag einzelner Rollenmonologe erwiesen: Auf diesem Wege können inhaltliche Merkmale auf die akustische und mimische Darstellung bezogen und abgestimmt werden. Die Beziehungen der einzelnen Personen zur Protagonistin können in einer Strukturskizze festgehalten werden (siehe S. 220). Eine besonders gelungene Alternative stellt das nachfolgende, im Original farbige, Modell dar, das von Schülern der Jahrgangsstufe 9 in einer mehrstündigen Gruppenarbeit angefertigt wurde. Die mit Comic-Elementen angereicherte Darstellung stellt teilweise sehr differenzierte Bezüge zum Text her und überzeugt durch ihre Liebe zum Detail (siehe S. 221).

Die exemplarische Analyse einzelner Textausschnitte im nächsten Unterrichtsschritt soll vor allem auf die bevorstehende Klassenarbeit vorbereiten und die analytische Textarbeit der Schüler/innen schulen. Als Einstieg in diese Arbeitsphase soll die Szene analysiert werden, in der Margot auf Hellas Hochzeit erscheint (Apothekerin, 91–97). Es empfiehlt sich, den Schülern/innen den Textausschnitt als Hausaufgabe zu lesen aufzugeben, verbunden mit dem Auftrag,

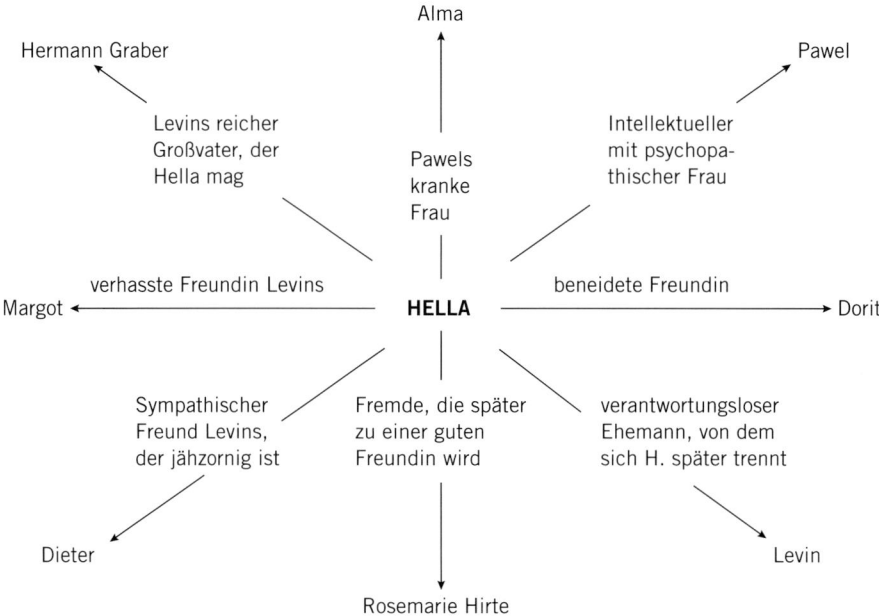

Abb. 8: Beziehungen zu Hella Moormann – eine Strukturskizze

sich stichwortartig Notizen zu dieser Szene zu machen. Das nachfolgende Unterrichtsgespräch, das eine Kollegin in der 9. Klasse eines Gymnasiums führte, wurde mitprotokolliert:

(1) L: Was ist euch an dieser Szene aufgefallen?

(2) Carolin: Die Hochzeit läuft nicht so, wie Hella es sich erträumt hat. Hella war ja von Anfang an darauf aus, ein sehr konservatives Leben zu führen. Einen netten Ehemann, Kinder zu bekommen. Genau wie sie immer die falschen Männer getroffen hat, läuft die Hochzeit auch nicht normal und sie ist eigentlich die ganze Zeit über nur sauer.

(3) L: Du sagst, die Hochzeit läuft nicht normal. Könnt ihr dies am Text deutlicher aufzeigen?

(4) Lena: Das fängt ja schon mit dem Auftritt Margots an. Da hat Hella ja eigentlich den Kaffee schon auf. Da sagt sie ja: „Und dann kam der Absturz."

(5) Anna: Als sie Margot dann tanzen sieht (S. 93), sagt sie dann, dass ihr die Freude vergangen war.

(6) Michael: Levin verhält sich Hella gegenüber auch ziemlich mies. Nicht gerade wie ein liebender Ehemann. Er fordert sie erst ganz am Ende zum Tanz auf und küsst sie nicht einmal. Außerdem kümmert er sich mehr um Margot als um Hella.

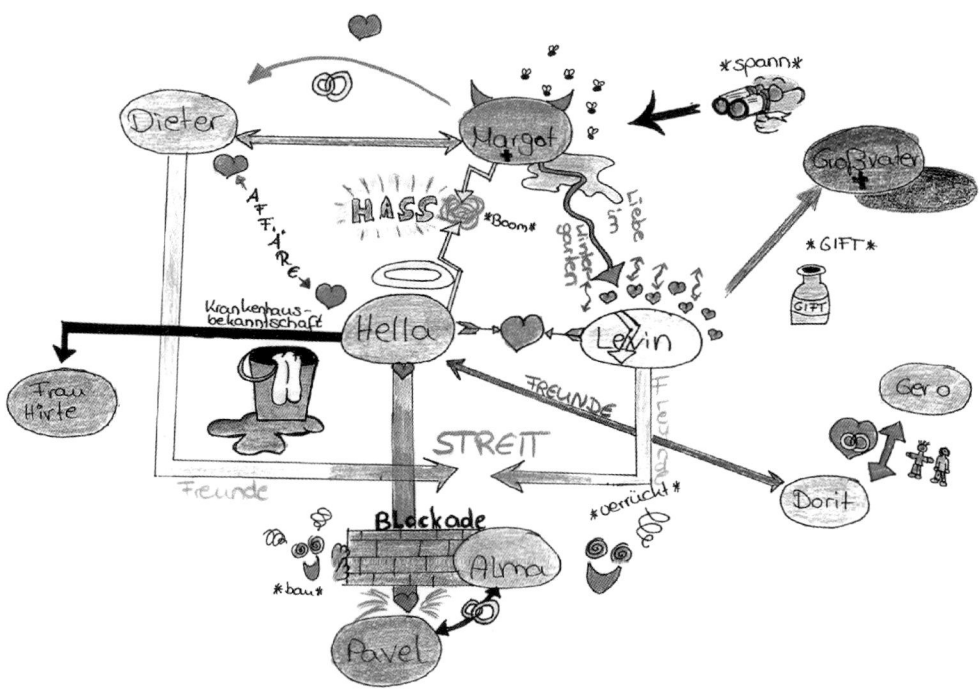

Abb. 9: Strukturskizze als Ergebnis der Gruppenarbeit

(7) Florian: Nachher kommt noch die Szene im Park, als Hella das Gespräch zwischen Levin und Margot belauscht hat. Selbst auf der Hochzeit ist Margot ihm wichtiger.

(8) Anna: Auffällig ist auch die Stelle, wo Hella erfährt, dass der Großvater gar nicht so schmerzlos gestorben ist, wie sie es geglaubt hat. Auf S. 94 steht ja: „Ich dachte, er wäre ganz schmerzlos beim Frühstücken gestorben." Der Arzt sagt ihr (oben auf der Seite) vorher, dass er so einen Tod seinem ärgsten Feind nicht gewünscht hätte und weiter unten, dass er wohl qualvolle Krämpfe gehabt hatte, dass Graber sogar noch Hilfe herbeiholen wollte.

(9) L: Wie würdet ihr die Feier aus der Sicht Hellas beurteilen?

(10) Lena: Das ist der totale Reinfall. Alles andere als eine gelungene Hochzeit. Nichts ist so, wie sie es sich vorgestellt hat.

(11) L: Greifen wir jetzt noch einmal einen einzelnen Aspekt auf und untersuchen ihn etwas genauer. Lena, du hast eben sehr treffend gesagt, dass Hella „den Kaffee schon auf hat", als Margot auftritt. Wie beschreibt die Ich-Erzählerin Margots Auftritt im weiteren Verlauf der Szene? Notiert euch einmal wichtige Stellen aus dem Text.

(12) Stillarbeitsphase von 10 Min, dann werden die Beiträge an der Tafel gesammelt.

Tafelbild „Margots Auftritt auf dem Hochzeitsfest" (S. 91–97)

„räudige Katze" (S. 91)

„betreut Grabers Haushalt mehr schlecht als recht" (S. 91)

„oben durchsichtig und unten bis zum Po-Ansatz dekolletiert" (S. 91)

„völlig deplaziert" (S. 91)

„sicher von meinem Geld gekauft" (das Kleid) (S. 91 f.)

„geballte Ladung an aggressivem Unterschichtssex" (S. 92)

„Geilheit der Männer" (S. 92 ff.)

„ordinärer werdende Margot zeigte eine erotische Performance" (S. 93)

„läufige Katze" (S. 95)

Forsetzung des Unterrichtsgesprächs

(11) L.: Wie verhält sich Hella im Vergleich zu Margot?

(12) Annika: Sie ist sehr zurückhaltend. Sie gibt sich ja im Park auch nicht zu erkennen. Bevor sie Margot und Levin beobachtet, beschreibt sie den Park als Ort, an dem sie sich immer zurückziehen kann. Irgendwie idyllisch.

(13) Florian: Sie tanzt auch den Walzer, so wie es sich bei einer Hochzeit gehört. Sie kann sich eine Hochzeit gar nicht ohne Walzer vorstellen und denkt immer an Regeln. Levin fordert sie nicht zum Hochzeitstanz auf, da sagt sie (S. 92): „Da Levin nicht daran dachte, sich zu erheben, forderte mich mein Vater auf, was man nach allgemein geltenden Regeln auch akzeptieren konnte."

(14) Michael: Von der Kleidung her ist sie nicht so auffällig und trägt ganz konservativen Granatschmuck von ihrer Oma.

(15) L.: Welche Funktion hat diese Hochzeitsfestszene im Kontext der Gesamthandlung?

(16) Carolin: So negativ wie Hella Margot beschreibt ... und wenn man sieht, was für Phantasien sie hat ... Auf Seite 96 steht ja, wenn sie mit Levin tanzt : „Allerhand blutige Märchen fielen mir beim Dreivierteltakt ein – nicht zuletzt Blaubarts letzte Frau, die die zerstückelten Leichen ihrer Vorgängerinnen entdeckt hatte."
Da steckt vielleicht schon die Andeutung von Margots Tod hinter.

(17) Michael: Was vielleicht auch schon eine Anspielung ist, ist, dass sich Hella beim Tanzen mit Dieter an ihn schmiegt. Da erwartet man, dass zwischen denen nachher was läuft. Zu Levin verhält sie sich ja eigentlich die ganze Zeit ziemlich distanziert. Das zeigt doch auch schon, dass das nicht gut gehen kann.

Das Unterrichtsgespräch wird mit einer offenen Fragestellung eingeleitet (1). Die Schüler/innen verweisen sofort auf die Diskrepanz zwischen Hellas Erwartungshaltung und dem tatsächlichen Geschehen (2). Der Eingriff der Lehrerin (3) ist hier nachvollziehbar: der erneute Impuls zwingt die Schüler/innen, die Beobachtungen am Text zu belegen. Im Folgenden werden durch die einzelnen Schülerbeiträge ganz verschiedene Aspekte dieser Enttäuschungserfahrung herausgearbeitet: Das Auftreten Margots lenkt alle Aufmerksamkeit auf Dieters Frau und lässt Hellas Erscheinung in den Hintergrund treten (4–6). Der frisch vermählte Ehemann kümmert sich plötzlich mehr um Margot als um seine angetraute Ehefrau. Zu Margots erotischem Auftritt steht Hellas kleinbürgerliches Outfit in grellem Kontrast (2). Sehr positiv ist auch, dass die Schüler/innen immer wieder darauf hinweisen, dass der (kleinbürgerliche) Regelkatalog, den die Protagonistin mit derlei Hochzeitsfeierlichkeiten verbindet, ständig dekonstruiert wird: Weder küsst der Ehemann seine Frau noch fordert er sie zu einem Hochzeitstanz auf (6). Erschwerend kommt hinzu, dass sich ausgerechnet an diesem Abend enthüllt, dass der ermordete Großvater nicht den von Levin vorgespiegelten schmerzlosen Tod gehabt hat, sondern unter schrecklichen Krämpfen und Lähmungen sein Ende gefunden hat (8). Die schließlich von der Lehrerin eingeleitete Aspektverschiebung ist legitim, denn sie lenkt die besondere Aufmerksamkeit der Schüler/innen auf die Deskription des Störenfriedes Margot (11), deren äußeres Erscheinungsbild bisher noch sehr vage geblieben ist. Problematisch ist an der Fragestellung allein die logische Unbezüglichkeit, mit der sie formuliert wird: „Greifen wir jetzt noch einmal einen einzelnen Aspekt auf und untersuchen ihn etwas genauer. Lena, du hast eben sehr treffend gesagt, dass Hella „den Kaffee schon auf hat", als Margot auftritt." –

An dieser Stelle wird nicht klar gemacht, warum gerade auf diesen Aspekt abgehoben wird. Es ist ja keineswegs so, dass die Lehrerin irgendeine beliebige Stelle herausgegriffen hat, sondern sie wählt den Aspekt aus, der in dem vorangegangenen Gespräch zentrale Bedeutung hatte: Margots Auftritt und die damit verbundenen „atmosphärischen Störungen". Wenn der Lehrer an dieser Stelle lenkend eingreift, dann sollte er sich auf die Schülerbeiträge beziehen, die diesen Gesprächsfortgang ja bereits implizieren. Konkret wäre dies etwa so zu leisten gewesen: „Schön, ich sehe, dass ihr alle Margots Auftreten für die weitere negative Entwicklung verantwortlich macht. Es wäre vielleicht in diesem Zusammenhang hilfreich, noch einmal ganz konkret Textstellen zu sammeln, in denen die Ich-Erzählerin sich zu Margots Auftritt äußert, um etwas mehr über die Gründe von Hellas Ablehnung zu erfahren." Erheblich wirkungsvoller und Erkenntnis befördernd wäre in diesem Kontext natürlich, wenn es den Schülern/innen selbst gelänge, dieses Resümee zu ziehen und den methodisch nahe liegenden weiteren Untersuchungsverlauf zu erschließen und in Gang zu setzen. Methodische Impulse könnten an dieser Stelle durchaus Sinn machen. Etwa: „Schön, kann jemand mal an dieser Stelle zusammenfassen?" Oder: „Wie können wir unsere Überlegungen an dieser Stelle weiter präzisieren?" Allerdings wird man hier einwenden können, dass derlei Steuerungsversuchen bereits eine suggestive Komponente innewohnt. Die Lehrerimpulse suggerieren ja bereits, dass an diesen Stellen ein logischer Schnittpunkt liegt, ohne dass die betroffenen Schüler/innen eine Chance hatten, diesen Schluss selbst zu ziehen.

Die anschließend eingeleitete Stillarbeitsphase und die in einem Tafelbild gesammelten Ergebnisse sind ergiebig zu nennen. In den einzelnen Beiträgen wird
vor allem Margots laszive Komponente herausgearbeitet. Zugleich sind diese
Selbstentäußerungen der Ich-Erzählerin aber auch als Psychogramme einer beschädigten Sexualität zu bewerten, für die Erotik und Lust gleichbedeutend mit
Perversion und Amoralität sind. Die in animalische Bereiche abgleitende Tier-
metaphorik der Deskription („räudige Katze, läufige Katze"), die offenen Dis-
kreditierungsstrategien („aggressiver Unterschichtsex … die ordinärer werdende
Margot") und moralischen Pauschalurteile („Geilheit der Männer") enthüllen
nicht nur Margots plumpe Annäherungsstrategien, sondern auch die Sexualde-
fekte der Ich-Erzählerin. Im Sinne einer dekonstruktiven Analyse dieses Romans
wären gerade diese verborgenen, an den Rand gedrängten Diskurse zu thematisieren und an die Oberfläche zu holen. Freilich wird diese Möglichkeit im vorliegenden Fall vergeben.

Die weitere Gesprächsführung offenbart eher eine gewisse Unbezüglichkeit
und mangelnden Überblick. Die formulierte Frage – Wie verhält sich Hella im
Vergleich zu Margot (11)? – fällt im Grunde hinter die sehr differenzierten Ergebnisse der Stillarbeitsphase zurück. Es zeigt sich hier, dass die vorab gemachten Beobachtungen logisch bzw. tiefenpsychologisch noch nicht verortet worden
sind. Die tieferen Ursachen für die von der Ich-Erzählerin gewählte auffällige
Beschreibungssprache bleiben ungeklärt, der Zugang zu den unterdrückten Diskursen dieses Textes bleibt verschlossen. Rückschritte sind schließlich auch die
weiteren Gesprächsbeiträge (12–17), die noch einmal auf bereits zuvor genannte
Aspekte zurückgreifen, diese teilweise sogar ausdifferenzieren oder ergänzen
(14), aber nichts zur eigentlichen Physiognomie der Protagonistin sagen. Auch
die Hinweise auf die antizipatorische Funktion der Szene (16–17) berühren nur
die Oberfläche des Textes. Die Tiefenschicht der poetischen Faktur offenbart eine
ganz andere Dimension von poetischer Antizipation: Ein bourgeoises Bewusstsein, das man mit antibürgerlichen, liberalen oder halbkriminellen Lebensformen
zu harmonisieren versucht. Hellas Traumausflüge in die Märchenwelt eines Blau-
bart (16) oder einer Scheherezade sind letztlich fruchtlose Annäherungsversuche
an eine Lebenspraxis, die der Protagonistin immer verschlossen bleiben wird. Die
Inkongruenz der beiden Weltbilder, die sich hier in den beiden Figuren der Hella
und der Margot gegenüberstehen, ist kaum zu übersehen.

Aus funktional-pragmatischer Sicht wird man diesem Unterrichtsgespräch nur
partiell zubilligen können, dass es den Erkenntnisstand der beteiligten Schüler
befördert habe. Das Dekonstruktive der Szene ist zwar unbewusst von den Schülern sichtbar gemacht worden, aber nicht als Dekonstruktion erkannt worden.
Die Alteritätserfahrung wird hier gerade unterdrückt und der authentische, „ehr-
liche" Dialog des Lesers – eine Grundforderung des amerikanischen Dekonstruk-
tivismus[38] – mit dem literarischen Text wird unterbrochen. Im vorliegenden Fall
wird man vielleicht sogar davon sprechen können, dass ein produktives Lernen

von Schülern/innen im Unterrichtsgespräch durch unglückliche Lenkungsstrategien verhindert wurde. Andererseits stellt sich in diesem Kontext die Frage, wie der verborgene Diskurs des Textes an die Oberfläche befördert werden kann. Welche unterrichtlichen Möglichkeiten gibt es?

Ein denkbares Verfahren, das hier kurz skizziert werden soll, könnte die szenische Interpretation sein. Die existenziale, abgrundtiefe Erbitterung der Ich-Erzählerin über das skandalöse Verhalten der unmoralischen Margot lässt sich beispielsweise auch szenisch darstellen. Die entsprechenden mimisch-gestischen oder rhetorischen Darstellungen dürften schnell deutlich machen, dass die sonst eher kühl und überlegt agierende Heldin hier ihre ausgewogene Haltung verliert und selber mit Schmutz wirft. Es ist nahe liegend, von diesem auffälligen Verhalten auf die immanenten Verhaltens- und Normvorstellungen der Hauptdarstellerin zu schließen, die Auskunft über die narrativen Strukturen eines Textes geben, „mit denen die Geschlechter-Differenz jeweils inszeniert wird"[39]. Eine andere Möglichkeit, dem Gespräch eine neue Richtung zu geben, eröffnet sich über die Einbeziehung kommentierender Sekundärtexte. In dem hier skizzierten Kontext böte sich der Rekurs auf Passagen aus Iring Fetschers Essay *Von deutscher Sauberkeit*[40] an, die den Schülern/innen vorgelegt werden könnten. Eine dritte Möglichkeit schließlich, die allerdings den beiden genannten Optionen nachzuordnen wäre, erschließt sich über den Lehrerimpuls: Der Widerspruch zwischen den geäußerten Verbalinjurien und dem sonst üblichen gemäßigten Auftreten der Protagonistin kann auch durch den Lehrer benannt werden und zum Ausgangspunkt weiterführender Reflexionen gemacht werden.

In jedem Fall sollten die vorangegangenen Überlegungen verdeutlicht haben, dass Nolls Krimi immer wieder Ansatzpunkte für ein dekonstruktives Arbeiten bietet. Dass die Diskontinuitäten des Textes durch das Unterrichtsgespräch sogar verdeckt werden können, zeigt das Protokoll dieses Klassengespräches. Der dekonstruktive Ansatz erfordert <u>auch</u> eine neue interpretatorische Flexibilität der Lehrperson: Die Unstimmigkeiten des poetischen Textes, seine Brüche und seine Aporien dürfen nicht überlesen oder begradigt werden, sondern sie müssen sichtbar und zum Gegenstand des unterrichtlichen Diskurses gemacht werden. In dieser latenten Widerspruchsfreiheit, die der dekonstruktive Ansatz dem Lehrenden anträgt, liegt eine große Chance für den Literaturunterricht: Er könnte offener, kreativer und kontrastreicher werden.

Ein weiterer zentraler Untersuchungsaspekt des Krimis ist der epische Verweisungshorizont, der durch verschiedene Leitmotive aufgespannt wird. Es sind dies vor allem die Leitmotive *Zähne*, *Fleisch(-eslust)*, *Sauberkeit* und *Märchen*, die diesen wichtigen Komplex poetischer Strukturmomente des Textes konstituieren und deren Analyse für das Verständnis des Romans bedeutsam ist. Das narrative Stilmittel der Leitmotivik lässt sich sehr gut in einer arbeitsteiligen Gruppenarbeit analysieren. Es können vier Gruppen gebildet werden, die den Text noch einmal in seiner Gesamtheit auf diese Schlüsselmotive hin untersuchen. Bei größeren

Klassen- oder Kursverbänden kann als weiterer Untersuchungsaspekt das Motiv *Geld* hinzugenommen werden. Für die Präsentation der Ergebnisse bieten sich OHP-Folien oder Wandplakate an, ein Austausch der einzelnen Gruppenergebnisse via E-Mail hat sich ebenfalls als praktikabel erwiesen. Eine tabellarische Übersicht der Gruppenergebnisse kann auf den beschriebenen Wegen leicht – von einem Schüler/in – erstellt werden. Als Musterlösung sei das nachfolgende Beispiel gegeben:

Zähne	Fleisch(-eslust)	Sauberkeit	Märchen
Das Motiv vom Gift im Zahn (25) Mord am Großvater mit Zahnprothese (63 f.) Levin werden von Dieter alle Vorderzähne ausgeschlagen (201) Schadenfreude Hellas über Levins Zahnverlust und Hinweis auf Mord (210)	Fleischorgien im Haus Moormann (7) Zusammenhang von Sexualität und Fleischeslust (22) * Margot Extensiver Genuss von Fleischgerichten kündigt stets Katastrophen an (122/196 f.) Rosemaries Mordkomplott bei Königsberger Klopsen (249)	Penible Reinlichkeit bei der Beseitigung von Fleischresten (7) Pedantin mit Ordnung in der Küche (103) Hausputz, Abneigung gegen die „dreckige" Margot („schmutzige" Sexualität Margots) Fentsersturz wegen des Ekelanfalls * Schweiß (131)	Scheherezade (12) Levin als Märchenprinz (31) Lebensgeschichte H. als Märchen (33, 187) Blaubarts letzte Frau (96) Jorinde und Joringel (185) Hänsel und Gretel (206) Märchentraum (244 f.)

Heimliche Fleischorgien, eine pedantische Reinlichkeit, der „märchenhafte" Denk- und Schreibstil sowie das ausgeprägte Wohlstandsdenken der Ich-Erzählerin verweisen auf vorgeprägte Denk- und Wertemuster, deren manipulativem Zwang sich Hella nicht entziehen kann

Von entscheidender Bedeutung ist in diesem Arbeitabschnitt die angemessene Auswertung der Gruppenarbeitsergebnisse. Der dekonstruktive Ansatz stützt sich vor allem auf den Erkenntnisansatz, dass Hella Moormanns Scheitern und ihre Toleranz von Gewaltlösungen das Resultat einer unbewältigten Abhängigkeit von (maskulin) vorgeprägten Wert- und Handlungsmustern ist. Die Protagonistin kann sich von diesen Bewusstseinsstereotypen, die ihr Leben seit der

Kindheit bestimmt haben, nicht lösen und scheitert letztlich – obwohl das auf-
gesetzte Happy-End der Geschichte etwas anderes vorgaukeln will – an dem
Versuch einer eigenen, unabhängigen Identitätskonstruktion. Ihre Probleme sind
am Schluss der Geschichte nicht gelöst worden und der glückliche Verlauf des
Geschehens wird nicht durch eigenständige Entscheidungen der Heldin herbeigeführt, sondern gerade durch ihr Unvermögen solche zu treffen. Stets sind es
aggressive Entladungen und Affekthandlungen, die den Ereignissen eine irrationale, zufällige Wendung verleihen: Die Gehirnblutung des Schülers Axel, Margots Fenstersturz, Dieters Amoklauf und Almas Brandstiftung belegen dies nachhaltig. Die einzige, bewusste Handlung im Kontext der Geschichte ist der Mord
an Hermann Graber. Es ist bezeichnend für das Handlungsprofil der Heldin, dass
sie an diesem Vorgang einen überwiegend passiven Anteil hat. Die Idee stammt
von ihrem späteren Ehemann Levin, der den Plan auch kaltblütig ausführt. Hella
Moormann schreckt vor der Tat bis zuletzt zurück und will die Vorbereitungen
des geplanten Anschlages sogar noch rückgängig machen. Allein durch Levins
überströmende „Zärtlichkeiten und [ihre] große Müdigkeit wurde dies aber verhindert" (Apothekerin, 67), bemerkt die Ich-Erzählerin schließlich entschuldi-
gend. Selbst dieses Verbrechen bestätigt also die voreingenommenen Werturteile
des gesellschaftlichen Herrschaftsdiskurses, dass Frauen (vermeintlich) unfähig
sind, Entscheidungen zu treffen. Die Figur der Hella Moormann entspricht diesem maskulinen Schematismus auf das Genaueste.

Nur an einer einzigen Stelle des Romans wird dieses Handlungsmuster durchbrochen: In der Schlussszene mit Rosemarie Hirte, als diese der völlig überrasch-
ten Hella verrät, wie man sich bequem der störenden Alma entledigen könnte. Die Überraschung Hella Moormanns in dieser Szene ist symptomatisch für
ihr gesamtes Verhalten: Sie erschrickt weniger vor dem Gedanken als vor der
Ausführung desselben. Die subtilen Anspielungen auf den maskulinen Dezisi-
onismus sind daneben in dieser Passage kaum zu übersehen. So wird Hella der
Plan ausgerechnet beim Verzehr einer Portion Königsberger Klopse unterbreitet,
womit auf die staatlich sanktionierten Tötungsmaßnahmen des Nazi-Großvaters
verwiesen wird, der seine kranken Patienten mit vergifteten Königsberger Klop-
sen beseitigt hatte.

Auffällig sind schließlich auch die maskulinen Attribuierungen Rosemari-
e Hirtes; so bemerkt Hella etwa, dass „sie Schmerzen wie ein Soldat erträgt"
(Apothekerin, 13), dass sie „schnarcht" (Apothekerin, 16) oder ostentativ „den
Wirtschaftsteil" (Apothekerin, 17) in der Welt am Sonntag liest. Die „sprachliche
Tiefenschicht" des Romans verrät also auf luzide Art und Weise, wie die weit die
Dominanz des maskulinen Herrschaftsdiskurses reicht. Bemerkenswert ist in diesem Zusammenhang, dass vereinzelte Schüler/innen der Heldin gesellschaftliche und personale Autonomie zuerkennen. So wird etwa das Argument gebracht,
dass die Protagonistin ihre Unabhängigkeit durch die Wahl eines neuen Partners
und Adoptivvaters – nämlich Pawel – dokumentiere. Überdies habe sie ja durch-

aus Selbstständigkeit und Weitsicht gezeigt, indem sie durch ein Testament Levin unter Druck gesetzt habe. Solche Einwände sind unbedingt hilfreich und positiv zu bewerten, sie sollten keineswegs von der Lehrperson widerlegt, sondern als wichtige Diskussionsbeiträge in den Raum gestellt werden. In jedem Fall ist die Problematisierung der Fragestellung – gegebenenfalls unter Inkaufnahme einer gewissen Unentschiedenheit – forcierten Lösungsfindungen vorzuziehen. Als Alternativen bieten sich eher Rückgriffe und Vernetzungen mit vorangegangenen Untersuchungsbefunden an. So kann man beispielsweise erfolgreich an die Bekanntschaftsanzeige, an einzelne Rollenmonologe oder an die Textanalysen der Hochzeitsfeier und des Mordanschlags auf Hermann Graber anknüpfen, um den dekonstruktiven Ansatz zu vertiefen und die Problematik des textimmanenten Widerspruchs zu verdeutlichen.

In einem letzten Arbeitsschritt können gattungsästhetische und intertextuelle Aspekte thematisiert werden. Die ausgeprägten intertextuellen Bezüge zu Nolls erstem Kriminalroman *Der Hahn ist tot* etwa lassen sich gut in einem Referat aufarbeiten. Der Rekurs auf diesen Text rundet zudem das Charakterbild der Rosemarie Hirte für die Schüler/innen ab. Die Frage, ob *Die Apothekerin* ein Kriminalroman ist, leitet über in das Gebiet gattungstypologischer Fragestellungen. Für die Bearbeitung dieses Problemkomplexes empfiehlt sich die Herstellung eines Arbeitsblattes, in dem verschiedene Gattungsdefinitionen referiert werden. Auf der Grundlage dieser Gattungsdefinitionen und der eigenen Textbeobachtungen sollen die Schüler/innen – möglich wäre erneut eine Gruppenarbeit – begründet entscheiden, welche Definition auf Nolls Roman zutrifft. Dabei sind verschiedene Möglichkeiten denkbar, die erörtert werden können. Welche der vorgetragenen Lösungen für den Unterricht als praktikabel gelten kann, sollen die Schüler/innen selbst beurteilen. Die (theoretische) Auseinandersetzung mit dem Genre des Detektivromans kann dazu genutzt werden, durch produktionsorientierte Aufgabenstellungen selbst erfundene Detektionspassagen in den Roman einzufügen. Besonders reizvoll ist es in diesem Zusammenhang, einzelne Figuren des Romans mit der Detektivrolle zu betrauen – geeignet erscheinen etwa die Freundin Dorit, Pawel oder einer der am Rande auftretenden Polizisten.

Arbeitsblatt zum Kriminalroman (Gattungsdefinition)

„Der Kriminalroman erzählt die Geschichte eines Verbrechens, der Detektivroman die Geschichte der Aufklärung eines Verbrechens." (Richard Alewyn)

„Der Kriminalroman zeigt die Geschichte eines Verbrechens und wie die Strafe für das Verbrechen den Verbrecher ereilt." (Richard Gerber)

„Was [die Detektiv-Romane] sämtlich verbindet und prägt, ist die Idee, von der sie zeugen und aus der sie gezeugt sind: die Idee der durchrationalisierten zivilisierten Gesellschaft, die sie mit radikaler Einseitigkeit erfassen und in der ästhetischen Brechung stilisiert verkörpern …, sie halten dem Zivilisatorischen einen Zerrspiegel vor, aus dem ihm eine Karikatur seines Unwesens entgegenstarrt. (Siegfried Kracauer)

„Der Detektiv als zentrale Figur hat nahezu ausgedient; dagegen rücken der Verbrecher und seine Tat ins Zentrum: Der Trend zur Verbrechensgeschichte mit all ihren psychologischen und soziologischen Differenzierungen ist unverkennbar. Die Aufklärung des Falles und damit die Wiederherstellung der Ordnung sind nicht mehr unbedingtes Ziel dieser Krimis, vielmehr die Unaufklärbarkeit und die Unabgeschlossenheit. Damit erwartet den Leser am Schluss des Krimis nicht mehr die Befriedigung durch eine Lösung, sondern die Offenheit einer Problemsituation, die er aushalten muss, und die Aufforderung zur Auseinandersetzung mit den dargestellten Problemen. Die Frage nach der Schuld wird schließlich zur Frage nach der menschlichen Existenz, auf die es keine einfachen Antworten mehr gibt." (Günter Lange)

„Wir gehen von der Annahme aus, dass es eine Gesamtgattung Krimi gibt, zu der alle modernen Werke gehören, die Vorgänge um Mord und Verbrechen auf spannend-unterhaltende Weise präsentieren. Unter dem Begriff ‚Krimi' werden im Folgenden in Übereinstimmung mit dem allgemeinen Sprachgebrauch alle Werke dieser Art verstanden, einerlei ob sie erzählend oder/dramatisiert (als Film, Fernsehspiel, Theaterstück) dargeboten werden und ob sie einen Ermittler als Zentralfigur haben oder nicht." (Ulrich Suerbaum)

4. Klaus Modick (Das Grau der Karolinen)

Die Unterrichtsskizze zu diesem Roman soll verdeutlichen, welche Rolle das Kriminalschema bei der schulischen Lektüre eines großen Zeitromans in der gymnasialen Oberstufe (Jahrgangsstufe 11.–13.) spielen kann. Die Ausgangspunkte einer unterrichtlichen Erarbeitung des Erzählwerks können sehr unterschiedlich sein. Denkbar ist eine Eröffnung mit der provokanten Behauptung, dass man diesen Roman als Krimi lesen kann. Die sich an diese These anschließenden Überlegungen werden zwangsläufig auf die Frage hinleiten, welcher Fall es denn ist, auf den sich die detektivischen Ermittlungen in dieser Kriminalgeschichte konzentrieren. Sehr schnell werden die Schüler/innen dann die Verknüpfung der Bildaussage mit verschiedenen Menschheitsverbrechen erkennen, die in dem Roman beschrieben werden (Zerstörung der Südseeinsel durch eine Bombe, die beiden Weltkriege mit ihren Vernichtungsorgien).

Eine zweite Zugriffsmöglichkeit eröffnet sich über das Bild einer Kernwaffenexplosion, das den gewaltigen Atompilz nach der Detonation der Waffe zeigt. Der Zusammenhang mit der am Schluss des Romans gegebenen Deskription von der Vernichtung eines Südsee-Atolls durch eine Atombombe ist hier ebenfalls naheliegend und führt zu analogen Überlegungen wie beim ersten Unterrichtsimpuls. Ein dritter Ansatz kann über inhaltliche Aspekte angebahnt werden. So fokussieren die Schülermeinungen nach der Lektüre des Buches in einem offenen Meinungsaustausch durchgängig auf die zentrale Bedeutung des Bildrätsels, das dem Roman seine Spannung verleiht. Von diesem Punkt ausgehend kommt die Thematik des Detektivischen oder Kriminellen schnell in den Deutungshorizont des Rezipienten.

Zielpunkt des dekonstruktiven Interpretationsansatzes ist hier die Erkenntnis, dass es in diesem Kriminalroman nicht um die Aufklärung einer personalen Verbrechensgeschichte, sondern um die einer planetarisch-gesellschaftlichen geht: Nicht die Taten eines Einzelnen stehen im Mittelpunkt der Erzählung, sondern die der gesamten Menschheit. Das aufklärerische Projekt des Textes von Modick ist es, diesen latenten Hang des Menschen zur Destruktion und zum Inhumanen, der sich besonders im 20. Jahrhundert in seiner ganzen Tragweite gezeigt hat, anzuprangern und zu dokumentieren.

Eine Hoffnung auf Rettung vermittelt in diesem Roman die Kunst, die als produktiv-schöpferische Gegenmacht des Menschen zu seinen zerstörerischen Kräften auftritt. Ihre Rolle ist es, die trügerische Ruhe des menschlichen Daseins aufzubrechen und das Verdrängte, das Irrationale, das Unbewältigte und das Böse unserer geschichtlichen Existenz bewusst zu machen. Die Kunst – und mit ihr zugleich die Literatur – werden in Modicks Roman zu Dämonen, die das menschliche Gewissen beunruhigen und ängstigen. Freilich ist die von ihnen bewirkte Verunsicherung und Beunruhigung heilsamer Natur, wie vor allem an der Figur des Helden Michael Jessen sichtbar wird, denn die Auseinandersetzung mit der rätselhaften Botschaft des Bildes verändert sein Leben nachhaltig zum Besseren. Jessens Recherchen im Zusammenhang mit dem mysteriösen Bild bereichern sein Dasein in vielerlei Hinsicht: Sie bringen ihn mit neuen Menschen zusammen, vermitteln ihm ein tieferes Verständnis der modernen Kunst, konfrontieren ihn mit der geschichtlichen Vergangenheit der Gesellschaft, in der er lebt, führen ihn an entfernte Orte und veranlassen ihn zu intensiven Reflexionen über sein eigenes Leben. Die Ermittlungsarbeit des Helden und seiner vielen Helfer gewinnt im epischen Kontext des Romans daneben auch eine universale Breite und Bedeutung, die sich didaktisch gut umsetzen lässt. Die wechselseitige Durchdringung der einzelnen Erzähldimensionen konturiert ein vielschichtiges, abwechslungsreiches Werk, das zahlreiche Optionen für die unterrichtliche Erarbeitung bietet. Eine Skizze kann die verschiedenen Strukturmomente des Textes verdeutlichen:

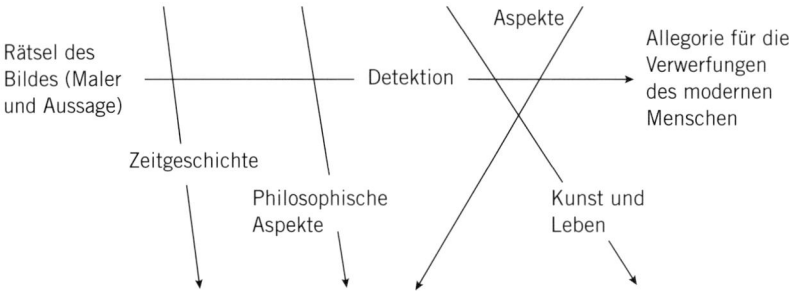

Abb. 10: Visualisierung der Erzähldimensionen

Das Gerüst einer Reihenplanung ist damit vorgegeben: Die einzelnen Stationen der mit detektivischen Mitteln enthüllten Entstehungs- und Wirkungsgeschichte des Bildes[41] bilden den Rahmen einer unterrichtlichen Erarbeitung, die ganz unterschiedliche Schwerpunktbildungen und Aspektuierungen zulässt. So können zeitgeschichtliche, ästhetische, psychologische, philosophische oder textimmanente Aspekte in den Mittelpunkt des Untersuchungsinteresses treten. An einem Beispiel kann dieses flexible didaktische Vorgehen verdeutlicht werden.

Ausgangspunkt für eine spezielle thematische Fokussierung kann etwa der Bericht Charly Wuttkes über die Operation Gomorrha sein. Michael Jessen, der durch ein Silvesterfeuerwerk über Hamburg erneut an das Bild und seine düstere Ausstrahlung erinnert wird, beschließt, den Verkäufer des Gemäldes in dieser Angelegenheit zu befragen. Jessen hat den Verdacht, dass der Antiquitätenhändler mehr über das Bild weiß, als er zugeben will. Nach mehreren Versuchen gelingt es dem Protagonisten, mit Wuttke ein Treffen zu vereinbaren; bei der Begegnung erfährt der Held, warum der Antiquitätenhändler froh gewesen ist, das Gemälde verkaufen zu können. Der Hamburger Galerist erzählt Jessen vom Zweiten Weltkrieg und der Operation Gomorrha, einer großen Luftkriegskampagne der englischen Luftwaffe gegen Hamburg im Jahre 1943, bei der durch fortgesetzte Angriffe mit Brand- und Sprengbomben in der Stadt an der Elbe ein riesiger Feuersturm entfacht wurde, der große Verluste unter der Zivilbevölkerung verursachte. Wuttke beginnt seine Schilderungen mit der Rezitation einer Passage aus Friedrich Schillers Ballade *Das Lied von der Glocke*, in der die zerstörerische Wirkung des Feuers bei einem Stadtbrand beschrieben wird:

> Hört ihrs wimmern hoch vom Turm?
> Das ist Sturm!
> Rot wie Blut
> Ist der Himmel,
> Das ist nicht des Tages Glut!
> Welch Getümmel
> Straßen auf!
> Dampf wallt auf!
> Flackernd steigt die Feuersäule,
> Durch der Straße lange Zeile
> Wächst es fort mit Windeseile,
> Kochend wie aus Ofens Rachen
> Glühn die Lüfte, Balken krachen,
> Pfosten stürzen, Fenster klirren,
> Kinder jammern, Mütter irren,
> Tiere wimmern
> Unter Trümmern,
> Alles rennet, rettet, flüchtet,
> Taghell ist die Nacht gelichtet. [42]

Jessen erfährt, dass dieses Gedicht der Auslöser für Wuttkes schwere Depressionen war, die sich durch die Gegenwart des Bildes, das dieser in seinem Schlafzimmer aufgehängt hatte, weiter potenzierten. Der Antiquitätenhändler erzählt Jessen von seinen grauenhaften Erlebnissen in der Nacht vom 27. auf den 28. Juli 1943, als Hamburg in einem Feuersturm versank und der junge Wuttke in dieser Katastrophe seine gesamte Familie verlor. Dem jungen Werbegrafiker Jessen wird in diesem Augenblick klar, dass in dem Bild des unbekannten Malers Ahnungen, Konjekturen sichtbar werden, die sich Jahrzehnte später als geschichtliche Realität erweisen werden. Wuttkes Überzeugung, „dass in den wahren Kunstwerken immer auch etwas liegt, das noch gar nicht eingetreten ist … [etwas] Prophetisches sozusagen" (GdK, 164), verweist bereits auf die Enthüllungen im Schlusskapitel, die den allegorischen Charakter des Bildes offen legen. Der Exkurs über Wuttkes Schicksal verweist zugleich auf ein Kapitel der deutschen Geschichte, das auch in der kultur- und literaturkritischen Auseinandersetzung der jüngeren Gegenwart eine zentrale Rolle gespielt hat. Nach einer dreiteiligen Poetikvorlesung des deutschen Schriftstellers W. G. Sebald im Jahre 1998 in Zürich, der 2001 unerwartet bei einem Verkehrsunfall getötet wurde, entwickelte sich in der literarischen Öffentlichkeit eine intensive Debatte über das Thema Luftkrieg und Literatur. Sebalds These ist: „Die Luftangriffe und deren Folgen kommen im deutschen Bewusstsein und speziell in der Literatur eigentlich nicht vor."[43] Die provokante Einschätzung, der eine gewisse Berechtigung nicht abzusprechen ist, findet freilich in Modicks großem Roman ein prägnantes Gegenbeispiel, denn die Schilderung Wuttkes vom Untergang Hamburgs repräsentiert im Kontext des Romans keine nebensächliche Episode, sondern eine Schlüsselszene der Geschichte: Das Motiv der gigantischen Rauch- und Aschewolke, die nach dem Angriff ganz Hamburg bedeckt und sich 7000 Meter hoch in den Himmel erhebt, verweist bereits auf den Romanschluss und die prägnante Symbolik des Zerstörungsbildes von der Asche. Der 1988 publizierte Roman exponiert damit zehn Jahre vor Sebalds Vortrag das Problem in einer erstaunlichen Breite und Intensität. Dieses Faktum könnte weitere unterrichtliche Bemühungen motivieren und legitimieren, die sich mit der Thematik stärker auseinandersetzen wollen. Die begleitende Lektüre einiger Passagen aus Erich Nossacks *Untergang*, Alexander Kluges *Der Luftangriff auf Halberstadt am 8. April 1945*, Gert Ledigs *Vergeltung*, die Aufarbeitung der Debatte in der literarischen Öffentlichkeit oder eine Bilddokumentation von den Zerstörungen repräsentieren mögliche Hilfsmittel bei der Erarbeitung des Textes und seiner zeitgeschichtlichen Verortung. Der epische Verweisungszusammenhang, den die prägnante Asche-Symbolik in diesem Roman konstituiert, kann durch ein (wachsendes) Tafelbild veranschaulicht werden. So werden die textimmanenten Strukturmomente des Romans und ihre Vernetzung erneut nachdrücklich herausgestellt und sichtbar gemacht.

Das Tafelbild verdeutlicht vor allem das komplexe Beziehungsgeflecht des Asche-Motivs mit den anderen Themen des Romans. Die Metasymbolik des Leitmotivs stiftet ein Netzwerk von Bezügen, Anspielungen, inhaltlichen Verknüpfungen und Assoziationen, das vielfältige Möglichkeiten für eine abwechslungsreiche Erarbeitung im Unterricht anbietet. Insbesondere die fachübergreifenden Arbeitsmöglichkeiten sind zu erwähnen; sie ermöglichen eine thematische Verknüpfung der Romananalyse vor allem mit philosophisch-ästhetischen, geschichtlichen und psychologischen Fragestellungen. Der komplexe Deutungs- und Stoffhorizont des Romans, der sich in diesem universalistischen Aspekt besonders deutlich widerspiegelt, ermöglicht dabei ein weitgehend offenes, selbstbestimmtes Lernen der Schüler/innen, wie es für den Oberstufenunterricht auch geboten erscheint.

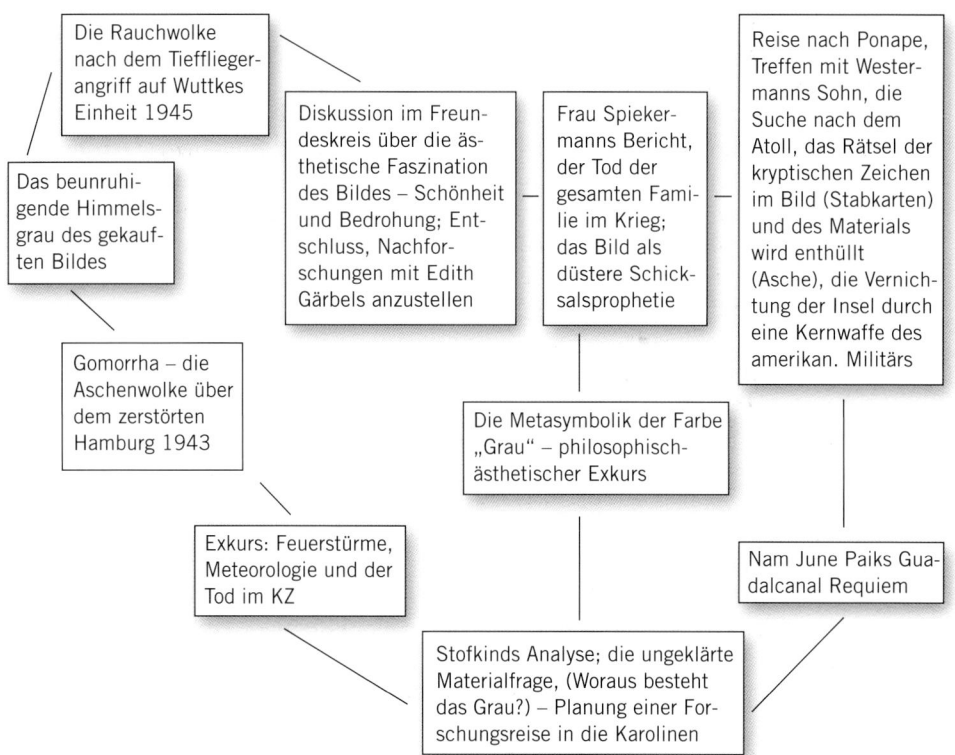

Abb. 11: Vernetzung der Strukturmomente im Tafelbild

Die reliefartige Skizzierung unterrichtlicher Erarbeitungsmöglichkeiten an diesem großen Zeitroman zeigt, dass sich auch umfangreichere Erzählwerke, die indirekt auf das Kriminalschema rekurrieren, für eine Behandlung im Oberstufenunterricht eignen.[44] Der Detektionsprozess kann dann als hermeneutisches Grundgerüst und Leitlinie der interpretatorischen Bemühungen fungieren. Aus der Fülle thematischer Segmente und kontextueller Verweise muss freilich die einzelne Lehrperson eine sinnvolle Reihenkonzeption konstruieren. Dass der Text dafür einen reichhaltigen Materialfundus stellt, müsste hier zumindest in Umrissen deutlich geworden sein.

5. Jakob Arjouni (Ein Mann, ein Mord)

Der letzte, in einem knappen Aufriss entwickelte Unterrichtsvorschlag bezieht sich auf einen Text des vermutlich erfolgreichsten Newcomers in der deutschen Krimiszene der 90er Jahre. Die Rede ist von Jakob Arjouni[45], einer der schillerndsten Gestalten der deutschen Krimiszene. Seine am Vorbild des amerikanischen hard-boiled Krimis geschulten Texte faszinieren vor allem jugendliche Leser durch ihre flüssige Sprache und die gleichermaßen spannenden wie verwickelten Handlungsabläufe. In *Ein Mann, ein Mord*[46] aus dem Jahre 1991 sucht ein verzweifelter Mann den beschäftigungslosen Privatdetektiv Kemal Kayankaya auf. Seine junge Freundin, eine thailändische Asylantin, ist entführt worden, als das Paar versuchte, illegal an ein Visum zu kommen. Kayankaya nimmt die Ermittlungen auf und gerät in einen undurchsichtigen Sumpf von Korruption, Prostitution, Fremdenhass und Gewalt. In der Unterwelt von „Mainhattan" (Frankfurt) gelingt es dem Ermittler schließlich, sich durch Schlagkraft, Witz, Ausdauer und Scharfsinn aus allen brenzligen Situationen zu befreien und den undurchsichtigen Fall, in den auch staatliche Stellen verwickelt sind, aufzulösen.

Jakob Arjounis Kriminalroman ist ein Roadmovie, das in den Straßen in und um Frankfurt spielt. In rasanter „Schussfahrt" werden die unterschiedlichen Milieus dieser Großstadtgesellschaft durchlaufen, detailliert beschrieben und scharfsinnig analysiert. Der besondere Reiz dieses überschaubaren Prosatextes liegt vor allem in der ungewöhnlichen Perspektivik des Erzählers begründet: Frankfurt und seine Lebenswelt – ein Segment der bundesrepublikanischen Gesellschaft – werden zum Betrachtungsobjekt und Aktionsraum eines Fremden, der sich dieser Sozietät verweigert hat. Die ungewöhnliche Figur repräsentiert das gesellschaftliche und ethnische Grenzgängertum eines Menschen, der zwischen zwei Kulturen aufgewachsen ist und weder ganz zu der einen noch zu der anderen gehört. Das Brüchige und Ambivalente der eigenen Existenz hat den Protagonisten mit einem feinen Sinn für alles Widersprüchliche ausgestattet und ihm Eigenschaften und Charakterzüge verliehen, die bei seinen Ermittlungen immer wieder nützlich sind: Einfühlungsvermögen, Hartnäckigkeit, ein starkes

Selbstbehauptungsvermögen und Geistesgegenwart. Kayankayas bevorzugte Whiskeymarke *Chivas Regal* symbolisiert dieses Moment der eigenen verworrenen Herkunft und Vieldeutigkeit. So wie diese Whiskeymarke ihre Entstehung mystifiziert, so unübersichtlich scheint die Genealogie dieser Detektivfigur zu sein, die im Spannungsfeld verschiedener Kulturen aufgewachsen ist.

Die zentralen Strukturmomente dieses und aller anderen Kriminalromane Arjounis konstituieren sich in den Raumdarstellungen und Figurenreden. Die Logik des Falls ist bei Arjouni stets verworren und eher anti-systematisch: Oftmals enthüllt sich hinter dem Auftrag erst das eigentliche Gewirr krimineller Verwicklungen und Machenschaften. Die Aufklärung der nicht erzählten Vorgeschichte des Kriminalfalls führt in *Ein Mann, ein Mord* auf verschlungenen – für den Leser kaum nachvollziehbaren Wegen – zu einer unerwarteten Lösung des Falls. Dabei schlängelt sich die Spur des Verbrechens im Zickzack durch die unterschiedlichen Lebensräume der Metropole Frankfurt. Die zentralen Koordinatenpunkte des erzählerischen Geschehens sind in diesem wie auch in allen anderen Kriminalromanen Arjounis durch drei Milieubereiche und Räume vorgegeben, die auch die unterrichtliche Erarbeitung strukturieren können: (1) Die Spelunken, Hinterzimmer und Absteigen der Frankfurter Unterwelt sowie die heruntergekommenen Asyle des Kleinbürgertums, (2) die Räume der staatlichen Exekutive und (3) die Residenzen der Reichen und Mächtigen. Im Spannungsfeld dieser gesellschaftlichen Macht- und Ohnmachtsräume ermittelt der Protagonist; seine Hauptwaffe ist eine differenzierte, pointenreiche Sprache, deren virtuose Angriffskraft „entwaffnender" wirkt als jedes andere Machtmittel. Jakob Arjounis Kriminalromane demonstrieren vor allem eines: die überlegene Kraft des Wortes. Nicht die körperliche Tüchtigkeit des Helden gibt den Ausschlag, sondern seine beeindruckende Sprachgewalt, die er in den verschiedenen Milieu-Räumen wirkungsvoll einzusetzen weiß.

Für eine unterrichtliche Realisation in den Jahrgangsstufen 9–11 ist dieser Text aus verschiedenen Gründen empfehlenswert. So lässt sich an ihm exemplarisch der interkulturelle Grundzug des postmodernen Krimis erarbeiten. Arjounis Kriminalroman *Ein Mann, Ein Mord* (1991) versammelt ein beklemmendes Ensemble von Milieustudien, in denen Fremdheitserfahrungen aus unterschiedlichen Perspektiven beschrieben werden. Fremd ist zum einen das Ambiente der Kriminellen und Halbkriminellen, die Arjounis literarisches Tableau bevölkern, Dokumente der Fremdheitserfahrung sind zum anderen die Befindlichkeitsstudien, die der Ich-Erzähler in seinen Protokollen und Deskriptionen vorlegt und die als Reflex auf kleinbürgerliche Verhaltensdispositionen in Erscheinung treten. Die Figur des Privatdetektivs funktioniert wie ein Spiegel, an dem sich fremdenfeindliche Ressentiments und offene rassistische Anfeindungen reflektieren.

Da im Zentrum dieses Textes vor allem die Dialoge stehen, sollte eine Einführung in die Textarbeit auch über eine Schlüsselszene, in der Kayankayas Sprachkompetenz deutlich wird, erfolgen. Besonders gut geeignet für dieses Vorhaben ist etwa die Szene, in der Kayankaya das Frankfurter Ausländeramt aufsucht, um an wichtige Informationen zu gelangen:

> Die Büros für die Buchstaben K bis R befanden sich im zweiten Stock, linker Flur, hinter dem Kakaoautomaten. Den Flur säumten Menschen aller Hautfarben, die stehend, sitzend oder liegend auf ihre Nummer warteten. Bänke oder Stühle gab es nicht. Der Boden war mit Zigarettenkippen und falsch ausgefüllten Antragsformularen übersät, angegraute Plakate warben für Paulskirche und Römer – FRANKFURT AM MAIN, STADT DER SEHENSWÜRDIGKEITEN –, und über den Türen zeigten Digitaltafeln die aktuellen Nummern an. Ein Videospiel-Peng-Peng aus unsichtbaren Lautsprechern bedeutete ,Der nächste, bitte'. Gesprochen wurde kaum, und wenn leise. Vielleicht weil jeder meinte, die Luft, die zwischen Schweißgeruch und kaltem Rauch übrig blieb, sparen zu müssen. Die Fenster ließen sich aufgrund von Sicherheitsvorschriften nicht öffnen (Mord, 41).

Die Situation ist durch Hoffnungslosigkeit und einen dumpfen, inhuman wirkenden Automatismus gekennzeichnet. Die Flure sind nackt, ohne Mobiliar ausgestattet, die Menschen stehen, liegen oder sitzen in Knäueln vor den Büros. Das Trostlose der Szene wird durch die überall auf dem Boden liegenden „Zigarettenkippen und falsch ausgefüllten Antragsformulare" untermalt. Der Massenabfertigungscharakter des Geschehens wird verstärkt durch Digitaltafeln, herumliegende Formulare und blecherne Lautsprecheransagen. Die Sprachlosigkeit der Anwesenden – „gesprochen wurde kaum, und wenn leise" – versinnbildlicht die bleierne Schwere, die auf der düsteren Kulisse lastet. Dass die Fenster sich, wie es heißt, „aufgrund von Sicherheitsvorschriften nicht öffnen" lassen, deutet auf suizidäre Gefährdungsmomente hin.

Im Gespräch mit der Beamtin spiegeln sich jene Grundzüge intoleranten und inhumanen Verhaltens wider, die bereits durch den Ort und seine Umgebung angedeutet werden. Beim Eintritt in das Büro nimmt der Ich-Erzähler das Erscheinungsbild der Sachbearbeiterin und ihre Lebenswelt blitzlichtartig auf:

> Ein Standardbüro mit Standardmöbeln, Postkarten an der Wand, Topfpalmen im Fenster. Die Frau am Schreibtisch aß Kuchen. Sie war um die vierzig, trug eine weißblonde Perücke, eine rosa Bluse und eine goldenen Kette mit Eiffelturmanhänger. Ihr Gesicht war länglich und etwas zerknirscht, und wenn sie sprach, hatte man das Gefühl, sie referiere eine Gebrauchsanweisung für Einwegfeuerzeuge. Der Raum roch nach einem dieser Parfums mit mehreren Geschmacksrichtungen (Mord, 43).

Der sich nun entwickelnde Dialog ist gekennzeichnet durch die distanziert-herablassenden, geschäftsmäßigen Fragen der Beamtin und die provokanten Antworten Kayankayas. Es ist bezeichnend für den Detektiv, dass er eingangs nicht erklärt, warum er die Beamtin aufsucht. Stattdessen nimmt Kayankaya das Gespräch auf und lässt die Sachbearbeiterin erst einmal in dem Glauben, er wäre ein Asyl suchender Ausländer. Seine in den Dialog eingestreuten ironischen Bemerkungen führen allerdings bald zum Abbruch des Gespräches. Die aggressiven Einwürfe des Ermittlers zielen von Anfang an auf eine Verunsicherung, ja Demontage des Gegenübers. Auf die Frage der Beamtin, ob er buchstabieren könne, antwortet Kayankaya: „"Das meiste schon. Nur bei Fremdwörtern hapert's manchmal'" (Mord, 43). Als die begriffsstutzige Sachbearbeiterin nicht merkt, dass sie es nicht mit einem Asyl suchenden Ausländer zu tun hat, wird ihr von dem wortgewandten Detektiv diese Schwäche sofort vorgehalten: „"Falls Sie bei jedem Namen, der nicht wie Wurst klingt, so 'ne rasche Auffassungsgabe an den Tag legen, sind Sie vielleicht im falschen Betrieb beschäftigt'" (Mord, 44). Nachdem die Amtsfrau sich kurze Zeit später Verstärkung durch einen Beamten besorgt hat, eskaliert die Auseinandersetzung unversehens und nimmt härtere Formen an. Die wenig feinfühlige Aufforderung des hinzugezogenen Kollegen – „"Name, Kanacke'" (Mord, 47) – quittiert Kayankaya mit der Entgegnung: „"Noch ein Wort, Bulle, und ich schlag dich zusammen, dass du nie mehr stehen, nie mehr sitzen und nie mehr ficken kannst'" (Mord, 47). Die aufgeladene Situation benutzt der Ermittler kaltblütig, um an die benötigten Informationen zu gelangen. Den fassungslosen Gegenspielern, die solche Formen der Auseinandersetzung weder kennen noch beherrschen, entwischt der gewandte Detektiv schließlich mit schneller Flucht, bevor sie überhaupt begreifen, was eigentlich geschehen ist.

Ausgehend von solchen Milieustudien können die zentralen poetischen Strukturmomente und inhaltlichen Aspekte dieses Textes unter drei didaktischen Blickwinkeln in einem Unterrichtsvorhaben erarbeitet werden. Der Ausgangspunkt wird markiert durch die verschiedenen Begegnungsräume und ihre Milieus, ein zweiter wichtiger Gegenstandsbereich konturiert sich in den Sprachhandlungen des Helden, der dritte Untersuchungsbereich fokussiert auf das Thema der Fremdheitserfahrungen. Als Klammer dieser drei Untersuchungsaspekte fungiert die latent wirksam werdende Sozial- und Gesellschaftskritik des Krimis (vgl. Schaubild auf S. 238).

Die Erarbeitung dieser drei Aspekte kann dabei sehr gut auch in schülerorientierten Unterrichtsformen wie der arbeitsteiligen Gruppenarbeit oder der Partnerarbeit erfolgen. So können beispielsweise unterschiedliche Milieus wie (1) die kriminelle Unterwelt, (2) das [saturierte] Bürgertum, (3) die [kriminellen] Reichen, (4) die Institutionen des Staates [Ämter] oder (5) die [ehrlichen] Außenseiter und Unterpriviligierten der Gesellschaft Untersuchungsaspekte einer arbeitsteiligen Gruppenarbeit markieren.

Eine zentrale Rolle können im weiteren Unterrichtsverlauf Dialoganalysen spielen, an denen sich die zuvor genannten Aspekte überzeugend erarbeiten lassen. So manifestieren sich beispielsweise tief greifende Fremdheitserfahrungen in der Begegnung mit den (kriminellen) Reichen der Wohlstands- und Konsumgesellschaft. Als Kayankaya in einem mondänen Vorort Frankfurts Ermittlungen anstellt, begegnet er „einem Mann, der das Nummernschild seines BMW mit einer Zahnbürste säubert[e]" (Mord, 69). Der Besuch bei dem Frankfurter Un-

Aspekte einer Erarbeitung im Unterricht

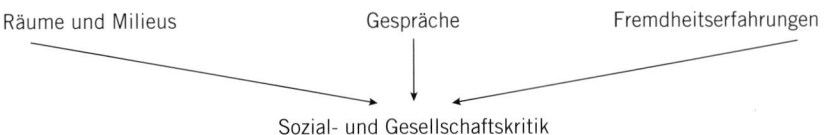

Räume und Milieus   Gespräche   Fremdheitserfahrungen

Sozial- und Gesellschaftskritik

Abb. 12: Zentrale poetische Strukturmomente im Roman „Ein Mann, ein Mord"

terweltboss Eberhard Schmitz, der in einem von der Außenwelt abgeschotteten Villenviertel lebt, verdeutlicht dem Leser, dass Reichtum und Kriminalität offenbar zusammengehören. Kayankaya wird erst nach längerem Dialog durch die Sprechanlage vorgelassen. Als er vor dem Eingang des protzigen Hauses steht, erkennt er in der Dämmerung „die Hütte eines Wachmanns" (Mord, 94). Im Inneren des Domizils wird der Ermittler in eine Bibliothek geführt: „An allen Wänden Bücher bis zur Decke, dunkelbraunes Parkett und in einer Ecke vier weinrote Sessel. Neben jedem Sessel stand ein kleiner Tisch mit Aschenbecher und Lampe; in der Mitte des Raumes ein großer Tisch mit sechs Stühlen. Darauf lag aufgeschlagen, neben weiteren Aschenbechern, ein alter ledergebundener Wälzer" (Mord, 95). Der Hausherr, der wenig später erscheint, unterscheidet sich in seinem Erscheinungsbild kaum von den erlesenen Accessoires, die den Rahmen dieses Interieurs bilden: „Er trug einen grauen Dreiteiler. Aus der Weste hing eine silberne Uhrkette, und um den Kragen war eine dunkelblaue Seidenkrawatte gebunden" (Mord, 96). Im Gegensatz zu der kruden Gewalttätigkeit ihrer subalternen Untergebenen, die sich in Wort und Tat stets brutal verhalten, treten die eigentlichen Drahtzieher des Verbrechens ihren Kontrahenten stets überaus höflich und gesittet gegenüber. Man hat den Eindruck, dass sich der Verbrecher, je mehr Macht er besitzt, desto stärker maskiert und verhüllt. So wird Kayankaya – nachdem er den Unterweltboss von der Wichtigkeit seines Anliegens überzeugt hat – überaus zuvorkommend hereingebeten: „,Wenn Sie bitte einen Moment warten wollen'" (Mord, 95). Später werden dem Detektiv erlesene Zigaretten und ein Scheck über 20.000 Mark angeboten. Der Pate will sich auf diesem Wege das Schweigen Kayankayas erkaufen. Drohungen werden in demselben beiläufigen Sprachgestus wie die Höflichkeiten vorgetragen:

> ,Hören Sie gut zu, junger Mann: wenn Sie in dieser Stadt oder in diesem Land oder irgendwo auf der Welt jemals wieder in Ruhe eine Straße überqueren wollen, dann lassen Sie das besser bleiben. Ich bin ein friedliebender Mensch – deshalb der Scheck –, aber ein Wink von mir genügt, und es ist, als wären Sie nie geboren worden. Vor Ihnen steht Eberhard Schmitz. Und wer sind Sie? Der Unterschied ist unvorstellbar' (Mord, 99 f.).

Mit so ausgesuchter Höflichkeit begegnet man Kayankaya allerdings nur in der „Chefetage", bereits eine Organisationsebene tiefer erschließt sich dem Leser eine ganz andere Welt. Als der Detektiv einen der „Regionalverwalter" von Eberhard Schmitz, einen gewissen Ibiza-Charlie besucht, der mehrere Bordelle verwaltet und in die Entführungsgeschichte verwickelt ist, begegnet ihm bei dem Gangster ein junges Mädchen, von dem der Ich-Erzähler das folgende Bild zeichnet:

> Ein Mädchen um die sechzehn, in Jeans, Ringelpulli und Turnschuhen, mit einer blauen Schleife im Haar, kam ins Zimmer. Sie lächelte mir artig zu und verschwand hinter der Bar. Mit ihrem runden, stupsnasigen Gesicht, dem kleinen festen Busen und einem Hintern wie zwei Honigmelonen, sah sie aus wie ein Teenager, der seine Vormittage auf dem Schulhof verbringt, die Nachmittage im Eiscafé und die Abende mit dem Kapitän der Fußball-Klassenmannschaft. Jedenfalls hätte ihr Anblick solches vermuten lassen können, wären da nicht das rechte Auge grün zugeschwollen und auf Wangen und Hals leuchtend rote Striemen gewesen. Der Versuch, alles mit Schminke zu übertünchen, ließ sie wie ein Monster erscheinen (Mord, 139).

Die ausgewählten Umgangsformen des Herrn Schmitz sind hier viehischer Brutalität und schockierender Gleichgültigkeit gewichen. Eine Minderjährige wird von dem Kriminellen in grausamer Abhängigkeit gehalten und sexuell missbraucht. Kayankayas zynische Kommentare zu der derangierten Verfassung des Mädchens – „‚Bisschen verbeult'" (Mord, 139) – werden nicht weniger zynisch erwidert: „‚Das geht vorbei'. Und lauter: ‚Gell, Häschen? In zwei, drei Tagen hab ich wieder meine Prinzessin'" (Mord, 139). Die abgeklärten Sprüche des Detektivs dienen dabei in erster Linie dem eigenen Schutz: In einer pervertierten Welt, wie sie Kayankaya jeden Tag aufs Neue erlebt, müssen seine Gefühle gegen die Brutalität der Realität immunisiert werden. Die von dem Detektiv kultivierten sprachlichen Zynismen und ironischen Bemerkungen sind stilisierte „Verhaltenslehren der Kälte"[47], die das eigene Bewusstsein mit einem Panzer versehen, um es vor der grausamen Wirklichkeit zu schützen, es zugleich aber auch mit einem feingliedrigen Instrumentarium der Wahrnehmung ausstatten, das die Erscheinungen fotographisch festhält.

Allerdings gibt es in Arjounis Text auch problematische Diskurse und Wertungsschemata, die bei einer unterrichtlichen Auseinandersetzung mit dem Text nicht übergangen werden dürfen. Problematisch sind in Arjounis Romanen vor allem die Frauenbilder. Die Schematismen ihrer Darstellung unterscheiden sich kaum von den amerikanischen Vorbildern des hard-boiled Krimis, deren Paradigma Yaak Karsunke auf die griffige Formel gebracht hat: „Frauen sind entweder zum Dämonisieren oder zum Konsumieren da."[48] Vergleichbare Typologisierungen begegnen auch in Arjounis *Ein Mann, ein Mord.* In diesem Kriminalroman treten – holzschnittartig vergröbert – drei verschiedene Kategorien von Frauen auf. Die attraktive, gut aussehende Frau, die als (passives) Eroberungsobjekt in Erscheinung tritt, die sexuell ausgebeuteten Frauen des kriminellen Milieus und die Macht besessenen Kleinbürgerinnen des Staatsapparates, die es darauf abgesehen haben, Unterprivilegierte und sozial Ausgegrenzte zu quälen, um sich für ihr langweiliges Privatleben zu entschädigen. Eine der aufgezählten Repräsentantinnen betritt in Kapitel 4 die Szenerie. Als Kayankaya im Zuge seiner Ermittlungen das Hausener Asylantenheim aufsucht, erlebt er eine Überraschung:

> Ich drehte mich um und wäre fast durch die Scheibe gekippt. Statt des üblichen Pförtners mit durchgesessener Uniform und Fernsehglupschern, stand Miss Krankenhaus vor mir. Sie hatte ein schmales, gekonnt geschminktes Gesicht, riesige braune Augen, und ihre blonden Haare waren flüchtig hoch gesteckt, als wolle sie gerade unter die Dusche. Über alle möglichen Luxusmaße bis hin zum Busen spannte sich ein kantig gebügelter Nylonkittel mit Rotkreuz-Aufnäher. An ihr hätten wahrscheinlich sogar Clogs erotisch gewirkt. Ich nahm die Zigarette aus dem Mund und gab mir Mühe, nicht in den Ausschnitt zu glotzen (Mord, 51).

Das in dieser Deskription in Anschlag gebrachte Frauenlob kann seine trivialen Züge kaum verhehlen. Kayankayas Anleihen an der schablonenartigen Zeichnung populärer Schönheitsvorstellungen wirken so überzogen, dass man in ihnen fast schon wieder ironische Untertöne vermuten darf: Die blendende Erscheinung wird – man fühlt sich unwillkürlich an weibliche Physiognomien der Krankenhausserien erinnert – als „Miss Krankenhaus" angesprochen. Auch die sexuellen Konnotationen dieses (männlichen) Frauenlobes werden kaum verhüllt. Das erotisch aufgesteckte Haar der „Krankenschwester" erweckt in dem sexuell erregten männlichen Ich-Erzähler die Vorstellung, „als wolle sie gerade unter die Dusche" – mit ihm, ist man geneigt zu schlussfolgern! Zum äußeren Erscheinungsbild heißt es weiter: „Über alle möglichen Luxusmaße bis hin zum Busen spannte sich ein kantig gebügelter Nylon-Kittel mit Rotkreuz-Aufnäher." Das Befindlichkeitsprotokoll des Ich-Erzählers mündet schließlich in dem Bekenntnis, dass er sich Mühe geben musste, „nicht in den Ausschnitt zu glotzen". Ähnliche Deskriptionsmuster sind auch in einer Szene des 11. Kapitels zu beobachten. Hier ist es eine Partyschönheit, die sich nach einem offenbar anstrengenden Gelage zu Kayankaya, der in seinem schrottreifen Auto gerade nächtliche Observationen durchführt, gesellt:

> Auf der Rückbank schlief der Partyengel. Ich zog die Decke unter dem Beifahrersitz vor, lehnte mich nach hinten und deckte sie zu ... Sie gehörte zu der Sorte kühler Schönheiten, die früher in jedem zweiten Film zu bewundern waren und an deren Stelle heute so genannte Charaktergesichter getreten sind. Die Wimpern breiteten sich wie Fächer über die Wangen, und um ihren Hals lag eine Perlenkette. Ich hätte nichts dagegen gehabt, sie nach Frankfurt mitzunehmen. Ich hatte auch nichts dagegen, dass sie in meinem Auto schlief (Mord, 107).

Auch in diesem Frauenlob überwiegen triviale Beschreibungsmuster. Bereits die Terminologien – hier „Partyengel" dort „Miss Krankenhaus" – verraten populistische Zuschreibungen. Der Allgemeinplatz von der „kühlen Schönheit" verweist auf das Kontrastverhältnis von kühler, distanzierter Ausstrahlung und heißer, sexueller Erregung. Allerdings weichen in diesem Bericht die sexuellen Anzüglichkeiten einer eher väterlichen Haltung, wie etwa die Wendung von der fürsorglichen Betreuung mit einer Decke verrät. In jedem Fall wird man konzedieren müssen, dass den von Arjouni entworfenen Frauenbildern vielfach herabwürdigende, wirklichkeitsfremde Stereotypen zugrunde liegen. Die provokante Gegenposition der feministischen Literaturwissenschaftlerin Gabriele Dietze, die in diesem Zusammenhang davon spricht, dass Kriminalromane „Arenen [sind], auf denen paranoide männliche Wirklichkeitskonstruktionen inszeniert werden"[49], kann hier ein Schlaglicht auf dieses zeit- und sozialgeschichtliche Defizit des Kriminalromans bei Arjouni werfen.

Die mehr analytisch geprägten Textzugriffe können bei der unterrichtlichen Erarbeitung des Krimis durch eine Fülle anderer Erarbeitungsformen ergänzt und ausdifferenziert werden. So können etwa Filmplakate oder Buchcover hergestellt und zahlreiche sinnvolle Schreibaufträge erteilt werden, die von dem Verfassen einer eigenen Konfliktszene mit dem Helden bis zur szenischen Umsetzung einer solchen selbstgeschriebenen Szene reichen können. Grafische Darstellungen, etwa des Detektionsverlaufes oder eines Steckbriefes, können diese Schreibaufträge durch weitere produktionsorientierte Verfahren ergänzen. Schließlich sei auf die Verfilmung des ersten Kayankaya-Krimis *Happy Birthday, Türke* (1987) durch Doris Dörrie im Jahre 1993 verwiesen. Die filmische Adaption des ersten Krimis ermöglicht es, vergleichende intermediale Untersuchungen über die Hauptfigur und das in Arjounis Krimis geschilderte Milieu vorzunehmen.

Zusammenfassend ist abschließend festzuhalten: Der hohe Stellenwert, den die Milieuschilderungen in diesem Kriminalroman einnehmen, manifestiert sich gerade in den immer wieder thematisierten Alteritätserfahrungen. Nur wenn unterschiedliche gesellschaftliche Umgebungen aufeinandertreffen, können überhaupt kulturelle Differenz- und Konflikterfahrungen beschrieben werden. In Arjounis Ich-Erzählung fallen Figurenrede, Erzählerkommentar und Phänomenologie des Geschehens zusammen. Der literarische Text, der sich dabei konstituiert, entpuppt sich als ein umfangreiches Archiv, das eine Fülle von Dokumenten zu dem Komplex der Fremderfahrung versammelt. Eine Sichtung und Erschließung dieses literarischen Archivs sollte das vordringliche Ziel der unterrichtlichen Auseinandersetzung sein. Das gesellschafts- und sozialkritische Potenzial der geschilderten Fremdheitserfahrungen macht diesen Text zu einem Erfahrungsraum, in dem Schüler differenzierte Sprachwahrnehmungen und literarische Rezeptionskompetenzen einüben, sich zugleich aber auch mit den Schattenseiten unserer Gesellschaft kritisch auseinandersetzen können.

Anmerkungen

[1] Richtlinien und Lehrpläne für das Gymnasium – Sekundarstufe I – in Nordrhein-Westfalen. Deutsch. Düsseldorf 1993, S. 74.

[2] Vgl. etwa die nachfolgenden Unterrichtsmaterialien und Lehrwerke: Sprachschlüssel A/B 7. Neubearbeitung für Nordrhein-Westfalen. Sprachbuch 7. Schuljahr. Stuttgart [6]1999 (= Klett), S. 66–75; Deutschstunden 7. Lesebuch (Neue Ausgabe, hrsg. von Harald Frommer u. a.). Berlin [4]2001 (= Cornelsen), S. 189–195; Arbeitstexte für den Unterricht. Kriminalgeschichten (für die Sekundarstufe hrsg. von Eckhard Finckh). Stuttgart 1995, S. 5–26 (= RUB 9517).

[3] Als Lektüregrundlage empfiehlt sich die neue Ausgabe des Reclam-Verlages; Arthur Conan Doyle: Die Abenteuer des Sherlock Holmes. Leipzig 2001.

[4] Georg Wilhelm Friedrich Hegel: Vorlesungen über die Ästhetik III. Werke 15, FaM 1986, S. 360 f.

[5] Harro Müller-Michaels: Literarische Anthropologie in didaktischer Absicht. Begründung der Denkbilder aus Elementarerfahrungen, in: DUB, Heft 3 (1999), S. 164–174.

[6] Just, Edgar Allen Poe und die Folgen, S. 19.

[7] Vgl. zur Lernform Internet-Recherche die Beiträge von Peter Dörp: Arbeitsbühne Internet. Ergebnis einer Internet-Recherche, in: DUB, Heft 5 (2001), S. 4–9 sowie P. D.: Neue Wege und Räume des Lernens. Vom Internetprojekt zum Selbstlernbaustein. Qualitätsentwicklung und -sicherung nach dem Zwei-Säulenkonzept (Multimedia-Lernwerkstatt/Selbstlernzentrum). Ein InfoSchul II – Verbundprojekt, in: DUB, Heft 5 (2001), S. 13–28.

[8] So etwa in der Geschichte von den Blutbuchen [The Adventure of the Copper Beeches], wo die sehr pragmatische, furchtlose junge Violet Hunter auftritt.

[9] Suerbaum, Krimi, S. 59.

[10] Ebd., 58 f.

[11] Landfester, Das Geschlecht der Irene Adler, S. 54.

[12] Ebd., S. 61.

[13] Michel Foucault: Sexualität und Wahrheit. FaM 1983, S. 63.

[14] Ebd., S. 63.

[15] Suerbaum sieht in dieser Darstellung „Stereotypen der billigen Ausländerkomik" (Krimi, S. 58).

[16] Über das gesellschaftliche Bild der Künstlerin im 19. Jahrhundert vgl. Eva Rieger: Frau, Musik und Männerherrschaft – Zum Ausschluss der Frau aus der deutschen Musikpädagogik, Musikwissenschaft und Musikausübung. FaM [2]1988, S. 234.

[17] Suerbaum, Krimi, S. 59.

[18] Landfester, Das Geschlecht der Irene Adler, S. 62.

[19] Ebd., S. 54.

[20] Ebd., S. 55.

[21] Lektüregrundlage für den Unterricht ist Arthur Conan Doyle: Die Abenteuer des Sherlock Holmes. Leipzig 2001. In diesem Band trägt die Geschichte den Titel *Skandal in Böhmen*.

[22] Kittler, Eine Detektivgeschichte der ersten Detektivgeschichte, S. 208

[23] E. T. A. Hoffmann: Das Fräulein von Scuderi. Stuttgart 2002, S. 55.

[24] Nikola Hahn: Die Detektivin. Berlin 2002.

[25] Colin Dexter: Eine falsche Identität, in: C.D.: Ihr Fall, Inspector Morse. Hamburg 1999, S. 86–116.

[26] Angelika Kusenberg/Doris Mause: Detektiv spielen am Computer: Unterrichtsgegenstand und

Schreibanlass, in: PD, Heft 174 (2002), S. 58–60. – Der Beitrag versteht sich allerdings auch eher als „Schlaglicht" und „Medien-Tipp", darauf weist die Veröffentlichung im *Magazin*-Bereich der Zeitschrift *Praxis Deutsch* hin; gleichwohl muss man bedauern, dass die Autorinnen keine genaueren Angaben zu diesem Projekt machen konnten.

[27] Informationen und Bestellmöglichkeit unter der URL www.hyperionics.com (21.10.2006)!

[28] Informationen und Bestellmöglichkeit unter der URL www.techsmith.com (21.10.2006)!

[29] Kusenberg/Mause, Detektiv spielen am Computer, S. 58.

[30] Ebd., S. 58.

[31] Ebd., S. 58.

[32] Peter Brinkemper: Intermedialität und Deutschunterricht. Bausteine zu einer Phänomenologie des Medienunterrichts, in: LiU, Heft 2 (2001), S. 91–104, S. 95 f.

[33] Ebd., S. 101.

[34] Das Spiel ist etwa bei dem Internet-Büchhändler www.amazon.de für einen Betrag von 9,99 € zu erwerben (14.08.2002).

[35] Vgl. den hilfreichen Entwurf bei Kusenberg/Mause, Detektiv spielen am Computer, S. 60, der hier weitgehend übernommen wird.

[36] Raymond Chandler: Der große Schlaf. Zürich 1974, S. 5–10.

[37] Chandler, Der große Schlaf, S. 78 f.

[38] Vgl. Peter V. Zima: Die Dekonstruktion. Tübingen und Basel 1994, S. 93 f.

[39] Walter Erhart, Britta Herrmann: Artikel „Feministische Zugänge – ‚Gender Studies', in: Heinz Ludwig Arnold, Heinrich Detering (Hrsg.): Grundzüge der Literaturwissenschaft. München [5]2002, S. 498–515, S. 507.

[40] Vgl. Fetscher, Von deutscher Sauberkeit, S. 48 f.

[41] Vgl. die Skizze unter Kapitel II/4 (S. 132).

[42] Friedrich Schiller: Sämtliche Werke. Band I. München [7]1984, S. 434.

[43] Volker Hage: Feuer vom Himmel, in: Deutsche Literatur 1998, S. 253–262, S. 254.

[44] Der narrative Rekurs auf das Kriminalschema wird im Cover-Text der Erstausgabe auch explizit hervorgehoben: „Der große Atem des Buches, der verblüffende Wechsel zwischen ästhetischer Reflexion und detektivischer Spannungsliteratur ziehen den Leser in die verwickelte Handlung hinein" (Klaus Modick: Das Grau der Karolinen. Hamburg 1986).

[45] Das Kapitel ist eine überarbeitete Zusammenfassung des eigenen Artikels: Reinhard Wilczek: Die hässliche Seite der Wohlstandsgesellschaft. Jakob Arjounis „Ein Mann, ein Mord", in: Petra Büker/ Clemens Kammler: Fremdsein – Anderssein. Darstellungsvarianten in der zeitgenössischen Kinder- und Jugendliteratur. Weinheim/München 2003, S. 267–278.

[46] Zitiert wird nach der Ausgabe: Jakob Arjouni: Ein Mann, ein Mord. Zürich 1993; in Folgenden stets (Mord, Seitenzahl).

[47] Vgl. Helmut Lethen: Verhaltenslehren der Kälte. Lebensversuche zwischen den Kriegen. Frankfurt am Main 1994.

[48] Yaak Karsunke: Ein Yankee an Sherlock Holmes' Hof. Der Kriminalromancier Raymond Chandler, in: Erhard Schütz (Hrsg.): Zur Aktualität des Kriminalromans. Berichte, Analysen, Reflexionen zur neueren Kriminalliteratur. München 1978, S. 113–122, S. 120.

[49] Gabriele Dietze: Hardboiled woman. Geschlechterkrieg im amerikanischen Kriminalroman. Hamburg 1997, S. 54.

VII. Verzeichnisse

1. Abkürzungsverzeichnis

Abkürzungen für häufig zitierte Bücher

Buchloh, Paul Gerhard/Becker, Jens Peter (Hrsg.)
Der Detektiverzählung auf der Spur. Essays
zur Form und Wertung der englischen
Detektivliteratur. Darmstadt 1977
(= Buchloh/Becker)
Ermert, Karl/Gast, Wolfgang (Hrsg.)
Der neue deutsche Kriminalroman. Bei-
träge zu Darstellung, Interpretation und
Kritik eines populären Genres. Rehburg-
Loccum 1985 (= Ermert/Gast)
Goette, Jürgen-Wolfgang/Kircher, Hartmut (Hrsg.)
Der Kriminalroman. Texte zur Theorie und
Kritik. Frankfurt 1978 (= Goette/Kircher)
Hillich, Reinhard (Hrsg.)
Tatbestand. Ansichten zur Kriminalliteratur
in der DDR 1947–1986. Berlin 1989
(= HillDDR)
Schütz, Erhard (Hrsg.)
Zur Aktualität des Kriminalromans.
München 1978 (= SchützS)
Vogt, Jochen (Hrsg.)
Der Kriminalroman. Band I und II.
München 1971 (= Vogt I, II)
Der Kriminalroman. Poetik – Theorie – Ge-
schichte. München 1998 (= Vogt III)

Vogt, Jochen/Schütz, Erhard
Schimanski & Co. Krimiszene Ruhrgebiet.
Texte und Materialien für den Deutsch-
unterricht der Sekundarstufe I und II.
Essen 1996 (= Vogt IV)
Žmegač, Viktor (Hrsg.)
Der wohltemperierte Mord. Frankfurt am
Main 1971
(= Žmegač)

Andere Abkürzungen

FAZ – Frankfurter Allgemeine Zeitung
FaM – Frankfurt am Main
FR – Frankfurter Rundschau
LiU – Literatur im Unterricht
NDH – Neue deutsche Hefte
NZZ – Neue Zürcher Zeitung
PD – Praxis Deutsch
SZ – Süddeutsche Zeitung
TAZ – Tageszeitung
WW – Wirkendes Wort

2. Bibliographisches Verzeichnis

Kriminalliteratur

Ambler, Eric
Die Begabung zu töten. Zürich 1988
Das Intercom-Komplott. Zürich 1978
Die Maske des Dimitrios. Zürich 1974
Der Fall Deltschev. Zürich 1975
Anlass zur Unruhe. Zürich 1979
Eine Art von Zorn. Zürich 1975
Ungewöhnliche Gefahr. Zürich 1979
Schirmers Erbschaft. Zürich 1975

Arjouni, Jakob
Happy birthday, Türke! Zürich 1987
Mehr Bier. Zürich 1987
Ein Mann, ein Mord. Zürich 1991
Magic Hoffman. Zürich 1996
Kismet. Zürich 2001
Berndorf, Jacques
Eifel-Blues. Dortmund 1989
Eifel-Filz. Dortmund 1995

Eifel-Gold. Dortmund 1993
Eifel-Wasser. Dortmund 2001
Billig, Susanne
Die Tage der Vergeltung. Hamburg 1997
Boileau, Pierre/Narcejac, Thomas
Mensch auf Raten. Hamburg 1987
Parfum für eine Selbstmörderin. Hamburg 1976
Tote sollten schweigen. Hamburg 1996
Vertigo. Aus dem Reich der Toten. Hamburg 1985
Camilleri, Andrea
Die Form des Wassers. Bergisch Gladbach 1999
Carré, John le
Der Spion, der aus der Kälte kam. München 1996
Dame, König, As, Spion. Köln 1991
Chandler, Raymond
The big sleep. New York 1992
Das hohe Fenster. Zürich 1975
The lady in the lake. New York 1992
Lebewohl, mein Liebling. Zürich 1976
Chesterton, Gilbert Keith
Alle Geschichten um Father Brown in fünf Bänden (neu übersetzt und herausgegeben von Hanswilhelm Haefs). Zürich 1999
Christie, Agatha
Die Morde des Herrn ABC. Bern/München/Wien [9]1980
Ein Schritt ins Leere. München 1957
Death in the clouds. New York 1984
The mysterious affair at styles. New York 1991
Cross, Amanda
Tödliches Erbe. München [3]1996
Albertas Schatten. München 2000
In besten Kreisen. München [5]1999
Deitmer, Sabine
Dominante Damen. Frankfurt am Main 1994
Kalte Küsse. Frankfurt am Main 1997
Dexter, Colin
Der letzte Bus nach Woodstock. Hamburg 1998
Mord am Oxford-Kanal. Hamburg 1999
Ihr Fall, Inspector Morse. Stories. Hamburg 1999
Dorn, Thea
Ringkampf. Hamburg 1996

Berliner Aufklärung. Hamburg [5]2000
Doyle, Arthur Conan Doyle
Sherlock Holmes: The complete novels and stories. Volume I, II (with an introduction by Loren D. Estleman). New York u. a. 1986
Die Abenteuer des Sherlock Holmes. Stuttgart/Leipzig 2001
Die Abenteuer des Sherlock Holmes. Stuttgart 2002
Dürrenmatt, Friedrich
Der Richter und sein Henker. Hamburg 2000
Der Verdacht. Zürich 1986
Die Panne. Zürich 1985
Das Versprechen. Zürich 1985
Justiz. Zürich 1987
Fauser, Jörg
Der Schneemann. Hamburg 1989
Das Schlangenmaul. Berlin 1997
Rohstoff. Berlin 1997
Feuerbach, Paul Anselm:
Merkwürdige Verbrechen (hrsg. von Rainer Schrage). Frankfurt am Main 1981
Fiedler, Roger
Sushi, Ski und schwarze Sheriffs. Hamburg 1997
Dreamin' Elefantz. Hamburg 2000
Fiedler, Roger M./Juretzka, Jörg:
Enzi@n. Ein Kriminalroman in 54 e-mails. Norderstedt o. J.
Filasto, Nino
Der Irrtum des Dottore Gambassi. Ein Avvocato Scalzi Roman. Berlin [5]1999
Die Nacht der schwarzen Rosen. Ein Avvocato Scalzi Roman. Berlin 2002
Alptraum mit Signora. Berlin 1999
Forza Maggiore. Ein Avvocato Scalzi Roman. Berlin 2001
Fleming, Ian
Liebesgrüße aus Moskau. Bern/München [3]1979
Goldfinger. Bern/München [2]1977
Riskante Geschäfte. Bern/München [2]1976
Du lebst nur zweimal. Bern/München [4]1976
James Bond jagt Dr. No. Bern/München [2]1976
Diamantenfieber. Frankfurt am Main 1960
Tod im Rückspiegel. Bern/München [4]1978
Forsyth, Frederick
Die Hunde des Krieges. München [4]1998

Die Akte ODESSA. München 2000
Der Schakal. München 2001
Das vierte Protokoll. München 2000
Fossum, Karin
Wer hat Angst vorm bösen Wolf. München 2001
Gercke, Doris
Der Krieg, der Tod, die Pest. Hamburg 1990
Die Insel. Hamburg 1990
Weinschröter, du musst hängen. München ²2000
Glauser, Friedrich
Schlumpf Erwin Mord (Wachtmeister Studer). Zürich 1998
Matto regiert. Zürich 1998
Der Chinese. Zürich 1996
Die Fieberkurve. Zürich 1995
Die Speiche. Zürich 1996
Der Tee der drei alten Damen. Zürich 1996
Grafton, Sue
Nichts zu verlieren. A wie Alibi. München 2000
In aller Stille. B wie Bruch. München 1997
Grän, Christine
Weiße sterben selten in Samyana. Hamburg 1986
Nur eine lässliche Sünde. Hamburg 1988
Ein Brand ist schnell gelegt. Hamburg 1989
Grenzfälle. Hamburg 1993
Marx ist tot. Hamburg 1993
Anna Marx, der Müll und der Tod. Hamburg 1995
Gulik, Robert van Gulik
Nagelprobe in Peitscho. Zürich 1990
Nächtlicher Spuk im Mönchskloster. Zürich 1990
Richter Di bei der Arbeit. Zürich 1990
Gur, Batya
Am Anfang war das Wort. München 1997
Haas, Wolf
Komm, süßer Tod. Hamburg ⁷2002
Auferstehung der Toten. Hamburg 1999
Der Knochenmann. Hamburg ⁵2002
Wie die Tiere. Hamburg ³2001
Silentium! Hamburg ⁴2002
Hahn, Nikola
Die Detektivin. München 2002
Hammett, Dashiell:
The maltese falcon. New York 1992
Rote Ernte. Zürich 1976

Der dünne Mann. Zürich 1976
Der gläserne Schlüssel. Zürich 1976
Harding, Pau
Der Kapuzenmörder. Kriminalroman aus dem Mittelalter. Frankfurt am Main 1994
Hasubek, Peter (Hrsg.)
Arbeitstexte für den Unterricht. Detektivgeschichten für Kinder (für die Sekundarstufe I). Stuttgart 1989 (= RUB 9556)
Heimann, Alexander
Dezemberföhn. München 1998
Hettche, Thomas
Der Fall Arbogast. Köln 2001
Highsmith, Patricia
The talented Mr. Ripley. London 1999
Hillerman, Tony
Der Wind des Bösen. Hamburg 2000
Tod der Maulwürfe. Hamburg 1997
Wolf ohne Fährte. Hamburg 1997
Høeg, Peter
Fräulein Smillas Gespür für Schnee. Hamburg 2000
Hoffmann, E. T. A.
Das Fräulein von Scuderi. Stuttgart 2002
James, P. D.
Ein reizender Job für eine Frau. Hamburg 1999
Jones, Stan
Weißer Himmel – Schwarzes Eis. Zürich 2000
Jünger, Ernst
Sämtliche Werke in 18 Bänden. Band 2. Strahlungen I. Stuttgart 1979
Eine gefährliche Begegnung. Stuttgart 1985
Junge, Reinhard: Klassenfahrt. Dortmund 1989
Kehrer, Jürgen
Und die Toten lässt man ruhen. Dortmund 1990
Kellerman, Faye
Denn rein soll meine Seele sein. München 1997
Das Hohelied des Todes. München ⁷1996
Abschied von Eden. München 1997
Kemelmann, Harry
Am Freitag schlief der Rabbi lang. Hamburg 1997
Am Samstag aß der Rabbi nichts. Hamburg 1999

Am Montag flog der Rabbi ab. Hamburg 1977

Am Dienstag sah der Rabbi rot. Hamburg 1997

Quiz mit Kemelmann. Kriminalstories. Hamburg 1974

Kettenbach, Hans Werner

Der Feigenblattpflücker. Zürich 1994

Schmatz oder Die Sackgasse. Zürich 1989

Knellwolf, Ulrich: Roma Termini. Frankfurt am Main ⁷1999

Tod in Sils Maria. 13 üble Geschichten. Frankfurt am Main ⁶2001

Kreisler, Georg

Der Schattenspringer. München 1998

Lanthaler, Kurt

Der Tote im Fels. Ein Tschonnie-Tschenett-Roman. Zürich 1999

Grobes Foul. Ein Tschonnie-Tschenett-Roman. Zürich 2000

Azzurro. Ein Tschonnie-Tschenett-Roman. Zürich 2001

Herzsprung. Ein Tschonnie-Tschenett-Roman. Zürich 2000

Napule. Ein Tschonnie-Tschenett-Roman. Innsbruck 2002

Leblanc, Maurice

Arséne Lupin. Der Gentleman-Gauner. Zürich 1971

Lehmann, Christine

Der Masochist. Hamburg 1997

Leon, Donna

Venezianisches Finale. Zürich 1995

Lucarelli, Carlo

Der trübe Sommer. München 2000

Freie Hand für de Luca. München 1999

Der grüne Leguan. München 2001

Das Mädchen Nikita. München 2000

Mankell, Henning

Mittsommermord. Wien 1997

Der Mann, der lächelte. Wien 1994

Hunde von Riga. München ⁴2000

Die weiße Löwin. München ¹⁴2000

Die fünfte Frau. München 2000

Mörder ohne Gesicht. München ⁹2000

Melville, James

The ninth netsuke. New York 1982

Die Todeszeremonie. Ein Polizeiroman aus Japan. Frankfurt am Main 1988

Modick, Klaus

Das Grau der Karolinen. München 1998

Montalbán, Vázquez

Zur Wahrheit durch Mord. Hamburg 1989

Krieg um Olympia. Hamburg 1994

Der Bruder des Todes. Hamburg 1995

Carvalho und der tote Manager. Hamburg 1993

Ich tötete Kennedy. Hamburg 1992

Mulisch, Harry

Das Attentat. Hamburg ³2002

Nesbø, Jo

Der Fledermausmann. Berlin 1999

Nesser, Håkon

Das grobmaschige Netz. München ⁶1999

Noll, Ingrid

Der Hahn ist tot. Zürich 1991

Die Häupter meiner Lieben. Zürich 1993

Kalt ist der Abendhauch. Zürich 1996

Die Apothekerin. Zürich 1996

Röslein rot. Zürich 1998

Selige Witwen. Zürich 2001

Nolthenius, Helene

Wenn der Wolf den Wolf frisst. Ein Kriminalroman aus dem Mittelalter. Hamburg 1995

Noske, Edgar

Der Fall Hildegard von Bingen. Ein Krimi aus dem Mittelalter. Köln 2000

Der Bastard von Berg. Ein Krimi aus dem Mittelalter. Köln 1998

Lohengrins Grabgesang. Ein Krimi aus dem Mittelalter. Köln 2001

Ohler, Norman

Die Quotenmaschine. Hamburg 1996

Olsen, Morten Harry

Die Osiris-Morde. Berlin ²1999

Paretsky, Sara

Fromme Wünsche. München ⁸1998

Tödliche Therapie. München ⁸1997

Vic Warshawskis starke Schwestern. München ²1998

Perry, Thomas

Die Hüterin der Spuren. München ³1999

Poe, Edgar Allen

Das gesamte Werk in 10 Bänden (hrsg. von Kuno Schumann und Hans Dieter Müller, deutsch von Arno Schmidt und Hans Wollschläger). Herrsching 1979

Rendell, Ruth
Den Wolf auf die Schlachtbank. Hamburg 1991
Leben mit doppeltem Boden. Hamburg 1991
Sayers, Dorothy
Ärger im Bellona-Club [The unpleasantness at the Bellona-Club]. Hamburg 1987
Aufruhr in Oxford [Gaudy night]. Hamburg 1988
Gaudy night. New York 1995
Diskrete Zeugen [Clouds of witness]. Hamburg 1986
Das Bild im Spiegel und andere überraschende Geschichten [Hangman's holiday]. Hamburg 1986
Mord braucht Reklame [Murder must advertise]. Hamburg 1991
Ein Toter zu wenig [Whose body?]. Hamburg 1986
Starkes Gift [Strong poison]. Hamburg 1988
Strong poison. New York 1995
Zur fraglichen Stunde [Have his carcase]. Hamburg 1990
Keines natürlichen Todes [Unnatural death]. Hamburg 1987
Schätzing, Frank
Tod und Teufel. Ein Krimi aus dem Mittelalter. Köln 1999
Die dunkle Seite. Köln 2001
Schatten, Viola
Mittwoch war der Spaß vorbei. Frankfurt am Main 1993
Schiller, Friedrich
Sämtliche Werke. Band I. München ⁷1984
Schlink, Bernhard
Die gordische Schleife. Zürich 1988
Selbs Betrug. Zürich 1994
Der Vorleser. Zürich 1995
Selbs Mord. Zürich 2001
Schlink, Bernhard/Popp, Walter
Selbs Justiz. Zürich 1987
Sjöwall, Maj/Wahlöö, Per
Der Polizistenmörder. Hamburg 1986
Die Tote im Götakanal. Hamburg 1986
Alarm in Sköldgatan. Hamburg 1986
Das Ekel aus Säffle. Hamburg 1986
Endstation für neuen. Hamburg 1986
Und die Großen lässt man laufen. Hamburg 1986

Die Terroristen. Hamburg 1986
Der Mann, der sich in Luft auflöste. Hamburg 1986
Verschlossen und verriegelt. Hamburg 1986
Der Mann auf dem Balkon Hamburg 1986
Leben mit doppeltem Boden. Hamburg 1990
Süskind, Patrick
Das Parfum. Die Geschichte eines Mörders. Zürich 1985
Upfield, Arthur W.
Der sterbende See. München 2000
Bony wird verhaftet. München 1995
Bony und der Bumerang. München 1996
Wallace, Edgar
Großfuß. München o. J.
Die Tür mit den sieben Schlössern. München o. J.
Der Rächer. München o. J.
Der Doppelgänger. München o. J.
Überfallkommando. München o. J.
Der Redner. München o. J.
A.S. der Unsichtbare. München o. J.
Wetering, Janwillem van de
Ticket nach Tokio. Hamburg 1989
Eine Tote gibt Auskunft. Hamburg 1989
Outsider in Amsterdam. Hamburg 1989
Ketchup, Karate und die folgen. Hamburg 1987
Der Tote am Deich. Hamburg 1989
Drachen und tote Gesichter. Hamburg 1992
Die Katze von Brigadier de Gier. Hamburg 1988
Kuh fängt Hase. Hamburg 1991
Rattenfang. Hamburg 1990
Der Feind aus alten Tagen. Hamburg 1988
Der Commissaris fährt zur Kur. Hamburg 1989
Der Schmetterlingsjäger. Hamburg 1988
So etwas passiert doch nicht. Hamburg 1989
Massaker in Maine. Hamburg 1988
Wollenhaupt, Gabriella
Grappa dreht durch. Dortmund 1994
Grappas Versuchung. Dortmund 1993
Grappas Treibjagd. Dortmund 1993
Woolrich, Cornell
Der schwarze Vorhang. Zürich 1988
Ich heirate einen Toten. Zürich 1989

Das Fenster zum Hof und vier weitere
  Kriminalstories. Zürich 1989
Der schwarze Engel. Zürich 1988
Zürcher, Tom
Tote Fische reden nicht. Ein knuspriger
  Detektivroman. Frankfurt am Main 1999

Forschungsliteratur

Albersmeier, Franz-Josef
Literatur und Film. Entwurf einer praxis-
  orientierten Textsystematik. In: Peter V.
  Zima (Hrsg.): Literatur intermedial. Musik
  – Malerei – Photographie – Film. Darm-
  stadt 1995, S. 235–268
Altenheim, Hans
Buchproduktion und Leserinteressen in
  Westdeutschland seit 1945. In: Aus Politik
  und Zeitgeschichte, Beilage zur Wochen-
  zeitung Das Parlament B13/98, S. 13–19
Alewyn, Richard
Anatomie des Detektivromans. In: Jochen
  Vogt (Hrsg.): Der Kriminalroman. Band II.
  München 1971, S. 372–404
Ursprung des Detektivromans. In: Richard
  Alewyn: Probleme und Gestalten. Essays.
  Frankfurt am Main 1982, S. 342–360
Andriopoulus, Stefan
Unfall und Verbrechen. Konfigurationen
  zwischen linguistischem und literarischem
  Diskurs um 1900. Pfaffenweiler 1996
Anz, Thomas
Literatur und Lust. Glück und Unglück
  beim Lesen. München 1998
Arnold, Heinz Ludwig/Detering, Heinrich
Grundzüge der Literaturwissenschaft.
  München 1999
Bark, Joachim
‚Spannung' – Hochschuldidaktische Erfah-
  rungen mit einem Lehr- und Studienpro-
  jekt. In: Michael Kämper-van den Boog-
  aart: Das Literatursystem der Gegenwart
  und die Gegenwart der Schule. Hohengehren 1997, S. 84–97
Der Kreistanz ums Triviale. Probleme der
  Forschung und des Unterrichts. In: Annamaria Rucktäschel/Hans Dieter Zimmermann (Hrsg.): Trivialliteratur. München
  1976, S. 10–29

Barthes, Roland
Die Lust am Text. Frankfurt am Main 1974
Baßler, Moritz
Der deutsche Pop-Roman. Die neuen Ar-
  chivisten. München 2002
Baumgärtner, Alfred Clemens
Basisartikel „Krimi". In: Praxis Deutsch,
  Heft 44 (1980), S. 7–14
Bayer, Irene
Juristen und Kriminalbeamte als Autoren
  des neuen deutschen Kriminalromans
  – Berufserfahrungen ohne Folgen? Frank-
  furt am Main 1989
Becker, Jens-Peter
Der englische Spionageroman. Historische
  Entwicklung, Thematik, literarische Form.
  München 1973.
Becker-Mrotzek, Michael
Funktional-pragmatische Unterrichtsanaly-
  se. In: Clemens Kammler/Werner Knapp:
  Empirische Unterrichtsforschung und
  Deutschdidaktik. Hohengehren 2002,
  S. 58–78
Bekes, Peter
Detektion als Ideologiekritik. Zur Rezep-
  tion von Kriminalliteratur in Brechts
  Dreigroschenroman. In: Wolfgang Düsing
  (Hrsg.): Experimente mit dem Kriminal-
  roman: ein Erzählmodell in der deutsch-
  sprachigen Literatur des 20. Jahrhun-
  derts. Frankfurt/Berlin/Bern/New York
  1993, S. 77–96
Benjamin, Walter
Kriminalromane, auf Reisen. In: Jochen
  Vogt (Hrsg.): Der Kriminalroman. Poetik
  – Theorie – Geschichte. München 1998,
  S. 23–24
Bernfeld, Siegfried
Das Kind braucht keinen Schutz vor
  Schund. Es schützt sich selbst. In: Die
  Literarische Welt 49/1926
Bertschi-Kaufmann, Andrea
Lesen und Schreiben in einer Medienum-
  gebung. Die literalen Aktivitäten von
  Primarschulkindern. Aarau 2000
Bielefeld, Claus-Ulrich
Die Analphabetin. In: Süddeutsche Zei-
  tung (4/5.11.1995)
Bloch, Ernst
Philosophische Ansicht des Kriminalro-

mans. In: Viktor Žmegač (Hrsg.): Der wohltemperierte Mord. Frankfurt am Main 1971, S. 111–132

Boedecker, Sven
Selbs Verstümmelung. Eins rechts, eins links – Bestsellerautor Bernhard Schlink zeigt, wie man keinen Krimi schreibt. In: Die Woche (12.10.2001), S. 2

Bogdal, Klaus-Michael
Postmoderne, die neue Gründerzeit, in: Praxis Deutsch, Heft 121/1993, S. 7–10.
Fremdheiten – Eigenheiten. In: Praxis Deutsch, Heft 134/1995, S. 20–27
Neue Literaturtheorien. Eine Einführung. Opladen ²1997

Boogaart, Michael Kämper-van den
Schönes, schweres Lesen. Legitimität literarischer Lektüre aus kultursoziologischer Sicht. Wiesbaden 1997

Boileau, Pierre/Narcejac, Thomas
Der Detektivroman. Darmstadt 1967

Bourdieu, Pierre
Über das Fernsehen. Frankfurt am Main 1998

Bräunlein, Peter
„Die Zähne blitzten weiß …" Afrika und Afrikaner/Innen im Kriminalroman. In: die horen. Zeitschrift für Literatur, Kunst und Kritik, 41. Jahrgang, Band 2/1996, Ausgabe 182, S. 31–56

Brecht, Bertolt
Über die Popularität des Kriminalromans. In: Viktor Žmegač (Hrsg.): Der wohltemperierte Mord. Frankfurt am Main 1971, S. 97–103

Bremer, Alida
Kriminalistische Dekonstruktion. Zur Poetik des postmodernen Kriminalromans. Würzburg 1999

Brinkemper, Peter
Intermedialität und Deutschunterricht. Bausteine zu einer Phänomenologie des Medienunterrichts. In: Literatur im Unterricht, Heft 2 (2001), S. 91–104

Buch und Buchhandel in Zahlen.
Ausgabe 2000 (hrsg. vom Börsenverein des deutschen Buchhandels e. V.). Frankfurt am Main 2000

Buch, Hans Christoph
James Bond oder Der Kleinbürger in
Waffen. In: Jochen Vogt (Hrsg.): Der Kriminalroman. Band I. München 1971, S. 227–249

Buchloh, Paul Gerhard/Becker, Jens Peter (Hrsg.)
Der Detektiverzählung auf der Spur. Essays zur Form und Wertung der englischen Detektivliteratur. Darmstadt 1977
Der Detektivroman. Studien zur Geschichte und Form der englischen und amerikanischen Detektivliteratur (mit Beiträgen von Antje Wulff und Walter T. Rix). Darmstadt 1973

Bühler, Patrick
„Es bedarf noch so vieler rückwirkender Kräfte!". Einige Anmerkungen zur Geschichte des Detektivromans. In: Zeitschrift für Germanistik, Neue Folge 2 (2001), S. 382–392

Buxbaum, Edith
Detektivgeschichten und ihre Rolle in einer Kinderanalyse. In: Zeitschrift für psychoanalytische Pädagogik 10/1936, S. 113–121

Bürger, Christa
Bemerkungen zu einer Literatur der mittleren Sphäre. In: Deutschunterricht. Seelze, Heft 6/1990, S. 6–13

Bybarski, Ruth
Trilogie der Perfidie. Mit drei Krimi-Bestsellern machte die deutsche Hausfrau Ingrid Noll Furore. Nun plant sie einen weiteren Band, in: Profil Nr. 5 (30.1.1995)

Chandler, Raymond
The Simple Art of Murder. New York 1988

Chesterton, Gilbert Keith
Verteidigung von Detektivgeschichten. In: Jochen Vogt (Hrsg.): Der Kriminalroman. Band I. München 1971, S. 95–98

Colombo, Furio
Bonds Frauen. In: Oreste del Bueno/Umberto Eco (Hrsg.): Der Fall James Bond. 007 – ein Phänomen unserer Zeit. München 1966, S. 120–144

Dahrendorf, Malte
Der Kriminalroman als didaktisches Problem. In: Sprache im technischen Zeitalter, Heft 44 (1972), S. 310–314
Überlegungen zur immanenten Didaktik und Pädagogik der Kinder- und Jugendliteratur. In: Karin Richter, Bettina Hurrelmann (Hrsg.): Kinderliteratur im

Unterricht. Theorien und Modelle zur Kinder- und Jugendliteratur im pädagogisch-didaktischen Kontext. Weinheim und München 1998, S. 11–26

Daiber, Hans
Nachahmung der Vorsehung. In: Jochen Vogt (Hrsg.): Der Kriminalroman. Band II. München 1971, S. 421–436

Davey, Barbara
„Marcia Muller: On McCone and Other Matters". In: The Mystery Review 5 (1997), S. 34–37

Derrida, Jacques
Grammatologie. Frankfurt am Main ⁷1998

Dingeldey, Erika
Drei ‚klassische' Kriminalromane – didaktische Beispiele für den Unterricht über Kriminalliteratur. In: Sprache im technischen Zeitalter, Heft 44 (1972), S. 314–322
Der Kriminalroman im Deutschunterricht. In: Heinz Ide u. a. (Hrsg.): Projekt Deutschunterricht 5. Massenmedien und Trivialliteratur. Stuttgart 1973, S. 156–176
Wer ist der Schuldige? Aspekte der Frau im amerikanischen Kriminalroman. In: Jochen Vogt (Hrsg.): Der Kriminalroman. Band II. München 1971, S. 578–584

Dietze, Gabriele
Hardboiled woman. Geschlechterkrieg im amerikanischen Kriminalroman. Hamburg 1997

Domagalski, Peter
Trivialliteratur. Geschichte – Produktion – Rezeption. Freiburg im Breisgau 1981

Dörp, Peter
Arbeitsbühne Internet. Ergebnis einer Internet-Recherche. In: Deutschunterricht. Braunschweig, Heft 5 (2001), S. 4–9
Neue Wege und Räume des Lernens. Vom Internetprojekt zum Selbstlernbaustein. Qualitätsentwicklung und -sicherung nach dem Zwei-Säulenkonzept (Multimedia-Lernwerkstatt/Selbstlernzentrum). Ein InfoSchul II–Verbundprojekt. In: Deutschunterricht. Braunschweig, Heft 5 (2001), S. 13–28

Drebes, Klaus
Mordende Frauen – auch in der Schule? Ingrid Noll im Deutschunterricht. In: Der Deutschunterricht, Heft 4 (1999), S. 91–98

Eagleton, Terry
Einführung in die Literaturtheorie. Stuttgart und Weimar ⁴1997, S. 115 (= Smlg. Metzler 246)

Eco, Umberto
Die erzählerischen Strukturen in Flemings Werk. In: Oreste del Bueno/Umberto Eco (Hrsg.): Der Fall James Bond. 007 – ein Phänomen unserer Zeit. München 1966, S. 68–119
Das offene Kunstwerk. Frankfurt am Main 1998

Eggert, Hartmut
Literarische Bildung oder Leselust? Aufgaben des Literaturunterrichts in der literarischen Sozialisation. In: Michael Kämper-van den Boogaart: Das Literatursystem der Gegenwart und die Gegenwart der Schule. Hohengehren 1997, S. 45–62
Literarische Bildung ohne Schule? Überlegungen zur Spätphase literarischer Sozialisation. In: Deutschunterricht. Seelze, Heft 6 (1998), S. 38–45
Literarische Texte und ihre Anforderung an die Lesekompetenz. In: Norbert Groeben und Bettina Hurrelmann (Hrsg.): Lesekompetenz. Bedingungen, Dimensionen, Funktionen. Weinheim und München 2002, S. 186–194

Eggert, Hartmut/Garbe, Christine
Literarische Sozialisation. Stuttgart/Weimar 1995 (= Smlg. Metzler 287)

Engels, Friedrich
Die Lage der arbeitenden Klasse in England. Nach eigner Anschauung und authentischen Quellen (hrsg. von Walter Kumpmann). München ³1980

Erhart, Walter/Herrmann, Britta
Artikel „Feministische Zugänge – ‚Gender Studies'". In: Heinz Ludwig Arnold und Heinrich Detering (Hrsg.): Grundzüge der Literaturwissenschaft. München ⁵2002, S. 498–515

Ermert, Karl/Gast, Wolfgang (Hrsg.)
Der neue deutsche Kriminalroman. Beiträge zu Darstellung, Interpretation und Kritik eines populären Genres. Rehburg-Loccum 1985

Ernst, Thomas
Popliteratur. Hamburg 2001
Fauser, Jörg
Leichenschmaus in Loccum. In: Jörg Fauser: Blues für Blondinen. Essays zur populären Kultur. Frankfurt am Main/Berlin/Wien 1984, S. 189–198
Das Klima des Verrats. In: Jörg Fauser: Blues für Blondinen. Essays zur populären Kultur. Frankfurt am Main/Berlin/Wien 1984, S. 168–179
Die Ambler-Lektion. In: Jörg Fauser: Blues für Blondinen. Essays zur populären Kultur. Frankfurt am Main/Berlin/Wien 1984, S. 129–134
Feibel, Thomas
Der Kinder-Software-Ratgeber. Hamburg 2001
Fetscher, Iring
Von deutscher Sauberkeit. In: Iring Fetscher: Arbeit und Spiel. Essays zur Kulturkritik und Sozialphilosophie. Stuttgart 1983, S. 47–53
Finckh, Eckhard (Hrsg.)
Theorie des Kriminalromans. Stuttgart 1998 (= RUB 9512)
Arbeitstexte für den Unterricht. Kriminalgeschichten. Stuttgart 1995 (= RUB 9517)
Fingerhut, Karl-Heinz
Die Evaluation des Leseverständnisses durch die PISA-Studie und der Literaturunterricht in der Sekundarstufe I. In: Deutschunterricht. Braunschweig, Heft 3 (2002), S. 39–45
Affirmative und kritische Lehrsysteme im Literaturunterricht. Frankfurt am Main 1974
Die folgenlose Literatur und der pädagogische Wahn. Deutschdidaktik, Literaturunterricht und Gegenwartsliteratur. In: Germanistik und Deutschunterricht im Zeitalter der Technologie, Selbstbestimmung und Anpassung. Vorträge des Germanistentages Berlin 1987, Bd. 3 (hrsg. von N. Oellers). Tübingen 1988, S. 3–19
Firle, Marga
Vom Umgang mit trivialen Lesestoffen. Berlin 1992
Fischer, Matthias u. a. (Hrsg.)
Vernunft im Zeichen des Fremden. Zur Philosophie von Bernhard Waldenfels.

Frankfurt am Main 2001
Flender, Jürgen/Christmann, Ursula
Zur optimalen Passung von medienspezifischen Randbedingungen und Verarbeitungskompetenzen/Lernstrategien bei linearen Texten und Hypertexten. In: Norbert Groeben und Bettina Hurrelmann (Hrsg.): Lesekompetenz. Bedingungen, Dimensionen, Funktionen. Weinheim und München 2002, S. 201–230
Förster, Nikolaus
Die Wiederkehr des Erzählens. Deutschsprachige Prosa der 80er und 90er Jahre. Darmstadt 1999
Förster, Jürgen
Subjekt – Geschichte – Sinn. Postmoderne, Literatur und Lektüre, in: Deutschunterricht. Seelze 4/1991, S. 58–79.
Literatur und Lesen im Wandel. Möglichkeiten einer anderen Literaturrezeption in der Schule. In: Deutschunterricht. Seelze, Heft 6 (1995), S. 3–8
Förster, Jürgen
Analyse und Interpretation. Hermeneutische und poststrukturalistische Tendenzen. In: Grundzüge der Literaturdidaktik (Hrsg. von Klaus-Michael Bogdal und Hermann Korte). München 2002, S. 231–246
Foucault, Michel
Überwachen und Strafen. Frankfurt am Main ¹²1998
Sexualität und Wahrheit. Erster Band. Der Wille zum Wissen. Frankfurt am Main 1983
Freese, Peter
The Ethnic Detectives – Chester Himes, Harry Kemelman, Tony Hillerman. Essen 1992
Fringeli, Dieter
Disziplinierte Unordnung. Der unpopuläre Friedrich Glauser und sein populärer Protagonist Jakob Studer. In: Dieter Fringeli: Dichter im Abseits. Schweizer Autoren von Glauser bis Hohl. Zürich und München 1974, S. 33–48
Fritzsche, Joachim
Zur Didaktik und Methodik des Deutschunterrichts. Band 3: Umgang mit Literatur. Stuttgart 1994

Frizen, Werner/Spancken, Marilies
Patrick Süskind. Das Parfum. München
²1998 (= Oldenbourg Interpretationen 78)
Fuhrmann, Manfred
Der europäische Bildungskanon des bürger-
lichen Zeitalters. Frankfurt am Main 2000
Gatterburg, Angela
Charmanter Wonnegraus. In Röslein rot,
dem neuen Krimi der Erfolgsautorin
Ingrid Noll, rechnet eine Frau lustvoll mit
ihrem Mann ab. In: Spiegel (10.8.98),
S. 164
Gesing, Fritz
Sterben im Bombenhagel: Hans Erich
Nossacks Der Untergang und Gert Ledigs
Vergeltung. In: Deutschunterricht.
Seelze, Heft 1 (2002), S. 48–58
Görlitzer, Susanne
„Vorführstunden" – eine exemplarische Fall-
analyse aus der Deutschlehrerausbildung
in der zweiten Ausbildungsphase. In: Cle-
mens Kammler/Werner Knapp: Empirische
Unterrichtsforschung und Deutschdidaktik.
Hohengehren 2002, S. 46–56
Goette, Jürgen-Wolfgang/Kircher, Hartmut (Hrsg.)
Der Kriminalroman. Texte zur Theorie und
Kritik. Frankfurt 1978
Gerber, Richard
Verbrechensdichtung und Kriminalroman.
In: Jochen Vogt (Hrsg.): Der Kriminalro-
man. Band II. München 1971, S. 404–420
Germer, Dorothea
Von Genossen und Gangstern. Zum
Gesellschaftsbild in der Kriminallitera-
tur der DDR und Ostdeutschlands von
1974–1994. Essen 1998
Ginsburg, Carlo
Indizien: Morelli, Freud und Sherlock Hol-
mes. In: Jochen Vogt (Hrsg.): Der Krimi-
nalroman. Poetik – Theorie – Geschichte.
München 1998, S. 274–296
Glaser, Horst Albert (Hrsg.)
Deutsche Literatur zwischen 1945 und
1995. Bern/Stuttgart/Wien 1997
Glauser, Friedrich
Offener Brief über die „Zehn Gebote für
den Kriminalroman". In: Friedrich Glau-
ser: Wachtmeister Studers erste Fälle. Kri-
minalgeschichten. Zürich 1991, S. 181–191

Goleman, Daniel
Emotionale Intelligenz. München 1997
Göhre, Frank (Hrsg.)
Zeitgenosse Glauser. Ein Porträt von Frank
Göhre. Zürich ²1998
Groeben, Norbert/Hurrelmann, Bettina (Hrsg.)
Medienkompetenz. Voraussetzungen,
Dimensionen, Funktionen. Weinheim und
München 2002
Anforderungen an die theoretische
Konzeptualisierung von Medienkompe-
tenz. In: Norbert Groeben und Bettina
Hurrelmann (Hrsg.): Medienkompetenz.
Voraussetzungen, Dimensionen, Funktio-
nen. Weinheim und München 2002,
S. 11–24
Dimensionen der Medienkompetenz: Des-
kriptive und normative Aspekte. In: Nor-
bert Groeben und Bettina Hurrelmann
(Hrsg.): Lesekompetenz. Bedingungen,
Dimensionen, Funktionen. Weinheim und
München 2002, S. 160–200
Groeben, Norbert/Hurrelmann, Bettina (Hrsg.)
Lesekompetenz. Bedingungen. Dimensio-
nen, Funktionen. Weinheim und Mün-
chen 2002
Grimminger, Rolf
Literarische Moderne. Europäische Litera-
tur im 19. und 20. Jahrhundert. Hamburg
1995
Gutschow, Harald
Die Rehabilitierung der Literatur. In: Her-
bert Mainusch (Hrsg.): Literatur im Unter-
richt. München 1979, S. 130–138
Grundmann, Martin
Der Abschied vom männlichen Helden.
Martin Grundmann spürte Männern in
Frauenkrimis nach. In: Ariadne Forum,
Heft 2 (1993/94), S. 90–114
Hage, Volker
Zeitalter der Bruchstücke. Am Ende der
achtziger Jahre: Es gibt eine deutsche
Gegenwartsliteratur – zwölf Bemerkun-
gen zur zeitgenössischen Erzählkunst.
Köhler, Andrea/Moritz, Rainer (Hrsg.):
Maulhelden und Königskinder. Zur
Debatte über die deutsche Gegenwarts-
literatur. Leipzig 1998, S. 28–41

Hage, Volker u. a. (Hrsg.)
*Deutsche Literatur 1998. Jahresüberblick.
Stuttgart 1999*
Hamacher, Werner
*Unlesbarkeit. In: Paul de Man: Allegorien des
Lesens. Frankfurt am Main 1988, S. 7–26*
Haas, Willy
*Die Theologie im Kriminalroman. In:
Jochen Vogt (Hrsg.): Der Kriminalroman.
Band I. München 1971, S. 110–122*
Haas, Gerhard
*Handlungs- und produktionsorientierter
Literaturunterricht. Theorie und Praxis
eines anderen Literaturunterrichts für die
Primar- und Sekundarstufe. Seelze 1997*
*Plädoyer für eine Kinder- und Jugendlite-
raturdidaktik vom Geschehnisfeld und
den Figuren der erzählerischen Texte aus.
In: Karin Richter, Bettina Hurrelmann
(Hrsg.): Kinderliteratur im Unterricht.
Theorien und Modelle zur Kinder- und
Jugendliteratur im pädagogisch-didakti-
schen Kontext. Weinheim und München
1998, S. 35–44*
*Eigene Welt – Fremde Welt – Eine Welt.
Die Geschichte eines Bewusstseinswan-
dels in der neueren Kinder- und Jugendli-
teratur. In: Bettina Hurrelmann und Karin
Richter (Hrsg.): Das Fremde in der Kin-
der- und Jugendliteratur. Interkulturelle
Perspektiven. Weinheim und München
1998, S. 209–222*
Hegel, Georg Wilhelm Friedrich
*Phänomenologie des Geistes. Frankfurt am
Main 1973*
*Vorlesungen über die Ästhetik III. Werke
15, Frankfurt am Main 1986*
Heidegger, Martin
Sein und Zeit. Tübingen 1979
Heißenbüttel, Helmut
*Spielregeln des Kriminalromans. In:
Jochen Vogt (Hrsg.): Der Kriminalroman.
Band II. München 1971, S. 356–371*
Hellmann, Harald/Hölzer, Ulrich
*Die Morde der Lady ABC oder: „Mehr
Arbeit für den Totengräber". Kriminal-
roman-Autorinnen. In: Hiltrud Gnüg
und Renate Möhrmann (Hrsg.): Frauen
– Literatur – Geschichte. Schreibende
Frauen vom Mittelalter bis zur Gegen-
wart. Stuttgart 1989, S. 367–379*

Hensel, Georg
*Gift der guten Laune. Ingrid Noll entfaltet
kriminelle Energie. In: Frankfurter Allge-
meine Zeitung (13.12.1994)*
Hentig, Hartmut von
Bildung. Weinheim und Basel 1999
*Der technischen Zivilisation gewachsen
bleiben. Nachdenken über die Neuen
Medien und das gar nicht mehr allmähli-
che Verschwinden der Wirklichkeit. Wein-
heim und Basel 2002*
Hentig, Hans von
*Der Desperado. Ein Beitrag zur Psycholo-
gie des regressiven Menschen. Berlin/
Göttingen/Heidelberg 1956*
*Der Gangster. Eine kriminalpsychologische
Studie. Berlin/Göttingen/Heidelberg
1959*
Heyer, Petra/Rupp, Gerhard
*Interaktivität als Chance kultureller Praxis
im Umgang mit Medien? In: Norbert
Groeben und Bettina Hurrelmann (Hrsg.):
Lesekompetenz. Bedingungen, Dimensio-
nen, Funktionen. Weinheim und Mün-
chen 2002, S. 92–110*
Hickethier, Knut/Lützen, Wolf-Dieter
*Der Kriminalroman. Entstehung und
Entwicklung eines Genres in den litera-
rischen Medien. In: Annamaria Rucktä-
schel/Hans Zimmermann (Hrsg.): Trivial-
literatur. München 1976, S. 267–295*
Hillebrand, Bruno
*Ästhetik des Nihilismus – Von der Roman-
tik zum Modernismus. Stuttgart 1991*
Hillich, Reinhard (Hrsg.)
*Tatbestand. Ansichten zur Kriminalliteratur
in der DDR 1947–1986. Berlin 1989*
Hörisch, Jochen
*Die Wirklichkeit der Medien und die me-
dialisierte Wirklichkeit. In: Rolf Grimmin-
ger, Jurij Murašov, Jörn Stückrath (Hrsg.):
Literarische Moderne. Europäische
Literatur im 19. und 20. Jahrhundert.
Hamburg 1995, S. 770–799*
Hoffmann, Hilmar
*100 Jahre Film von Lumiére bis Spielberg
1894–1994. Düsseldorf 1994*
Hoffmann-Riem, Wolfgang
*Kriminalpolitik ist Gesellschaftspolitik.
Frankfurt am Main 2000*

Holländer, Hans
Literatur, Malerei und Graphik. Wech-
selwirkungen, Funktionen und Konkur-
renzen. In: Literatur intermedial. Musik
– Malerei – Photographie – Film. Darmstadt 1995, S. 129–170

Holliger, Christine
Die Lust am Mord. Neue schwedische Kriminalromane. In: Neue Zürcher Zeitung
[6.6.2000], S. 68

Holzmann, Gabriela
Schaulust und Verbrechen. Eine Geschich-
te des Krimis als Mediengeschichte.
Stuttgart/Weimar 2001

Hügel, Hans-Otto
Untersuchungsrichter, Diebsfänger,
Detektive. Theorie und Geschichte der
deutschen Detektiverzählung im 19. Jahrhundert. Stuttgart 1978

Hühn, Peter
Der Detektiv als Leser. Narrativität und
Lesekonzepte in der Detektivliteratur. In:
Jochen Vogt (Hrsg.): Der Kriminalroman.
Poetik – Theorie – Geschichte. München
1998, S. 239–254

Hurrelmann, Bettina
Textverstehen im Gesprächsprozess – Zur
Empirie und Hermeneutik von Gesprä-
chen über die „Geschlechtertausch"-
Erzählungen. In: Bettina Hurrelmann
u. a. (Hrsg.): Man müsste ein Mann
sein ...? Düsseldorf 1987, S. 57–82
Lesesozialisation. Band 1. Leseklima in der
Familie. Gütersloh 1995
Sozialhistorische Rahmenbedingungen
von Lesekompetenz sowie soziale und
personale Einflussfaktoren. In: Norbert
Groeben und Bettina Hurrelmann (Hrsg.):
Lesekompetenz. Bedingungen, Dimensio-
nen, Funktionen. Weinheim und Mün-
chen 2002, S. 123–149
Prototypische Merkmale der Lesekompe-
tenz. In: Norbert Groeben und Bettina
Hurrelmann (Hrsg.): Lesekompetenz.
Bedingungen, Dimensionen, Funktionen.
Weinheim und München 2002,
S. 275–286
Medienkompetenz: Geschichtliche
Entwicklung, dimensionale Struktur,
gesellschaftliche Einbettung. In: Norbert

Groeben und Bettina Hurrelmann (Hrsg.):
Lesekompetenz. Bedingungen, Dimensionen, Funktionen. Weinheim und München 2002, S. 301–314
Zur historischen und kulturellen Relativität
des „gesellschaftlich handlungsfähigen
Subjekts" als normativer Rahmenidee für
Medienkompetenz. In: Norbert Groeben
und Bettina Hurrelmann (Hrsg.): Lesekompetenz. Bedingungen, Dimensionen,
Funktionen. Weinheim und München
2002, S. 111–128

Hurrelmann, Bettina/Richter, Karin (Hrsg.):
Das Fremde in der Kinder- und Jugend-
literatur. Interkulturelle Perspektiven.
Weinheim und München 1998

Inderthal, Klaus
Selbstgemachte Notwendigkeit. Zur
Geschichte und Theorie einer populären
Prosa: Detektiv– und Kriminalliteratur. In:
Erhard Schütz (Hrsg.): Zur Aktualität des
Kriminalromans. München 1978, S. 20–57

Jameson, Frederic R.
Über Raymond Chandler. In: Jochen
Vogt (Hrsg.): Der Kriminalroman. Poetik
– Theorie – Geschichte. München 1998,
S. 378–397

Jank, Werner/Meyer, Hilbert
Didaktische Modelle. Frankfurt 1991

Jenssen, Elena
Die Narrativik des Geheimen. Erzählplots
in den Spionageromanen von John le
Carré. Hamburg 2000

Jockers, Angelika:
Die Kriminalromane Friedrich Glausers.
Diss. München 1994

Josting, Petra/Stenzel, Gudrun
Einführung: Zur Diskussion über Krimis
für Kinder und Jugendliche. In: Beiträge
Jugendliteratur und Medien. 13. Beiheft
2002 (Auf heißer Spur in allen Medien),
S. 3–6

Josting, Petra:
Hypermediale Detektivgeschichten. Ange-
bote – Analyse – Rezeption. In: Beiträge
Jugendliteratur und Medien. 13. Beiheft
2002 (Auf heißer Spur in allen Medien),
S. 135–145

Just, Klaus Günther
Edgar Allen Poe und die Folgen. In: Jo-

chen Vogt (Hrsg.): Der Kriminalroman.
Band I. München 1971, S. 9–32
Kaemmel, Ernst
Literatur unterm Tisch. Der Detektivroman
und sein gesellschaftlicher Auftrag. In:
Jochen Vogt (Hrsg.): Der Kriminalroman.
Band II. München 1971, S. 516–523
Kammler, Clemens
Neue Literaturtheorien und Unterrichtspra-
xis. Positionen und Modelle. Hohengeh-
ren 2000
Historische Diskursanalyse (Michel Fou-
cault). In: Klaus-Michael Bogdal (Hrsg.):
Neue Literaturtheorien. Eine Einführung.
Opladen ²1997, 32–56.
Gegenwartsliteratur im Unterricht. In:
Klaus-Michael Bogdal/Hermann Korte
(Hrsg.): Grundzüge der Literaturdidaktik.
München 2002, S. 166–176
Gegenwartslücken. Anmerkungen zu
einem Defizit des Literaturunterrichts. In:
Andreas Erb (Hrsg.): Baustelle Gegen-
wartsliteratur. Die neunziger Jahre. Opla-
den/Wiesbaden 1998, S. 186–202
Michel Foucault. Eine kritische Analyse
seines Werks. Bonn 1986
Das Untier, das wir riefen. Eine Unter-
richtseinheit zum Horrorfilm „Alien – Das
unheimliche Wesen aus einer fremden
Welt". In: Praxis Deutsch, Heft 134/1995,
S. 52–56
Kammler, Clemens/Knapp, Werner
Empirische Unterrichtsforschung und
Deutschdidaktik. In: Clemens Kammler/
Werner Knapp (Hrsg.): Empirische Un-
terrichtsforschung und Deutschdidaktik.
Hohengehren 2002, S. 2–14
Kammler, Clemens/Surmann, Volker
Sind Deutschlehrer experimentierfreudig?
Ergebnisse einer Befragung zur Lektüre
von Ganzschriften der Gegenwartslitera-
tur in der Sekundarstufe II. In: Deutsch-
unterricht. Seelze, Heft 6 (2000), S. 92–96
Kämper, Birgit
Margaret Oliphant's Carlingford Series. An
Original Contribution to the Debate on
Religion, Class and Gender in the 1860s
und '70s. Frankfurt am Main 2001
Kant, Immanuel
Grundlegung zur Metaphysik der Sitten.

Hamburg ³1965
Kritik der reinen Vernunft. Hamburg 1956
Karsunke, Yaak
Ein Yankee an Sherlock Holmes' Hof. Der
Kriminalromancier Philipp Chandler. In:
Erhard Schütz (Hrsg.): Zur Aktualität des
Kriminalromans. München 1978,
S. 113–122
Kehrberg, Brigitte
Der Kriminalroman der DDR 1970–1990.
Hamburg 1998
Keitel, Evelyne
Kriminalromane von Frauen für Frauen.
Unterhaltungsliteratur aus Amerika.
Darmstadt 1998
Kern, Gisela
Alltagskriminalität und Medienkrimina-
lität. Fragen an den Kriminologen Prof.
Michael Walter (Universität Köln). In:
Erhard Schütz/Jochen Vogt (Hrsg.):
Schimanski & Co. Krimiszene Ruhrgebiet.
Texte und Materialien für den Deutschun-
terricht der Sekundarstufe I und II. Essen
1996, S. 36–37
Kittler, Friedrich
Eine Detektivgeschichte der ersten Detek-
tivgeschichte. In: F. K.: Dichter, Mutter,
Kind. München 1991, S. 197–218
Über die Kunst, mit Vögeln zu jagen. „Der
Malteser Falke" von Dashiell Hammett.
In: Jochen Vogt (Hrsg.): Der Kriminal-
roman. Poetik – Theorie – Geschichte.
München 1998, S. 416–427
Klafki, Wolfgang
Neue Studien zur Bildungstheorie und
Didaktik. Zeitgemäße Allgemeinbildung
und kritisch-konstruktive Didaktik. Wein-
heim und Basel ²1991
Klein, Kathleen Gregory
The Woman Detective. Gender & Genre.
Chicago ²1999
Kliewer, Annette
„In der neunten Klasse liest man doch
keine Jugendliteratur mehr". Wider die
Konkurrenz zwischen Erwachsenen- und
Jugendliteratur. In: Hurrelmann, Bettina/
Richter, Karin (Hrsg.): Das Fremde in der
Kinder- und Jugendliteratur. Interkul-
turelle Perspektiven. Weinheim und Mün-
chen 1998, S. 229–240

Kliewer, Heinz-Jürgen
*Eine eigene Literaturdidaktik? – Jugendbü-
cher im Unterricht. In: Karin Richter, Bet-
tina Hurrelmann (Hrsg.): Kinderliteratur
im Unterricht. Theorien und Modelle zur
Kinder- und Jugendliteratur im pädago-
gisch-didaktischen Kontext. Weinheim
und München 1998, S. 27–34*
Knapp, Gerhard P.
*Friedrich Dürrenmatt. Stuttgart 1993
(= Smlg. Metzler 196)*
*Friedrich Dürrenmatt. Der Richter und sein
Henker. Frankfurt am Main 1997
(= Grundlagen und Gedanken – Erzäh-
lende Literatur)*
Knecht, Doris
*Typisch Mann, aber trotzdem nicht
unsympathisch. Der österreichische
Krimiautor Wolf Haas und sein Detektiv
Simon Brenner. In: Neue Zürcher Zeitung
(27. 08. 1998), S. 46*
Knox, Ronald A.
*Zehn Regeln für einen guten Detektivro-
man (1929). In: Paul Gerhard Buchloh/
Jens Peter Becker (Hrsg.): Der Detektiv-
erzählung auf der Spur. Essays zur Form
und Wertung der englischen Detektivlite-
ratur. Darmstadt 1977, S. 191–192*
Koch, Lennart
*Zur Narrativik in Computerspielen. Der
Einfluss des Mediums auf die ästhetische
Wahrnehmung. In: Deutschunterricht.
Berlin, Heft 2 (1999), S. 109–118*
Korte, Hermann
*Historische Kanonforschung und Verfahren
der Textauswahl. In: Grundzüge der Li-
teraturdidaktik (Hrsg. von Klaus-Michael
Bogdal und Hermann Korte). München
2002, S. 61–77*
Köhler, Andrea/Moritz, Rainer (Hrsg.)
*Maulhelden und Königskinder. Zur Debat-
te über die deutsche Gegenwartsliteratur.
Leipzig 1998*
Köster, Juliane
*Bernhard Schlink. Der Vorleser. München
2000 (= Oldenbourg Interpretationen 98)*
Kracauer, Siegfried
*Der Detektiv-Roman. Ein philosophischer
Traktat. Frankfurt am Main 1979*

Krajenbrink, Marieke
*Intertextualität als Konstruktionsprinzip.
Transformationen des Kriminalromans
und des romantischen Romans bei Peter
Handke und Botho Strauß. Amsterdam
u. a. 1996*
Kreuzer, Helmut
*Veränderungen des Literaturbegriffs. Fünf
Beiträge zu aktuellen Problemen der Lite-
raturwissenschaft. Göttingen 1975*
Kusenberg, Angelika/Mause, Doris
*Detektiv spielen am Computer: Unter-
richtsgegenstand und Schreibanlass. In:
Praxis Deutsch, Heft 174 (2002), S. 58–60*
Kühne, Anja
*Schwache Schüler werden gern Lehrer.
Was geschehen muss, damit aus Pädago-
gen Profis werden. In: Der Tagesspiegel
(9. 9. 2002)*
Landfester, Ulrike
*Die Spuren des Lesers. Überlegungen zur
intertextuellen Rezeption im modernen
deutschen Kriminalroman. In: Jahrbuch
der deutsch-finnischen Literaturbezie-
hungen 1996, S. 28–41*
*Das Geschlecht der Irene Adler, oder: der
geheimnisvolle Fall der schreibenden
Frau in der deutschen Kriminalliteratur.
In: Jahrbuch der deutsch-finnischen Lite-
raturbeziehungen 1996, S. 54–64*
Lang, Norbert
*Artikel „Multimedia". In: Werner Faulstich
(Hrsg.): Grundwissen Medien. München
⁴2000, S. 296–313*
Lange, Günter
*Artikel „Trivialliteratur und ihre Didaktik.
In: Taschenbuch des Deutschunterrichts.
Band 2. Hohengehren ⁶1998, S. 761–786*
*Vergebliche „Spurensuche". Zu dem Arti-
kel „Haben Detektive abgedankt"? von
Elisabeth K. Paefgen. In: Praxis Deutsch
(1998), Heft 147, S. 8–9*
*Krimis im Unterricht, in: Taschenbuch des
Deutschunterrichts. Grundfragen und
Praxis der Sprach- und Literaturdidaktik.
Band 2. Hohengehren ⁶1998, S. 787–804*
Lehmhöfer, Lutz
*Mit Gottes Wort auf Mörderjagd. Religiöse
Protagonisten im Kriminalroman. In: Pfar-
rer, Rabbis, Detektive … Über Religion im*

Kriminalroman (hrsg. von Lutz Lehmhöfer und Kurt-Helmuth Eimuth). Frankfurt
am Main 2001, S. 5–16

Mit Gottes Wort auf Mörderjagd. Geistliche
Krimihelden – Die getarnten Erzengel. In:
Standpunkte 6/2000, S. 9–11

Leonhardt, Ulrike
Mord ist ihr Beruf. Eine Geschichte des
Kriminalromans. München 1990

**Leseverhalten in Deutschland im neuen Jahr-
tausend.**
Eine Studie der Stiftung Lesen (hrsg. von
der Stiftung Lesen und dem Spiegel-Verlag). Hamburg/Mainz 2001

Lüderssen, Klaus
Produktive Spiegelungen. Recht und
Kriminalität in der Literatur. Frankfurt am
Main 1991

Lueken, Verena
Auf in die Zukunft, sie heißt Mord. Oliver
Stone dreht seine erste Satire: „Natural
Born Killers". In: Frankfurter Allgemeine
Zeitung (27.10.1994), S. 35

Man, Paul de
Semiologie und Rhetorik. In: Paul de Man:
Allegorien des Lesens. Frankfurt am
Main 1988, S. 31–51

Mandel, Ernest
Ein schöner Mord. Sozialgeschichte des
Kriminalromans. Frankfurt am Main 1987

Matt, Beatrice von
Der Magier der Atmosphäre – Zum
hundertsten Geburtstag von Friedrich
Glauser. In: Neue Zürcher Zeitung
(3./4.2.1996)

Manguel, Alberto
Eine Geschichte des Lesens. Hamburg
1999

Marsch, Edgar
Die Kriminalerzählung. Theorie – Geschichte – Analyse. Darmstadt ²1983

Martinez, Matias
Artikel „Dialogizität, Intertextualität,
Gedächtnis. In: Heinz Ludwig Arnold
und Heinrich Detering (Hrsg.): Grundzüge der Literaturwissenschaft. München
⁵2002, S. 430–445

Mathews, Brander
Edgar Allen Poe und die Detektivgeschichte. In: Paul Gerhard Buchloh, Jens Peter

Becker (Hrsg.): Der Detektiverzählung
auf der Spur. Essays zur Form und Wertung der englischen Detektivliteratur.
Darmstadt 1977, S. 41–57

Menke, Bettine
Dekonstruktion – Lektüre: Derrida litera-
turtheoretisch. In: Klaus-Michael Bogdal
(Hrsg.): Neue Literaturtheorien. Eine
Einführung. Opladen ²1997, S. 242–273

Merkelbach, Valentin (Hrsg.)
Romane im Unterricht. Lektürevorschläge
für die Sekundarstufe I. Hohengehren
1998

Merkelbach, Valentin
Über literarische Texte sprechen. Münd-
liche Kommunikation im Literaturunterricht. In: Deutschunterricht. Seelze, Heft
1 (1998), S. 74–82

Müller-Michaels, Harro
Literarische Anthropologie in didaktischer
Absicht. Begründung der Denkbilder aus
Elementarerfahrungen. In: Deutschunter-
richt. Berlin, Heft 3 (1999), S. 164–174

Munt, Sally R
Murder by the book? Feminism and crime
novel. New York 1994

Neuhaus, Volker
Mysterion tes anomias – Das Geheimnis des Bösen. Der Detektivroman als
regelgeleitete Gattung. In: Jahrbuch der
deutsch-finnischen Literaturbeziehungen
1996, S. 16–27

Neuner, Michael
Pater Brown – Missionsreise in die Unterwelt. In: Standpunkte 6/2000, S. 14–15

Nietzsche, Friedrich
Sämtliche Werke. Kritische Studienaus-
gabe in 15 Bänden (hrsg. von Giorgio
Colli und Mazzino Montinari). Band XII.
München/Berlin/New York 1980

Nord, Christina
Untersuchungen auf Herz und Leber. In:
Tageszeitung (25.09.2001), S. 18

Nusser, Peter
Kriminalromane zur Überwindung von
Literaturbarrieren. In: Deutschunterricht.
Seelze (1975), S. 52–70

Aufklärung durch den Kriminalroman. In:
Neue Deutsche Hefte 18 (1971), Heft 131,
S. 70–90

Überlegungen zum neuen deutschen Kriminalroman. In: Jahrbuch der deutsch-finnischen Literaturbeziehungen 1996, S. 42–53
Der Kriminalroman. Stuttgart ²1992 (= Smlg. Metzler 191)
Zur Rezeption von Heftromanen. In: Annamaria Rucktäschel/Hans Dieter Zimmermann (Hrsg.): Trivialliteratur. München 1976, S. 61–79

Obendiek, Edzard
Der lange Schatten des babylonischen Turmes. Das Fremde und der Fremde in der Literatur. Göttingen 2000

Ortheil, Josef
Texte im Spiegel von Texten. Postmoderne Literaturen. In: Rolf Grimminger, Jurij Murašov, Jörn Stückrath (Hrsg.): Literarische Moderne. Europäische Literatur im 19. und 20. Jahrhundert. Hamburg 1995, S. 800–823
Was ist postmoderne Literatur? In: Uwe Wittstock (Hrsg.): Roman oder Leben. Postmoderne in der deutschen Literatur (1987). Leipzig 1994, S. 125–134
Postmoderne in der deutschen Literatur (1990). In: Uwe Wittstock (Hrsg.): Roman oder Leben. Postmoderne in der deutschen Literatur. Leipzig 1994, S. 198–210

Oskamp, Irmtraud M.
Jugendliteratur im Lehrerurteil. Historische Aspekte und didaktische Perspektiven. Würzburg 1996

Oevermann, Ulrich
Konzeptualisierung von Anwendungsmöglichkeiten und praktischen Arbeitsfeldern der objektiven Hermeneutik. (Manifest der objektiv hermeneutischen Sozialforschung). Unveröffentlichtes Papier. Frankfurt am Main 1996

Ott, Volker
Der Kriminalroman. In: Otto Knörrich (Hrsg.): Formen der Literatur in Einzeldarstellungen. Stuttgart 1981, S. 217–223

Paefgen, Elisabeth K.
Haben Detektive abgedankt? Spurensuche und Aufklärung als literaturdidaktische Chance. In: Praxis Deutsch 1997, Heft 147, S. 6–9
Einführung in die Literaturdidaktik. Stutt-gart und Weimar 1999, S. 73 f. (= Smlg. Metzler 317)

Pailer, Gaby
‚Weibliche' Körper im ‚männlichen' Raum. Zur Interdependenz von Gender und Genre im deutschsprachigen Kriminalroman von Autorinnen. In: Weimarer Beiträge 46 (2000), S. 561–581

Papst, Manfred
Pass auf. Ein neuer Brenner-Roman von Wolf Haas. In: Neue Zürcher Zeitung (11.10.2001), S. 59

Pattensen, Henryk
Kinder- und Jugendliteratur in den Lehrplänen. In: Bettina Hurrelmann und Karin Richter (Hrsg.): Das Fremde in der Kinder- und Jugendliteratur. Interkulturelle Perspektiven. Weinheim und München 1998, S. 75–88

Paul, Lennart
Ein langer Film über das Töten. Gewalt und Kinderseelen: eine Tagung zum Umgang mit Bildern im Berliner Willy-Brandt-Haus. In: Der Tagesspiegel (16.06.1998)

Pennac, Daniel
Wie ein Roman. Köln 1994

Peterßen, Wilhelm
Lehrbuch Allgemeine Didaktik (6. völlig veränderte, aktualisierte und stark erweiterte Auflage). München 2001

PISA 2000 – Die Länder der Bundesrepublik Deutschland im Vergleich.
Zusammenfassung zentraler Befunde (hrsg. von Jürgen Baumert u. a.). Berlin 2002

Pross, Caroline/Wildgruber, Gerald:
Artikel „Dekonstruktion". In: Heinz Ludwig Arnold und Heinrich Detering (Hrsg.): Grundzüge der Literaturwissenschaft. München ⁵2002, S. 409–429

Przybilka, Thomas
Krimiszene Deutschland. Zeitschriften, Magazine, Preise, Verbände, Gesellschaften und Archive – Übersicht und Rückblick. In: Jahrbuch der deutsch-finnischen Literaturbeziehungen 1996, S. 80–88

Quack, Josef
Die Grenzen des Menschlichen. Über Georges Simenon, Rex Stout, Friedrich Glauser, Graham Greene. Würzburg 2000

Reddy, Maureen T.

Sisters in Crime. Feminism and the Crime Novel. New York 1988

Die feministische Gegentradition im Kriminalroman. Über Cross, Grafton, Paretsky und Wilson. In: Jochen Vogt (Hrsg.): Der Kriminalroman. Poetik – Theorie – Geschichte. München 1998, S. 444–460

Reichel, Edward

Die Geburt des modernen Romans aus dem Geist des Kriminalromans, in: Friedhelm Marx/Andreas Meier (Hrsg.): Der europäische Roman zwischen Aufklärung und Postmoderne. Festschrift zum 65. Geburtstag von Jürgen C. Jacobs. Weimar 2001. S. 141–152

Reinert, Claus

Das Unheimliche und die Detektivliteratur. Entwurf einer poetologischen Theorie über Entstehung, Entfaltung und Problematik der Detektivliteratur. Bonn 1973

Renner, Rolf Günter

Schrift-Bilder und Bilder-Schriften. Zu einer Beziehung zwischen Literatur und Malerei. In: Literatur intermedial. Musik – Malerei – Photographie – Film. Darmstadt 1995, S. 171–208

Reve, Karel van het

Dr. Freud und Sherlock Holmes. Frankfurt am Main 1994

Richter, Jochen

„Um ehrlich zu sein, ich habe nie viel von Kriminalromanen gehalten". Über die Detektivromane von Friedrich Dürrenmatt. In: Wolfgang Düsing (Hrsg.): Experimente mit dem Kriminalroman: ein Erzählmodell in der deutschsprachigen Literatur des 20. Jahrhunderts. Frankfurt/Berlin/Bern/New York 1993, S. 141–154

Richter, Tobias/Christmann, Ursula

Lesekomeptenz: Prozessebenen und individuelle Unterschiede. In: Norbert Groeben und Bettina Hurrelmann (Hrsg.): Lesekompetenz. Bedingungen, Dimensionen, Funktionen. Weinheim und München 2002, S. 25–58

Richtlinien und Lehrpläne

für das Gymnasium – Sekundarstufe I – in Nordrhein-Westfalen. Deutsch (hrsg. vom Kultusministerium des Landes Nordrhein-Westfalen). Frechen 1993

Rieger, Eva

Frau, Musik und Männerherrschaft – Zum Ausschluss der Frau aus der deutschen Musikpädagogik, Musikwissenschaft und Musikausübung. Frankfurt am Main ²1988

Roloff, Volker

Film und Literatur. Zur Theorie und Praxis der intermedialen Analyse am Beispiel von Buñuel, Truffaut, Godard und Antonioni. In: Literatur intermedial. Musik – Malerei – Photographie – Film. Darmstadt 1995, S. 269–309

Rosebrock, Cornelia

Folgen von PISA für den Deutschunterricht. In: Praxis Deutsch, Heft 174 (2002), S. 51–55

Kinderliteratur im Kanonisierungsprozess. Eine Problemskizze. In: Hurrelmann, Bettina/Richter, Karin (Hrsg.): Das Fremde in der Kinder- und Jugendliteratur. Interkulturelle Perspektiven. Weinheim und München 1998, S. 89–108

Rosebrock, Cornelia/Zitzelsberger, Olga

Der Begriff Medienkompetenz als Zielperspektive im Diskurs der Pädagogik und Didaktik. In: Norbert Groeben und Bettina Hurrelmann (Hrsg.): Lesekompetenz. Bedingungen, Dimensionen, Funktionen. Weinheim und München 2002, S. 148–159

Rückert, Sabine

Tote haben keine Lobby. Die Dunkelziffer der vertuschten Morde. München 2002

Runge, Gabriele

Untersuchungen zum Einsatz von Kinder- und Jugendliteratur im Unterricht. Würzburg 1997

Safranski, Rüdiger

E. T. A. Hoffmann. Das Leben eines skeptischen Phantasten. Frankfurt am Main 2000

Das Böse oder Das Drama der Freiheit. München und Wien 1997

Saner, Gerhard

Friedrich Glauser. Eine Biographie. Frankfurt am Main 1990

Scheitler, Irmgard

Deutschsprachige Gegenwartsprosa seit 1970. Stuttgart 2001

Schirrmacher, Frank
*Idyllen in der Wüste oder Das Versagen
vor der Metropole. Überlebenstechniken
der jungen deutschen Literatur am Ende
der achtziger Jahre. In: Andrea Köhler
und Rainer Moritz (Hrsg.): Maulhelden
und Königskinder. Zur Debatte über die
deutsche Gegenwartsliteratur. Leipzig
1998, S. 15–27*

Schlaffer, Heinz
*Die kurze Geschichte der deutschen Litera-
tur. München/Wien 2002*

Schlobinski, Peter
*Multimedia und Deutschunterricht. In:
Deutschunterricht Seelze, Heft 2 (2001),
S. 2–3*

Schmalohr, Erwin
*Das Erlebnis des Lesens. Grundlagen einer
erzählenden Lesepsychologie. Stuttgart 1997*

Schmidt, Jochen
*Mord in Datteln. Viel Masse, aber nur
wenig Klasse: Die Regionalisierung des
deutschen Kriminalromans. In: Frankfurter Allgemeine Zeitung [28. 10. 2000], Seite IV aus der Beilage Bilder und Zeiten
Gangster, Opfer, Detektive. Eine Typengeschichte des Kriminalromans. Frankfurt
am Main 1989*

Schmidt-Henkel, Gerhard
*Kriminalroman und Trivialliteratur. In: Vik-
tor Žmegač, (Hrsg.): Der wohltemperierte
Mord. Frankfurt am Main 1971,
S. 149–176*

Schrage, Rainer (Hrsg.)
*Feuerbach. Merkwürdige Verbrechen.
Frankfurt am Main 1981*

Schreier, Margrit/Rupp, Gerhard
*Ziele/Funktionen der Lesekompetenz im
medialen Umbruch. In: Norbert Groeben
und Bettina Hurrelmann (Hrsg.): Lesekompetenz. Bedingungen, Dimensionen,
Funktionen. Weinheim und München
2002, S. 251–274*

Schreier, Margrit/Appel, Markus
*Realitäts-Fiktions-Unterscheidungen als
Aspekt einer kritisch-konstruktiven
Mediennutzungskompetenz. In: Norbert
Groeben und Bettina Hurrelmann (Hrsg.):
Lesekompetenz. Bedingungen, Dimensio-
nen, Funktionen. Weinheim und Mün-
chen 2002, S. 231–254*

**Schulte Berg, Gerlind/Schoett, Silja/Garbe,
Christine**
*Medienkompetenz und gesellschaftliche
Handlungsfähigkeit von Jugendlichen im
Lichte biographischer Forschung. Zwei
medienbiographische Fallstudien zum
Zusammenhang von familialer Gewalter-
fahrung und der Rezeption von Gewalt
im Fernsehen. In: Norbert Groeben und
Bettina Hurrelmann (Hrsg.): Lesekom-
petenz. Bedingungen, Dimensionen,
Funktionen. Weinheim und München
2002, S. 255–268*

Schulz-Buschhaus, Ulrich
*Formen und Ideologien des Kriminalro-
mans. Ein gattungsgeschichtlicher Essay.
Frankfurt am Main 1975*
*Funktionen des Kriminalromans in der
post-avantgardistischen Erzählliteratur.
In: Ulrich Schulz-Buschhaus/Karlheinz
Stierle: Projekte des Romans nach der
Moderne. München 1997, S. 331–368*

Schütz, Erhard (Hrsg.)
*Zur Aktualität des Kriminalromans. Mün-
chen 1978*

Schmidt, Karl-Wilhelm
*Lustmord oder Liebestod? Im Anatomie-
saal der Postmoderne. „Der Fall Arbogast" von Thomas Hettche. In: Informationen zur Deutschdidaktik, 28 (2004) 2,
S. 100–112*
*„Ich habe ihm Gift …". Mordende Frauen
bei Artemisia Gentileschi, Ingrid Noll
und Hans-Günther Bücking. In: Praxis
Deutsch, 32 (2005) 192, S. 50–57*

Schmidt-Henkel, Gerhard
*Kriminalroman und Trivialliteratur. In: Vik-
tor Žmegač (Hrsg.): Der wohltemperierte
Mord. Frankfurt am Main 1971,
S. 149–176*

Schwanitz, Dieter
*Bildung. Alles, was man wissen muss.
Frankfurt am Main 1999*

Seeßlen, Georg
Detektive – Mord im Kino. Marburg 1998

Seifert, Walter
*Friedrich Dürrenmatt. Der Richter und sein
Henker. München [4]1988 (= Oldenbourg
Interpretationen 8)*

Schenk, Klaus
Detektorisches Erzählen und Lesen. Informationen zur Deutschdidaktik, 28 (2004) 2, S. 8–13
Schklovskij, Viktor
Die Kriminalerzählung bei Conan Doyle. In: Jochen Vogt (Hrsg.): Der Kriminalroman. Band I. München 1971, S. 76–94
Škreb, Zdenko
Die neue Gattung. Zur Geschichte und Poetik des Detektivromans. In: Viktor Žmegač (Hrsg.): Der wohltemperierte Mord. Frankfurt am Main 1971, S. 35–95
Sperl, Ingeborg
Von Rockern und Lesben. Krimis aus Deutschland, den Niederlanden und Kanada. In: Der Standard, Ausgabe 3798, S. 8
Spinner, Kaspar H.
Das vergällte Lesevergnügen. Zur Didaktik der Unterhaltungsliteratur. In: Jörg Hienger: Unterhaltungsliteratur. Zu ihrer Theorie und Verteidigung (mit Beiträgen von Johannes Anderegg, Jörg Hienger und Kaspar H. Spinner). Göttingen 1976, S. 98–116
Zur Rolle des Lehrers im Unterrichtsgespräch. In: Heiner Willenberg (Hrsg.): Zur Psychologie des Literaturunterrichts. Frankfurt am Main 1987, S. 186–188
Stanzel, Franz K.
Theorie des Erzählens München ²1982
Starrett, Vincent
Kriminalgeschichten. In: Paul Gerhard Buchloh, Jens Peter Becker (Hrsg.): Der Detektiverzählung auf der Spur. Essays zur Form und Wertung der englischen Detektivliteratur. Darmstadt 1977, S. 243–261
Suerbaum, Ulrich
Krimi. Eine Analyse der Gattung. Stuttgart 1984
Der gefesselte Detektivroman. Ein gattungstheoretischer Versuch. In: Viktor Žmegač (Hrsg.): Der wohltemperierte Mord. Frankfurt am Main 1971, S. 221–240
Suits, Bernard
Die Detektivgeschichte: Eine Fallstudie über Spiele in der Literatur. In: Jochen Vogt (Hrsg.): Der Kriminalroman. Poetik

– Theorie – Geschichte. München 1998, S. 255–273
Suter, Beat
Hyperfiction – ein neues Genre. In: Deutschunterricht Seelze. Heft 2 (2001), S. 4–14
Sutter, Tilmann
Anschlusskommunikation und die kommunikative Verarbeitung von Medienangeboten. Ein Aufriss im Rahmen einer konstruktivistischen Theorie der Mediensozialisation. In: Norbert Groeben und Bettina Hurrelmann (Hrsg.): Lesekompetenz. Bedingungen, Dimensionen, Funktionen. Weinheim und München 2002, S. 80–105
Sutter, Tilmann/Charlton, Michael:
Medienkompetenz – einige Anmerkungen zum Kompetenzbegriff. In: Norbert Groeben und Bettina Hurrelmann (Hrsg.): Lesekompetenz. Bedingungen, Dimensionen, Funktionen. Weinheim und München 2002, S. 129–147
Teraoka, Arlene A.
Detecting ethnicity. Jakob Arjouni and the case of the missing german detectiv novel. In: German Quarterly 72.3 (1999), S. 265–289
Theunert, Helga
Gewalt in den Medien – Gewalt in der Realität. Gesellschaftliche Zusammenhänge und pädagogisches Handeln. München ³2000
Thielking, Sigrid
An der Seite Pikachus und Potters. Didaktische Überlegungen zu literarisch-medialen Kultfiguren der populären Kinderkultur. In: Literatur im Unterricht, Heft 2 (2002), S. 67–81
Thorwald, Jürgen
Das Jahrhundert der Detektive. Weg und Abenteuer der Kriminalistik. Zürich 1965
Die Stunde der Detektive. Werden und Welten der Kriminalistik. Zürich 1966
Tschimmel, Ira
Friedrich Glausers Kriminalroman: Plagiat, Konvention oder Innovation? In: Armin Arnold (Hrsg.): Sherlock Holmes auf der Hintertreppe. Aufsätze zur Kriminalliteratur. Bonn 1981, S. 119–127

Verna, Sascha
Selbs Vermarktung. Bernhard Schlinks enttäuschender Krimi, in: Neue Zürcher Zeitung (7. 2. 2002), S. 35
Vickermann, Gabriele
Der etwas andere Detektivroman.. Italianistische Studien an den Grenzen von Genre und Gattung. Heidelberg 1998
Vogt, Jochen (Hrsg.)
Der Kriminalroman. Band I und II. München 1971
Der Kriminalroman. Poetik – Theorie – Geschichte. München 1998
Vogt, Jochen/Schütz, Erhard
Schimanski & Co. Krimiszene Ruhrgebiet. Texte und Materialien für den Deutschunterricht der Sekundarstufe I und II. Essen 1996
Vogt, Jochen
Aspekte erzählender Prosa. Eine Einführung in Erzähltechnik und Romantheorie. Opladen ⁸1998
Vorderer, Peter/Klimmt, Christoph
Lesekompetenz im medialen Spannungsfeld von Informations- und Unterhaltungsangeboten. In: Norbert Groeben und Bettina Hurrelmann (Hrsg.): Lesekompetenz. Bedingungen, Dimensionen, Funktionen. Weinheim und München 2002, S. 215–235
Vorspel, Luzia
Über deutschsprachige Krimis von Frauen. Eine Gattung auf Erfolgskurs. In: Germanisten (1–2/1999), S. 27–37
Frauenliteratur(reihen) in Deutschland. In: Germanisten (3/1997), S. 14–20
Wagner, Jan Costin
Eismond. Frankfurt am Main 2003
Waldenfels, Bernhard
Topographie des Fremden. Frankfurt am Main 1999
Der Stachel des Fremden. Frankfurt am Main 1998
Waldmann, Günter
Der Kriminalroman als Gefahr und als kritisches Potential. ,Krimis selbst schreiben' als Möglichkeit, über beide Aspekte im Unterricht konkrete Erfahrungen zu machen. In: Karl Ermert/Wolfgang Gast (Hrsg.): Der neue deutsche Kriminalroman. Beiträge zu Darstellung, Interpreta-

tion und Kritik eines populären Genres. Rehburg-Loccum 1985, S. 58–62
Literatur zur Unterhaltung. Band 1 u. 2. Hamburg 1980
Kriminalroman – Anti-Kriminalroman. Dürrenmatts Requiem auf den Kriminalroman und die Anti-Aufklärung. In: Jochen Vogt (Hrsg.): Der Kriminalroman. Band I. München 1971, S. 206–227
Walton, Priscilla/Jones, Manina
Detective Agency. Women rewriting the Hard-Boiled Tradition. Berkeley/Los Angeles/London 1999
Wefing, Heinrich
Die Lücke. Horrorfilm und Nachahmung. In: Frankfurter Allgemeine Zeitung (18. 01. 1997), S. 27
Littleton und das Restrisiko der Gameboys. Böse Ahnung und entschiedene Ratlosigkeit: Amerika fürchtet die Gewalt der Bilder, die es so liebt. In: Frankfurter Allgemeine Zeitung (06. 07. 1999), S. 54
Wellershoff, Dieter
Vorübergehende Entwirklichung. Zur Theorie des Kriminalromans. In: Dieter Wellershoff: Literatur und Lustprinzip. Essays. Köln 1973, S. 77–138
Die Auflösung des Kunstbegriffs. Frankfurt am Main ²1981
Welsch, Wolfgang
Unsere postmoderne Welt. Berlin ⁶2002
Wermke, Jutta
Deutschunterricht in einer Medienkultur. In: Mitteilungen des Deutschen Germanistenverbandes. 44. Jahrgang (1997), S. 35–55
Medienkompetenz und Deutschunterricht, in: Mitteilungen des Deutschen Germanistenverbandes, Heft 4 (1997), S. 94–105
Wieckenberg, Ernst-Peter
Dürrenmatts Kriminalromane. In: Text + Kritik. Friedrich Dürrenmatt. Heft 56. München ²1984, S. 30–41
Wieler, Petra
Gespräche über Literatur im Unterricht. Aktuelle Studien und ihre Perspektiven für eine verständigungsorientierte Unterrichtspraxis. In: Deutschunterricht. Seelze, Heft 1 (1998), S. 26–37

Wigbers, Melanie

Von Paris über „Bramme" in die Eifel. Orte und Schauplätze in kriminalliterarischen Texten von der Romantik bis in die Gegenwart. In: Wirkendes Wort, Heft 3 (2002), S. 1–16

Mit Menschen wie mit Schachfiguren. Ein Vergleich der Kriminalromane „Der Richter und sein Henker" und „Selbs Justiz" als Unterrichtslektüren. In: Informationen zur Deutschdidaktik, 28 (2004) 2, S. 23–34

Wilczek, Reinhard

Gemälde als poetische Chiffren. Ein vernachlässigtes Detail in Dürrenmatts frühen Kriminalromanen. In: Wirkendes Wort, Heft 1 (2000), S. 70–78

Kemelmanns Rabbi Small im Deutschunterricht der Mittelstufe. Eine interkulturelle Alternative zu Dürrenmatts Detektivromanen. In: Literatur im Unterricht, Heft 1 (2001)

Thriller im Deutschunterricht? Einige didaktische Anregungen zu Henning Mankells Hunde von Riga. In: Literatur im Unterricht, Heft 1 (2001), S. 67–79

Harry Mulisch. Das Attentat. München 2002 (= Klasse! Lektüre 7. Modelle für den Literaturunterricht 5–10)

Zarathustras Wiederkehr. Die Nietzsche-Parodie in Patrick Süskinds Das Parfum. In: Wirkendes Wort, Heft 2 (2000), S. 248–255

Die hässliche Seite der Wohlstandsgesellschaft. Jakob Arjounis „Ein Mann, ein Mord". In: Petra Büker/Clemens Kammler: Fremdsein – Anderssein. Darstellungsvarianten in der zeitgenössischen Kinder- und Jugendliteratur. Weinheim/München 2003, S. 267–278

Der Krimi als intermediale Gattung. Gabriela Holzmann verknüpft Gattungsgeschichte mit Mediengeschichte. In: literaturkritik.de, Nr. 12/2003

Die „Luftkrieg"-Debatte seit 1998 im Spiegel von Prosa und wissenschaftlicher Essayistik. In: Clemens Kammler, Torsten Pflugmacher (Hrsg.): Deutschsprachige Gegenwartsliteratur 1989–2003 (Tagungsband des Essener Symposions). Heidelberg 2004, S. 75–84

Neue Ansätze für eine Einbindung von Kriminalliteratur in den Deutschunterricht. In: Praxis Deutsch Heft 192, 4/2005, [Themenheft Krimi] S. 6–14

Willems, Gottfried

Die postmoderne Rekonstruktion des Erzählens und der Kriminalroman. Über den Darstellungsstil von Patrick Süskinds Das Parfum. In: Wolfgang Düsing (Hrsg.): Experimente mit dem Kriminalroman: ein Erzählmodell in der deutschsprachigen Literatur des 20. Jahrhunderts. Frankfurt/Berlin/Bern/New York 1993, S. 223–244

Willenberg, Heiner

Lesen und Lernen. Eine Einführung in die Neuropsychologie des Textverstehens. Heidelberg und Berlin 1999

Krimilektüre – Anregungen aus der Leseforschung. Oder: Vorschlag für eine Binnendifferenzierung im Literaturunterricht. In: Lehren und lernen, 19 (1993) 1, S. 5–17

Winkels, Hubert

Leselust und Bildermacht. Über Literatur, Fernsehen und Neue Medien. Hamburg 1999

Was ist los mit der deutschen Literatur? Im Schatten des Lebens. Eine Antwort an die Verächter und Verteidiger der Gegenwartsliteratur. In: Köhler, Andrea/Moritz, Rainer (Hrsg.): Maulhelden und Königskinder. Zur Debatte über die deutsche Gegenwartsliteratur. Leipzig 1998, S. 42–52

Winko, Simone

„Diskursanalyse, Diskursgeschichte". In: Heinz Ludwig Arnold und Heinrich Detering (Hrsg.): Grundzüge der Literaturwissenschaft. München ⁵2002, S. 463–478

„Literarische Wertung und Kanonbildung". In: Heinz Ludwig Arnold und Heinrich Detering (Hrsg.): Grundzüge der Literaturwissenschaft. München ⁵2002, S. 485–600

Wippermann, Peter

Die Imago des Verbrechers: Simpson, Schneider, Grant. In: Norbert Bolz u. a. (Hrsg.): Riskante Bilder. Kunst – Literatur – Medien. München 1996, S. 263–274

Wittstock, Uwe (Hrsg.)
Roman oder Leben. Postmoderne in der deutschen Literatur. Leipzig 1994
Wittstock, Uwe
Leselust. Wie unterhaltsam ist die neue deutsche Literatur? Ein Essay. München 1995
Woeller, Waltraud
Illustrierte Geschichte der Kriminalliteratur. Leipzig 1984
Wölcken, Fritz
Der literarische Mord. Eine Untersuchung über die englische und amerikanische Detektivliteratur. Nürnberg 1953
Wörtche, Thomas
„Renaissance des Erzählens?" – Im Kriminalroman? In: Gerd Herholz (Hrsg.): Experiment Wirklichkeit. Renaissance des Erzählens? Poetikvorlesungen und Vorträge zum Erzählen in den 90er Jahren, S. 76–85
It Does Make Sense! Chester Himes und das 20. Jahrhundert. In: Wespennest. Zeitschrift für brauchbare Texte und Bilder. Nummer 113/Erstes Quartal 1999, S. 38–45
Wrobel, Dieter
Postmodernes Chaos – Chaotische Postmoderne. Eine Studie zu Analogien zwischen Chaostheorie und deutschsprachiger Prosa der Postmoderne. Bielefeld 1997
Auf der Spur des Mörders. Krimi lesen lernen mit „Mehr Bier" von Jakob Arjouni. In: Deutschmagazin 3 (2006) Heft 5, S. 55–59. [zzgl. 7 Seiten Material auf CD-ROM]
Texte als Mittler zwischen Kulturen. Begegnung und Bildung als Elemente des interkulturellen Literaturunterrichts. In: Christian Dawidowski/Dieter Wrobel (Hrsg.): Interkultureller Literaturunterricht. Konzepte – Modelle – Perspektiven. Baltmannsweiler (Schneider Verlag) 2006. S. 37–52.
Zabka, Thomas
Interpretationen interpretieren. Zur Erforschung von Unterrichtshandlungen, in denen literarischen Texten übertragene Bedeutungen zugeschrieben werden. In:

Clemens Kammler/Werner Knapp: Empirische Unterrichtsforschung und Deutschdidaktik. Hohengehren 2002, S. 116–127
Zima, Peter V.
Die Dekonstruktion. Einführung und Kritik. Tübingen und Basel 1994
Zima, Peter V. (Hrsg.)
Literatur intermedial. Musik – Malerei – Photographie – Film. Darmstadt 1995
Žmegač, Viktor (Hrsg.)
Der wohltemperierte Mord. Frankfurt am Main 1971
Aspekte des Kriminalromans. Statt einer Einleitung. In: Viktor Žmegač (Hrsg.): Der wohltemperierte Mord. Frankfurt am Main 1971, S. 9–34
Zorzoli, G. B.
Die Technik in der Welt des James Bond. In: Bueno, Oreste del/Eco, Umberto (Hrsg.): Der Fall James Bond. 007 – ein Phänomen unserer Zeit. München 1966, S. 171–184
Zürcher, Gustav
Aschenputtels Märchenprinz. Mord in der Provinz – Ingrid Nolls kriminalistisches Roman-Debüt „Der Hahn ist tot". In: Frankfurter Rundschau (9. 7. 1991)

3. Personenregister

4. Ausführlich behandelte Werke